KB120424

러시아문서보관소 자료집 4

고려공산청년회 II

이 저서는 2017년 대한민국 교육부와 한국연구재단의 지원을 받아 수행된 연구임
(NRF-2017S1A5B4055531)

| 한국외대 디지털인문한국학연구소 연구총서 07 |

러시아문서보관소 자료집 4_고려공산청년회 II

이재훈 옮김

한울
아카데미

일러두기

1. 각 문서의 출전은 러시아문서보관소의 공통적인 문서 분류 방식에 따라 문서군(фонд), 목록(опись), 문서철(дело), 쪽(лист)의 순서로 표기하였다. 쪽 숫자 표기 뒤에 붙어 있는 'об.'는 뒷장을 뜻한다.

2. 문서는 시계열의 원칙에 따라 배치하였다. 문서의 정확한 작성 일시가 불명인 경우 최대한 유사한 일시를 유추하여 배치하였다.

3. 출전 아래에 있는 각 문서의 제목은 문서의 핵심 내용을 바탕으로 역자가 국문 제목을 만들어 붙인 것이다. 역자가 지은 국문 제목 이하부터는 모두 원문이다.

4. 번역문에 딸린 주석에서 원주로 표시되지 않은 주는 모두 역주이다.

5. 번역문의 인명, 단체명, 지명, 사건명 중 확인 가능한 고유명사는 최대한 확인하였고, 확인되지 않은 고유명사는 발음 그대로 적고 러시아어 원어를 괄호 안에 병기하였다. 외래어의 표기는 국립국어원 외래어표기법을 원칙으로 하되, 한글로 발음을 구별할 수 있는 일부 단어에는 예외적으로 외래어표기법을 적용하지 않았다.

6. 원문 문서의 일부분이 누락된 경우 [원문 누락]으로 표시하였다.

7. 원문 문서에서 판독이 불가능한 경우 [판독 불가]로 표시하였다.

8. 약물(『 』, ≪ ≫)과 문장부호(" ", ' ')는 원문의 표기를 따랐다. 문장에 그어진 밑줄이나 기호, 말줄임표, 강조 표시도 원문의 표기를 그대로 살린 것이다.

차례

추천사

　러시아사회정치사국립문서보관소(РГАСПИ, 이하부터 '러시아문서보관소'로 칭함)의 주요 자료가 또다시 한국어로 출판됐습니다. 한국외국어대학교 디지털인문한국학연구소가 러시아문서보관소 소장 자료 가운데 '고려공산청년회'에 관한 기록을 골라서 번역 자료집을 꾸몄습니다. 인문학·사회과학 연구자 여러분께 이 기쁜 소식을 즐거운 마음으로 보고드립니다.

　러시아문서보관소는 주목할 만한 가치 있는 기록물을 소장하고 있습니다. 코민테른 문서와 소련공산당 문서가 그것입니다. 아주 방대한 분량의 기록물이 보관되어 있습니다. 국제 사회주의 운동과 러시아혁명사의 진행 과정을 소상하게 재현할 수 있는 자료의 보물 창고라 하겠습니다. 그뿐만이 아닙니다. 러시아문서보관소가 한국인에게 주목받아야 할 이유는 또 있습니다. 한국 근현대사에 관한 풍부한 자료가 이곳에 잠자고 있기 때문입니다. 일제 식민지 시대에 활동했던 한국인 사회주의자들이 러시아 측과 교류하면서 남긴 방대한 문서들이 보관되어 있습니다.

　일제 식민지 시대 한국인 사회주의자들은 조국의 독립과 사회혁명을 위해 싸웠습니다. 그러한 행위는 식민지 통치 당국에 의해 불법 시 됐으므로 당시 사회주의자들은 비밀결사를 맺어서 비합법적으로 활동했습니다. 다수의 비밀결사 가운데 가장 유명한 것이 조선공산당과 고려공산청년회일 것입니다. 두 단체는 자매단체입니다. 25세 이하의 사회주의자는 고려공청에 적을 두고, 그 이상의 연령에 해당하는 사람은 공산당에 가입했습니다. 두 단체는 국제적 연대를 중시했습니다. 사회주의 국제기구에 가입한 것도 그 때문이었습니다. 당은 코민테른에, 공청은 국제공산청년동맹(КИМ)에 입회했습니다. 그래서 러시아문서보관소에는 국제기구와 연계를 맺은 한국인 사회주의자들의 문서들이 다양하게 보관되기에 이르렀습니다. 보고서, 편지, 회의록 등이 산적해 있습니다. 한국 근현대사와 사회주의 역사에 관한 미해명의 역사적 정보가 연구자들의 손길이 닿기를 기다리고 있습니다.

이 문서들을 선별하여 번역 자료집을 간행하는 일은 한국의 인문학·사회과학 발전에 큰 역할을 하리라 믿습니다. 왜냐하면 이 자료집은 한국 근현대사와 사회주의 운동 및 사상의 역사에 대한 우리의 지식을 확장할 가능성을 주기 때문입니다. 사회주의는 3·1운동 이후 한국 독립운동을 이끌었고, 해방 이후에는 북한을 통치하는 이데올로기로 작용했습니다. 이처럼 객관적 역할이 거대했음에도 불구하고, 오랫동안 그에 관한 학문적 연구는 부진했습니다. 냉전과 분단에 의해서 초래된 장벽 탓이었습니다. 이 자료집은 인식의 계발을 가로막는 학문 외적 장벽을 약화시키는 역할을 할 것이라 기대합니다. 그리하여 역사와 인간의 정신활동에 관한 학문 연구를 한 단계 더 높은 수준으로 이끄는 디딤돌이 될 것입니다.

또 하나 기대되는 역할이 있습니다. 이 자료집의 간행은 연구자층의 두터운 형성을 가져올 수 있을 것입니다. 학문 후속 세대와 신진 연구자층의 이 분야 연구 인입을 촉진하는 역할을 하기 때문입니다. 그리하여 이 자료집은 한국 역사와 정치학, 철학의 공백을 메우고 그 왜곡을 바로잡을 수 있는 새로운 학문 활동의 단초가 될 수 있을 것입니다.

인문학·사회과학 발전에 중요한 밑거름을 마련해 주신 점에 대하여 한국외국어대학교 디지털인문한국학연구소 토대연구단에게 감사를 드립니다. 아시다시피 20세기 전반기 러시아 한국 관련 문서의 선별과 번역에는 많은 곤란이 따릅니다. 흐릿한 인쇄, 외국 고유명사에 관한 키릴문자 표기 방식의 임의성, 한국인 인명·지명 판독의 어려움 등이 중첩되어 있습니다. 그러한 난관을 극복하고 식민지 한국 언어생활의 구체적 맥락을 최대한 복원함으로써, 기왕의 어떤 번역 자료집보다도 더 생생하고 우수한 자료집이 출간됐다고 평가할 수 있습니다. 토대연구단에 참여한 번역자 선생님들께 마음으로부터 깊은 감사를 드립니다. 이 자료집이 한국의 인문학과 사회과학 발전의 한 디딤돌이 될 것이라고 믿습니다.

2022년 8월

성균관대학교 사학과 교수 임경석

 이 책은 한국외국어대학교 디지털인문한국학연구소 토대연구단(이하부터 '토대연구단'으로 칭함)이 한국연구재단의 지원을 받아 수행한 '디지털 아카이브로 보는 일제강점기(1910~1945) 한국과 러시아 한인의 역사: 러시아문서보관소 자료를 중심으로' (NRF-2017S1A5B4055531)의 결과물입니다.

 토대연구단은 2017년 9월부터 한국과 러시아문서보관소에 소장되어 있는 문서보관소 자료 중 일제강점기 동안 한국과 러시아 한인에 대한 문서를 발굴하여 번역하고 데이터베이스화하고 있습니다. 이 연구는 언어장벽으로 인해 쉽게 접근할 수 없었던 러시아어 기록을 번역함으로써 역사 연구자와 학문 후속 세대, 더 나아가 일반인들에게 자료 열람의 편의를 제공하는 것을 목적으로 합니다. 이를 통해 그동안 알려지지 않은 러시아의 한국 관련 기록을 제시함으로써 한국사의 공백을 메우고 일제강점기 연구의 지평을 확장·심화하며 이 주제에 대한 시민사회의 관심을 제고할 수 있으리라고 기대합니다.

 이 책은 토대연구단이 모스크바 소재 러시아사회정치사국립문서보관소(РГАСПИ)에서 발굴한 자료 중 '고려공산청년회'에 관한 기록을 번역하여 엮은 것입니다. 고려공산청년회는 3·1운동에 참가한 청년들이 사회주의를 수용하고 그것을 보급하기 위해서 결성한 비밀결사입니다. 1920년 해외에서 처음 만들어졌고, 1925년에 국내에서 정식으로 결성된 청년단체로서, 국제기구인 국제공산청년동맹(КИМ, 1919~1943)에도 가입했습니다. 고려공산청년회는 1926년 6·10만세운동에 주도적으로 참가했고, 1929~1930년 광주학생운동과 그에 뒤이은 항일학생운동의 전국적 고양에도 영향을 미쳤습니다. 일제강점기 식민지 조선 청년들의 항일독립운동과 사회주의운동을 촉진하는 주요 역할을 수행한 단체였다는 점에서 그 역사적 의의를 찾을 수 있습니다.

이 자료집에 게재된 문서들은 1921~1934년 동안 생성된 것으로 보고서, 서신, 회의록, 결정서 등으로 이루어져 있습니다. 문서의 주요 내용은 고려공산청년회 결성 이전 식민지 조선의 청년 사회주의자들의 활동, 조선은 물론 블라고베셴스크, 이르쿠츠크 등 원동 지역, 그리고 상해와 간도, 북만주 지역 등 중국에서의 고려공산청년회원 및 여타 청년운동단체들의 활동, 고려공산당의 내분, 국제공산청년동맹 및 코민테른과 고려공산청년회 간의 관계, 1920~1930년대 초 일본의 식민지정책과 조선의 사회·경제 상황 등을 담고 있습니다. 이 자료집이 그동안 공백으로 남아 있던 1920~1930년대 식민지 조선의 사회주의운동사 연구에 귀중한 사료로 널리 활용되기를 기대합니다.

2022년 8월

토대연구단 연구책임자 송준서

옮긴이 서문

　러시아에 소장된 한국 관련 사료가 국내 연구자들에게 알려진 것은 1990년대 중반 무렵부터였다. 몇몇 연구자들이 기초적인 정보만 가진 채 러시아의 문서보관소들을 찾아가서 자료를 발굴하고 이를 국내에 소개한 것이 그 시초이다. 이후 30여 년의 시간이 흘렀다. 그동안 한국 근현대사 연구자들은 러시아 사료를 통해 역사의 빈 부분을 채워나가는 데 적지 않게 도움을 받을 수 있었다. 하지만 그것은 러시아어를 읽고 이해하는 데 어려움을 겪지 않는 일부 연구자들의 몫일 뿐이었다. 수많은 연구자들은 러시아 사료에 숨어 있는 새로운 사실들에 대한 지적 호기심을 채우지 못한 채 일부 선택받은 연구자들이 이를 알리기만을 기다릴 수밖에 없었다. 물론 관련 연구 기관들의 노력으로 러시아 사료들이 번역 소개되기도 하였지만, 그것도 사료의 극히 일부일 뿐이었다. 안타깝게도 나머지 사료는 러시아의 문서보관소들에, 그리고 국내 소수 연구자와 관련 연구 기관들의 금고 안에 쌓인 채 세상의 빛을 보기만을 하염없이 기다릴 수밖에 없었다. 이 번역서는 러시아 사료에 연구자들의 안광(眼光)을 비추도록 하는 시도의 아주 작은 결과이다.

　이 책은 러시아 국립사회정치사문서보관소(РГАСПИ)의 국제공청 문서군(Фонд 533) 속에 있는 조선 청년운동 관련 사료 중에서 러시아어로 표기된 것들을 선별하여 번역한 것이다. 시기적으로는 1926년 초부터 1930년대 초중반까지로, 주로 통합 고려공산청년회 결성 과정과 통합 이후의 활동, 수차례에 걸친 조선공산당 및 고려공산청년회 검거 사건으로 인한 궤멸적 파괴 시기 고려공산청년회와 기타 청년단체들의 대응과 활동, 만주의 청년운동 상황, 조선의 청년운동과 국제공청과의 연계 등이 조명되어 있다.

사료를 번역하면서 설명이 필요하다고 판단되는 부분에는 역주를 달았고, 사료상의 사소한 오류는 별도로 명시하지 않고 바로잡았다. 번역 중 특히 어려웠던 점은 사료의 특성상 빈번하게 나타나는 다양한 고유명사를 어떻게 한국어로 표기하느냐의 문제였다. 각종 논문, 서적과 검색도구를 이용하고 전문가들의 도움을 받았음에도 불구하고 원명을 확인하지 못한 것이 적지 않고, 나름대로 범례를 만들어 통일성을 기하고자 하였으나 여의치 못한 듯하여 아쉬움이 남는다. 이 자리를 빌려 이 책이 보다 온전한 모습을 갖출 수 있도록 다방면으로 도움을 제공해 주신 반병률 교수님, 임경석 교수님, 전명혁 교수님께 심심한 감사의 뜻을 표한다. 아무쪼록 이 번역서가 1920~1930년대 조선 청년운동의 진상을 파악하는 데 미력이나마 도움이 되기를 기대하면서, 더불어 혹시 있을지 모르는 번역상의 오류는 전적으로 역자인 본인의 부족함에서 기인한 것임을 미리 밝힌다.

2022년 8월
역자 이재훈

러시아문서보관소 자료집 4

고려공산청년회 II

РГАСПИ, ф.533, оп.10, д.1895, лл.102-106.
РГАСПИ, ф.533, оп.10, д.1895, лл.107-111.

노동당 이면의 비합법 콤 단체 "스파르타쿠스" 대표 이남두가 국제공청 집행위원회에 보낸 보고서

기밀

수신: 국제공청 집행위원회

노동당 이면의 비합법 콤 단체 "스파르타쿠스" 대표 이남두의 보고

I. 현실에 부합하지 않는 사업을 수행하는 고려공산청년회의 사업에 대한 개관

1. 청년운동을 지도하는 권한과 조건을 지닌 인물(조훈)의 긴밀한 협조하에 조선의 모든 청년운동을 지도할 만한 충분한 역량과 영향력과 역사를 지니지 못한 소수의 고려공산청년회를 조직하면서, 매우 협소한 분파주의적인 생각을 가지고 자기를 맹목적으로 추종하는 소수와 지인들로 단체를 조직하였다.

2. 이른바 고려공산청년회는 자기의 과오를 지적하는 자기와 유사한 단체들을 적대시하면서 다른 단체들의 위신을 저하시키는 데 전념하고, 심지어는 수시로 반혁명단체라고 칭하고 있기 때문에 통합은 당연히 기대하기 어렵다.

3. 조선에는 직접적인 프롤레타리아혁명이 필요하다고 말하고 조선에서 민족해방운동은 아무런 의미도 갖지 않는다고 간주하면서 이를 배제하고 반대되는 입장을 취하고 있으며, 이를 통해 협동전선을 파괴하고 있다.

4. 조선의 현실에 전혀 부합하지 않는 반종교 선전을 하면서 협동전선의 분열을 재촉하고 있다. 이러한 선전은 자주 신자들에 대한 공개적인 공격의 형태로 표출되며, 이는 전적으로 나쁜 후과를 초래하고 있다.

5. 중앙뿐 아니라 지방에서도 기존의 단체들을 가입시키는 방식으로 유도하지 않고, 항상 공개적 또는 비공개적으로 활동하는 특별한 별개의 단체를 매우 난폭하게 조직하고 있는데, 이는 통상적으로 협동전선의 실현을 방해하는 분열을 불러오고 있다.

6. 고려공산청년회는 조선에 공산당이 존재하지 않는다는 사실과 성년인 주민들 중에 다수의 의식 있는 혁명가들이 있다는 사실에 관심을 기울이지 않으면서, 자기의 청년들에게 자기의 공부에만 관심을 가지라고 하고 있는데, 이로 인해 청년들은 정치적으로 후진적인 상태에 놓여 있다.

7. 국제공청에 보낸 보고에서 자기 단체의 구성원 수와 사업을 극단적으로 과장하고, 자기에게 속하지 않은 다른 단체들의 역할을 "반혁명적"이라고 하면서 고의적으로 왜곡하고, 그 단체들과 국제공청의 연계 수립을 갖은 방법을 써서 방해하고 있다.

8. 기존의 공청은 자기의 역할을 수행할 수 없으며, 공청으로서의 의미를 거의 가지지 못하고 있다. 공청은 "신흥청년회"에 소속한 단체일 뿐이고, "신흥청년회"는 조선청년총동맹에 속하지만 동맹의 중앙집행위원회에 자기의 대표를 갖지 않는 작은 단체이다.

9. "화요회"와 결탁해서 모험적인 방법으로 조선공산당이라고 불리는 어떤 단체를 조작해 냈으며, 하나의 강력한 공산당으로 통합하는 데 모든 힘을 쏟고 있는 다른 공산주의 단체들의 건설적인 사업을 갖은 방법을 동원하여 방해하고 있다.

10. 국제공청에 (자기 그루빠의 목적을 은폐하면서) 현실에 부합하지 않는 허위 보고들을 하고 있는데, 이로 인해 한편으로 국제공청은 잘못된 정보를 제공받음으로써 조선의 청년운동에 대해 잘못된 관점을 가지게 되고, 다른 한편으로 이 단체는 (국제공청의 지지를 바탕으로 한) 자기의 위치를 악용하면서 자기의 비전술적 행동을 통해 국제공청의 권위를 훼손시키고 있다.

이렇듯 조훈과 "신흥청년회" 분자들은 레닌주의에 반하고 코민테른과 국제공청의 전술에 반하는 방향으로 나아가면서 협동전선을 와해시키고 있으며, 혁명 역량을 분산시키고 있다. 이를 통해 그들은 유일하고 견고한 조선공산당, 조선 공청의 설립 가능성을 훼손하고 있는데, 이는 조선혁명의 중단과 동일한 의미를 갖는다.

II. 실천적 제안

1. 각지에 있는 우리 공산주의 단체와 연계되어 있지 않은 조선 내 여러 지역의 공청 단체들을 통합하는 방법으로 유일하고 견고한 조선의 공청을 조직한다.

2. 목하 유행하고 있는 좌익 소아병을 신속하게 제거하고 공청의 사업과 공청의 영향력하에 있는 청년들의 사업을 …* 해야 한다.

3. 고려공산청년회 중앙위원회 위원들과 조훈이 가지고 있는 분파주의, 즉 그루빠의 이익을 전체 조선의 혁명보다 우선시하는 행태를 근절하고, 향후에 그들이 일개 집단의 이익보다 조선혁명 사업에 충실할 수 있도록 하는 방안을 강구해야 한다.

4. 향후 유일하고 강력한 조선공산당의 재건을 방해하는 불손한 행위를 하지 못하도록 "화요회"와 결탁한 조훈과 고려공산청년회 중앙위원회가 국제공청에 허위 정보를 보고하는 것을 금지해야 한다.
참조: 이 보고를 적절하게 확인시켜 주는 재료는 많지 않지만, 필요하다면 전달하도록 하겠다.

공청 및 공청 사업에 대한 개관

1. "노동당" 이면의 비합법 공산주의 단체는 애초에 모습을 보였을 때부터 공산주의 운동의 발전에 자기의 관심과 노력을 경주하였다. 따라서 중앙과 각 지방에서 많은 청년단체들과 연계를 맺었다.

---

* 원문에 이렇게 표시되어 있다.

2. 우리 공산주의 단체를 설립하고 8개월 후인 1924년 7월 5일에 우리 단체의 직접적인 지도하에 공산청년회(Коммунистический Союз Молодежи)가 서울에 조직되었으며, 공산주의 사상을 지닌 청년들 중에서 선발된 혁명사업에 가장 견고하고 충직한 청년 동지들이 그곳으로 유입되었다.

3. 공산청년회에 의해 교육받는 청년 노동자들의 교육계몽기관

　a) 노동학원

　1924년 8월부터 서울에서 청년 노동자 150명을 모아 기초 지식을 교육하기 시작하였다. 보통교육 과목과 초등정치 과목 수업을 하였다. 하지만 1925년 3월에 물적 재원의 결핍으로 인해 이 학업이 중단되었다.

　b) 보화학원

　이것도 서울에 만들어졌으며, 소년 노동자들을 교육하기 위한 강습소이다. 170명이 모집되었다. 그들에게 기초 지식을 교육하지만, 정치교육은 거의 실시하지 않는다.

4. 본 공청단체와 직접적 연계를 맺은 단체들

　a) 무산청년회

　서울에 있다. 회원 수는 총 329명이다.

　b) 노동자구락부

　서울에 있다. 회원 수는 657명이다. 이곳에서 매주 정치와 경제 문제에 대한 강의가 이루어진다.

　c) 프롤레타리아트(잡지 출판소)

　콤 단체와 공청의 기관지『무산계급』을 발간한다.

　잡지의 원문은 일본 측의 검열을 받았고, 2차례 압수당했기 때문에 단 한 번도 발간되지 못하였다.

5. 공청의 지도를 받는 청년단체들의 총수와 전체 회원 수

청년단체 - 21개

회원 - 3,338명

그 외에 우리의 영향력이 확산된 청년단체들이 더 있다.

6. 공청 세포 총수와 회원 수

세포 – 8개

회원 – 40명

후보회원 – 24명

참조: 공청의 내부 구조에 대한 상세한 보고는 추후에 개별적으로 할 것이다.

노동당 이면의 비합법 콤 단체 "스파르타쿠스" 대표

이남두 [서명]

РГАСПИ, ф.533, оп.10, д.1895, л.51.

1926년 2월 15일 고려공산청년동맹 대표 김영만이 국제공청 동양부장 포킨에게 보낸 서한

수신: 국제공청 동양부장 포킨(Фокин) 동지

당신의 서한을 받고도 지금까지 서면으로 답장을 보내지 못한 사정에 대해 두루두루 이해해 주기를 청한다.

나는 당신의 서한 14번째 줄의 "…● 우리는 그를 이 단체의 대표로 간주하지 않는다"(신철에 대한 이야기이다)라는 부분에 놀라고 있다. 왜냐하면 나는 실제로 북풍회 내부의 이면 콤 그루빠 대표인 신철을 잘 알고 있기 때문이다. 조선의 공청운동을 올바르게 조직하기 위해서는 모든 콤 그루빠 대표들과 함께 대화하고 논의할 필요가 있다. 그러므로 나는 당신에게 모든 콤 그루빠의 대표들과 대화를 가지고, 조선 문제에 대해 각별히 신중하게 접근해 줄 것을 요청한다.

1926년 2월 15일
모스크바

고려공산청년동맹(합법단체인 서울청년회 내부의 이면 공청 그루빠) 대표 김영만 [서명]

● 　　　원문에 이렇게 표시되어 있다.

РГАСПИ, ф.533, оп.10, д.1895, лл.52-53об.

1926년 2월 15일 고려공산청년동맹 대표 김영만, 최창익, "스파르타쿠스" 대표 이남두, 까엔당 대표 신철, 김영우가 국제공청 집행위원회에 보낸 제안서

수신: 국제공청 집행위원회

조선 공청의 통합 문제에 대한 집단적이고 구체적인 제안

1. 기존에 국제공청이 승인한 고려공산청년회는 실제로는 조선 내 공청 그루빠들의 분열된 그루빠들 가운데 하나일 뿐이며, 그것은 결코 조선의 공청을 대표하지 않는다.

2. 그러므로 국제공청의 강령과 조선의 현실에 부합하는 구체적인 정강을 토대로 하여 모든 공청 그루빠들을 통합하는 방법으로 조선의 유일 공청을 설립해야 한다.

3. 조선의 공청을 설립하는 데 있어 근간이 되는 것은 다음의 4개 그루빠이다. 이른바 기존의 고려공산청년회, 즉 신흥청년회 산하 그루빠, 북풍회 산하 그루빠, 서울청년회 산하 그루빠, 노동당 산하 그루빠.
신흥청년회가 민족혁명협동전선을 와해의 길로 이끄는 "좌경적" 시각을 완전히 포기하고 다른 콤 그루빠와 공청 그루빠에 대한 중상, 음모, 투쟁의 선동과 화요회의 잘못된 행위에 대한 맹목적인 지원으로 인해 생겨난 조선공산당과 조선의 공청 설립에 장애가 된 이전의 행태를 완전히 포기하는 것이 기존의 이른바 고려공산청년회(신흥청년회 그루빠)에 참여하는 절대적인 조건이 된다.

4. 조선 공청 그루빠들의 고려공산청년회로의 통합은 국제공청과 조선공산당 창건 기관의 직접적인 지도하에 이루어져야 한다.

5. 이 사업은 조선 공청 그루빠들의 통합을 위해 설립된 위원회에 의해 수행된다.

6. 이 위원회는 이른바 기존 고려공산청년회 중앙위원회의 권한과 기능을 수립하고 (고려공산청년회 중앙위원회 설립 시까지), 모든 공청 그루빠들의 중앙기관들을 해산시킨다.

7. 공청 통합위원회의 수, 구성 및 선출 방법
   a) 위원회 위원 수 - 11명. 국제공청 대표 1명, 조선공산당 창건을 위한 기관 대표 1명, 나머지 9명은 전술한 공청 그루빠들에서.
   b) 전술한 4개 공청 그루빠에서 5명이 후보위원으로 선출된다.
   c) 위원회 위원과 후보위원의 선거 절차: 각 그루빠에서 명단을 제출하여 조선공산 당 창건기관과 국제공청의 승인을 받는다(명단 작성 시 각 그루빠는 자기의 명단 에 자기 회원들과 함께 다른 공청 그루빠 회원들을 포함시킨다).

8. 고려공산청년회 통합위원회의 권한과 기능
   a) 위원회는 고려공산청년회 중앙위원회가 공식적으로 조직될 때까지 임시로 고려 공산청년회 중앙위원회와 동일한 권한을 보유하며, 전술한 모든 공청 그루빠들 에 속한 일체의 하급 단체와 분자들을 소속시킨다.
   b) 본 위원회는 가능한 한 조속한 시일 내에 모든 그루빠의 보고를 받고, 사업에 대한 자기의 지도를 직접 수행하고, 그루빠들의 회원을 조직하며, 그 후 모든 공청 그루빠의 중앙기관들을 해산시킨다. 고려공산청년회 통합대회가 소집되면 이른바 기존의 고려공산청년회(신흥청년회 그루빠) 중앙위원회는 중앙위원회로서 의 모든 권한과 기능을 상실하면서 기존의 위원회기관으로 인정된다.
   c) 위원회는 모든 그루빠로부터 인도받은 하급 단체와 회원들에 대한 조사와 검열을 실시하고, 자기에게 속하게 된 단체들의 대표와 회원들로 통합대회를 소집한다.
   d) 전체 공청 그루빠의 모든 보고, 사업, 단체 및 회원의 접수 시한은 국제공청 위 원회와 조선공산당 창건을 위한 기관의 승인을 받은 날로부터 4개월이며, 통합 대회 소집 기한은 7개월이다.
   통합대회 소집 장소는 조선이지만, 불가피한 경우에는 중국으로 한다.
   e) 위원회는 고려공산청년회 중앙위원회가 조직될 때까지 존속한다. 객관적인 이 유로 인해 통합대회가 소정의 기한 내에 소집되지 못할 경우, 위원회는 이전의 권한과 기능을 보유한 상태로 대회 소집 시까지 존속한다.

f) 위원회는 자기의 판단에 따라 전술한 4개 그루빠에 속하지 않은 공청 그루빠와 회원들을 통합대회에 유치 및 참여시킨다.

g) 위원회는 일본과 중국에 있으면서 전술한 4개 그루빠의 영향력하에 있지 않은 공청 그루빠와 회원들을 통합대회에 유치 및 참여시킨다. 일본공청과 중국공청이 자기 지역에 있는 조선 공청 단체와 분자들을 직접 지도할 수 있을 경우, 해당 단체와 분자들은 그들의 소속으로 이전된다.

1926년 2월 15일

모스크바

고려공산청년동맹(합법단체인 서울청년회 내부의 이면 공청 그루빠) 대표 김영만, 최창익

"스파르타쿠스"(합법단체인 노동당 내부의 이면 콤 그루빠) 대표 이남두

까엔당(합법단체인 북풍회 내부의 이면 콤 그루빠) 대표 신철, 김영우

РГАСПИ, ф.533, оп.10, д.1894, лл.37-45.

РГАСПИ, ф.533, оп.10, д.1894, лл.46-50.

РГАСПИ, ф.533, оп.10, д.1894, л.58.

РГАСПИ, ф.533, оп.10, д.1894, лл.58-62.

1926년 2월 28일 고려공산청년회 중앙위원회 책임비서 권오설이 국제공청 집행위원회에 보낸 제17, 18호 보고서

수신: 국제공청 집행위원회

1926년 2월 28일 No.17.

공청 세포의 전반적 상황

우리 청년회 창립대회 당시 회원 수는 정회원 162명, 후보회원 120명이었다.

1926년 2월 현재 63개 세포에 정회원 284명, 후보회원 229명이다. 회원 수를 도별로 보면 다음과 같다.

도	세포 수	정회원	후보회원
서울도	10	55	49
충청북도	1	1	
충청남도	1	1	
전라북도	1	1	
전라남도	5	30	20
경상북도	9	43	32
경상남도	8	41	25
황해도	3	10	7
강원도	1	1	
평안남도	3	10	8
평안북도	2	7	3
함경남도	5	27	25
함경북도	1	5	4
북만주	13	52	56
도쿄	2	6	3
총계	63	284	249

고려공산청년회 책임총비서

1926년 2월 28일 No.18.

고려공산청년회의 선전사업

우리 청년회의 선전사업을 발전시키기 위해 고려공산청년회 산하에 선전부가 조직되어 현재 사업 중에 있다. 사업을 수행하기 위해서는 필수적인 재료의 확보가 필요하므로, 그러한 것들을 즉각 보내줄 것을 요청한다.

1. 선전부장의 지도하에 2명으로 조직된 협의회(коллегия)를 둔다. 이 협의회에 선전사업의 수행과 해당 재료의 수집을 위임한다.

2. 군과 읍 위원회에 해당 위원회 책임비서 및 선전부장과의 합의하에 선전부장에 직속하는 선전사업 조직원 1명씩을 둔다.

3. 모든 세포에 선전사업 조직원 1명씩이 배정된다(해당 세포 책임비서가 이를 겸임할 수 있다).

선전선동사업 조직자는 군 또는 읍 위원회 비서와의 합의하에 임명되며, 군 또는 읍 위원회 조직자에 직속된다.

사업 구분

모든 선전사업을 선동 및 선전의 2개 부분으로 구분하고, 협의회 위원 2명 각자에게 각각 1개 사업 부분을 위임한다. 이들은 모두 선전부장에 직속된다.

1. 선전사업

중앙과 도를 막론하고 모든 세포에서는 1주일에 1회 회의를 실시한다. 각 세포의 선전선동사업 조직자는 선전선동협의회의 지령을 연구하기 위해 1주일에 1회 군 위원회 및 읍 위원회 조직자의 지도하에 회합을 가진다. 이 회합에서는 협의회에서 작성한 테제를 논의한다.

참조: 비밀 조건으로 인해 회합의 개최가 불가한 경우에는 조직자가 협의회의 테제에 대해 세포를 상대로 사업을 수행한다.

2. 선동사업

시국이 요구하는 바에 따라 대중 선동을 위하여 호소문과 격문을 배포하거나 강연과 집회를 조직한다.

3. 연락

선전부장은 연락 기관을 통해 세포 선전 조직자들과의 직접적인 연락을 유지한다.

4. 기술 사업

기술 사업이 위임되며, 독립적으로 기술 사업을 수행할 수 있는 자가 기술 사업을 수행한다.

5. 연간 계획

청년회 회원 교양사업의 연간 계획을 다음과 같이 확정한다.

1926년 3월부터 1927년 2월까지 – 104시간을 배정한다.

1) 강령 및 규약 – 16시간

   a) 공청 강령

   b) 공청 규약

   c) 공산당 강령

   d) 공산당 규약

2) 코민테른 약사 및 전술 – 12시간

   a) 제1인터내셔널 – 2시간

   b) 제2인터내셔널 – 4시간

   c) 제3인터내셔널 – 6시간

3) 프로핀테른 및 국제공청 약사 – 6시간

   a) 국제청년운동사 – 3시간

   b) 국제노동조합운동사 – 3시간

4) 소련 헌법 성립사

5) 전연방공산당 약사 – 6시간

6) 조선의 경제 및 정치 상황 – 18시간

   a) 조선의 경제 상황 – 9시간

b) 조선의 정치 상황 – 9시간

7) 조선 혁명운동 – 16시간

a) 민족운동 – 8시간

b) 사회운동 – 8시간

8) 일본의 경제 및 정치 상황 – 8시간

a) 경제 상황 – 4시간

b) 정치 상황 – 4시간

9) 일본 혁명사 – 6시간

10) 중국의 경제 및 정치 상황 – 6시간

a) 경제 상황 – 3시간

b) 정치 상황 – 3시간

11) 중국 혁명운동 약사 – 6시간

6. 비밀 출판

비밀 서적 출판 사업은 다음의 계획에 따라 수행된다.

1926년 3월부터 1927년 2월까지

3월　　1) 국제 여성노동자의 날

　　　　2) 러시아 2월혁명

　　　　3) 파리 코뮌

　　　　4) 레나 학살사건

　　　　5) 일본 제국주의의 정책과 조선 혁명전선

　　　　6) 프롤레타리아의 훈련과 단결

5월　　7) 메이데이

　　　　8) 총독정치의 근본적 타파

7월　　9) 조선 농민과 동양척식주식회사

　　　　10) 프로핀테른

　　　　11) 세계전쟁과 제국주의

8월　　12) 일본에 의한 조선 병합일

9월　　13) 국제청년절

10월　　14) 국제혁명투사후원회(МОПР)

15) 조선 학교들에서의 조선어 교육

16) 크레스틴테른

11월   17) 러시아 10월혁명일

12월   18) 반종교 선전

1월   19) 1905년 회고

20) 카를 리프크네히트와 로자 룩셈부르크 회고

21) 레닌 회고

2월   22) 조선 해방을 위한 3월운동

7. 합법사업

각 도의 도시와 서울에서 다음과 같이 집회와 강연을 조직한다(일본 경찰의 탄압을 피하기 위해).

3월 – 조선의 협동전선

4월 – 형평의 의미와 그 운동

5월 – 아동운동 탄압 반대

6월 – 조혼 금지

7월 – 미신 근절

8월 – 문맹 퇴치

9월 – 여성 문제

10월 – 무덤에 대한 절 폐지

11월 – 노동자들의 전반적 상황

12월 – 소작인들의 상황

1월 – 음력설 폐지

2월 – 조선의 경제 상황

고려공산청년회 중앙위원회 비서 권오설 [서명]

РГАСПИ, ф.533, оп.10, д.1894, лл.51-52.
РГАСПИ, ф.533, оп.10, д.1894, лл.63-64.

1926년 2월 28일 고려공산청년회 중앙위원회 책임비서 권오설이 국제공청 집행위원회에 보낸 제19호 보고서

1926년 2월 28일 No.19.
수신: 국제공청 집행위원회

표면단체에 대하여

1. (우리 청년회에 속해 있는) 청년운동

(1) 군 동맹

도	동맹 수	단체 수	회원 수
서울	4	46	3,215
전라남도	4	19	2,207
경상북도	9	57	3,775
경상남도	9	78	4,513
황해도	1	6	351
함경남도	5	36	3,097
평안남도	1	3	313
평안북도	1	2	200
총계	34	208	17,160

(2) 도 동맹

　a) 경상북도와 함경남도 조직준비협의회가 일본 경찰에 의해 해산되었다.

　b) 경상남도에서는 창립대회가 순조롭게 개최되었지만, 일본 경찰이 단체의 해산을 지시하였다.

　c) 전라남도와 경기도 서울은 조직준비협의회를 마친 후 도 동맹이 활동하고 있다.

　d) 나머지 도들에도 준비협의회가 조직될 것이다.

(3) 학생운동

조선에서는 학생운동이 크나큰 역사적 의미를 갖는다. 3월 1일 매우 많은 학생들이 자기의 목숨을 바쳐가면서 운동에 참여하였지만, 그 후 4~5년 시기에는 중등교육기관 장들의 폭압으로 인해 학생들을 조직화할 가능성이 없었으며, 그들을 대상으로 사업할 만한 단체도 전혀 없었다. 조선학생회는 예외이지만, 이 분자들은 우익에 가담해 있으며, 단시간 내에 이미 학생총연맹과 학생연맹 등의 2개 분파로 분리되어 상호 간에 투쟁을 시작하였다. 그들 중 보다 권위가 있는 곳은 조선학생회이다.

우리 공청은 조선의 모든 학생들을 통합할 목적으로 중등 및 초등 교육기관 학생 열성자들에게 과학 연구를 추동하고 있다. 그 결과 조선학생과학연구회가 조직되었다. 현재 이 단체에는 회원 280명과 교육기관 27개소가 소속되어 있다. 전술한 280명은 학생 부분의 가장 권위 있는 분자들이다. 조선학생회 정기총회는 우리 공청의 총적 지도를 받아들이기로 결정하였다. 그렇게 해서 학생단체들 중에 조선학생회와 과학연구단체를 보유하고 있는데, 이 단체들은 성과적으로 사업을 수행하고 있다. 공청은 3월부터 학생단체에 대한 중등교육기관장들의 폭압과 간섭에 반대하는 캄파니야를 수행할 것이다.

(4) 노동운동

조선노농총동맹이 노동총동맹과 농민총동맹의 2개 단체로 분리되었다. 이 단체들은 공산당과 함께 조직사업을 성과적으로 수행하고 있다.

(5) 아동운동

전망이 좋다. 전 조선 차원에서 우리의 지도를 받는 아동 단체들은 다음과 같다.

경기도 - 3개 단체 178명

전라남도 - 1개 단체 70명

경상북도 - 3개 단체 180명

경상남도 - 2개 단체 121명

황해도 - 4개 단체 200명

함경남도 - 1개 단체 70명

평안남도 - 1개 단체 60명

평안북도 - 1개 단체 50명

총계 – 16개 단체 920명[*]

고려공산청년회 책임비서 K.[**]

---

[*]   원문에는 920명으로 되어 있지만, 합산하면 929명이다.
[**]   원문에 이렇게 표기되어 있다. 권오설을 지칭한다. 이하 동일하다.

34 ㅣ 러시아문서보관소 자료집 4

РГАСПИ, ф.533, оп.10, д.1894, л.53.

РГАСПИ, ф.533, оп.10, д.1894, л.65.

1926년 2월 28일 고려공산청년회 중앙위원회 책임비서 권오설이 국제공청 집행위원회에 보낸 제20호 보고서

No.20.

수신: 국제공청 집행위원회

1926년 2월 28일

상해와의 정기적 연락 수립에 대한 보고

상해 연락 전권으로 김단야가 임명되었다. 그에게는 다음과 같은 사항이 위임되었다.

1. 조선에서 중국과 다른 나라들로 재료의 합법적 발송이 불가능한 경우 그는 재료를 발송해야 한다.

2. 중국과 조선 사이에 긴밀한 연락이 존재하는데, 이 연락을 보다 공고화시켜야 한다.

3. 조선에서 상해와 다른 장소로 많은 동지들이 가고 있는데, 그들의 안전한 통행을 조직해야 한다.

4. 비합법 서적의 운반과 구입

고려공산청년회 책임비서 K. [서명]

РГАСПИ, ф.533, оп.10, д.1894, л.53.

РГАСПИ, ф.533, оп.10, д.1894, л.66.

1926년 2월 28일 고려공산청년회 중앙위원회 책임비서 권오설이 국제공청 집행위원회에 보낸 제21호 보고서

No.21.

수신: 국제공청 집행위원회

1926년 2월 28일

만주사업 전권의 임명에 대하여

고려공산청년회 중앙위원회 위원 조봉암(박철환)을 만주사업 전권으로 임명한다. 이를 당신들에게 통지하면서 승인해 줄 것을 요청한다.

고려공산청년회 중앙위원회 책임비서 K. [서명]

РГАСПИ, ф.533, оп.10, д.1894, л.54.
РГАСПИ, ф.533, оп.10, д.1894, л.71.

1926년 2월 28일 고려공산청년회 중앙위원회 책임비서 권오설이 국제공청 집행위원회에 보낸 제22호 보고서

No. 22.

군사교육기관의 충원에 대하여

실무적 단련은 혁명운동에서 가장 절박한 문제 중 하나이다. 군사교육은 이 실무적 단련에 있어 중차대한 과업이다. 하지만 조선에서는 소총 한 자루조차 구할 수가 없다. 대중이 이미 혁명의 준비가 되어 있다 할지라도 군사적 준비가 되어 있지 않다면 성공을 기대할 수 없다. 그러므로 우리는 군사적 준비가 매우 시급하고 중차대하다고 간주한다. 우리는 당신들이 조선 내지의 조선인들에게 각별한 관심을 기울여 주고 군사교육의 기회를 제공해 주기를 희망한다. 그 외에 조선에는 이 사업을 위해 연해주와 중국에서 온 조선인들이 있는데, 그들은 다른 장소들에서도 교육을 시킬 수 있다.

고려공산청년회 중앙위원회 비서 K.

한양청년연맹대회에 대하여

서울의 20개가 넘는 사회주의 단체들이 포함된 한양청년연맹의 제2차 대회가 1926년 4월 24일 개최된다. 이 대회에서는 다음과 같은 문제들이 다루어지게 될 것이다.

1) 규약 변경에 대하여
2) 청년운동의 전술 문제
3) 당면 과업
4) 집행위원회 선거

이 문제들에 대한 사전 논의를 위해 4월 24일 연맹 집행위원회 전원회의가 소집된다. 회의에는 집행위원회 위원 전원이 참석할 것이다.

РГАСПИ, ф.533, оп.10, д.1894, лл.55-57.

РГАСПИ, ф.533, оп.10, д.1894, лл.72-74.

РГАСПИ, ф.533, оп.10, д.1894, лл.75-77.

1926년 2월 28일 고려공산청년회 중앙위원회 책임비서 권오설이 국제공청 집행위원회에 보낸 제23호 보고서

No.23.

혁명운동에서의 분규에 대하여

공산당과 공청에 반대하는 캄파니야와 분규가 다음과 같이 나타나고 있다.

1. 블라디보스토크로부터의 영향

(1) 서울청년회에 대하여

서울청년회는 공산당과 공청의 주요 반대자이다. 서울청년회는 자기의 영향력을 강화하기 위해 블라디보스토크의 김하석과 연락을 취하고, 공산당과 공청의 비밀을 누설하고 있으며, 당과 공청을 제거하기 위한 온갖 음모를 꾸미고 있다. 김영만 등등의 출장이 발각되었다. 하지만 우리는 그들에게 전술 문제에 대해서만 싸우고, 개인적인 불만들은 버리자고 말하였다. 그 같은 말을 하면서, 그리고 최대한의 양보를 하면서 우리는 그들을 진심으로 대하였다. 그러한 전술 덕분에 다음과 같은 결과가 나왔다. 서울청년회 회원들 중에서 당과 공청 가입의 불가피성을 인식하는 자들이 있었다. 우리는 이 문제를 상세하게 검토한 후에 그들을 받아들이기로 결정하였다. 하지만 그들은 갑자기 가입을 거부하고 서울청년회와 공산당의 통합을 요구하였다. 공산당이 아직 승인받지 못했기 때문에 당에 들어가는 것이 의미가 없다는 블라디보스토크로부터의 통보가 그와 같은 급작스러운 변화를 일으키게 한 이유였다. 하지만 현재 긍정적인 방향으로의 변화가 감지되고 있다. 따라서 우리는 그들과 합동으로 합법적 대중사업을 수행하고 있지만, 우리의 사상사업에 대한 개입은 허용하지 않고 있다. 이러한 방식으로 우리는 그들을 폭로해 나갈 것이다.

(2) 수은동에 있는 이른바 '조선노동당'에 대하여

4개 단체의 합동위원회에서 제외된 김덕한, 이정수, 좌공림, 황병온, 문일현 등(이들 모두는 블라디보스토크에서 왔다)이 김하석과 연락을 취하고 서울청년회와 동맹을 맺어서 당에 반대하는 선동을 하고 있다.

(3) 이성, 신철 등의 분자들이 김하석과 긴밀한 관계를 맺으면서 악의적인 선동을 하고 있다.

2. 일본으로부터의 영향

재일조선인 학생들 중 다수가 좌익에 가담(고려공산청년회 회원 9명이 도쿄에 있다)하고 있지만 그들 모두가 다카츠 마사미치(高津正道)나 사카이 도시히코(堺利彦)와 연계를 맺고 있다는 등의 과대망상증에 걸려 있다.

(1) 지난해 가을 안광천이 다카츠와 함께 조선에 와서 자기가 혁명운동의 조직자임을 보여주고자 서울청년회, 북풍회, 화요회 대표들과 함께 사진을 찍으려고 하였다. 하지만 그는 이를 성사시키지 못했으며, 심지어 다카츠는 손수 우리에게 와서 자기가 오지 말았어야 했음을 인정하기까지 하였다. 당은 다카츠에게 "당신이 진정한 혁명가라면 일본에 있으면서 연계를 맺을 수 있었겠지만, 그와 같은 경솔한 행동은 적절하지 않다. 따라서 혁명에 손실을 주는 그러한 행동은 피해야 한다"라고 대답하였다.

(2) 얼마 전에 안광천과 스지이(辻井民之助)가 홍수 피해 구호를 위해 일본 프롤레타리아들이 모았다는 돈을 가지고 조선에 왔다. 몇몇 단체 대표들을 불러 모아서 식당에서 혁명운동에 대해 담화를 나누었다. 그와 같은 일본으로부터의 개인적 방문은 혁명에 혼란만을 가져다준다.

3. 당신들에게 이를 보고하면서 다음을 요청한다.

(1) 블라디보스토크에 대하여

전술한 바를 통해 블라디보스토크에서 비밀 규칙을 위반하고, 코민테른과 국제공청의 비밀을 누설하며, 혁명운동 대오의 분열을 초래하는 일이 생겨나고 있음을 알 수 있다. (동쪽에서 온 모든 자들이 자기를 공산주의자로 생각하고 있으며, 모두에게 자기가 블라디보스토크에서 왔다고 이야기한다. 일본 경찰은 그들이 스스로를 공산주의자라고 자칭하고 있음에도 불구하고 그들에게 관심을 주지 않으면서 그들을 비호하고 있다. 왜냐하면 그들이 운동의 분열을 초래할 것임을 알기 때문이다)

소련(블라디보스토크와 연해주)에 있는 조선인 망명자들의 행동이 이런 저런 방향으로 조선 혁명의 운명에 큰 영향을 준다는 사실을 언급하지 않을 수 없다. 따라서 (코민테른, 전연방공산당(볼셰비키) 중앙위원회, 전연방레닌주의청년공산주의자동맹 중앙위원회 등의) 관련 조직들을 통해 이 문제를 처리하고 조선공산당과 전연방공산당(볼셰비키), 고려공산청년회와 전연방레닌주의청년공산주의자동맹 간에 긴밀한 연계를 수립할 수 있도록 해주기를 당신들에게 간절한 심정으로 요구한다. 우리가 보기에 이 문제는 다음과 같이 처리할 필요가 있다. 한 나라에 단 하나의 공산당과 하나의 공청만이 존재할 수 있다는 원칙에 의거하여 소련 내 조선공산당과 고려공산청년회의 존재를 불허하고, 모든 조선인 혁명가들을 전연방공산당(볼셰비키)나 전연방레닌주의청년공산주의자동맹에 가입시키고, 조선의 일에 개입하지 말도록 하고, 조선공산당과 고려공산청년회의 합동위원회를 조직해야 한다고 제안한다.

이 문제의 해결을 위한 단호한 조치가 취해지지 않는다면 이는 조선의 혁명운동에 손실을 가져다주게 될 것이다. 이 문제를 신속하게 해결하기 위해서 고려공산청년회 중앙위원회는 중앙위원회 위원인 김동명 동지 1인을 선발하였다. 우리는 전연방레닌주의청년공산주의자동맹 중앙위원회와 연해주 도위원회를 통해 모든 가능한 협조를 해줄 것을 요청한다.

(2) 일본에 대하여

전술한 사실들이 지금까지는 심각하지 않지만, 앞으로는 위험하게 될 수도 있다. 전술한 자들이 해당 단체들의 공식적인 대표라면 별 문제가 안 될 것이지만, 그들은 그게 아니다. 그들은 아무에게도 알려지지 않은 개인이고, 밀정일 수도 있다. 따라서 코민테른으로 하여금 조선공산당과 긴밀한 연락을 취해야 함을 일본공산당에 통보해 주도록 요청할 것을 당신들에게 요청한다.

고려공산청년회 책임비서 K.

РГАСПИ, ф.533, оп.10, д.1894, л.66.

1926년 2월 28일 고려공산청년회 중앙위원회 책임비서 권오설이 국제공청 집행위원회에 보낸 제24호 보고서

No.24

수신: 국제공청 집행위원회

1926년 2월 28일

중앙위원회 구성원의 보강에 대하여

김동명(김광) 동지의 외국 출장으로 인해 그를 대신하여 중앙위원회 위원으로 박 니키포르(Пак Никифор)* 동지가 보선되었다. (그는 동방노력자공산대학 연구원이었으며 사업을 위해 지난해에 모스크바에서 파견되었다. 수개월 동안 투옥되어 있었고 얼마 전에 석방되었다). 우리는 당신들이 참고하도록 이를 통지한다.

책임비서 K.

---

* 본명은 박민영이다.

РГАСПИ, ф.533, оп.10, д.1894, л.66.

1926년 2월 28일 고려공산청년회 중앙위원회 책임비서 권오설이 국제공청 집행위원회에 보낸 제25호 보고서

No.25

김단야 동지(고려공산청년회 중앙위원회 위원 겸 상해총국 책임비서)와
김동명 동지 2인 대표의 출장에 대하여

다음의 문제들을 명확히 하기 위한 것이다.
1) 1926년도 예산에 대하여
2) 조선-일본 공청 통합회의
3) 연해주에서의 운동 문제
4) 레닌학교 설립
5) 군사학교 충원
6) 동방노력자공산대학 학생 충원

고려공산청년회 중앙위원회 책임비서 K.

РГАСПИ, ф.533, оп.10, д.1894, л.67.

1926년 2월 28일 고려공산청년회 중앙위원회 책임비서 권오설이 국제공청 집행위원회에 보낸 제26호 보고서

No. 26

동방노력자공산대학 학생 모집에 대하여

조선에서 학생들을 동방노력자공산대학으로 보내는 것을 경찰이 알게 되었기 때문에 앞으로는 파견이 매우 어렵게 될 것이다. 한 번에 모두가 아니라 학생들을 몇 명씩 보내야 한다. 따라서 조선에 할당된 자리와 전체적인 입학 조건에 대해 적시에 통보해 줄 것을 요청한다.

책임비서 K. [서명]

РГАСПИ, ф.533, оп.10, д.1895, лл.54-55.
РГАСПИ, ф.533, оп.10, д.1895, лл.58-59.

1926년 4월 10일 서울청년회 공청 그루빠 대표 최창익, 이운혁, 김영만이 국제공청 집행위원회 상무위원회에 보낸 성명서

수신: 국제공청 집행위원회 상무위원회

발신: 서울청년회 공청 그루빠 대표단

성명서

서울청년회 공청 그루빠 대표단은 다음과 같이 생각한다.

1) 조선 민족혁명운동의 기본적 과업은 노동자, 농민과 함께 기타 모든 노동자, 수공업자, 중소 부르주아를 통합한 민족혁명협동전선을 결성하는 것이다.

2) 이러한 상황에 기초하여 조선의 청년운동 앞에는 가장 중요한 과업으로서 청년동맹(федерация молодежи)의 대오에 속하지 않은 새로운 청년단체들의 청년동맹 유입을 확대하며, 보다 많은 적극성을 발휘하고 청년동맹에 대한 공산주의 영향력 강화사업을 공고히 하는 방법으로 기존 청년동맹의 민족혁명투쟁 강령을 더욱더 공고히 하는 과업이 제기되어야 한다.

3) 조선의 공청운동에 노정된 일련의 분열과 투쟁은 조선 청년 대중에 대한 공산주의자와 공청원들의 성과적인 영향력 발휘를 보장하지 못할 뿐 아니라, 그들의 혁명적 발전을 지체시킨다.

따라서 대표단은 통합이 달성되기를 염원하면서 서울청년회의 위임에 따라 동 단체를 대표하여 다음과 같이 선언한다.

1. 국제공청과 그것의 고려공산청년회 분과와의 강령 및 전술의 연대성. 이에 있어 서울청년회 공청 그루빠는 그것들을 실현시키기 위해 모든 노력을 경주한다.

2. 국제공청이 승인한 고려공산청년회에 반대하는 여하한 분파투쟁(과 이에 대한 협력)도 결단코 거부한다. 이에 국제공청 집행위원회 상무위원회는 고려공산청년회가 서

울청년회 공청 그루빠에 반대하는 분파투쟁을 하지 않을 것임을 보장한다.

3. 서울청년회 공청 그루빠와 고려공산청년회는 상호 각자에 속한 합법적 청년대중단체들의 사업을 방해하지 않을 뿐 아니라, 이 사업을 서로 지원한다고 공동으로 결의한다.

또한 서울청년회 공청 그루빠 대표단은 현재 고려공산청년회와 합법적 청년대중단체들에서의 활동을 합치시킬 수 있는 가능성이 아직은 없다는 사실을 밝히지 않을 수 없다고 생각한다.

4. 서울청년회 공청 그루빠는 자기의 구성원들과 우리의 영향력하에 있는 합법 청년단체들에서 저연령화(회원들의 연령 수준을 25살까지로 낮추는 것)를 실시한다는 방침을 수립한다.

대표단은 전술한 바와 같이 선언하면서 국제공청 집행위원회에 다음과 같이 요구한다.

1) 서울청년회 공청 그루빠와의 연계를 수립한다.

2) 이러한 모든 조건들이 충족되는 경우, 즉 a) 진정한 우호 관계의 성립, b) 모든 분파투쟁 잔재의 해소, c) 국제공청의 기치 아래 양측의 통합에 대한 진정한 의지 표명 등이 이루어지는 경우, 고려공산청년회 중앙위원회와 합동으로 고려공산청년회와 서울청년회 공청 그루빠와의 통합회의를 소집한다.

모스크바
1926년 4월 10일

서울청년회 공청 그루빠 대표
최창익 [서명]
이운혁 [서명]
김영만 [서명]

РГАСПИ, ф.533, оп.10, д.1895, лл.56-57.
РГАСПИ, ф.533, оп.10, д.1895, лл.60-61.

1926년 4월 10일 노동당 이면의 비합법 공산그루빠 "스파르타쿠스" 대표 이남두가 국제공청 집행위원회 상무위원회에 보낸 성명서

수신: 국제공청 집행위원회 상무위원회
발신: 무산청년회 공청 그루빠 대표

성명서

나는 다음과 같이 말하지 않을 수 없다고 생각한다.

1) 조선 민족혁명운동의 기본적 과업은 노동자, 농민과 함께 기타 모든 노동자, 수공업자, 중소 부르주아를 통합한 민족혁명협동전선을 결성하는 것이다.

2) 이러한 상황에 기초하여 조선의 청년운동 앞에는 가장 중요한 과업으로서 청년동맹의 대오에 속하지 않은 새로운 청년단체들의 청년동맹 유입을 확대하며, 보다 많은 적극성을 발휘하고 청년동맹에 대한 공산주의 영향력 강화사업을 공고히 하는 방법으로 기존 청년동맹의 민족혁명투쟁 강령을 더욱 더 공고히 하는 과업이 제기되어야 한다.

3) 조선 청년공산주의운동에 존재하는 일련의 분열과 투쟁은 조선 청년 대중에 대한 공산주의자와 공청원들의 성과적인 영향력 발휘를 보장하지 못할 뿐 아니라, 그들의 혁명적 발전을 지체시킨다.

따라서 대표단은 통합이 달성되기를 염원하면서 무산청년회 콤 그루빠의 위임에 따라 동 단체를 대표하여 다음과 같이 선언한다.

1. 국제공청과 그것의 고려공산청년회 분과와의 강령 및 전술의 연대성. 이에 있어 무산청년회 콤 그루빠는 그것들을 실현시키기 위해 모든 노력을 경주한다.

2. 국제공청이 인정한 고려공산청년회에 반대하는 여하한 분파투쟁(과 이에 대한 협력)도 결단코 거부한다. 이에 국제공청 집행위원회 상무위원회는 고려공산청년회가 무산청년회 콤 그루빠에 반대하는 분파투쟁을 하지 않을 것임을 보장한다.

3. 무산청년회 산하 공청 그루빠와 고려공산청년회는 상호 간에 각자에 속한 합법적 청년대중단체들의 사업을 방해하지 않을 뿐 아니라, 이 사업을 서로 지원한다고 공동으로 결의한다.

또한 무산청년회 공청 그루빠는 현재 고려공산청년회와 합법적 청년대중단체들에서의 활동을 합치시킬 수 있는 가능성이 아직은 없다는 사실을 밝히지 않을 수 없다고 생각한다.

4. 무산청년회 공청 그루빠는 자기의 구성원들과 우리의 영향력하에 있는 합법 청년단체들에서 저연령화(회원들의 연령 수준을 25살까지로 낮추는 것)를 실시한다는 방침을 수립한다.

전술한 바와 같이 선언하면서 국제공청 집행위원회에 다음과 같이 요구한다.

1) 무산청년회 공청 그루빠와의 연계를 수립한다.

2) 이러한 모든 조건들이 충족되는 경우, 즉 a) 진정한 우호 관계의 성립, b) 모든 분파투쟁의 잔재 해소, c) 국제공청의 기치 아래 양측의 통합에 대한 진정한 의지 표명 등이 이루어지는 경우, 고려공산청년회 중앙위원회와 합동으로 고려공산청년회와 무산청년회 공청 그루빠의 통합회의를 소집한다.

모스크바
1926년 4월 10일

노동당 이면의 비합법 콤 단체 "스파르타쿠스" 대표
이남두 [서명]

РГАСПИ, ф.533, оп.10, д.1895, лл.113-115.

"서울청년회" 및 "노동당" 콤 그루빠들과의 담화

국제공청 집행위원회에서는 4월에 고려공산청년회에 속하지 않은 공청 그루빠들과 매우 장기간에 걸쳐 대담을 진행하였다. 이 그루빠들의 대표들은 모스크바에 온 이후 국제공청 집행위원회에서 고려공산청년회를 비판했고, 그들의 견해에 따르면, 국제공청이 전혀 주요하거나 유일한 부분이 아닌 조선 공산주의청년운동의 일부만을 자기의 대오로 받아들인 것을 지적하는 장황한 성명서를 제출하였다. 성명서를 제출한 동지들의 말에 따르면, 고려공산청년회는 조선 공산주의청년운동 대오의 통합을 방해하는 분열적이고 분파적인 정책을 시행하고 있다고 한다.

집행위원회 상무위원회는 조선 청년운동의 모든 공산주의 분자들이 통합 문제와 관련하여 가지고 있는 진정한 입장이 무엇인지를 파악할 목적으로 이 청년 그루빠 대표들과 대담을 하기로 결정하였다.

대담 과정에서 국제공청의 승인을 받은 그루빠 혹은 고려공산청년회에 속하지 않은 그루빠들이 조선의 전체 공산주의운동을 지도하게 될지의 문제가 조선에서의 전체 청년운동 통합을 방해하는 근본적인 문제로 판명되었다. •

성명서를 제출한 그루빠들은 자기들이 모든 운동을 지도하는 독점적인 권리를 가지고 있다고 간주하면서, 국제공청이 조선의 모든 공산주의청년운동이 이를 중심으로 통합되어야 하는 기본적인 그루빠로 자기들을 선정하지 않은 잘못된 행동을 저질렀다고 여기고 있다.

국제공청 집행위원회는 고려공산청년회를 승인한 자기의 결정이 여전히 옳았다고 생각한다. 왜냐하면 국제공청에서 고려공산청년회에 속한 그루빠들의 실무사업을 검열했고, 이를 통해 이 그루빠들이 자기들의 혁명적 공산주의에 대한 충성과 헌신을 증명했기 때문이다.

이에 따라 국제공청 집행위원회는 조선의 공산주의청년운동 분자들을 통합시키기 위한 조건을 다음과 같이 제시하였다.

•   원문에는 이 문단 전체에 삭제 표시가 되어 있고 물음표가 달려 있다.

1. 국제공청과 그 분파인 고려공산청년회의 강령과 전술을 인정한다.

2. (고려공산청년회에 속하지 않은) 청년 그루빠들에서 수행하는 합법단체들의 모든 사업을 고려공산청년회와 합치시킨다.

3. 모든 분파투쟁을 중단한다.

4. 고려공산청년회 사업에 전면적으로 협조하고 이를 지원한다.

5. 콤 그루빠와 그 지도를 받는 합법단체들을 저연령화한다.

이 모든 조건을 충족시키고, 진정한 우호 관계를 수립하고, 모든 분파투쟁의 잔재를 제거하고, 국제공청의 기치 아래 통합하려는 실질적인 노력을 경주할 경우, 국제공청 집행위원회는 고려공산청년회 중앙위원회와 함께 6개월 후에 조선 청년운동의 모든 콤 그루빠와 고려공산청년회의 통합이 이루어지게 될 회의를 소집할 것이다.

국제공청과 대담한 콤 그루빠 대표들은 이러한 요구 조건을 모두 받아들이지는 않았다.

첫 번째 조항과 관련하여, 그들은 국제공청과 국제공청의 승인을 받은 국제공청 분과인 고려공산청년회의 강령과 전술에 동의한다고 말하였다.

두 번째 조항과 관련하여, 그들은 합법단체들의 사업을 고려공산청년회와 합치시켜야 한다는 것에 거부 의사를 표명하였다.

그들은 세 번째, 네 번째, 다섯 번째 조항에 동의하였으며, 이와 관련하여 여기에 첨부된 성명서를 제출하였다.

이에 따라 국제공청 집행위원회는 성명서에 서명한 콤 그루빠들이 실무사업을 통해 자기의 사업을 고려공산청년회와 합치시킬 준비가 되었음을 증명하고 통합을 위한 모든 조건이 조성되었음을 국제공청이 확인할 때까지 통합회의의 소집 문제에 대한 결정을 유보하기로 하였다.

그럼에도 불구하고 국제공청 집행위원회는 이 합의를 통합을 위한 거대한 진전이라고 생각한다.

성명서에 서명한 그루빠들이 분파투쟁을 중단하고, 사업과 관련하여 고려공산청년회에 모든 지원을 제공할 준비를 마친다면, 이는 조선이 처한 조건에서 큰 성과가 될 것이다.

고려공산청년회 중앙위원회는 성명서에 서명한 그루빠들의 약속이 실제로 이행되는지, 성명서에 서명한 그루빠들 측에서 고려공산청년회에 반대하는 분파투쟁을 계속하는지에 대한 정보를 국제공청에 수시로 제공해야 한다.

고려공산청년회는 그들이 국제공청에 한 분파투쟁 중단 약속을 원활하게 이행할 수 있도록 하고, 그들이 실제로 이를 위해 노력하고 실무사업을 통해 국제공청의 기치 아래 서겠다는 자기의 의지를 증명한다면, 조속한 시일 내에 그들이 고려공산청년회에 가입할 수 있도록 노력해야 한다고 언급할 필요가 있다고 국제공청은 생각한다.

조선에서 공산주의청년운동의 가장 중요한 과업은 민족혁명협동전선을 수립하는 데 있어 가장 중요한 전제인 전체 콤 그루빠의 통합이다.

코민테른 집행위원회는 조선의 전체 공산주의 역량 통합에 필요한 모든 수단을 강구하고 있으며, 이와 관련하여 그들에게 통합을 호소하는 특별 호소문을 발표하였다.

국제공청 집행위원회는 다양한 청년단체들 측에서 이 호소문에 대해 어떻게 생각하고 있는지에 대해 정기적으로 통보해 줄 것을 당신들에게 요청한다.

РГАСПИ, ф.533, оп.10, д.1894, лл.94-96.

РГАСПИ, ф.495, оп.135, д.117, лл.69-83.

РГАСПИ, ф.495, оп.135, д.127, лл.55-57.

1926년 5월 23일 서울에서 보낸 보고 서한

서울, 1926년 5월 23일

친애하는 동지!

최근 2~3개월 동안 우리와 당신의 연락이 원활하지 않았다. 하지만 사태가 급속하게 진행되고 있는데, 이에 대해서 이하에서 밝히도록 하겠다.

어떻게 해서건 정상적인 연락을 정비할 필요가 있다. 암호 전문을 통한 연락은 어렵다. 왜냐하면 내가 이를 위한 수단을 가지고 있지 않고, 일반적인 것을 사용하지 않는다면 암호를 정할 필요가 있기 때문이다. 이를 생각해 보고 나에게 신속하게 답해줄 것을 요청한다. 2월 13일 자 당신의 마지막 우편물을 정확하게 받았으며, 차(茶)*도 받았다. 그런데 차가 금년의 초반 4개월분으로 보내진 것이라면, 그것만으로는 부족하다. 왜냐하면 직접 겪고 있는 사태와 관련하여 이 품목에 대한 수요가 매우 커지고 있기 때문이다.

지난달 25일 서울에 사실상 구금되어 살고 있던 조선의 마지막 황제가 사망하였다. 일본인들은 (알려진 바와 같이 합병서에 서명하기를 거부하고 자기 아들에게 황위를 이양했던 전 황제가 사망한 이후에 시작된) 1919년 삼일봉기가 재현될 것을 우려하여 대규모 민중운동을 방지하기 위한 일련의 조치들을 취하였다. 합법단체들의 대회를 금지했고, 헌병을 강화했고, 단체의 수령들을 구금하는 등 그들에 대한 최고의 감시 태세를 수립했으며, 장례일인 6월 10일까지 성명을 포함한 어떠한 움직임도 허용하지 않으려는 준비를 진행하고 있다. 며칠 전부터 지방에서 서울로의 진입이 금지되었고, 그 덕분에 일본인들은 이미 지방 단체들과 자기의 서울 중앙과의 연락을 약화시키는 데 성공하였다. 그럼에도 날이 갈수록 분위기가 무르익고 있으며, 비록 많은 사람들이 구금되고 있

---

* 금전을 지칭하는 것으로 보인다.

음에도 불구하고 지방, 그리고 심지어 국외로부터의 서울 진입이 계속되고 있다. 사망한 황제 본인은 인기가 없다. 왜냐하면 그는 합병서에 서명했고, 조선의 모든 농민들이 이를 알고 있기 때문이다. 하지만 모든 조선인들에게서 애도의 완장을 볼 수 있으며, 심지어 조선 여성들도 남성들에 뒤처지지 않고 있다. 이 애도를 사망한 황제 개인을 향한 것이 아니라 상징적인 것으로 이해할 필요가 있다. 조선인들 모두는 6월 10일 황제의 장례식이 사실상 조선 민족에 대한 장례식이 될 것이라고 말하고 있다. 왜냐하면 일본 정권 앞에 이제 아무런 장애물도 없을 것이기 때문이다. 망자의 형제인 젊은 왕자*는 일본 공주와 혼인했고, 유년 시절부터 일본에서 교육받고 있으며, 조선에 대해서는 아무런 생각도 하지 않는다. 그는 도쿄에 사는 것에 만족해하고 있으며, 그가 서울의 옛 조선 궁전에서 살기를 단호하게 거절했다는 것이 이미 알려져 있다. 이렇게 해서 일본인들이 마침내 최종적으로 조선의 옛 황실 가문에 대한 모든 우려에서 벗어나 조선 전역에서 '반자이'를 외치는 상황이 펼쳐지고 있다. 하지만 그들의 감출 수 없는 희열은 황제가 사망하고 며칠이 지난 후에 조선 궁전 인근에서 벌어진 사이토(斎藤 実) 총독 암살 미수 사건으로 인해 잦아들었다. 단검을 지닌 조선인 2명이 2명의 일본인 관료(그중 1명은 총독과 매우 닮았다)가 타고 가던 자동차에 뛰어들어 그들을 찔렀다. 진짜 총독은 다음 차에 타고 갔으며, 그 덕분에 목숨을 건질 수 있었다. 공격한 자들 중 1명은 도주에 성공했고, 다른 1명은 검거되었다. 조선에서의 테러가 단체와 완전히 독립적으로 이루어지고 있음을 언급할 필요가 있다. 테러를 저지른 자들은 함께 테러를 수행한 자 이외에 아무와도 연계되지 않았으며, 아직까지 조선에서는 경찰이 온전한 테러단체를 밝혀낸 경우가 없었다. 이번 경우에도 경찰서장은 살인자가 비정상인(미친 사람)이고 "그 자신은 왜 그렇게 했는지 모른다"고 말하였다. 며칠이 지난 뒤에야 이를 신문에 싣는 것이 허용되었고, 메이데이에는 경찰에게 있어 매우 근심스러운 날이었기 때문에 모든 것이 금지되었다. 하지만 조선인들이 얼마나 큰 열정을 가지고 "살인자들"의 얼굴이 실린 호외를 손에 쥐고 거리에서 아마도 큰 만족을 가지고 노래를 부르듯 말끝을 길게 뽑으면서(조선의 관습에 따르면, 상인들이 돈을 셀 때 마치 노래를 부르듯이 이렇게 말끝을 길게 뽑는다) 읽었는지를 볼 필요가 있었다. "총독의 몸은 무사했지만 그의 정신은 죽임을 당했다. 즉 그에게 죽음의 공포를 주었다"라는 말이 돌았다. 살해당한 관료 중 1명

●   영친왕 이은을 지칭한다.

이 서울 주재 일본 파시스트 집단의 가장 중요한 지도자였음에 주목할 필요가 있다. 같은 날 곤봉으로 무장한 일본 파시스트들이 매일같이 군중이 모여들고 노인과 여성들이 땅에 엎드려 곡을 하는(고대의 풍습이 이것을 요구한다) 조선 궁전으로 와서 이제부터 자신들 스스로가 경비를 서겠다고 선언하였다. 같은 날 경찰들에게는 권총이 배분되었다.

공식 보도를 통해 알려진 바에 따르면, 장례식 당일 서울에는 병력 1만 명이 배치될 것이고, 조선의 모든 항구에 군함이 배치될 것이라고 한다. 테러 행위가 재현될 가능성이 매우 높지만, 내가 아는 한 사회주의 단체들은 이와 전혀 관련이 없다.

단체들에 대하여

당의 12월 붕괴 이후 지난 반년 동안 상황이 긍정적인 방향으로 바뀌었다.

1) 4개 단체 블록은 마침내 자기들의 간판을 내리고 조선어로 정우회(正友會)라는 단일의 명칭을 가지게 되었다. 문자의 유사성으로 인해 일본어로는 세이유카이라고 불린다. 이 두 번째 명칭도 블록의 명칭이 되었다. 블록의 구성이 대폭 일신되었고, 북풍회(김약수 지지자들)가 여기에 가담했지만 이것도 공산당과 공청의 지도를 받고 있다. 당은 북풍회와 단절했는데, 이는 불가피한 것이었다. 왜냐하면 김약수 지지자들이 신의주사건과 열성적 일꾼들이 검거된 이후에 명백한 교란사업을 수행했고, 모든 것이 붕괴되었기 때문에 모든 것을 새롭게 만들 필요가 있다는 소문을 퍼뜨렸기 때문이다. 김약수가 없는 지금 북풍회의 수령은 그의 측근인 손영극이다. 따라서 북풍회와의 투쟁은 당이 아니라 블록, 즉 정우회에서 이루어지고 있다. 북풍회는 회원이 약 150명이며, 가장 문란하고 사업에 매우 방해가 되는 단체이다. 일본 경찰이 그곳에 자기 사람들을 심어놓았다는 의혹이 있다. "스파르타쿠스"에 대해서는 이야기하지 않겠다. 왜냐하면 그것은 5~10명의 말만 많은 사람들로 이루어진 그루빠이기 때문이다.

서울청년회 건이 가장 중요한 문제이다. 얼마 전에 김사국이 사망한 후 가장 중요한 인물은 이영이다. 그는 의심할 바 없는 확고한 인물이고 혁명가이다. 그가 김사국에 비해 통합에 보다 많이 치우쳐 있기는 하지만, 서울청년회와 화요회의 전통적 다툼 속에서 단련된 사람이다. 우리는 서울청년회 내에서 통합의 필요성을 완전히 이해하는 10~15명의 그루빠를 조직하는 데 성공했고, 이영과도 연락을 유지하고 있다. 하지만 이영이 블록이 생겨난 후에 공산당이 생겼다는 사실을 믿고 있고 그가 어떻게 하더라도 이 출생의 순서를 바꿀 수 없으므로 그들이 공산당과 통합한다 할지라도 자신들이 오래전부터 공산주의자였고 가장 우수한 공산주의자들이라고 생각하기 때문에 신참이나 후보 자격으로 당에 개별적으로 들어가지는 않을 것이라고 말하는 것이 문제의 본질이다. 이러한 자부심을 감당해 내기가 어려우며, 그들의 주장에 동의하는 것은 (의심의 여지없이 매우 위험한 분자들이 있는) 전체 그루빠를 통째로 받아들이는 것을 의미한다. 게다가 그들은 평등 원칙에 따라 즉각적인 중앙위원회 재선거의 실시를 요구하고 있는데, 그렇게 되면 분규 등을 피할 수 없다. 내게 생각이 있는데 이에 대해 고려해 보고 나에게 답변해 주기를 요청한다. 생각은 다음과 같다. 조선의 모든 단체들에게는 모스크바와 동방노력자공산대학에 가는 것이 대단한 유혹이며, 몇몇 단체들(아마도 서울청년회도)은 우리가 매년 그루빠를 소련으로 보낸다는 사실을 알고 있다. 서울청년회에서 가장 신뢰할 수 있는 동지들을 선발해서 모스크바로 보내서 당학교에 입학시키고 그곳에서 공부하게 한다면, 이는 큰 성과가 될 것이다. 이것은 매우 중요한 수단이 될 수 있다. 이영이 나에게 와서 나와 조선에서의 혁명운동에 대해 담화하기를 간절히 요청하고 있다. 내가 그를 불러서 그에게 그와 그의 동지들을 모스크바로 보낸다고 약속하고, 다른 한편으로는 통합을 방해하는 그의 사업과 관련하여 그를 책망할 수 있을 것이라고 생각한다. 지금 급하게 쓰고 있다. 이에 대해 생각해 보고 조속히 답변을 주기 바란다.

자금에 대하여

돈을 받았지만 받은 때와 비교하여 쓸 곳이 너무 많다. 당은 어떻든 기회를 이용하기를 원하며 계획도 가지고 있다. 문제는 올바르게 제기되어 있다. 1) 대중을 조직할 필요가 있다. 즉 이 운동을 이용하고, "민족적 장례"의 형태에 혁명의 의미를 주입시켜야 한다. 장례 시에 "민족 독립" 구호를 나라 전역에 전파해야 하며, 이 구호가 모든 단체를 통합시키고, 그들로 하여금 분규를 잊게 만들어야 한다. 의심의 여지없이 기회가 매우 좋다. 일본인들은 1919년 삼월봉기가 재현될까 두려워하고 있고, 첩보에 따르면 2~3년 후에 조선의회를 설립하는 문제가 정부에서 이미 논의되었다고 한다. 변호사, 지주, 공장주, 은행가, 사무원 등등의 사회 계층으로 구성된 일정한 그루빠의 설립을 준비하기로 결정하였다. 조선농민동맹을 조직하기로 결정하고 이미 착수했지만, 조선의 언론이 이미 이를 파악하고 이 단체를 속속들이 파 들어가고 있다.

각 도에 이 단체들을 조리 있게 건설하는 데에는 어느 정도의 자금이 필요하며, 이미 연락을 취하고 있는 대중적 종교 정당 "천도교"도 이용할 필요가 있다. 약 1만 엔이 필요하다고 써달라고 나에게 요청하였다. 당신이 보낸 자금은 성명서와 삐라 인쇄를 위한 무언가에 이미 사용되었다. 하지만 각 도와의 연락에 소요되는 자금은 전혀 없다. 이 모든 것을 시급하게 결정할 필요가 있다.

천도교에 대한 간략한 설명

크레스틴테른의 서한이 필요한 곳으로 전해지지 않았다는 사실을 크레스틴테른에 전달해 달라. 천도교는 2개의 경향으로 분리되어 있다. 우익은 사실상 일본인들의 지도를 받고 있고, 이 우익의 수령 최린은 다음과 같은 일본 그루빠와의 연결고리이다.

1) 일본은행 대표 이노우에 준노스케(井上準之助)

2) 코쿠민심분(국민신문) 이사회 이사 아베 미쓰이에(阿部充家)

3) 동아일보 발행인 김성수(공장주)

보즈네센스키(Вознесенский) 동지는 사전에 나에게 문의하고 서한을 보냈는지 여부에 대해 말할 필요가 있다.

조선의 어떤 농민당이 일본 정부에 의해 만들어졌는가?

발송을 서두르겠다. 다음 우편물이 올 때까지.

[판독 불가] [서명]

РГАСПИ, ф.533, оп.10, д.1894, лл.78-81.

РГАСПИ, ф.533, оп.10, д.1894, лл.82-85.

РГАСПИ, ф.533, оп.10, д.1894, лл.86-89.

고려공산청년회에서 국제공청 집행위원회에 보낸 보고서

수신: 국제공청 집행위원회

안녕하신지 동지들

고려공산청년회는 서울에 있는 ○○●을 통해 우리 중앙위원회의 활동을 설명하는 매우 많은 수의 보고서를 보냈기 때문에 우리는 여기에서 이 문제들을 상세하게 다루지는 않을 것이다. 중앙위원회 해외부가 연락을 위해 김단야 동지를 조선으로 보냈다. 그는 그곳에 4월 15일부터 5월 8일까지 체류하면서 중앙위원회의 위임에 따라 다음을 전하고 있다.

1. 국제공청과의 연락 문제

우리가 매 보고서에 국제공청과의 연락 수립 문제를 제기했음에도 불구하고 우리는 창립대회 이후 국제공청으로부터 우리 대표들을 통한 소식 전달을 제외하고 단 하나의 (결정, 지도 등) 문서도 받지 못하였다.

국제공청이 아무것도 보내지 않았을 수도 있고, 발송된 문서가 도중에 사라졌을 수도 있다.

우리는 기존의 연락이 비정상적이라고 생각하면서, 연락 방법을 근본적으로 변경할 것을 제안한다. ○○을 통한 문서 전달은 극단적으로 부정확하고 느리기 때문에 이 연락 방법을 중단할 것을 제안한다.

우리는 오랜 기간 지도를 받지 못했으므로 당신들의 상해 대표를 통해 연락하는 형식을 제안한다. 상해로부터 조선으로의 연락이 잘 정비되어 있고, 해외 연락소가 잘 조직되어 있다. 우리는 매월 수천 부의 지하 서적을 보내고 있다. 우리는 연락을 위해 조

●   원문에 이렇게 표시되어 있다. 이하 동일하다.

선 부르주아와 중국인들을 이용하고 있다.

2. 제2차 대회 소집에 대하여

중앙위원회는 당신들에게 보낸 보고서에 대회 소집에 대해 썼다. 이미 대회 소집에 유리한 시기를 두 차례 놓쳤다. 다음과 같은 이유로 가능한 한 조속히 대회를 소집할 필요가 있다.

중앙위원회 위원 거의 전부가 검거되었기 때문에 새로운 중앙위원회 전권을 선거하고, 당면 과업과 그 수행 방안을 수립할 필요가 있다. 이를 허락해 주고 대회 개최를 위한 지령을 내려줄 것을 당신들에게 요청한다.

3. 대중 캄파니야를 위한 옛 조선 황제 장례일의 이용

금년 4월 26일 옛 조선 황제가 사망하였다. 이와 관련하여 조선의 광범위한 대중 사이에 황제에 대한 충성심이라기보다는 조선의 억압 상황에 반대를 표명하고자 하는 엄청난 활기와 격동이 감지되고 있다. 광범위한 대중의 자연 발생적인 충동의 물결은 우리에게 이 운동을 광범위한 노동자 대중을 혁명운동의 길로 인도하는 과업을 부여하였다.

이 기회를 이용하기 위해 고려공산청년회는 당과 함께 다음과 같은 계획을 수립하였다.

(1) (아무런 조직도 없었던 1919년 3월 1일 운동과는 달리) 모든 운동을 지도할 다양한 장례위원회를 조선 전역에 조직.

(2) 광범위한 노동자 대중에게 조선의 노예화에 맞서 싸워야 하는 불가피성을 해설. 대중의 에너지와 의지를 조선 부르주아 언론이 운동을 인도하고자 하는 바와 같은 사망한 황제에 대한 애도 방향이 아닌 일본제국주의와의 혁명적 투쟁의 길로 인도.

우리는 다음과 같은 구호를 만들었다.

언론, 출판, 결사의 자유

정치범의 석방

만주와 조선에서 일본 점령군의 철퇴

조선어를 국어로 인정(국가기관, 학교 등에서)

조선 학교에서 조선사와 조선 문화 수업

학교에서 가혹한 체벌 금지

국가의 비용으로 문맹퇴치

세금 납부 중단

일본 상품 불매

점령 기관의 조선인 근로자 퇴거

일본 상인들과의 계약 중단

모든 일본인 공장에서 파업 선포

일본인 지주들에게 소작료 지불 중단

일본인 교사 거부

모든 역량과 모든 에너지를 혁명투쟁으로

장례위원회들은 모든 회합, 집회, 삐라, 격문 등을 수행하고 발간해야 한다.

아직 운동은 소부르주아와 지식인 계층만을 포섭하고 있다. 광범위한 노동자 농민 대중을 끌어들이기 위해 우리는 특별한 구호들을 만들 것이다.

고려공산청년회의 새로운 과업

1. 아직도 고려공산청년회의 일부 분자들이 협동전선을 부정하는 좌경에 빠져 있다.

2. 질적으로 높은 구성이라는 구호에 따라 공청의 성장이 이루어졌는데, 이는 전위적 열성자들만을 껴안은 매우 협소한 단체를 초래하였다.

3. 당과 평등한 정치단체라는 공청의 해석은 시시때때로 당과의 충돌을 불러일으켰다.

우리는 이미 이 모든 결함을 명확하게 인지하고 있으며, 조속한 시일 내에 다음과 같은 방법으로 이를 근절할 예정이다.

1. 정치적으로 발전된 모든 열성분자들은 당에 가입해야 한다.

2. 공청은 청년사업을 수행하고, 자기의 대오를 확장시키고, 당의 지도에 종속되어야 한다.

이에 의거하여 우리는 다음과 같은 지령을 내렸다.

1. 좌경과의 투쟁

2. 노동자 농민 청년들을 토대로 한 공청의 성장

3. 공청은 청년사업 문제를 수행해야 한다.

4. 정치 문제는 당에 복종한다.

만주 사업

당신들의 지령에 따라 우리는 (과거에 존재했던 만주비서부를 대신하여) 만주총국을 설립하였다.

3월 말에 우리는 전권 중앙위원회 위원인 김광 동지를 사업차 만주로 파견하였다. 우리는 만주의 박윤세 동지와 일부 비서부원들을 해임하였다. 왜냐하면 그들이 당에 반대했기 때문이다. 우리는 현재 이 건을 조사 중이다.

우리는 만주 사업에 대한 상세 보고서를 별도로 발송할 것이다.

재정 문제

1년 내내 우리는 당신들에게서 아무 것도 받지 못하였다. 얼마 전에야 231달러를 받았다.

우리는 자금이 매우 부족하므로 국제혁명투사후원회나 다른 단체를 통해 우리를 지원해 줄 것을 요청한다.

РГАСПИ, ф.533, оп.8, д.108, лл.15-40.

РГАСПИ, ф.533, оп.4, д.93, лл.115-124.

1926년 7월 14일 단코(Данко)가 동양부로 보낸 서한

극비

읽은 후 동양부로 회송할 것

상해 1926년 7월 14일

No. 14

친애하는 동지들

우선 이 서한을 통해 많은 것을 알려주지 못한다는 사실을 미리 말해두고자 한다. 왜냐하면 더 정리할 필요가 있기 때문이다. 그렇다 정리할 필요가 있다. 나는 아직 정보와 재료를 필요한 만큼 가지고 있지 못하다. 중국공청에 대하여 몇몇 문건을 받았음에도, 더 검토해 보아야 하지만 아직 모든 것을 볼 수 없다. (게다가 나는 귀가 잘 안 들리고, 열이 나고, 숨이 막히고, 상시적으로 두통을 느끼고 있다)

조선

조선부터 시작하겠다. 무엇인가 새로운 재료를 제공할 수 없다. 왜냐하면 최근의 청년운동 전반에 대한 정보를 제공할 수 있는 조선에서 온 새로운 사람이 여기에는 없기 때문이다. 조만간 레닌과정에 입학하고자 모스크바로 가는 공청 중앙위원회 대표 김단야(매우 총명하고 이해력이 뛰어난 젊은이로 당 수뇌부에도 영향력을 가지고 있다)를 비롯한 동지들이 여기에 있다. 나는 내가 가지고 있는 모든 정보를 (주로) 그에게서 받았다. 나는 그에게 상세한 보고서를 작성하도록 위임하였다. 그 외에 당신들은 그에게서 들을 수 있을 것이다. 여기에서 나는 조선 문제에 대한 우리의 결정을 진전시켜야 한다는 생각에서 동지들 앞에 풀어놓을 필요가 있다고 생각되는 내용에만 국한해서 말하고자 한다. 고려공산청년회 앞에 놓인 기본적인 문제는 청년의 조직, 청년운동의 조직적 형성, 민족혁명투쟁 강령에 입각한 유일 중앙으로의 청년 통합 등이다.

우리 동지들은 이 문제에 관해 점진적으로 접근하면서 인식을 넓혀갔다. 조선 동지들은 이미 지난해 말부터 (우리 가을 결정의 정신에 입각하여) 공청의 영향을 받는 청년단체들을 조선총동맹으로 통합하는 사업을 수행하였다. 내가 이미 적었던 바와 같이, 공청의 영향을 받는 276개 청년단체 중에서 현재까지 242개 단체가 동맹에 가입했으며, 34개 단체만이 가입하지 않고 있다.

그런데 나는 이런저런 청년단체들에 대한 고려공산청년회의 영향력이 무엇을 의미하는지에 대해 다소간 해명할 필요가 있다고 생각한다. 왜냐하면 나라 전역에 흩어져 있는 276개 청년단체가 공청의 영향력하에 있다는 부분을 읽는다면, 공청을 여하한 순간에도 "무자비한 일본인들(Японские дракона)"에 반대하는 대중운동을 불러일으킬 수 있는 매우 강력하고 위력 있는 단체로 생각할 것이기 때문이다.

실상은 그렇지 않다. 실상은 대체로 다음과 같다. 공청이나 공청 지도부와 연계되어 있는, 혹은 단순히 우리에게 동조하고 우리에게 이런저런 협력을 하는 이런저런 청년단체들이 이끄는 1~2명, 최대 3~5명의 동지들. 이것이 우리 동지들로 하여금 이런저런 단체들에 대한 우리의 영향력을 말할 수 있도록 하는 전부이다. 그러므로 아직은 대중에 대한 영향력을 누군가에게 말할 수 있는 단계가 아니다. 물론 예외는 있지만, 전반적으로 청년운동의 통합, 유일 중앙, 조선청년총동맹의 아래로부터의 전취라는 우리의 지령이 점차적으로 실현되기 시작하고 있을 뿐이다.

아직 우리 동지들이 종교적이거나 문화적인 성격을 지닌 청년단체들 속에서 동일한 노선에 따라 충분한 적극성을 가지고 사업하지 못하고 있는 것은 이 사업을 수행하는 데 있어 노정되고 있는 중차대한 결함 중 하나이다.

오늘날 청년동맹에 대한 입장은 대체로 다음과 같다. 만약 (서울청년회 회원과 지지자들이 자리를 차지하고 있는) 집행위원회가 대회를 소집하기로 결정한다면, 우리는 우리 대표들로 절반 이상을 채울 것이다. 동맹 집행위원회는 이를 염두에 두고 있으며, 가까운 시기에 그 어떤 대회도 소집하기를 원하지 않고 있다. 또한 현재 공식적이고 외견적인 지도부가 서울청년회에 속해 있는 한 일본 당국이 "청년동맹"과 그 지부들을 그대로 놔둘 것이라는 점도 염두에 둘 필요가 있다. 만약 대회가 소집되고(일본 경찰은 이를 허용하지 않을 것이다), 비록 그들이 공산주의자나 공청원으로서 직접 나서지는 않지만 공청과 공산당의 거의 모든 정예 요원들이 사업하고 있어서 일본인들이 공산주의자와 동일시하는 "신흥청년회"와 같은 공개적인 단체들 속에 숨어 있는 공산주의자들의 수중으로 지도부가 넘어갈 위험이 있음을 일본인들이 인지하게 된다면 이 대회는 의심의 여지없이 해산될 것이다. 또한 분별없이 날뛰는 서울청년회 측의 사전 도발에 대해서도 고려할 필요가 있다. 내가 이야기하는 모든 것이 현재의 무미건조한 조건, "바람이 없는" 조건에서 가능하다. 물론 상황은 급변할 것이고 우리는 식민지 당국의 당혹감과 어쩔 수 없는 양보를 통한 거대한 사회적 앙양(금년에는 이를 기대할 수 없다)의 조건에서 동맹 지도부와 그 지부들을 전취할 수 있을 것이다. 그때는 당연히 지금 우리가 고안하고 수행해야 하는 전술과는 다른 전술이 있어야 할 것이다.

지금은 우리 동지들에게 첫째, 조선청년총동맹을 인정하는 토대에서 동 단체와 합의하고 협력하는 정책을 수행하고, 둘째, 공청의 영향력하에 있지 않은 단체들과 연계하고 해당 단체들에 대한 영향력을 확장하며, 셋째, 우리가 연계와 개별적 영향력을 가지고 있는 곳에서는 선전사업을 수행하고 구체화된 요구에 의해 수행해야 하는 우리의 구체적인 요구들을 전파시킴으로써 연계와 영향력을 단체 전체로 확장시켜야 한다는 방침을 수행하라고 말할 필요가 있다. 이러한 과업과 관련하여 부분적으로 공청 열성분자들의 보다 과감한 운용 문제를 다음과 같은 방식으로 제기할 필요가 있다. 1) 현재 공청 가입 조건은 당과 마찬가지로 매우 엄격하다. 2) (나의 논설 "일본제국주의의 뒤축 아래서(Под пятой японского империализма)"에 수록된) 공청 후보회원으로의 유인과 그들의 공청으로의 이동 형태는 프리메이슨 롯지(Масонская ложа)를 상기시키고 청년회를 보다 분파적으로 나아가도록 하는 운명을 지니게 한다. 3) 금년에 청년회는 만약 바뀌지 않는다면, 그 어떤 경우에도 새로운 회원 수와 동일한 희생자를 내게 될 것이다. 4) 단체의 수가 적으면 광범위한 청년 대중에 대한 사상적이고 조직적인 영향력 장악을 보장하지 못한다 등.

여기에서 보다 많은 이유를 댈 수 있을 것이지만, 청년회 대오의 확장과 기존 가입 방식의 변경 문제를 명료하게 제기하기에는 이것만으로도 충분할 것이라고 생각한다. 모든 상황이 이를 요구하고 있다.

이러한 모든 것 외에도 청년회 회원 수(간도를 포함하여 286명)와 1년, 2년, 3년을 후보회원 지위에 머물고 있는 후보회원 수(500명 이상)의 비정상적 불균형에 대해 이야기하는 것을 잊었다. 이것은 정상이 아니다. 전술한 모든 것과 더불어 공산주의로 견인하는 거대한 힘이 작동하고 있다. 즉, 종교 단체를 포함한 일련의 모든 단체들에 주로 청년들(20~30세)로 구성된 독자적인 공산주의 세포가 조직되고 있다. 이 세포들은 우연히 마주치지 않는다면 우리 공청과의 연계에서 벗어나서 사업한다. 하지만 만약 마주치게 된다면, 일정한 시간 동안 심의한 후 완전히 사리에 맞게 독립적으로 그들의 가입과 인정의 전반에 대한 문제를 제기할 것이지만(나는 내일 조선 동지들과 이에 대해 논의할 것이다), 동양위원회(Восточная комиссия)가 이 문제를 함께 다룰 필요가 있다고 생각한다.

이제 (블라디보스토크와 상해에서 보낸) 과거의 서한들에서 내가 썼던 것들 외에 조선 사업에 노정되어 있는 몇몇 요소들과 결론에 대해 이야기하도록 하겠다.

청년민족해방운동에 대하여: 첫째, 청년민족해방운동은 아직 매우 느려서, 실제로 공청이나 그 회원들이 큰 역할을 하는 곳에서만 청년운동이 느리고 둔하게 진행되고 있다. 그것들이 청년단체의 형식으로 조직된다 해도, 자주 청년들에게 고유한 내용이 전혀 없는 강령에 머물러 있다. 청년농민단체를 예로 들자면 그것들은 혹은 일반적인 농민 조직자적, 경제적 성격을 띠거나 혹은 문화적 성격을 띠고 있다. 청년농민단체들의 강령에는 "조혼 철폐"라는 "청년 고유의 구호"가 하나 있다. 이러한 규정은 당연히 청년노동자단체나 청년학생단체와는 무관한 것이다. 그런데 청년노동자단체들에서는 청년노동자단체가 가진 청년 고유의 요구가 노동자 일반의 요구나 보다 급진적이고 비타협적인 요구들로 대체되는 현상을 보이고 있다. 그러므로 내가 보기에 청년노동조합들은 전문적인 청년단체가 아니다.

결론

전반적인 민족운동으로부터 청년운동을 확고히 하는 사업을 수행할 필요가 있지만, 점차적으로 신중하게 수행해야 한다. 왜냐하면 우리가 현재 마주하고 있는 바와 같이 성인들이 일련의 결함을 가지고 있는 성인 단체들에서보다 더 많은 공명(共鳴), 급진성, 교육을 찾기를 희망하면서 "청년의 깃발" 아래 나아가는 현상을 우리가 보다 오래 마주해야 할 것이기 때문이다. 이 모두는 취약한 사회적 및 계급적 분화를 규정짓는다. 이런저런 단체들에서의 저연령화 수행에 있어 성인들과의 관계를 헤아릴 필요가 있음을 언급하지 않을 수 없다(그것이 없어서 우리 조선의 동지들이 고통을 받고 있다). 당과 힘을 합쳐 그들이 관련 조직으로 순조롭게 이동할 수 있는 토대를 마련해 줄 필요가 있다(물론 명백한 기회주의자들과 일본의 앞잡이들을 제외하고). 청년단체의 건설은 청년의 요구를 보다 적극적으로 제기하고 선전하는 노선에 따라 진행되어야 한다. 그런데 조선에는 정반대의 현상이 나타나고 있다. 사업이 일반 정치적 혹은 문화적 구호하에 수행되고 있다. 예를 들어, 학생들의 요구가 전혀 확산되지 않았고, 학생들을 그 주위로 결집시키는 사업도 거의 수행되지 않았다.

또한 모든 청년단체들이 동맹하게 될 토대가 되는 사상 강령을 만드는 문제가 놓여 있다. 이 과업의 해결은 적지 않은 부분이 동맹적 토대에 입각한 조선의 국민당 설립에 달려 있다. (우리가 중국 국민당을 조직적으로 건설하면서 전연방공산당의 방식과 모습에 토대를 둔 엄격한 중앙집중제와 구조를 제기했는데 이는 도가 지나친 것이었다고 생각된다. 실책)

또한 대중단체들의 성격 규정에 있어 다음과 같은 요인을 언급할 필요가 있다. 첫째, 이들 모두는 몇몇 좌익적 경향(맹렬하게 불타는 베소(бурно пламенный Бесо), 좌익 파괴자, 동양으로 시선을 돌려라, 여기에는 또한 매우 많은 좌익 폭동자들이 있다)을 동경하고 있는데, 이는 다음과 같이 표출된다. 대다수의 청년단체들이 "사상단체"로 위장하여 존재하는데, 이솝적-정치적 언어를 인간적-사회주의적 언어로 옮기면 그것이 무엇을 의미하는 것일까? 어떻든 그들은 시행하지 않기 때문에 사회주의적이라고 말하기 어렵다. 하지만 그럼에도 그들은 자신들이 사회주의 단체인 양 치부하고 있으며, 자주 이런저런 사회주의 구호들을 내걸고 있다. "새로운 원칙에 따른 사회의 재건설"은 거의 모든 사상단체의 첫 번째 조항이다. (후진적인 사회경제적 발전 단계하에서의 발전된 사회성, 낮은 문화 수준과 대규모 문맹하에서의 산지에 나는 버섯과 같은 많은 사회단체를 가지고 있는 이 기묘한 "고요한 아침의 나라". 물론 이 모든 것은 첫인상이다. 생각하고, 분석하고, 포착해 보자).

이 떼거리들은 사회주의 구호를 내걸면서 민족투쟁의 구호를 무시하였다. 미래에 대해 이야기하면서 도덕가가 되는 것에 몰두했으며, 근거도 없는 추상적 사회주의를 선전하고, 실제로는 구체적인 행동강령도 없이 일본제국주의에 맞선 무지하고 무능한 저항의 형태로 나타난 반대 행동의 모습으로 표출되는 혁명성을 가진 순수한 문화단체인 이 "사상"단체를 급진주의자와 학생 지식인들에게 강요하였다. 내가 보기에 그들은 자기 민족의 해방을 위한 투쟁 사업에 큰 이익을 가져다주기는커녕 막대한 해악을 가져다주고 있다. 왜냐하면 그들은 전투적 혁명단체들에 속해서 우리에게 적지 않은 이익을 가져다줄 수 있는 유력한 지식인 계층을 적극적 투쟁으로부터 분리시키고 있고, 대중을 현재의 절박한 문제들에 대한 관심으로부터 멀어지게 하고 있기 때문이다. 생각건대, 공산주의자들과 공청원들은 이러한 사회주의자들을 "기회주의자"로 간주하고, 죄 많은 땅에서 모범이 되는 사회주의자의 선량한 순결성을 불러일으켜야 한다. 이를 위해서는 소부르주아 실천가들과 기아로 인해 부어오른 대중을 유입하는 방식으로 이 단체들을 확장시키는 데 힘쓸 필요가 있다. 그들을 광범위한 대중의 부분적이고 구체적인 요구들을 포함하는 민족혁명 해방강령의 골간이 되도록 할 필요가 있다. (아마도 신중하지 않게 진행될 것이지만) 그들의 조선 사회주의에 대한 미학적 관조를 깨뜨려 버려야 한다. 만약 우리가 (수완 있게) 이 모든 것을 해나갈 수 있다면, 우리는 조선의 민족혁명운동에 진정으로 큰 이익을 가져다주는 것이 될 것이다. 왜냐하면 그렇게 될 경우 우리는 진정으로 필요하고 혁명에 충실한 사람들을 자기의 대오로 흡수하고, 조선 농민 투쟁 단체의 사업에 도움을 줄 수 있을 것이기 때문이다.

청년노동자운동 문제는 청년노동자들의 계급적 단체 문제, 청년운동 전반에서 그것의 위치 문제, 그것의 노동조합과의 상호관계 문제 등에 의거하고 있다.

이미 부분적인 해결은 있었다(이에 대해 지난 서한에 썼다). 이제 청년 노동자가 청년운동 전반의 자치적 부분으로, 혹은 자기 단체의 상부를 통해서 청년운동 전반에 참여하는 문제를 제기할 필요가 있다.

또한 공청의 전면적 지도를 받고 있으며, 심지어는 사실상의 합법적 공청이라고 할 수 있는 "신흥청년회"와 같은 합법단체들에 대해 생각해 볼 필요가 있다. 그런데 이로부터 사회 전체와 청년들의 시선에 그것의 비대중성, 혐오성 등이 나타난다. 첫째, 이 단체로부터 공청 대오를 과감하게 유입시키는 문제, 둘째, 이 단체를 확장시키고, 혐오스럽고 급진적인 외형을 제거하고 보다 광범위한 단체로 변화시키는 문제 등을 제기할 필요가 있을 것이다. 이 단체를 지도하는 공청 지도부도 변화해야 한다. 현재 지도는 다음과 같이 이루어지고 있다. 확실한 공산주의자와 공청원들이 이 단체를 관할하면서 단체를 지도하고, 단체를 대표하여 행동하고 있다. 당연히 이는 보다 광범위한 청년 집단을 전취하고 영향력을 확산시키는 데 반영되고 있다. 이와는 별개로 그러한 형태는 일본 당국이 공산주의자들의 구금이 필요하다고 판단할 때 언제든지 그들을 검거할 수 있도록 보장한다. 그들을 노출시키지 않고 내세우지도 않으면서 비합법 콤 프락찌야를 통해 그러한 단체들을 지도할 필요가 있다. 또한 공청원들에게 유사한 단체들에서 주로 정치화와 적극화에 집중하되, 모든 사업을 맡지는 말도록 지시를 내릴 필요가 있다.

이제 고려공산청년회 문제로 넘어가 보자.

그것이 왜 공청으로 불려야 하는지는 말하기 어렵다. 왜냐하면 회원 중 70%의 연령이 23세를 초과했고, 그들 중 많은 수가 25~30세이기 때문이다. 공청과 공산당의 관계는 전혀 합당한 모습을 띠고 있지 않으며, 아예 2개의 동일한 정치단체로 보아야 할 지경이다. 예를 들면 다음과 같다. 조선에 홈룰주의자*들의 활동이 있었을 때 공산주의자들 측에서 그들과 일정한 관계를 갖자는 요구가 있었다. 공산당은 올바른 전술을 수립했지만, 공청은 홈룰주의자들에 대해 배타적인 입장을 취하였다. 이 문제를 해결하기 위해 당은 당과 공청 열성자들의 협의회를 소집했는데, 협의회에서 공청원들이 다수결로 자기의 결정을 채택했고, 그 결과 공산당은 공청원들을 올바르게 교정하기는커녕 그들이 제안한 잘못된 전술을 받아들였다. 당과 공청의 기능이 분화되어 있지 않기 때문에 엄청난 무질서와 혼란이 노정되고 있으며, 당이 수행하고 지도해야 할 일반 정치사업과 기타 사업을 거의 언제나 공청이 수행하고 있다.

결론

청년 고유 사업을 수행하면서, 공청을 저연령화하고, 성인들을 당으로 이동시키며, 규약에 따라 공청원의 연령을 23세로 제한해야 한다. 비록 공청의 사업이 일시적으로 약화되는 한이 있더라도 공청의 역량을 매우 필요로 하는 당을 진정으로 지원한다는 생각에 입각하여 연령 초과 분자들을 당으로 신속하게 이동시켜야 한다.

공청의 조직사업과 조직건설에 대해 말하자면, 모든 것을 재검토하고, 조선의 상황에 합치되는 조선 특유의 조직 형태를 반드시 고려하는 가운데 구체적인 조언을 통해 동지들을 원조할 필요가 있다. 생산-세포 원칙에 따라 공청을 재건설하는 데 있어 청년 소부르주아로부터 분리되지 않기 위해 조선 동지들의 관심을 지역 공청 그루빠 설립으로 돌릴 필요가 있다. 또한 프락찌야 문제를 주도면밀하게 해결해 나갈 필요가 있다.

동지들은 공청의 강령과 규약을 재검토하는 문제를 제기하고 있다. 나는 이에 동의한다. 강령(강령(программа)이라기보다는 전환 시기 청년회의 정강(платформа)으로 보는 것이 더 정확할 것이다)의 본문에서 민주공화국과 조선의 민족혁명 해방을 위한 투쟁이 완전히 홀대되고 부인되는데, 좌경적 경향을 삭제하고 민족혁명으로 대체할 필요가 있다. 가장 중요한 것은 이 강령이 구체적이어야 하고 청년 노동자, 농민, 학생들의 모든 요구와 염원을 포함하며, 고려공산청년회가 진정한 공청과 청년들의 대중단체가 되는 데 실질적인 도움을 주는 것이어야 한다는 것이다. 규약에 대해 말하자면, 그것이 애초에 공

●　　　자치론자를 일컫는다.

청운동을 위해 만들어졌기 때문에 이를 보완할 필요가 있으며, 단순히 러시아의 규약을 무조건적으로 차용하는 것이 아니라 지역 단체와 기타 조선에 정착된 형태에 대한 조항을 반드시 포함시키는 가운데 연령 자격을 25세까지로 완화시킬 필요가 있다.

이것이 오늘날 우리 앞에 놓여 있고 이에 대해 우리가 대답해야 할 전반적인 문제들이다.

이 문제 모두를 검토한 후 비서부와 집행위원회의 승인을 받지 않은 상태에서 이곳으로 보내줄 것을 동양위원회에 요청한다. 그것을 받게 되면, 코민테른 집행위원회 총국이 조선공산당 중앙위원회 및 공청 대표들과 함께 최종적으로 당의 전반적인 문제들과 함께 검토하고 결정한 후에 당신들에게 승인을 요청하도록 하겠다.

아마도 가을에 소집될 것으로 보이는 다음번 회의에서 이 모든 문제들이 제기될 것이다.

조선 문제를 최종적으로 완결하기 위해 지난해 가을부터 우리가 조선으로 보냈던 모든 재료와 지령을 보내줄 것을 요청한다. 왜냐하면 동지들이 이것들을 받지 못했기 때문이다.

- 후략 -•

•   이하의 내용은 일본공청과 중국공청 관련이기 때문에 따로 번역하지 않았다.

РГАСПИ, ф.533, оп.10, д.1893, л.1.

РГАСПИ, ф.533, оп.10, д.1893, л.3.

РГАСПИ, ф.533, оп.10, д.1894, лл.97-98.

1926년 7월 25일 고려공산청년동맹 중앙집행위원회 회의 회의록

1926년 7월 25일 서울에서 다음의 동지들이 참석한 가운데 고려공산청년동맹 중앙 집행위원회 회의가 개최되었다. 이인수, 김병일, 김월성(김광은), 한명찬, 김이룡, 김철, 김재명.

의제는 다음과 같았다. 1) 통합 문제

결정:

1. 우리 조선의 사회주의운동은 5~6년 동안의 자기 역사를 가지고 있다. 사상적인 불일치가 없음에도 불구하고 우리는 지금까지 혁명협동전선의 수립을 방해하는 끊이지 않는 추악한 분파투쟁을 눈으로 보아왔다. 그 결과 현재 조선공산당은 거의 완전히 붕괴되었고, 일본 경찰의 손아귀에 놓여 있다. 이 순간 우리 지도자들은 이러한 일이 다시는 일어나지 않도록 하고자 그 원인을 찾아내야 한다. 그럼에도 불구하고 쓸모없는 지도자들은 과거의 분파투쟁을 계속하고 있으며, 자기 분파의 영향력을 확장하는 데에만 몰두하고 있다. 노동자 농민 대중의 전위인 우리 공산 청년들은 이 모든 것을 보고 있으며, 더 이상 이를 인내할 수 없다. 협동전투전선을 수립하고 조선혁명의 시간을 앞당기기 위해 우리 고려공산청년동맹은 코민테른과 국제공청의 결정에 따라 각성한 혁명 분자들의 통합체로 간주되는 고려공산청년회와 통합하고 혁명 역량을 집중하기 위해 노력한다.

2. 우리는 국제공청이 제안한 5개 항을 인정한다.

3. 우리는 우리 중앙위원회 뷰로에 고려공산청년회와의 통합 실현 문제에 대한 대화를 할 것을 위임한다.

4. 우리는 양 단체가 완전히 통합된 후 고려공산청년동맹을 해산해야 한다.

5. 우리는 통합에 반대하는 모든 단체 및 개인과 싸워야 한다.

의장 김병일 [서명]

비서 김월성 [서명]

책임비서 이인수 [서명]

РГАСПИ, ф.533, оп.10, д.1893, л.2.

РГАСПИ, ф.533, оп.10, д.1893, л.4.

РГАСПИ, ф.533, оп.10, д.1894, лл.99-99a.

1926년 8월 1일 고려공산청년회 중앙총국 회의 회의록

1926년 8월 1일 조선 서울에서 고려공산청년회 중앙위원회 회의가 개최되었다. 여기에는 다음의 동지들이 참석하였다. 지모사(池模士), 노상열, 조희창

의제: (당을 제외한) 통합 문제

결정:

1. 우리는 조선 운동에서의 유일성 확립이 절박한 과업이라고 생각한다. 서울청년회 내부의 고려공산청년동맹은 국제공청에서 제안한 5개 항을 인정해야 하며, 모든 열정을 통합(당 제외)에 쏟아부어야 한다.

2. 통합(당 제외) 이후 이인수, 김병일, 김월성, 김재명은 통합중앙위원회 위원으로 선거되어야 한다.

책임비서 [서명]

РГАСПИ, ф.533, оп.10, д.1893, лл.5-6.

РГАСПИ, ф.533, оп.10, д.1893, лл.7-8.

РГАСПИ, ф.533, оп.10, д.1894, лл.100-104.

1926년 8월 8일 고려공산청년회와 고려공산청년동맹 통합중앙위원회 회의 회의록

1926년 8월 8일

조선 서울 익선동에서 고려공산청년회와 고려공산청년동맹 통합중앙위원회 회의가 개최되었다. 여기에는 다음의 동지들이 참석하였다. 고려공산청년회 중앙위원회에서 지모사, 노상열, 조희창. 고려공산청년동맹 중앙위원회에서 이인수, 김병일, 김월성(김광은).

의제:　1) 고려공산청년회와 고려공산청년동맹의 통합에 대하여
　　　　2) 단체의 명칭 및 임시통합중앙위원회 위원의 선거에 대하여

결정:

1. 조선의 프롤레타리아 대중은 일본제국주의의 혹독한 압제로 인해 고통받고 있다. 5~6년 동안 분파투쟁이 벌어지고 있으며, 사상적 불일치가 없음에도 불구하고 자기의 분파적 영향력을 확장시키기 위해 몰두하고 있다. 따라서 일선 단체들은 분파투쟁이 혁명운동을 지체시키고 있음을 인식하고 혁명운동의 통합을 위해 노력하고 있다. 우리는 프롤레타리아 대중이 분파투쟁을 증오하고 있고, 분파투쟁으로 인해 혁명운동의 전개가 심각하게 지연되었다는 사실을 알고 있다. 우리는 일선 단체들이 불충분하게 조직되어 있고, 당과 공청이 계급의식이 없는 많은 분자들을 보유하고 있음을 알고 있다. 조선공산당원들이 검거된 이후 우리 당은 완전한 붕괴의 상황에 놓여 있다. 이것은 모든 나라 공산주의운동사에서 처음으로 겪는 사변이며, 조선 혁명운동에 큰 타격을 준 분파투쟁의 결과이다. 따라서 우리는 과거의 경험을 염두에 두면서 통합의 시간을 앞당기고, 협동전선을 수립하고, 일본 제국주의를 분쇄하고, 조선 프롤레타리아의 해방을 위한 노력을 전개하기 위해 분파투쟁의 준동을 제거해야 한다. 이 일은 세계혁명의 일부분이다. 유감스럽게도 모든 분파는 전술한 조건들을 전혀 염두에 두지 않고

있다. 그들은 통합을 시급한 문제로 간주하면서도 이를 실현하지 않고 있다. 아예 그들은 자기의 분파적 영향력 확산에 골몰하면서 프롤레타리아 전위로서 수행해야 하는 과업을 망각하고 있다. 그러므로 우리 고려공산청년회와 고려공산청년동맹은 조선 혁명운동의 통합에 대한 전적인 책임을 인식하면서 코민테른과 국제공청의 결정에 따라 청년회 및 프롤레타리아의 모든 의식 있는 분자들과 합의를 통해 통합을 실현하고자 한다(당 제외).

2. 명칭은 이미 국제공청에서 승인한 고려공산청년회를 유지한다. 중앙위원회에 9명을 선거한다. 그들은 대회 이전까지 모든 사업을 수행해야 한다. 다음의 동지들이 선거되었다. 지모사, 노상열, 조희창, 한익주, 김남수, 이인수, 김병일, 김월성, 김재명.

부언: 다음번 8월 11일 자 중앙위원회 회의에서 구체적인 문제들을 논의한다.

참석자 서명
고려공산청년회 중앙총국
지모사 [서명]
노상열 [서명]
조희창 [서명]
고려공산청년동맹 중앙위원회 뷰로
이인수 [서명]
김병일 [서명]
김월성 [서명]

의장: 지모사
서기: 이인수

의장: 지모사
서기: 이인수

РГАСПИ, ф.533, оп.10, д.1893, лл.9-10об.

РГАСПИ, ф.533, оп.10, д.1893, лл.11-12.

РГАСПИ, ф.533, оп.10, д.1893, лл.13-14.

РГАСПИ, ф.533, оп.10, д.1894, лл.105-107.

1926년 8월 11일 고려공산청년회 중앙위원회 회의 회의록

1926년 8월 11일

8월 11일 서울에서 고려공산청년회 중앙위원회 회의가 개최되었다. 회의에는 다음의 동지들이 참석하였다. 지모사, 이인수, 김병일, 조희창, 김재명, 노상열.

김월성, 김남수, 한익주는 불참하였다.

의제

1) 고려공산청년회에 대하여

2) 중앙위원회 보선에 대하여

3) 당 문제

4) 현안

청취: 1) 고려공산청년회에 대하여

결정:

a) 중앙위원회 앞에 놓여있는 실무적인 문제들을 해결하기 위해 1927년 1월 이전에 대회를 소집한다. 대회의 준비와 관련한 모든 사업을 중앙위원회에 위임한다. 혁명운동을 위한 진정한 핵심을 만들고, 진정한 통합을 조성하기 위해 공청원들을 대상으로 위험한 경향을 가진 자들에 대한 숙청을 단행한다.

b) 공산주의자들이 남김없이 검거됨에 따라 조선 내지의 공산주의자들은 매우 어렵게 사업을 수행하고 있다. 따라서 그들을 외국으로 보내고, 외국에서 사업하는 동지들을 조선으로 불러들여 조직을 보존할 필요가 있다.

c) 공청원들 중 연령 초과자들을 당으로 이동시키고, 당을 어려운 상황에서 벗어나도록 하기 위해 그들을 실무적 당 사업 수행을 위한 기본 핵심으로 만들 필요가 있다.

청취: 2) 중앙위원회 보선에 대하여

결정:

a) 일꾼의 부족으로 인해 다음 동지들을 중앙위원회에 보선한다. 장진수, 김이룡.

b) 다음의 구성원들을 중앙위원회 상무위원회에 선거한다. 지모사, 장진수, 이인수. 책임비서에 지모사를 선거한다.

청취: 2) 당 문제

결정:

조선 당의 6월 붕괴는 국제혁명운동에 있어서 큰 사변이며, 이는 국제 인민 프롤레타리아에 있어서 크나큰 손실임을 언급하지 않을 수 없다. 물적 증거와 비밀 재료들(당원 명부와 기타 문서들이 일본 경찰의 손에 들어갔다)이 발각되었으며, 120명이 넘는 자들이 검거되어 투옥되었다. 이로 인해 공청 역시 고통을 당했지만, 특히 당이 고통을 당하였다. 당은 거의 완전히 붕괴되었다. 검거되지 않은 당원들은 외국으로 가거나 몸을 숨기고 있다. 당중앙위원회는 존재하지 않으며, 경찰의 탄압은 날이 갈수록 강화되고 있다. 하지만 개별 지도자들이 공식 혹은 비공식적으로 분열정책을 지속하고 있기 때문에 전반적인 상황이 매우 착잡하다. 만약 지금 재건의 방도를 찾지 못한다면, 5~6년 동안 수행했던 사업의 근간이 파괴될 것이다. 따라서 우리는 조선 혁명운동이 처한 그와 같은 어려운 상황 속에서 스스로에게 책임을 부과하지 않을 수 없다. 그런 까닭에 우리는 코민테른 집행위원회와 국제공청 집행위원회에 다음과 같은 제안을 한다.

1) 모든 지도적 당 기관들을 고려공산청년회 중앙위원회로 이관한다.

2) 조선공산당의 모든 합법, 비합법 사업을 고려공산청년회 중앙위원회로 이관한다.

3) 조선공산당 대회 소집 준비를 고려공산청년회 중앙위원회에 위임한다(소집 시기 및 모든 기타 문제를 코민테른 집행위원회 및 국제공청 집행위원회와 합의한다).

임시의장 지모사 [서명]

비서 이인수 [서명]

고려공산청년회 중앙위원회 책임비서

РГАСПИ, ф.533, оп.10, д.1893, лл.15-16.

РГАСПИ, ф.533, оп.10, д.1894, лл.108-109.

1926년 9월 5일 고려공산청년회 중앙위원회 회의록

1926년 9월 5일

9월 5일 조선 서울에서 다음의 의제로 고려공산청년회 중앙위원회 회의가 개최되었다.

의장 지모사

비서 이인수

참석: 지모사, 이인수, 김병일, 김재명, 김광은, 김이룡

불참: 노상열, 장진수, 조희창, 김남수, 한익주

의제:

1) 대표들의 파견에 대하여

2) 중앙위원회 위원 및 중앙위원회 뷰로 위원 선거에 대하여

3) 출판에 대하여

4) 예산에 대하여

청취: 1) 대표들의 파견에 대하여

결정: 당 및 공청에 대한 보고를 위해 지모사와 이정윤을 코민테른과 국제공청에 대표로 파견한다.

청취: 2) 중앙위원회 위원 및 중앙위원회 뷰로 위원 선거에 대하여

결정:

a) 다음의 4명을 중앙위원회 위원으로 선거한다. 한상희, 김강, 김기영, 양명. 선거 이유는 다음과 같다. 중앙위원회 위원 지모사는 코민테른과 국제공청으로 보내야 한다. 일본 경찰이 장진수를 추적하고 있기 때문에 그는 사업을 수행할 수 없으며, 그를 만주로 보내야 한다. 일본 경찰이 노상열과 김남수의 주거지를 제한했기 때문에 그들

이 사업하는 데 있어 큰 장애가 되고 있다.

b) 위에 적시한 이유로 인해 한상희와 김강을 중앙위원회 위원으로 선거했지만, 현재 한상희는 외국에 체류하고 있기 때문에 그를 대신하여 한상희가 조선에 올 때까지 김기영을 임시로 중앙위원회 뷰로 위원에 선거한다.

c) 한상희를 비서로 선거하지만, 이인수는 한상희가 조선에 올 때까지 그를 대신하여 비서 직책을 수행해야 한다.

청취: 3) 출판에 대하여

결정 : 현재 우리에게는 지도적 이론 서적과 현장 사업에 대한 정보가 없기 때문에 우리 기관지인 『조선지광』과 『대중신문』을 해당 재료로 보강할 필요가 있다.

이 기관지들은 일본 경찰이 이를 허용하지 않고 있기 때문에 조선 인민들에게 혁명 이론을 제공할 수 없다. 따라서 외국에 비밀 인쇄소를 조직할 필요가 있다.

청취: 4) 예산에 대하여

결정: 1926년 9월부터 1926년 12월까지의 4개월간 사업 지출예산*을 다음과 같이 수립하여 코민테른과 국제공청에 요구한다.

의장 지모사 [서명]
비서 이인수 [서명]
고려공산청년회 중앙위원회 비서

●   РГАСПИ, ф.533, оп.10, д.1893, л.17.(러시아어)와 РГАСПИ, ф.533, оп.10, д.1894, лл.110-112. (일본어)에서 지출예산의 상세 내역을 확인할 수 있지만, 문서 상태가 불량하여 번역이 불가능하다.

РГАСПИ, ф.533, оп.10, д.1895, лл.100-101.

이정윤이 국제공청 집행위원회 아부고프에게 보낸 서한

수신: 국제공청 집행위원회 아부고프(Абугов) 동지

제기된 질문에 대한 몇 가지 답변

I. 1926년 7월 말 서울 공청 그루빠 중앙위원회의 결정에 대하여

나는 당시 중앙위원회 위원이 아니어서 회의들에 참석하지 않았기 때문에 1926년 7월 말 서울 공청 그루빠 중앙위원회의 구체적인 결정 모두에 대해 알지 못한다. 따라서 여기에서는 이인수 동지에게서 들은 것만을 이야기하도록 하겠다. 이인수 동지는 다음과 같이 말하였다.

1) 서울 공청 그루빠 중앙위원회는 고려공산청년회에 합류하기로 결정하였다.

2) 세포들을 검열하고 그들에게 중앙위원회의 결정을 알릴 목적으로 지도원을 현장에 파견하고 있다.

II. 국제공청 집행위원회의 결정과 이운혁의 전언에 대하여

국제공청 집행위원회 결정에 대한 이운혁 동지의 전언은 기본적으로 다음과 같다.

1) 고려공산청년회와 서울 공청 그루빠는 합법사업과 비합법사업에서 일체로 활동하면서 조속한 통합의 달성을 위해 노력해야 한다.

2) 민족혁명강령에 토대를 두고 민족혁명단체와 종교청년단체의 대오를 유입하는 방법으로 청년동맹의 사업을 강화한다.

3) 25세 수준까지 연령을 낮춤으로써 합법적 청년단체들의 저연령화 방향으로 나아간다.

1926년 4월 15일 자 국제공청 집행위원회 상무위원회 결정의 제4조와 제5조는 다음과 같다.

1) 공청 그루빠와 고려공산청년회의 합의와 합동사업 및 고려공산청년회의 구호들

에 대한 직접적 지지를 청년공산주의운동의 통일성 달성을 위한 유일한 방법으로 간주한다.

2) 국제공청 집행위원회 상무위원회는 공청 그루빠들이 실무사업의 방법을 통해 통합을 위한 조건을 만들어낼 때까지 통합회의 소집 문제를 결정하지 않고 유예한다.

국제공청 집행위원회 상무위원회 결정의 상기 조항들과 이운혁의 전언을 비교함으로써 이운혁 동지가 국제공청 집행위원회 상무위원회의 결정을 얼마나 올바르게 전달했는지를 판단할 수 있다.

참조: 이운혁 동지는 1926년 4월 15일 자 국제공청 집행위원회 상무위원회의 결정을 알지 못하였다.

III. 김영만의 선언문에 대하여

(회의록에 따르면) 김영만은 1926년 4월 국제공청 집행위원회 동양부 회의에서 과거 고려공산청년회와 서울 공청 그루빠 사이에는 "민족혁명협동전선"이라는 서울 공청 그루빠의 구호에 반대하여 고려공산청년회가 자기의 강령에서 "조선에서의 소비에트정권"이라는 별개의 구호를 제기하였기 때문에 민족문제에 대한 강령상의 근본적인 불일치가 있었다고 말하였다. 김영만 동지의 이 말은 잘못된 것이다. 고려공산청년회는 자기의 강령에서 조선에서의 소비에트정권 수립이 가장 시급한 과업이라는 말을 결단코 단 한 마디도 언급하지 않았다. 김영만 동지는 조봉암 동지의 무책임한 발언을 고려공산청년회 강령의 기본 원칙으로 받아들였던 것이 분명하다. 조봉암은 자기가 지난해에 이미 고려공산청년회에서 채택하지 않았을 뿐 아니라 그것을 좌경적 문구라고 비난했음에도 불구하고 전술한 구호를 고려공산청년회의 이름으로 큰 목소리로 주장했으므로, 그가 이러한 사상에 정신이 팔려 있었던 것은 사실이다.

이정윤 [서명]

РГАСПИ, ф.495, оп.135, д.127, лл.86-87.

1926년 9월 21일 박철환이 보낸 보고서

극비

만주와 간도의 조선공산당과 고려공산청년회 사업에 대한 정보 보고

1926년 7월 30일 자 공산당 만주총국 보고를 토대로 작성함

당 및 공청

간도와 만주의 사업을 위한 조선공산당 중앙위원회의 결정에 따라 당 도총국과 공청 도총국이 조직되었다. 당과 공청 중앙위원회들에 의해 총국 일꾼들이 임명되었다. 상기 총국들은 (1926년 초) 현지에 도착한 후 이전부터 이곳에 존재했던 당과 공청 단체들을 검열하였다. 예비 조사와 재등록 결과에 따르면 단체들은 다음과 같은 상황에 놓여 있다.

공산당원: a) 간도 내부(훈춘 및 조선과의 접경지역)의 당원 95명

b) 동간도에 33명

c) 북만주에 31명

d) 서간도(남만주)에 12명

총 171명

공청원: 상기 지역 전체에 358명

공산당원 및 공청원 전체: 529명

농민 단체 및 노동자 단체

만주와 간도의 농민 단체는 약 40개이며, 그 가운데 32개 단체가 당의 영향하에 있다. 다수는 간도에 있으며(16개 단체), 나머지는 북만주(7개 단체)와 남만주(9개 단체)에 있는데, 후자는 아직도 서간도라고 불리고 있다.

1) 북만주

a) 아성농민동맹

b) 공제회 – 공산당 만주총국에 의해 조직되었다.

c) "익보사(ИКПОСА)" – 농민 잡지 출판부. 그 주위에 기자 혁명가 역량이 집결해 있으며, 우리의 모든 글을 게재하고 있다.

2) 남만주

a) "노동당(Работия)"* – 농민이 다수이다. 탄광 일꾼들이 있다. 옛(이르쿠츠크) 공산당 중앙위원회 위원 김응섭 동지의 지도를 받고 있다. 회원 수는 최대 3,000명이다. 정기적인 회비. 중등학교와 성인을 위한 대학예비과와 유사한 기구를 보유하고 있다.

b) "반석" – 농민동맹. 남만주의 농민들이 구성원이다.

3) 간도 내부

a) 농민동맹 – "화룡"

b) 동만농민동맹

c) "조선노동회" – 노동자가 매우 적다

이외에 간도 내부에는 다음이 있다. "독서회"(사회단체) – 지역 지식인들로 구성, "신인구락부(Клуб новых людей)" – 동일, "추풍회" – 동일.

각 지방 도처에 사회행정기관의 역할을 하는 조선인협회(Корейское общество)가 있다. 다음의 협회들이 당의 영향력하에 있다. 영고탑, [판독 불가], 아성, 돈화, 반석 등. 나머지 협회들을 당의 영향력으로 유인하는 것이 현지 당 및 공청 단체들이 당면한 과업이다.

민족청년회

만주와 간도의 민족청년회는 140개이다. 그 가운데 119개가 당과 공청의 영향력 및 지도하에 있다. 가장 큰 단체들은 다음과 같다.

a) "동만청년총동맹" – 72개 단체(간도 내부의 거의 모든 단체)가 속해 있다.

b) "북만청년총동맹"

c) "북만노력청년총동맹" – 이 2개 동맹에 35개 단체가 속해 있다. 2개 동맹을 하나로 통합하는 과업이 공청에 제기되어 있다.

●　　　정식 명칭은 한족노동당이다.

d) "남만청년총동맹" – 12개 단체

상기 동맹들이 속한 3개 지역의 회원 총수는 약 10,000명이다(재등록이 완료되지 않았다).

당과 공청의 실무 활동

1) 조직사업

만주총국은 조직 문제에 있어 아직 수립한 계획을 완벽하게 실현하지 못하였다. 당원과 공청원의 재등록이 막바지에 이르고 있으며, 당의 영향력하에 있는 합법 민족 단체들에 대한 검열이 시작되었다. 대중 조직사업 부분의 기본 과업은 모든 민족 단체의 통합, 그들의 활동 총강령 수립, 민족 단체들 간, 특히 신민부, 정의부, 참의부 간의 집단투쟁 및 분파투쟁 근절 등이다. 당은 그들을 화해시키는 일에 중재자로 나서고 있다(물론 개별적 인물들을 통해). 당면 과업은 당원 및 공청원들과 기존 민족 단체와의 연락 및 동 단체들, 특히 현재 단체의 활동에서 큰 역할을 수행하는 현장의 민족 단체들로의 침투이다.

2) 선전선동 활동

아직은 이 활동이 공산당원 및 공청원 교사, 사상 학습 소조, 강사 그루빠 등이 있는 학교들로만 한정되어 있다. 자금이 없기 때문에 총국은 아직 관련 기관과 출판을 조직하는 계획을 시행하지 못하였다. 우리 동지들의 글이 실려 있는 『익보사』 잡지가 이용되고 있다. "노동당" 내 학교가 적지 않은 의미를 가지고 있다. 그 학교의 과정에 사회과학이 포함되어 있다. 학교 내외부에 관련 소조들이 조직되었다.

간도 내부의 경우 모든 사업이 조선 내지와 연동되어 있다(근접성). 그들은 조선에서 수행되는 모든 캄파니야에 호응하고 있다.

빨치산운동 및 농민운동과 그 전망

빨치산: 빨치산운동이 진압된 후 그들 대다수는 지하로 숨어들었다. 정의부, 신민부, 참의부 등 3개 민족 단체에 과거 빨치산이었던 경찰과 일정 정도 유사한 자들이 있다. 그들의 재료에 따르면 무기를 보유한 자의 수는 총 900명이 채 안 된다. 간도와 만주에서 군사 사업에 준비된 빨치산은 5,000명 정도이다. 소련, 일본, 중국, 만주의 군사학교를 마친 지휘관 성원(하급, 중급, 상급)은 400명 정도이다. 빨치산운동의 전망. 지도자들이 없지만, 준비된 역량을 보유하고 있다.

농민운동: 농민의 조직사업은 아직 그들을 단체로 모이게 하는 데 집중되고 있다. 그럴듯한 농민운동은 아직 없다. 하지만 조선인 소작인들에 대한 중국인 지주들의 착취가 심해지면서 조선인 소작인들의 감춰졌던 불만이 표출되고 있다. 그들은 이미 지주들과 중국 관료들의 전횡에 맞선 조직적 투쟁의 필요성을 스스로 이야기하고 있다. 요컨대 농민운동의 토대가 마련되어 있다. 당의 과업은 중국인 지주와 관료들, 그리고 마침내는 장작림(張作霖)에 반대하는 농민들의 성장하는 운동을 지도하는 것이다. 더욱이 조선인들에게 지금 일본 [판독 불가]에 대한 그의 역할이 특히 명확하다.

1926년 9월 21일
박철환 [서명]

РГАСПИ, ф.533, оп.10, д.1893, лл.19-24.

РГАСПИ, ф.533, оп.10, д.1893, лл.28-32.

1926년 10월 5일 고려공산청년회 중앙위원회 회의 회의록

조선, 서울.

참석: 고려공산청년회 중앙위원회 위원 이인수, 양명, 김강, 김광은(김월성), 김세권, 조희창.

의제:

1) 8~9월 중앙위원회 사업 및 단체의 전반적 상황에 대한 이인수 동지의 보고

2) 러시아로 이주한 한익주 동지를 대신하여 전해 동지를 중앙위원회 위원으로 포함

청취: 중앙위원회 사업과 단체 상황에 대한 이인수 동지의 보고

당 및 공청 대오로부터 가장 열성적인 역량을 탈취당한 6월 사변 이후 중앙위원회 앞에는 일본 반동이 공격을 해올 경우 최대한의 유생역량과 전투력을 보존하면서 첫째, 최대한의 비밀 준수와 지하로의 은거 측면에서 단체를 재건하고, 둘째, 사업 조건에 단체를 적응시키는 문제가 제기되었다. 또한 나라 전역에서 공청 역량을 붕괴로부터 보전하고 외부로부터 새로운 역량을 공청 대오로 끌어들이기 위한 현장과의 연락 유지 문제가 제기되었다. 고려공산청년회 중앙위원회는 공격해 오는 반동들의 앞에 조선 혁명 역량의 통일성 구호를 투척했는데, 최초의 실질적인 행보는 서울청년회 콤 그루빠와의 통합이었다. 통합을 이룬 덕분에 고려공산청년회는 조선 프롤레타리아 청년들의 새로운 참신한 전위 전사들을 획득하였다. 최근 현장 파견에서 돌아온 김병일, 김재명 등의 중앙위원회 위원들로부터 받은 정보에 따르면 현재 단체에는 서울청년회 그루빠 계통 옛 공청의 공청원 96명, 총 세포 수 26개가 속해 있다. 도별로는 다음과 같이 분포되어 있다. 경기도 – 공청원 14명, 세포 4개. 경상남도 – 공청원 10명, 세포 2개. 경상북도 – 공청원 8명, 세포 3개. 전라북도 – 공청원 13명, 세포 4개. 전라남도 – 공청원 13명, 세포 4개. 함경남도 – 공청원 11명, 세포 3개. 함경북도 – 공청원 9명, 세포 2개. 황해도 – 공청원 4명, 세포 1개. 강원도 – 공청원 4명, 세포 1개. 충청남북도(2개도) – 공청원 5명, 세포 1개. 도쿄 – 공청원 4명, 세포 1개. 외국에는 만주 – 공청원 5명,

세포 1개, 상해 – 공청원 5명, 세포 1개.

현장에서 세포들이 수행한 사업은 도 및 군 공청회 지도, 남부의 도들에서는 농민 단체 지도, 산지의 세포들은 노동운동 지도로 귀결된다. 내부 교양사업은 상대적으로 취약하였다. 정치적 측면에서 공청 대중의 수준은 서울 당 대중에 비해 상대적으로 높은 편이다. 비밀사업의 수행은 상급 기관들로부터의 보다 많은 지령이 요구되지만, 상황은 전반적으로 만족스러운 편이다.

고려공산청년회 계통은 붕괴 이후 지금껏 중앙위원회가 현장과 필요한 연락 방법을 찾지 못하였다. 1) 명단 등 모든 문서를 분실했고, 2) 중앙과 지방의 책임일꾼들 전원이 검거되었으며, 3) 비밀사업에서 중앙 일꾼들이 공청 일반 일꾼들을 모르는 등등의 이유 때문이다. 그와 같은 절대적인 불가능성에도 불구하고 중앙위원회는 어디에선가 나라에 부분적으로 유지되고 있는 세포와 개별 공청원들을 찾아냈다. 중앙위원회에서 파악한 세포와 공청원의 근사치는 다음과 같다. 서울 – 8명, 인천 – 공청원 3명, 강화 – 1명, 개성 – 공청원 2명, 해주 – 공청원 1명, 재령 – 공청원 1명, 평양 – 공청원 3명, 신의주 – 공청원 3명, 함흥 및 홍원 – 공청원 3명, 강원도 – 공청원 3명, 진주 – 공청원 3명, 경상북도 – 공청원 8명 등 총 39명. 이 수치의 정확성을 보장하는 것은 거의 불가능하다. 한마디로 고려공산청년회는 6월과 그 이후의 검거, 그리고 반동의 공격에 따른 일꾼 대다수의 만주 및 러시아 이주 등으로 인해 거의 90% 정도 조직이 붕괴된 상황이라고 규정할 수 있다. 통합 중앙위원회의 앞에는 현재의 조건이 요구하는 바에 보다 부합하는 새로운 방법으로 상부부터 하부까지 조직을 새롭게 개편해야 하는 매우 어려운 과업이 놓여 있다. 만주 고려공산청년회 단체의 사업은 여러 가지 이유로 모든 면에서 조선 내지에 비해 좋은 편이다. 공청원 수는 약 200명이며, 그들에 의해 수십 개의 세포가 조직되었다. 도 단체는 북만주, 서간도 및 북간도 등 3개이다. 내부 교양사업은 매우 높은 수준에서 이루어지고 있다. 공청 대중은 정치적으로 발전되어 있고 조직적으로 결속되어 있다. 출판사업 또한 빈약한 재원에도 불구하고 문제가 없는 편이다. 만주총국에는 비서의 교체 등등과 관련한 조금 아픈 문제가 있다. 하지만 현재 중앙위원회가 기관에서의 말썽거리를 어느 정도 조정하고 피하는 데 성공하였다. 중앙위원회는 단체의 만주단체 대회 또는 회의 소집 지령을 내려서 비서 교체 등등과 같은 모든 아픈 문제들을 해결하도록 하였다. 아직 고려공산청년회 중앙위원회 만주총국의 모든 성원들은 단체의 붕괴를 피하고자 옛 형태를 유지하고 있다. 왜냐하면 중앙위원회에 의해 새롭게 임명된 옛 구성원들, 비서 등등이 만든 만주공청과 중복되는 다른 비밀청년단체들의 경우가 이미 관찰되었기 때문이다. 모든 전반적인 문제들을 해결하고 만주공청 대회를 소집 및 지도하기 위해 장진수 동지가 그곳으로 보내졌다.

일본에는 우리 역량이 온전하게 보존되었다. 이것이 모든 고려공청의 내부 상황과 공청사업 분야에서 최근 구성원들의 중앙위원회 사업에 대한 간략한 요지이다.

당 사업.

6월 사변 이후 당 대오, 그중에서도 특히 당 기관에는 최소한 2~3개월 동안 아무도 없었다. 객관적인 이유들로 인해 공청 중앙위원회가 당 중앙위원회의 역할을 대신하지 않을 수 없었다. 책임적 당일꾼들을 찾아내지 못했기 때문에 우리는 당 사업의 모든 부담을 자기의 어깨로 감당하지 않을 수 없었다. 고려공산청년회 중앙위원회는 당 내부 상황에 대한 아무런 재료도 갖지 못한 채 붕괴 전후에 손으로 더듬으면서 나아가지 않을 수 없었고 대부분의 경우 공청 열성자들과 조선 내지 등등에 있는 다양한 콤 그루빠들에서 영입한 역량을 당 사업으로 이동시켜서 사업을 수행하지 않을 수 없었다. 고려공산청년회 중앙위원회는 당 사업 계통에 따라 대중들에게 "모든 의식 있는 조선의 공산주의자들은 당을 지원하는 데 나서자"라는 구호를 전파하였다. 실제로 우리는 당파의 전통을 이어오던 서울 콤 그루빠로 하여금 그루빠의 입장을 변경하도록 하였다. 우리는 우리 사업이 최고조에 있을 때 마침내 유일한 당중앙위원회 위원인 김철수 동지를 찾아내는 데 성공하였다. 우리는 당 대오의 내부 조직 구성을 그에게 넘겨주었다. 그의 통지에 따라 옛 조선공산당 중앙위원회 후보위원인 김강, 원우관 동지 등으로 조선공산당 중앙위원회가 꾸려졌다. 지방과의 연락은 아직 정비되지 않았으며, 정확한 기반 시설을 갖추지 못하고 있다. 고려공산청년회 중앙위원회는 김철수에게 서울 콤 그루빠의 조선공산당 가입 문제를 제기했지만 아직까지 우리는 어떠한 만족스러운 답변도 받지 못하였다. 전반적으로 당 사업 분야의 상황은 전혀 만족스럽지 못하다. 지방과의 연락이 단절되었고 정비되지 못하였다. 중앙위원회 일꾼들은 당 정책 영역에서 견고한 움직임을 보이지 못하고 있다. 중앙위원회의 모든 성원이 발각되었기 때문에 중앙의 비밀화에 성공하지 못하였다. 중앙에 있지 않은 일꾼들과 지방 일꾼들까지도 오늘이나 내일 외국으로 나가야만 하는 실정이다. 이것이 당이 처해 있는 전반적인 상황이다.

결정:

1. 중앙과 지방의 더욱 강력한 비밀화를 위해 보다 많은 노력을 경주한다.

2. 발각되지 않은 일꾼들과 지하 일꾼들로 유연한 하부 동맹위원회를 조직하는 과업을 돌격적으로 해결한다.

3. 현장의 조건을 고려하여 세포를 3인회와 5인회로 개편한다.

4. 대회까지의 사업 과정에서 비밀적 고려에 의거하여 동요하기 쉬운 동지들을 조직으로부터 청소한다.

5. "발각된" 일꾼들을 고려공산청년회 만주단체 일꾼들과 교체한다.

6. 자금이 없으면 아무런 사업도 수행할 수 없으므로 고려공산청년회에서 제출한 예산서를 조속히 승인해 줄 것을 국제공청에 요청한다.

7. 서울청년회 콤 그루빠를 조선공산당 대오로 가입시키는 사업과 관련하여 코민테른 집행위원회에 조선에서의 당 문제에 대한 지시를 내려주기를 요청한다.

8. 고려공산청년회 중앙위원회 만주총국의 박윤세 동지를 대신하여 김동명 동지를 비서로 임명하는 문제를 고려공산청년회 만주단체 대회가 소집될 때까지 결정 보류해줄 것을 국제공청에 요청한다.

청취: 러시아로 이주한 한익주 동지를 대신하여 전해 동지를 중앙위원회 위원으로 포함하는 것에 대하여

결정: 한익주 동지가 조선 내부에 있지 않으므로 그의 고려공산청년회 중앙위원회 위원 자리에 6월 사변 이후 일본 경찰을 피해서 서울 외부의 지방에 은거했던 고려공산청년회 중앙위원회 옛 후보위원인 전해 동지를 임명한다.

조선, 서울
1926년 10월 5일
고려공산청년회 중앙위원회 책임비서 대리 이인수

РГАСПИ, ф.533, оп.8, д.108, лл.41-42.

РГАСПИ, ф.533, оп.8, д.108, лл.43-45.

단코 동지와 서울청년회 대표들과의 첫 번째 담화

조선은 봉건국가이다(80%가 농민이고, 약 40%가 남성이다). 일본의 팽창과 병합이 있은 후 나라는 나라를 봉건주의에서 자본주의와 제국주의로 접근시키는 경제개혁을 당하였다. 조선에 이러한 요소들이 나타나고 발전하면서 공업자본이 미성숙한 가운데 금융자본과 상업자본이 자라났으며, 그 결과 일본 제국주의의 이익에 봉사하는 특권 지배층이 경제적으로 공고화되는 가운데 중간계급(소부르주아와 중소 지주)이 프롤레타리아화되고 빈곤화되었다. 공업자본이 성숙되지 못했음에도 불구하고 대중에 대한 착취가 강화되었는데, 이로부터 프롤레타리아 깃발 아래에서의 민족해방운동이 나오게 된다. 1919년 조선의 민족해방을 위한 최초의 거대한 투쟁이 생겨났다.

대외적 추동 요인:

a) 유럽전쟁의 후과

b) 노동운동의 강화

c) 러시아혁명

d) 일본의 사회주의 노동운동

1919년 이후 일본의 억압이 격심해지면서 운동에 참여했던 민족주의자들이 사회주의적 프롤레타리아 계급투쟁의 방향으로 전환했는데, 그 원인은 봉건주의에서 자본주의로의 이전 필요성, 근로대중에 대한 착취, 세계 노동운동의 역할 등이었다.

1919~1920년 운동 참여자들의 사상:

귀족과 부르주아는 봉건적이고, 지식인은 부르주아적이며, 선진 지식인들은 프롤레타리아적이다.

민족 문제를 망각하면서 계급운동을 제기하는 선진적 민족주의자들도 사회주의적 투쟁의 방향으로 전환했는데, 이들은 레닌을 만나게 되면서부터 지금은 서서히 기력이 쇠잔해지면서 자기의 과오를 인정하고 있다.

그와 같은 좌경화의 원인:

1) 1919~1920년에 구체적으로 얻은 것이 아무것도 없었다.

2) 인민들의 생존 조건이 악화되었다. 이로부터 부자들에 대한 피착취 빈민들의 반

감이 나왔고, 좌경적 경향과 "현 사회를 분쇄하자"라는 구호가 나왔다. 뒤를 돌아보지 않고 앞으로 나아가려는 조급한 경향이 나왔다.

민족주의자들을 주적으로 간주한 일본 제국주의자들이 사회주의자들에 대해서는 중립적인 태도를 취하면서 민족주의자들을 공격한 것이 사회주의 단체와 운동의 발전에 도움을 주었다.

1919년 이후 민족부르주아적 성격의 8개 조항으로 구성된 강령을 지닌 조선청년회연합회가 만들어졌다. 1923년 서울청년회 주도로 공산주의적 구호들과 프롤레타리아적 강령하에 "청년당"대회가 소집되었는데, 이 대회는 해산되었다. 이 대회가 좌익운동의 시작이었다. 흩어진 대회 대표자들은 사회주의 노동자농민단체들을 만드는 사업을 수행하기 시작하였다. 1924년 그들의 협력하에 노농총동맹이 설립되었다.

1923년부터 사회운동 참여자들은 정치적 성격을 띤 "사상"단체들을 조직하였다(화요회, 북풍회, 서울청년회, 청년회연합회, 노동당 등).

1925년부터는 같은 해 개최된 민중대회부터 통합의 경향이 시작되었다.

1) 1926년 중협병회(центр.блок союзов)(조직 과정에 있음)

2) 조선사회단체중앙협의회

3) 여성동우회

4) 형평사

사회운동은 대다수 대중을 포용하지 못했고, 반일 투쟁을 수행하지 않았으며, 민족문제에 있어 허무주의적이었다. 레닌과의 만남과 민족주의운동 방향으로의 전환은 대중을 민족협동전선의 과업으로 끌어당겼다.

보잘것없고 허약한 공업의 환경에서, 프롤레타리아가 취약하고, 봉건적 토대에서 정치적으로 후진적인 농민이 억압받는 상황에서 이미 일본이 점령하기 이전부터 기존의 억압과 봉건적 잔재에 맞서 싸웠던 청년만이 민족주의운동과 사회주의운동에서 적극적인 역할을 수행하고 있다. 이 운동은 봉건주의적 토대의 동요를 동반한 외국 자본주의가 정착되어가 면서 강화되었으며, 세계적 문화 및 기술과의 만남은 내부의 반동 움직임과 민족적 각성, 병합 이후 유일한 정치단체였던 학생단체인 상급 "동우회"에 대한 애국주의와 관련하여 혁명적 분위기를 성장시켰다. 1919년 학생단체와 지도자는 …•

•   원문에 이렇게 표시되어 있다.

청년단체들의 성장. 청년총동맹을 포함하여 청년이라는 명칭을 가진 단체가 (옛 단체들을 포함하여) 1,000개이다. 대중적 청년단체들을 조직하려는 시도가 있었다(반군회(Пан-гун-хва)) – 조선노동공제회는 해산되었다.

노동자농민운동과 그 단체들의 발전에 있어 러시아공산당원과 일본 사회주의자들도 큰 역할을 하였다.

―――――――

1924년 청년운동의 분열은 청년동맹을 약화시켰다. 계급적인 조선청년총동맹을 설립했는데, 이로 인해 대중은 혁명적 분위기를 상실했고, 민족 단체들이 괴멸되었다. 이는 과오이다.

조선청년총동맹은 과거의 오류를 염두에 두고 모든 청년단체들의 협동전선으로 나아가고 있다.

2개 당 간에.

6월 10일. 강령에 대하여.

РГАСПИ, ф.533, оп.8, д.108, лл.46-52.

РГАСПИ, ф.533, оп.8, д.108, лл.53-56.

РГАСПИ, ф.495, оп.135, д.129, лл.1-4.

1926년 10월 6일 단코 동지와 서울청년회 대표 정백 동지와의 세 번째 담화

정백:

최근 5~6년 동안 조선의 사상("사회주의")운동은 부단한 분파투쟁을 겪고 있다. 이 투쟁은 부정적 측면과 긍정적 측면을 가지고 있다. 부정적 측면은 모든 혁명 역량의 결집을 방해하면서 혁명운동이 여러 갈래로 분열되었다는 것이다. 긍정적 측면은 이 투쟁의 과정에서 각각의 싸우는 그루빠들이 한편으로는 적에 대한 수적 우위를 도모하기 위해 자기 주위에 대중을 조직하고자 노력했고, 다른 한편으로는 그 과정에서 대중을 혁명운동으로 이끌어냈다는 것이다. 분파투쟁은 청년운동으로부터 태동하였다. 여기에서 조선의 청년운동이 고유의 청년운동이 아니라 일반 정치운동, 민족혁명운동의 발현이라는 점을 염두에 둘 필요가 있다. 청년은 자기의 구성과 지향에서 청년 문제로부터 멀리 떨어져 있는 대중과 대중단체의 제창자이자 조직자였고, 현재도 그렇다.

분파투쟁의 초기는 대중이 참여하지 않는 망명자들의 투쟁 시기였다. 근간에는 조직된 대중을 대표하는 보다 광범위한 계층이 이 투쟁에 유입되었다. 모든 분파 그루빠들은 자기의 단체에 대중을 보다 폭넓게 끌어들이고자 노력했고, 이를 위해 그들은 진정한 필요성이나 적합성 따위는 생각하지도 않은 채 다종다양한 형태의 단체를 고안해내고 많은 수의 단체를 만들어냈다. 현재 이러한 경향은 용인할 수 있는 한도를 넘어버렸다. 왜냐하면 그 결과로 인해 회원의 질적 측면이 무시된 채, 그리고 대중 자체의 요구와 이익이 고려되지 않은 채, 수적 증대만을 위해 경쟁하는 상황이 초래되었기 때문이다. 현재 조선 내 2개의 주요 투쟁 집단 주위에 약 1,000개의 단체가 있다. 그들 외에 이 투쟁의 어느 쪽에도 가담하지 않은 단체가 약 300개이다. 그런데 이 단체들 중 대다수가 최근 2~3년 사이에 만들어졌음을 언급하지 않을 수 없다. 이 단체들이 가지고 있는 결함은 다음과 같다. 단체들 중 50% 이상이 조직적으로 완성되지 못했고, 견고하지도 않다. 회비도 없다. 민주주의가 부재한 가운데 모든 것이 이루어지고, 모든 것이 분파주의 지도자들과 연결되어 있으며, 이 단체들의 내부에 개별 지도자들에게 줄을 대는 새로운 분파들이 있다. 단체의 회원들 중 대다수가 자기 단체의 생활과 "사업"에 적극적으로 참여하지 않는다. 거기에 더해 이 모든 "대중"단체는 대중으로부터 분리되어 있고, 대중을 거의 인도하지도 못하고 있다.

만약 지금 민족혁명단체들의 통합 문제를 해결하고자 한다면, 이 통합은 지도자들을 토대로 한 통합이 아니라, 사회정치적 강령을 토대로 한 통합이 되어야 할 것이다. 그리고 만약 단체들의 경계 설정 문제가 제기된다면, 이는 지도자들의 특성에 의해서가 아니라, 계급 노선에 따라 진행되어야 할 것이다.

노동자 문제. 현재 조선에는 2만 명이 가입되어 있는 200~300개의 단체가 있다. 이 모든 단체는 자연 발생적으로 만들어졌는데, 아직도 조직적으로 완성되지 않은 상태이다. 정교하게 구성된 투쟁 방법이 없다. 파업기금이 없다. 단합되어 있지 않다. 일반 정치 사건들에 대한 호응도가 약하다. 광부들과 국영기업소 일꾼들, 일본인들이 소유한 거대 공업 부문 대표들은 전혀 조직되지 않았다. 조직된 노동자들은 대부분 경제적으로 힘이 약하고 취약한 경쟁력을 지닌 조선 기업소들에 집중되어 있다.

파업은 대부분 부분적 구호만으로 진행되는 지역적인 성격을 띠고 있다. 노동자들이 대규모로 행동한 적이 단 한 번도 없었다. 매우 빈번한 패배가 노동자 대중과 그 단체들의 분산성을 강화시키고 있다. 노동자 단체들로는 어떤 것이 있나? 약 200명이 일하는 한 공장 노동자들의 단체인 친목회(Ченмохе)는 조합 단체로서, 결성 목적은 휴일 노동시간을 편하게 보내는 것 등이다. 노동운동이 그것에 머물러서는 안 된다. 기존의 사업 방식을 근본적으로 재검토하고, 새로운 방법을 고안해 내며, 새로운 구호를 제공할 필요가 있다.

농민운동은 조선의 남부지방에 매우 잘 조직화되어 있는데, 이는 그 지역이 가장 발전되고 집약적인 농업지역이라는 것으로 설명될 수 있다.

기존의 농민 단체를 다음의 3개 유형으로 구분할 수 있다. 1) 사상("사회주의")단체. 2) 특정한 성격이 없는 단체. 3) 전투적 농민 단체. 첫 번째 단체 유형은 농민을 지도하고자 하는 지식인들의 영향을 받고 있다. 두 번째 유형의 성격은 더 설명할 여지가 없다. 세 번째 단체 유형은 이미 지난 3년 동안 지주에 맞서 투쟁하고 있는 농민 단체들이다. 그들의 투쟁 구호는 대부분 경제적인 요구이다. 이 투쟁은 성과 및 승리와 패배 사이를 왔다 갔다 하고 있다. 일반적으로 이 단체들의 지도자는 노인들이다. 그들의 사상은 소부르주아적이다. 공산주의 사상에서 멀리 벗어나 있다. 그 단체들의 목적도 자기의 경제 상황을 개선하고 든든한 주인으로 서기 위한 투쟁이다. 자기의 행동에서 패배를 경험한 단체들은 통상적으로 농민들이 그 단체를 마음에 들지 않아 하게 되므로 분해되고 만다. 승리하는 단체들은 성장하지만, 혁명운동으로 자라나지는 못하고 다음에 있을 착취자와의 충돌 때까지 승리에만 도취된 채로 있다. 내가 보기에, 농민운동의 기본적인 동기는 세금 문제, 농민회의 존속 권리 문제, 농업으로부터의 배제 문제 등이다. 선진적 단체들은 이러한 문제들에 대해 거의 생각하지 않으며, 농민회의 조직에 대한 자기의 관심을 농민들에게 보여주지도 않는다. 농민운동과 민족운동은 연계되지 않은 채 제각각 성장하였다. 여기에 혁명단체들의 근본적인 과오가 있다. 북부와 북서부의 농민운동은 취약하다. 전체적으로 농민운동이 거의 고려되지 않았고, 그 경험, 교훈, 과오도 전혀 고려되지 않았으며, 경험을 토대로 그것을 발전시키려는 지속적인 노력도 없었다. 농민운동은 경제적 수준의 투쟁에 머물러 있다. 농민대중을 민족해방운동으로 끌어들이면서 이 투쟁을 정치투쟁으로 고양시킬 필요가 있다.

청년. 현재 조선에는 조선청년총동맹을 중심으로 결집해 있는 330개 단체가 있다. 6~7년 전에는 그러한 단체가 1,000개에 달하였다. 단체 수의 감소는 단체들 중에서 일부가 좌측으로 가서 조선청년총동맹에 통합되었고, 일부는 좌익과 타협하지 않음에 따라 운동에서 배제된 채 동요하고 기능이 마비되거나 덧없는 세월을 보내고 있다는 것으로 설명된다. 기존의 청년단체들은 3개의 그루빠로 분류할 수 있다. 1) 민족주의 청년단체. 2) 사회주의 및 공산주의 청년단체. 3) 관청회(Куанченхвой)(일본의 앞잡이들이 조직한 단체). 첫 번째 그루빠는 수적으로 많지만 조직이 취약하고 수동적이다. 이 단체들 중 가장 중요한 것으로 종교청년단체들이 있다. 두 번째 그루빠는 수적으로 적지만, 매우 활동적이다. 세 번째 그루빠는 극소수이며, 일본 앞잡이들에 의해 혁명단체가 없는 오지에만 조직되어 있다. 이 단체들은 강습소와 교육사업을 조직하는 데 종사하고 있다.

330개 단체와 조선청년총동맹은 자기의 과거 강령을 변경하고 급진적인 강령을 채택하였다. 전체적으로 청년운동은 노동운동과 농민운동에 지도자를 공급하는 데 있어 조선의 운동들 중에서 가장 강력하다. 이 운동은 사실상 민족운동의 발현이다. 이 단체들에 유산계급과 무산계급의 대표들이 있다는 사실을 언급하지 않을 수 없다. 민족청년단체들이 좌익단체로 나아가는 것은 좌익 쪽에 명확한 강령과 잘 만들어진 전술이 있다는 것으로 설명된다. 청년운동은 당신들이 가지고자 희망하는 청년운동이 아니라는 것을 다시 한 번 강조하고자 한다. 조선의 사회발전 역사에 그 원인이 있다. 조선이 병합되기 전에 모든 정치 정당, 그것도 주로 청년의 정치 정당들이 형성되었다. 조선이 병합된 후에는 청년학생단체들이 조선의 사회단체이자 정치투쟁을 하는 유일한 단체였다. 이 단체들의 저연령화 문제를 제기하면서 우리는 과오를 저질렀다. 왜냐하면 우리는 이 정치단체들의 토대와 성격을 청년단체로만 국한했기 때문이다. 이 단체들을 저연령화함에 따라 우리는 성인들의 운동을 단념해 버렸다. 5년 전에 청년단체들은 조선 사회에 큰 영향력을 가지고 있었다. 현재 우리는 비할 바 없이 큰 영향력을 가지고 있는 반면, 청년회들은 천대받고 있으며 청년교육단체로까지 협소화되었다. 또한 청년운동에서의 인위적인 계급 노선 강화는 유산계급 청년운동의 배제를 수반했는데, 이것역시 과오이다. 조선에는 정치운동이 없기 때문에 청년단체들은 정치투쟁이 없는 사회주의운동의 길로 나아갔다. 만약 조선에서 합법적으로 정치사업을 한다면, 현재의 조건에서 이는 타협주의의 길로 나아가는 것을 의미한다. 이러한 조건에서 우리는 완전한 독립을 위한 투쟁을 수행할 수 없으며, 이로부터 사회운동의 방향이 나오는 것이다. 현재 청년운동은 자기 역량을 결집시킬 수 있는 새로운 단체를 원하고 있으며 기존의 강령에 국한되지 않는 새로운, 보다 광범위한 강령을 원하고 있다. 우리의 사상(사회주의)청년단체들은 기이한 성격을 가지고 있다. 그것들은 정치적 성격을 가져야 하겠지만, 우리의 조건에서 정치 정당을 만드는 것은 안 된다. 지금 사회주의단체를 청년단체와 분리시켜서는 안 된다. 그것들은 같은 것이다. 생각건대, 사회주의단체들과 청년단체들을 위한 새로운 강령을 만들 필요가 있다. 우리는 사상단체와 청년단체를 연령에 따라서만 구분했는데, 사업 내용에 있어서 그것들은 서로 거의 구분이 되지 않는다. 사상단체들의 발전을 위한 명확한 노선이 필요하다. 그렇게 하지 않으면 그것들은 모호하게 될 것이다. 내가 보기에, 사회주의단체들은 좌익 공산당이며, 청년회들은 합법적공청이다. 사상단체들은 노골적인 정치 강령을 제기해서는 안 되며, 사회의 재건이라는 일반 강령만을 제기할 수 있다. 만약 이것을 거부한다면, 이는 타협적 강령의 채택을 의미하는 것이다. 사상단체와 청년단체는 공산주의 강령을 제기하면서 경제적, 계급적 투쟁뿐 아니라 정치투쟁도 수행해야 한다. 하지만 이것은 불가능하다. 정치투쟁은 망명자들 측에서만 할 수 있다. 만약 사상단체들이 계급운동단체로 변화한다면, 그것들을 개편하고 단일 단체로 통합시킬 필요가 있다. 만약 정치 정당이 만들어진다면, 그것은 정치투쟁만을 할 수 있을 것이다. 정치투쟁의 수행, 이것은 타협주의의 길로 나아가는 것을 의미한다.

이제 나의 견해가 아니라, 조선 사회의 혁명단체들에서 거론되고 있는 의견을 전하고자 한다.

백정운동(3만 명)은 프롤레타리아운동에 참여시키기 힘들다. 왜냐하면 그들은 일본인들과 자주 타협하기 때문이다. 그들의 현재 상황이 병합 이전보다 좋다는 점을 언급할 필요가 있다. 사상단체들은 여성운동도 끌어안지 못하였다. 내가 이야기한 우울한 내용들이 비관주의를 불러일으켜서는 안 될 것이다. 2개의 서로 싸우는 프락찌야들이 반드시 하나로 통합될 것임을 보여주는 긍정적인 전망도 있다. 우리는 마침 그들이 접근하는 시기에 있다. 우리 앞에 놓인 가장 중요한 과업은 자연 발생적인 사상운동을 보듬어 안고, 병합한 자들에 반대하는 투쟁전선을 확대하고, 대중을 이 투쟁으로 끌어들이는 것이다.

РГАСПИ, ф.533, оп.4, д.94, лл.33-38.

1926년 10월 7일 단코가 국제공청 집행위원회에 보낸 서한

상해, 1926년 10월 7일

친애하는 친구들.

최근의 서한에서 당신들이 제기한 일련의 근본적인 문제들에 대해 답변하겠다.

- 전략 -*

10) 다음과 같은 조선 관련 재료를 이곳으로 보내줄 것을 재차 요청한다. ① 우리의 대화 결과 현지인들이 서명하여 국제공청에 보낸 러시아어와 조선어 청원서 등, ② 그들의 대회에서 채택된 고려공청 강령과 규약, ③ 방향 설정을 위해 내게 필요한 기타 재료와 당신들의 두 번째 편지.

11) 당신들 측의 조선위원회가 일을 하고 있다면, 만약 조선위원회에 조선 내 모든 청년민족혁명단체의 통합을 위한 정치적, 전술적 정강의 서면 계획이 있다면. 이 문제는 고려공산청년회와 서울 공청 그루빠의 통합 조건 중 하나로서 그 해결과 실행이 요구된다. 생각해 보고 적어주기 바란다.

- 중략 -**

15) 서울청년회의 주요 지도자들 중 한 명인 정백과 대화를 계속하고 있다. 한편으로는 우습기도 하고 다른 한편으로는 서글프기도 하다. 강대국 대표의 앞에서 아첨의 말을 하는 터키 외교관을 생각해 보라. 여기도 마찬가지이다. 나의 재능을 찬양하고, 내가 도착했다는 소식에 감격을 토로하고, 나와 대화하는 것과 온갖 시시콜콜한 것에 대해 행복감을 표시하고 있다. 자기 스스로에게 강요하면서 그의 모든 아첨을 당연한

---

* 　　중국의 청년운동 관련이므로 번역하지 않았다.
** 　일본과 동남아시아의 청년운동 관련이므로 번역하지 않았다.

것으로 받아들여야 하는 내가 잘못된 것인가? 사실 그 자는 모스크바에서 우리와 함께 있던 자들보다 우리에게 더 친근하다. 하지만 모든 개념의 혼란, 난잡함, 겉치레 등을 가지고 있다. 당신들에게 첫 번째 대담 개요와 세 번째 대담 기록을 보내겠다. 두 번째 대담에는 첫 번째와 마찬가지로 중요한 것이 없다. 하지만 내가 상세하게 기록한 세 번째 것은 상당한 흥미를 불러일으킨다. 거기에는 무엇인가 흥미로운 것이 있고, 아마도 믿을 수 있을만한 부분도 일부 발견할 수 있다. 그의 머리에 그릇되게 저장되어 있는 레닌 우상화와 레닌 저작 인용 부분은 빼버렸다. 조선 문제("투항적" 성격)에 대한 나의 견해는 나중에 적도록 하겠다. 만약 가능하다면 이번 편지에 쓰도록 하겠다. 조선 신문의 견본을 보낸다. 조선 민족당에 대해 블라디보스토크에서 보낸 첫 번째 편지에 무엇인가 써놓았다. 조만간 재료를 모아서 당신들에게 보내도록 하겠다. 나의 생각도 같이 써서 보내겠다.

16) 3분기 또는 4분기 조선 사업을 위한 자금을 보내주기 바란다.

– 중략 –

당신들의 편지에서 언급되고 내가 생각해 낸 중요한 것들을 모두 담은 듯하다. 당신들이 나와의 서신교환에 보다 후하게 임해달라고 말하지는 않겠지만, 만약 그렇게 해준다면 그것이 나의 후함에 반영될 것이라고 생각한다.

여기 언급된 사안들에 대해 당신들에게 요구되는 조치를 취하고 누군가가 그것의 실행 여부를 확인해 줄 것을 요구한다.

모두에게 인사를 전하며,

당신들의 단코.

추신. 오늘 많은 충실한 재료(하지만 전원회의 준비에 매우 긴요한 조선의 농민단체, 학생단체, 사회단체 등에 대한 재료)를 외무인민위원부 페트로프(Петров) 앞으로 해서 당신들에게 발송하였다. 또한 당신들에게 보고를 하고 전원회의에도 참석할 류(Лю) 동지가 많은 재료를 가지고 갔다.

РГАСПИ, ф.533, оп.10, д.1894, лл.113-119.

РГАСПИ, ф.533, оп.10, д.1894, лл.120-126.

1926년 10월 14일 서울에서 조훈과 김단야에게 보낸 서한

친전

극비

조훈 동지와 김단야 동지에게

이 편지의 본론으로 들어가기 전에 나는 당신들에게 동지적 질책을 하지 않을 수 없다. 이제 귀를 쫑긋 세우고 생각해 보기 바란다. 당신들은 편지가 공식적인 것이라고 생각할 수 있을 테지만, 사실은 그렇지 않다.

나의 지난번 편지에서 나는 체제를 준수하지 않았다. 그러므로 이번에는 내가 솔직하고 보다 풍부한 내용을 알릴 수 있도록 허락해 주기 바란다. 내가 상해를 경유해서 갔을 때 그곳에서 나에게 당 문제에 대한 책임적 사업을 위임하였다. 그 문제와 관련하여 나는 조선에서 많은 동지들과 만났다.

내가 보기에 당 사업은 대표자대회를 대체해서 당면 사업을 결정하도록 되어 있는 책임일꾼들의 협의회가 소집된 것을 볼 때 이내 재건되었다고 할 수 있다. 공청 문제가 해결되지 않은 채로 남아 있다. 전정관 동지가 검거된 후 노상열이 그를 대체했고, 노상열이 검거된 후 고광수가 그의 후임이 되었다고들 말한다. 현재 공청 중앙위원회 위원으로 고광수, 전해, 김남수, 조희창, 한익주 동지가 남아 있다. 그런데 고광수와 조희창 동지는 이 어려운 순간을 이용하여 다른 중앙위원회 위원들과 합의하지 않은 채 서울청년회와 함께 "통합중앙위원회"를 설립하였다.

조희창과 고광수는 수상한 일에 관심을 기울이면서 8월 13일까지 서울에 있었고 나를 만날 수 있는 기회와 조건이 있었음에도 불구하고, 갖은 핑계를 대면서 만남을 회피하였다. 나는 고광수 동지가 자기의 "계획"을 실현하기 위해 출발을 앞두고 Ш.*로부

● 원문에 이렇게 표시되어 있다. 이하 동일하다.

터 돈을 받았다는 사실을 Ⅲ. 동지에게서 들었다. 그런즉 그가 떠난 후 현지에는 조희창 동지가 남았다. 사업이 지체되어서는 안 되었기에 고광수 동지를 제외하고 첫 번째 협의회가 소집되었다. 협의회에는 조희창, 전해 동지와 내가 참석하였다. 사람들은 이 협의회를 공청 중앙위원회의 공식 회의로 간주하였다.

이 회의에서 대회의 결정에 회부될 문제들이 논의되어야 하였다(김남수는 지방에서 올 수 없었기 때문에, 그리고 한익주는 간도로 갔기 때문에 불참하였다).

이 회의에서 조희창 동지는 전해 동지를 공청 책임비서로 임명하는 문제를 포함한 모든 문제에 동의하였다. 이를 토대로 당 대표가 참석하는 회의의 소집이 결정되었다. 이 회의에서 조희창 동지는 지난 번 회의의 결정과 달리 이 회의의 결정을 부정하는 행동을 취하였다.

중앙위원회 후보위원으로 조희창, 양명, 김강(전연방공산당(볼셰비키)에서 제명), 김세권(모스크바에서는 김동무, 동방노력자공산대학에서 제명) 동지들이 임명되었다.

우리의 질문: a) 무엇인가 재료를 토대로 해서 당신이 지난번 회의의 결정에 동의했음에도, 당신이 이 문제를 그렇게 결정했다면, 공청 중앙위원회 위원 전해 동지와의 합의는 어떻게 되는 것인가?

이 질문에 대해 조희창 동지는 다음과 같이 답변하였다. "이 문제, 즉 중앙위원회의 설립과 구성에 대한 당신들의 의견을 알았으면 하는 바람이 있었기 때문에 나는 당신들의 주장에 동의할 수밖에 없었다. 전해 동지에게 이를 알리지 않았다면, 이는 단지 상황이 그것을 방해했기 때문이다."

이를 바탕으로 이 문제와 사업의 적절한 해결을 위해 나는 회의를 연기하고 고광수 동지와의 회의에서 내린 결정들에 근거하여 개최되었어야 할 새로운 회의를 정하지 않을 수 없었다. 그러는 중에 특별한 일이 벌어지고 있음을 알게 되었다. 조희창 동지가 Ⅲ. 동지에게서 2,000루블을 받은 것을 부인했고, 일련의 다른 문제들에 대한 잘못되고 거짓된 정보를 주었다.

이후 양명, 조희창, 김강, 전해, 고준, 오희선(당 대표) 동지가 모였다. 이 회의에 김세권 동지가 불참했는데, 이는 단지 고준이 그의 참석을 반대했기 때문이었다. 이 회의에서 조희창, 김강 동지가 외국으로 떠난 고광수, 한익주 동지를 한상희, 고준 동지로 교체하는 문제를 처음으로 제기하였다. 고준은 참여를 거부했지만, 사람들은 그를 임시로 들어오게 하였다.

마지막 문제로 조희창 동지를 그의 연락사업에서 배제하자는 제안이 있었다. 이에 대해 조희창 동지는 보고를 하지는 않고 허위적인 미사여구만 늘어놓았다. 그로 인해 우리는 그의 거짓말에 대해 공개적으로 말하지 않을 수 없었다. 그러는 중에 고준은 자기가 상해를 떠날 때 연락사업과 이에 대한 책임을 위임받았기 때문이라는 이유를 대면서 연락사업의 책임을 맡겠다고 하였다.

회의에서는 이 문제에 대해 아무런 결론도 내리지 않았으며, 다음번 회의를 정한 후에 각자 헤어졌다. 회의 날 고준 동지는 사안의 본질을 알아보고자 Ⅲ. 동지를 찾아가서 돈 문제에 대해 대화를 나누었다.

이 대화 속에서 고광수와 서울청년회의 통합회의 문제가 밝혀졌다.

이를 통해 조희창의 사업이 위선적이었고 기만적이었다는 결론을 내릴 수 있다.

문제가 복잡해지면서 조희창은 진상을 말할 수 없는 상황에 빠지게 되었다. 조희창은 서울청년회가 공청과 함께 이인수, 김병일, 김재명, 김강, 김세권(김동무), 김월성(김광은) 동지들로 구성된 뷰로를 선정하기로 결정했다고 말하였다. 여기에서 이전의 구성원들 중 조희창 동지 한 명만이 나왔다. 고광수 동지의 이탈로 부책임자에 이인수가 자리를 차지하게 되었다.

다른 한편으로, 한상희 동지가 도착한 것을 안 후 한상희 동지를 책임비서에 임명하였다.

실제로 중앙위원회는 전해, 김남수, 고광수, 한익주, 한상희와 이에 더해 12~13명의 철부지들로 구성되어 있다.

이러한 상황을 고려한다면, 기관과 주도권을 서울청년회로 넘겨주었다는 결론이 나온다.

이 문제를 원만하고 피해가 가지 않게 해결하기를 바라는 조선공산당 중앙위원회는 어떤 그루빠의 손도 들어줄 수 없었다. 서울청년회 내부에 있는 공청이 공청 사업 전반을 장악하게 되었다는 결론이 나온다.

더불어 중앙위원회는 기존의 중앙위원회에 복종해야 한다.

마지막 문제는 전해(책임비서), 양명, 고준, 조희창, 김찬, 이인수, 김병일 등 7명으로 구성되는 중앙위원회의 승인이었다.

서울청년회는 전해와 고준이 통합을 추구하는 비서가 되게 할 수는 없다고 하면서 전해의 입후보에 반대하였다. 고준에 반대하는 이유는 그가 그루빠들의 통합이 아니라 분열을 추구하고 있기 때문이라고 하였다.

사실 이는 김광은, 김동무, 이민용, 한상희의 간계이다.

통합을 위해 책임비서에 양명을 임명하고, 이를 결정하고자 어제 만나기로 했는데 만남이 성사되지 않았다.

이 모든 것 외에 당 문제가 제기되었다. 이 문제에 대해서는 김동무, 이민용(Менен), 김광은(김월성) 등이 특별한 책략을 쓰고 있다. 그들은 당과 공청이 단합되어 있지 않으며, 당과 공청을 완전체가 아닌 어떤 개별적인 그루빠들의 단체라고 생각하고 있다.

게다가 그들은 "화요회" 산하에 당이, 서울청년회 산하에 공청이 존재한다는 편견을 가지고 있다. 이는 코민테른의 결정에 복종하지 않는 것이다.

우리는 어떤 경우이건 7명으로 구성되는 중앙위원회를 수립하는 정책을 수행하고, 서울청년회에 공청 가입의 기회를 제공할 수 있도록 할 것이다.

만약 그렇게 하지 못한다면 우리는 서울청년회 문제에 대한 결정을 연기해야 하며, 과거와 같이 행동하게 될 것이다. 우리는 서울청년회 문제를 새롭게 제기할 필요가 있다고 생각하고 또 생각한다. 이 사업을 하는 데 있어 우리 앞에 큰 장애가 놓여 있지만, 여하간에 다른 길이나 결정은 있을 수 없다.

조희창의 의견을 고려한다면, 서울청년회 산하 공청 그루빠는 고려공산청년회와 동일한 권한을 가지고 통합되어야 한다.

이에 대해 고준은 다음과 같이 말하였다. "공청은 이제 하나이기 때문에 당은 공청의 우수 분자들을 넘겨주어야 한다."

조희창은 다음과 같이 말하였다. "당신의 제안은 조재환(Те цзяхван)의 견해와 유사하다. 만약 당신이 이를 고수한다면, 당신과의 합동사업은 사라지게 될 것이다."

따라서 우리는 모스크바에서 수행되기를 희망하였다.

중앙위원회의 결정이 실현된다 해도 해당 조건은 향후 합동사업이 불가능하다는 문제를 불러일으킨다.

한상희는 자기에게 맡겨진 장소로 가지 않은 채 서울에 머물렀으며, 그곳에서도 당의 결정에 복종하지 않고 있다. 우리에게 적대적인 그루빠들과 돌아다니고 있으며, 통합 문제를 이기적으로 보고 있다.

이렇듯 모든 상황이 매우 심각하므로, 이 문제들에 대해 당신들은 신중하게 생각하고 자기의 결론을 내야 할 필요가 있다.

B. 당의 사상에 적대적인 모스크바의 반대자들은 많은 동지들이 검거된 것을 기회 삼아 자기들이 자기의 노선을 실현하겠다고 말하면서 적대적 분자들과 동맹을 맺고 있

다.

여행 중에 한상희와 깊은 대화를 나누었지만, 상해와 블라디보스토크에 도착한 후 한상희는 당신들의 의견을 거부하였다.

이럼에도 불구하고 그가 당신들과 함께 사업하게 된다면, 이는 " "*이 될 것이다. 앞으로의 사업에서는 과거의 무책임하고 우리에게 그다지 유익하지 못한 화해정책을 거부해야 한다. 만약 당신들이 내가 쓴 모든 것을 자기 눈으로 직접 본 연후에 확신을 갖기를 원한다면, 직접 눈으로 본 후에 확신할 수 있을 것이다.

만약 당신들이 과거의 정책대로 한다면, 당 앞에 책임을 지게 될 것이다. 그와 같은 모스크바로부터의 무책임한 파견은 당에게 오해와 실망을 가져다준다. 그와 같은 식으로 사업하기 전에 신중하게 생각할 필요가 있다.

비밀이 유지되지 않는 상황이 조성되었다. 무소속인 김세권과 김광은이 우리 사업의 경과에 대해 잘 알고 있으며, 우리에게 유익하지 않은 단체들에 비밀을 누설하고 있다.

이로 인하여 우리는 내일 우리의 운명이 어떻게 될지에 대해 보장받지 못하고 있다.

당신들은 이러한 복잡한 상황을 고려하기 바란다. 아마도 고광수가 이미 당신들에게 갔을 것이다.

전술한 것들을 토대로 그의 보고를 신중하게 청취해야 한다. 그는 책임비서라는 직책을 가지고 있음에도 많이 알지 못한다.

당은 고광수를 당의 모든 사업에서 배제하며, 당은 그와 관련하여 아무런 책임도 없다.

고광수를 책임비서로 임명한 것이 끔찍하지 않은가?

당신들은 이것이 동지적 관계가 아니라고 말할 수 있을 것이지만, 이것이 진실이다.

나는 앞으로의 사업과 상황에 대하여 추가로 소식을 전하도록 하겠다.

박애(Пак-ха) 동지가 방문한다고 하는데, 그가 정말 오기는 하는 것인가? 상세하게 알아보기 바란다. 앞으로는 과거의 정책을 중단해 주기 바란다.

나에게 있어 절박한 문제들 중 하나는 생존에 필요한 자금을 확보할 가능성이 없다는 것이다. 내년에 동지들의 파견을 지체시키지 말아주기 바란다.

---

* 　원문에 이렇게 표시되어 있다.

이러한 현재의 조건에서 당의 정책은 실현 가능성이 매우 낮다. 그러므로 공청과 통합하고 나서 서울청년회를 상세하게 조사하는 새로운 사업을 수행해야 한다.

10월 14일
서울

РГАСПИ, ф.533, оп.10, д.1893, лл.25-27.
РГАСПИ, ф.533, оп.10, д.1893, лл.33-34.

1926년 10월 16일 고려공산청년회 중앙위원회 회의 회의록

조선, 서울

참석: 고려공산청년회 중앙위원회 이인수, 김강, 양명, 조희창, 김월성 동지. 조선공
산당 중앙위원회 김철수 동지. 당 및 공청 재건 사업을 위해 국제공청 동양부에서 조선
으로 파견된 고준 동지.

청취: 국제공청 동양부로부터 전권을 위임받은 것에 대한 고준 동지의 간략한 보고.
고준 동지의 말에 따르면, 전권은 6월 이후 조선에 대해 아무런 보고도 받지 못한 동
양부가 조선 내부에 어떠한 청년회 기관도 존재하지 않는다는 결론을 내렸기 때문에
부여되었다고 한다.

결정: 참고한다.

청취: 당 상황에 대한 김철수 동지의 간략한 보고.
현재 당중앙위원회는 비밀화되었으며, 지방과의 연락사업이 정상화되고 있다. 검거
를 피한 당원은 (대략) 약 100명이다.

결정: 참고한다.

청취: 고려공산청년회 중앙위원회 책임일꾼의 당 사업으로의 이동에 대하여(한상희
동지).

결정: 이 사업 분야에서 가장 유능한 동지인 (고려공산청년회 중앙위원회 책임비서)
한상희 동지를 당 사업으로 이동시킨다.

청취: 당 사업으로 이동한 한상희 동지를 대신할 고려공산청년회 중앙위원회 위원

의 임명에 대하여.

결정: 고준 동지를 고려공산청년회 중앙위원회 위원으로 선발한다.

청취: 고려공산청년회 중앙위원회 위원 수를 11명에서 7명으로 감축하는 것에 대하여.

결정: 지방과의 연락 상황 및 보다 안정적인 공청 조직의 수립을 고려하여 고려공산
청년회 중앙위원회 위원 수를 7명으로 감축한다. 고려공산청년회 중앙위원회 위원으
로 이인수, 김강, 양명, 고준, 전해, 김병일, 조희창 동지 등 가장 유능하고 필요한 동지
들을 임명한다. 감축된 중앙위원회 위원인 김월성, 김이룡, 김재명, 김세권 동지를 고
려공산청년회 중앙위원회 후보위원으로 승인하며, 이에 더해 김남수 동지를 후보위원
으로 임명한다.

청취: 당 사업으로 이동한 한상희 동지를 대신할 책임비서의 선출에 대하여.

결정: 만장일치로 양명 동지를 책임비서에 선출한다.

자금이 없으면 사업의 수행이 전혀 불가능하므로 고려공산청년회 중앙위원회는 국
제공청 집행위원회에 제출한 예산에 대한 조속한 승인 문제를 제기한다.

고려공산청년회 중앙위원회 책임비서 양명 [서명]
조선, 서울
1926년 10월 16일

РГАСПИ, ф.495, оп.135, д.129, лл.5-7.

1926년 10월 20일 단코와 조선공산당 중앙위원회 대표 3인과의 1차 담화

질문: 검거 이후 고려공산청년회의 상황은 어떠한가?

답변: 검거된 당원과 공청원 109명 중 공청원은 50명 정도이다. 검거된 모든 공청원들은 합법단체에서 사업하던 우수한 열성자들이다. 고려공산청년회 회원 520명 중에서 남아 있는 열성자 성원은 100명이다. 탄압 이후 지방 단체들이 다소나마 재건되었다. 중앙위원회의 상황이 심각하다.

질문: 고려공산청년회는 합법 및 대중 청년단체들과의 관계에서 얼마나 자신의 진면모를 드러내고 있나?

답변: 모든 청년단체들 중 40%가 고려공산청년회의 이런저런 영향력하에 있다고 감히 확언할 수 있다. 모든 청년단체들 중에서 종교단체와 소극적 단체들을 제외한다면, 50% 이상이 고려공산청년회의 영향력하에 있다고 할 수 있다.

질문: 현재 고려공산청년회와 조선공산당의 상호 관계는 어떠한가?

답변: 과거에는 이 단체들의 사업에 중복이 있었지만, 지금은 점차적으로 근절되고 있다.

질문: 공산주의자들과 공청원들의 검거에 대해 조선 청년 사회는 어떻게 대응하였나?

답변: 우리 단체 성원들의 대규모 검거는 조직된 단체들에서 생생한 반향을 불러일으켰다. 심지어 그것을 활성화시키고, 공산주의자들의 대중성을 고양시켰다고까지 말할 수 있다. 만약 우리가 지금 우리 단체들의 문을 활짝 개방한다면, 다수를 우리 대오로 끌어들일 수 있을 것이다. 이는 결코 과장이 아니다. 왜냐하면 조선 사회단체 성원들 사이에서 상당한 정도의 적극화와 좌경화가 감지되고 있기 때문이다. 매우 많은 열성분자들이 공산당과 공청의 존재를 몰랐다. 예를 들어, 재일조선인 학생들이 우리에게 자기 대표들을 보내서 자기들이 도움을 주겠다는 제안을 하였다. 비타협적 투쟁을

수행할 수 있는 단체를 찾아 헤맸던 적지 않은 수의 개인적 공산주의자와 혁명가들이 공산당의 편에 서 있다. 언론과 일본인들의 절규를 통해 이를 알게 된 분자들이 자기들의 힘을 보태고자 우리에게로 오고 있다. 전반적으로 이 대규모 검거는 조선 사회 전체와 새로운 운동이 비합법적 성격(일본인들에게 이는 감당하기가 더더욱 힘들다)을 띠게 되리라는 우려로 인해 재차 조선에 자치를 부여해야 한다고 말하는 일본인들에게 영향을 미쳤다. 현재 이 문제는 조선을 매우 격동시키고 있다. 일련의 단체들과 신문이 이미 이에 호응했고, 이 문제를 논의하고 있다.

질문: 첫째, 청년회 열성자 수와 총원 수 사이의 이러한 바람직한 비율을 어떻게 설명할 수 있나? 둘째, 어째서 공산당과 공청 앞에 조성된 유리한 상황을 새로운 역량을 자기 대오로 끌어들이는 데 이용하지 않는가?

답변: 고려공산청년회에 그러한 성원들이 존재하는 것은 다음으로 설명될 수 있다. 고려공산청년회는 일련의 조사와 시험을 거친 후에 극도로 신중하게 끌어들인 동지들로 구성되어 있다. 이 모든 동지들은 공청 가입 이전부터 이미 다양한 대중단체들에서 가장 열성적인 일꾼이자 지도자로 활동하였고, 이미 몇몇 지하사업 학교를 다녔으며, 탄압을 당하였다.

두 번째 질문과 관련하여 우리는 반대로 생각한다. 우리 대오로의 가입을 차단하는 차단물이 약했는데, 이제는 그것을 강화할 필요가 있다. 더불어 경찰의 가혹한 탄압하에서 새로운 회원들을 우리 대오로 끌어들이기 위한 광범위한 사업을 수행하는 것은 불가능하다. 예를 들어 현재 단 한 명의 청년도 경찰의 허가 없이, 그리고 경찰의 감시 없이 한 도시에서 다른 도시로 이동할 수 없다.

질문: 고려공산청년회의 기존 조직 형태(합법 사업과 비합법 사업을 동일 인물이 수행, 보다 작은 조직 단위의 부재, 조직자들의 지역적 제한 등)가 고려공산청년회의 성장에 방해가 된다고 생각하지 않는가?

답변: 그렇다. 어느 정도 수준에서 그렇다. 우리는 이미 이 문제에 대해 생각하기 시작하였다. 우리에게는 서유럽 단체들의 경험을 이용하는 것이 중요하다.

질문: 나는 모스크바로부터 고려공산청년회와 서울청년회 공청 그루빠의 통합에 대해 문의하는 전문을 받았다. 당신들이 이에 대해 이야기해 줄 수 있나?

답변: 여기에는 일정한 역사가 있다.

대규모 검거가 시작되었을 때 공청 중앙위원회 비서 정백 동지가 중앙위원회 위원들이 검거될 경우를 염두에 두고 3명의 동방노력자공산대학 출신이 포함된 새로운 중앙위원회 성원을 세워두었다. 노상열 동지가 중앙위원회 비서로, 그의 부관으로는 고광수 동지가 예정되었다. 곧 정백 동지와 노상열 동지 그리고 일련의 다른 동지들이 검거되었다. 조선공산당 중앙위원회는 고광수에게 중앙위원회를 재건하고 사업을 계속하라는 지령을 내렸다. 이 임무의 수행을 수락한 고광수는 이내 자취를 감췄다. 공청원들과 우리 지인들 사이에 다음과 같은 다양한 소문이 돌았다. ① 고려공산청년회와 서울청년회 콤 그루빠가 통합되었다. ② 서울청년회 측 5명이 포함된 11명의 새로운 중앙위원회가 구성되었다. ③ 고광수와 조희창이 서울 그루빠로 넘어갔다. 검거되지 않은 4명의 중앙위원회 위원은 벌어진 상황에 대해 아무것도 몰랐다. 중앙위원회는 고광수를 찾으려 했지만, 아무런 결과도 없었다. 공청 중앙위원회의 다른 위원인 조희창 동지를 찾았는데, 그는 고광수가 5명의 서울청년회 사람이 포함된 11명으로 구성된 새로운 중앙위원회를 조직했고, (…)* 중앙위원회 비서로 임명되었음을 확인해 주었다. 중앙위원회를 조직할 때 검거를 피한 다른 중앙위원회 위원들로부터 이 문제에 대한 동의와 허락을 받지 않고 독단적으로 행동하였다. 또한 고광수가 X** 동지로부터 2,800엔을 받았다는 고광수의 또 다른 행위가 밝혀졌다. 조희창이 확인해 준 바에 따르면 100엔을 일에 사용했고, 나머지에 대해서는 전혀 알지 못한다고 한다. 당중앙위원회(당중앙위원회는 고광수가 소련으로 도주했음을 알지 못하였다)는 고광수의 독단적 행위를 비난하고 그를 고려공산청년회 중앙위원회에서 제명하였다. 당중앙위원회의 앞에는 어떻게 조성된 상황으로부터 빠져나갈까라는 문제가 제기되었다. 당도 공청도 서울청년회에서 고려공산청년회로 오는 혁명적 동지들의 가입에 반대하지 않았으며, 이들이 고려공산청년회로 들어온 후에 이 동지들을 지도적 사업에 사용하는 데도 반대하지 않았다. 이미 그 실례가 있었다. 예를 들어 백재선(Никтясен), 배천우(Пячену)와 같은 열성적이고 성실한 동지들이 서울청년회에서 우리 대오로 넘어왔다. 하지만 이 경우 고광수가 포함된 것은 그가 아직 고려공산청년회 회원이 아니었을 때 그렇게 된 것이었다. 그 외에 중앙위원회 위원을 7명으로 한다는 규약이 위반되었다. 고광수에 의해 서울청

●   원문에 이 부분의 문장이 누락되어 있다.

●●   원문에 이렇게 표기되어 있다.

년회로부터 포함된 동지들은 코민테른 집행위원회와 국제공청 집행위원회에서 조선공산당과 고려공산청년회 중앙위원회를 승인한 사실을 떠올리고는 우리 대오로의 가입 쪽으로 기울어지고 있는 (17개 공청 세포로 이루어진) 동 청년회 그루빠의 대표자들이다. 이 대열의 우수한 대표자들로는 고광수에 의해 중앙위원회에 포함된 이인수가 있으며, 나머지 3명의 동지들은 동일한 지향성을 가지고 있지만 아직 그들에 대한 검사가 제대로 이루어지지 않았다. 당중앙위원회는 서울청년회 콤 그루빠와의 친교를 강화하는 길로 나섰지만, 규약을 근거로 7명으로 구성된 중앙위원회를 승인했고, 서울 그루빠의 김병일과 이인수가 거기 포함되었다. 나머지 3명은 중앙위원회에 들어가지 않았다. 중앙위원회의 승인에 따라 중앙위원회에는 이인수, 김병일, 조희창, 고준, 김강, 양명, 전해 동지들이 들어갔다.

당은 전술적 고려에 따라 서울 그루빠에 확실하게 기울어져 있고 고광수에게 헌신적인 조희창을 중앙위원회에서 사직시켰다. 조희창은 고광수의 중앙위원회에 소속되지 않았던 새로운 동지라는 이유를 대면서 고준 동지에 대한 기피 의견을 냈다. 또한 조희창은 아무런 구체적인 지적도 하지 않은 채 이제 막 출감한 옛 공청원인 전해 동지에 대해서도 기피 의견을 냈다. 중앙위원회에 포함된 중국 그루빠 출신의 양명 동지는 양 그루빠와의 관계에서 완전한 중도를 유지하였다. 아직도 이 문제는 최종적으로 해결되지 않았고 확정되지도 않았다.

질문: 서울청년회는 이 통합을 어떻게 대처하고 있나?

답변: 서울청년회 내부에는 2개의 유파가 있다. 하나는 우리와의 친교에 찬성하고, 다른 하나는 반대한다. 첫 번째 유파의 개별 대표자들은 자기 단체와 단절하고 우리 대오에 개인적으로 가입하고 있다. 이러한 현상은 서울청년회에 대한 우리의 정책을 통해 많은 부분이 설명될 수 있다. 예를 들어 우리는 옛 서울청년회 지도자인 김사국의 사회장을 조직하였다. 또한 우리는 서울청년회가 우리의 제안을 수락하지 않았고 사회단체 및 노동단체 대회 소집을 위한 조직국에 우리 대표를 포함시키지 않았음에도 불구하고 이 대회의 소집 사업에 참여하였다. 이 모두가 서울청년회 일부에게 상당한 반향을 주었고 그들이 우리에게 접근하도록 하는 것이다.

자기들의 입장을 바꾸고 우리에게 오려는 경향이 서울청년회의 절반에 이미 존재하고 있다.

(언변이 뛰어나고 대중에 영향력을 미치는 재능이 있으며, 일본 경찰에서 복무하는 매우

유능한 일꾼인) 한신교의 지도를 받는 다른 그루빠들은 우리에 반대하여 완강한 투쟁을 전개하고 있다. 예를 들어, 그들의 대오에 육십운동에 대한 다음과 같은 평가가 퍼져 있다. 육십운동은 필요하지 않았다. 이 정변은 코민테른의 승인과 돈을 받은 모험주의자들의 공명심으로 인해 무고한 희생자들을 냈다.

질문: 만약 당신들이 고려공산청년회와 서울청년회 일부를 통합한다면, 우리의 역량이 얼마나 증대되는가? 우리 대오로 들어오는 서울청년회 사람들 측에 의해 혁명 구호와 투쟁 형태의 훼손 측면에서 무엇인가 편향이 발생할 가능성은 없나? 또한 서울청년회 사람들의 가입이 당에 반대하는 투쟁의 입장을 강화하는 데 이용될 가능성은 없나?

답변: 첫째, 우리는 통합 문제가 아니라 서울청년회 사람들이 우리 대오로 개인적으로 가입하는 문제를 제기하는 것이다. 우리는 일정한 혁명 역량을 가지게 되는 것이지만, 무엇인가 기회주의적 경향이 생겨나는 것에 대해서는 우려하고 있다. 당에 초래될 수 있는 위험과 관련하여 말하자면, 만약 서울청년회에서 코민테른 집행위원회의 승인을 받은 당과의 투쟁에 고려공산청년회를 이용하려는 속셈을 가진 정치적으로 불순한 분자들이 들어온다면, 의심의 여지없이 그렇게 될 수도 있을 것이다.

РГАСПИ, ф.533, оп.4, д.94, л.73.

1926년 10월 30일 상해에서 단코가 국제공청 집행위원회로 보낸 전문 사본

1926년 10월 30일 상해에서 온 전문 사본

단코가 국제공청 집행위원회로. 파업(?)*(문장에는 브린스키(Бринский)의 상황이 언급되어 있다)으로 인해 전원회의에 갈 수 없다. 대회를 준비하는 데 반드시 필요한 찰리(Чарли)가 가는 문제와 내가 조선으로 가는 문제를 재고해 줄 것을 요청한다. 지급.

원본과 동일함 [서명]

●   원문에 이렇게 표시되어 있다.

РГАСПИ, ф.533, оп.4, д.94, лл.63-72.
РГАСПИ, ф.533, оп.4, д.94, лл.74-80.

1926년 11월 3일 상해에서 단코가 국제공청 집행위원회에 보낸 서한

상해, 1926년 11월 3일

친애하는 동지들.

- 중략 -*

4) 조선 문제로 넘어가겠다. (이것이 나에게 치통을 불러일으키고 있다)

첫째, 당신들에게 조선 문제에 관한 일련의 재료를 보낸다.

둘째, 공청 노선에 대한 나와 서울청년회 대표 정백의 대화가 중단되었음을 알린다. 왜냐하면 내가 구체적인 문제들을 거론하자 그가 자기는 공청 계통의 통합과 관련한 대화를 하라는 위임장을 받은 것이 아니라 당 계통의 통합과 관련한 대화를 하라는 위임장을 받았다고 말했기 때문이다. 뷰로는 당 문제와 민족당에 대해 그와 대화할 것을 나에게 위임하고 있다. 여하튼 그는 공청 계통의 통합 수행이 당 계통의 통합 수행에 비해 훨씬 수월할 것이지만 당 계통을 우선적으로 통합할 필요가 있다고 생각한다고 말하였다. 그는 서울청년회 내부의 공산주의 분자들과 관련하여 공산당 그루빠와 마찬가지로 공청 그루빠도 20개 세포와 회원 370명을 보유하고 있어서, 모두 40개 세포와 회원 740명을 헤아린다고 말하고 있다(역시 젊은이들이 넘쳐난다). 그들이 어떠한 합법적 외곽단체를 보유하고 있는지에 대해 내가 알고 싶다고 하자 이 가련한 망명자는 내 앞에서 수백 개의 단체와 수천 명의 회원이 있다는 식으로 재간을 부리기 시작하였다.

만약 내가 무거운 십자가를 져야 할 운명이라면, 나는 이 불행에서 벗어나게 해달라고 애원하지 않을 것이다. 그와 계속 대화할 것이다.

---

* 중국, 일본, 동남아시아의 청년운동 관련이므로 번역하지 않았다.

셋째, 통합에 대한 당신들의 통지를 확인했으며, 이에 대해 당신들에게 전보로 알렸다. 또한 당신들은 조선에서 새로 이곳으로 온 유명한 동지들과 나의 첫 번째 대담 기록을 볼 수 있을 것이고, 그들이 당신들에게 보낸 보고서를 통해 내가 그들에게 제기했던 질문들을 확인할 수 있을 것이다.

나와 조선 동지들 간에 있었던 대화의 기록을 통해 알 수 있듯이, 서울파 5명이 참여한 가운데 고광수가 직접 수립한 통합중앙위원회에서도, 당중앙위원회에 의해 수립된 서울파 2명이 포함된 새로운 중앙위원회(즉, 고광수 중앙위원회 구성원에서 고광수 자신을 포함한 서울파 3명이 배제되어 있다)에서도 고려공산청년회와 서울청년회 공청 그룹빠의 통합을 찾아볼 수 없다. 우리는 여기에서도 저기에서도 외곽이 참여하지 않은 상층부만의 통합을 보고 있다. 당중앙위원회는 일체의 통합 문제를 다루기를 거부하면서 보다 멀리 가고 있다. 그것(조선공산당 중앙위원회)은 통합 문제가 아니라, 자기를 인정하고 자기에게 복종하는 문제를 서울파에게 제기하고 있다. 나는 조선의 동지들이 코민테른 집행위원회나 국제공청의 조선 문제에 대한 결정들에 담겨 있는 의미도 정신도 이해하지 못한다고 확신할 수밖에 없다. 우리의 승인을 통해 그들에게 부여된 과업, 즉 조선의 모든 공산주의 분자들을 만나고 필요한 양보를 하는 등등을 통해 최대한으로 끌어들이고 자기의 주위에 통합시키는 과업을 이해하지 못하고 있다.

또한 (당신들이 재료들을 통해 확인할 수 있듯이) 2개의 공청 중앙위원회가 존재하는 위험성, 또는 중앙위원회가 고광수에 의해 조직된 공청 중앙위원회를 승인하지 않음에 따라 분파 싸움이 격화되는 것에 관심을 기울여야 한다.

이제 나는 (그들 스스로가 확언하고 있는 바와 같이) 우리와 가까워지고 있고 우리 대오에 있을 충분한 자격을 갖춘 서울청년회 일부와의 통합 필요성에 관한 문제를 코르뷰로와 기타 동지들 앞에 제기하고자 한다. 이 통합은 상층부만이 아니라 공청의 모든 지부와 합법단체들에서도 성사될 필요가 있다. 만약 이런저런 공청 기관들에 충분한 수의 자리를 제공하는 식으로 일정한 양보를 할 필요가 있다면, 그렇게 해야 한다. 중앙위원회를 보자. 만약 당중앙위원회가 고광수의 중앙위원회에 가한 변경이 일종의 병적인 반응을 불러일으킬 수도 있다면, 나는 고준 동지나 전해 동지가 국제공청에 의해 중앙위원회 비서로 승인받도록 그대로 놔두는 것을 선호할 것이다(어떤 인물이 서울파에게 보다 적합할 것인지 살펴봐야 할 것이다). 만약 당신들이 이 제안에 동의한다면, 당신들이 직접 보내지 않고 그들에게 전달해 주도록 나에게 보내야 하는 국제공청의 모든 결정을 내가 국제공청을 대신하여 시행할 수 있도록 전보를 통해 허락해 주기 바란다. 나는 당신들로부터 조선 관련 재료를 받았는데, 그중에는 국제공청 집행위원회가 고려공산청년회 중앙위원회에 보낸 7월 24일 자 서한이 포함되어 있다. 나는 이 서한에 불만이 대단히 많다. 서한의 문체, 어조, 내용 모두에 고려공산청년회의 순탄함에 대한 강한 인상, 그 역량, 사업, 의미에 대한 지나친 과대평가가 담겨져 있다. 나는 그것이 객관성이라고는 전혀 찾아볼 수 없는 인물인 조훈이나 김단야에 의해 실상이 의도적으로 과장되어 조명된 결과가 아닌지 매우 의심하고 있다. 나는 내가 일련의 본질적인 결함과 과오를 지적한 조선 문제에 대한 나의 재료들을 당신들이 어째서 허술하게 대하는지 이해하지 못하겠다. 나는 조선 문제에 대한 나의 서한들이 제대로 고려되어야 한다고 생각한다. 그렇지 않다면 나는 서한을 쓸 이유가 없다.

이것이 개략적인 지적이다. 그런데 나는 이 서한을 비판 의식이 살아 있는 2명의 조선인 동지에게 보여주었는데, 그들은 나에게 (동료들을 응석받이로 만들지 않고 그들의 소란스러움을 비호하지 않도록 하기 위해) 이 서한을 보여주지 말라고 조언하였다. 나는 그들의 조언에 동의하였는데, 왜냐하면 서한이 올바른 해명을 얻고 자기를 조선 땅의 중심적 인물이라고 여기는 자들의 고집을 꺾고자 하는 나의 의도에 방해가 될 것이기 때문이었다. 전체적으로 서한은 조선 동지들에게 유해하다. 그들에게 자기들이 늘 숨기지만 그러한 식으로는 그 목적을 달성할 수도 없고 동지들을 도울 수도 없는 자기의 결함에 대해 말하도록 가르칠 필요가 있다.

서한의 구체적인 대목들을 보자면, 그것들 역시 동일한 인상을 주고 있다.

첫째, 청년 노동자와 청년 농민을 통한 성장 노선에 대하여. 어디에 그것이 보이는가? 그들이 협소한 분파주의단체로 계속 남아 있는데, 그들이 과연 무슨 성과를 거두었다는 것인가? 동지들이 "사업의 공고화" 문제를 제기하는데, 과연 조선에서 온 자들과 나의 최근 대담이 무엇을 말하고 있나? 그런데도 당신들은 그들의 노선을 승인해 주고 있다.

둘째, 농촌사업의 전반적인 맥락에서 당신들은 천민들을 대상으로 한 사업 문제를 제기하고 있는데, 이는 결코 같은 것이 아니다. 하나의 시도를 다른 시도로 바꾸는 것은 옳지 않다.

셋째, 지도자 동지들이 아직도 스스로 "좌경"에서 벗어나지 못했고, 그들이 (민족당 창건 사업에서) 조선 민족혁명운동의 역사적 형태를 거부하고 있으며, 그들이 조선 민족혁명단체들의 자신에게의 복종 문제를 제기하면서 그렇게 하지 않고는 그것들에 대한 공산주의자들의 지도를 생각할 수 없다고 하고 있음에도 불구하고, 중앙위원회의

"좌경"과의 투쟁 노선을 승인하는 것은 시기상조이다. 하부 단체들에서의 사업이 없이 최상부 기관들의 지휘, 장악에 의해 지도부가 변경되는 지금 우리 조선 동지들은 민족 혁명운동에서 자기들이 어떻게 대중에게 영향을 미치고 대중을 지도해야 하는지에 대해 아직도 깨닫지 못하고 있다. 이것은 다른 전술이 요구되는 상황이었음에도 불구하고 우리 동지들이 일반 대중 참가자로부터 문자 그대로 급히 뛰쳐나갔던 6월 운동에서도 그대로 나타났다(이로 인해 모든 일본 신문에게 6월 10일을 공산주의운동이라고 말할 수 있는 여지를 제공하였다).

넷째, 민족협동전선 수립에서 아무런 유의미한 성과도 찾을 수 없다.

몇 가지 더 지적할 수 있지만, 이것만으로도 충분하다고 생각한다.

결론. 아직 의미심장한 성과를 내지 못한 단체를 칭찬할 필요는 없다. 자기 자신을 과대평가하고 우리가 밝혀내는 데 매우 큰 어려움이 있는 자기의 결함을 우리에게 감추는 동지들을 칭찬할 필요는 없다.

물론 가장 큰 불행은 우리 중에서 어느 누구도 조선에 가본 적이 없다는 데 있다. 조선에 대한 지식이 있다 해도 그것은 다양한 분파 대표자들이 제공한 것일 뿐이다. 현재 나는 나의 조선 출장 문제를 뷰로에 제기한 상태이다. 하지만 그것이 실현될 수 있는 가능성이 얼마나 되는지 모르겠다. 하지만 그것은 필요하다. 또한 이 문제에 대한 당신들의 의견을 알았으면 한다. 그런데 미묘한 문제가 하나 있는데, 그것은 조선 내지 사람들이 내가 상해에 체류하고 있음을 안다는 것이다(어떻게 알았을까? 정말 모르겠다).

이제 몇 가지 소소한 문제로 넘어가도록 하겠다.

1) (일본, 인도네시아, 조선과 마찬가지로) 여기에서도 청년운동 이론과 관련한 재료의 필요성을 절감하고 있다(공산당 상해위원회 보고서 참조). 따라서 나는 라자리(Лазарь) 등에게 이 주제로 큰 기사를 작성해 줄 것을 요청하며, 또한 관련 간행물과 특히 레온트예프(Леонтьев)의 소책자 『청년운동이란 무엇인가(Что такое юношеское движение)』 와 타르하노프(Тарханов)의 책 『국제공청의 역사(История КИМа)』 등을 보내줄 것을 요청한다.

2) 국제청년절과 조직 문제에 대한 보고서는 쓰지 않는다. 찰리와 브린스키에게서 듣기 바란다. 그 외에 관련 재료들을 류 동지를 통해 보낸다.

3) 첫 번째 국제공청 재료 묶음을 받았다. 금년에 1호를 2배로 발간할 것이다. 더 많은 재료를 보내줄 것을 요청한다. 일본과 조선에 사본을 보내주기 바란다.

4) 국제공청에 중국공청 대표를 두는 것이 절대적으로 필요하다고 생각한다. 유럽

언어를 아는 후보자 선발에 어려움이 있다. 나는 샤오(Сяо)가 후보자로 적합하다고 생각한다.

5) 국민당 중앙위원회 청년부가 나에게 영어, 프랑스어, 독일어로 된 공산주의 간행물 모두를 보내달라고 요청하였다. 그들은 그 대가를 지불할 준비가 되어 있다.

그들의 주소: 광저우, 국민당 중앙위원회. 청년부.

6) 미국 맛을 본 봅(Боб)이 동양 사업으로 돌아오지 않으려고 할 것 같아 우려된다. 동양부 입장에서는 그를 잃는 것이 매우 유감일 것이다. 그러므로 그를 동양의 품으로 돌아오게 해줄 것을 요청한다.

7) 찰리는 국제공청으로부터 돈을 적시에 받지 못했고 1년 동안 [원문 누락]도 받지 못했기 때문에 빚을 많이 지고 있다. 그의 빚을 모두 청산하기 위해 여기에서 나는 그에게 나의 책임으로 미화 200달러를 제공하였다. 그는 최종 정산 시 모스크바에서 그것을 상환해야 할 것이다. 만약 가능하다면, 그의 금전 출납 증서를 첨부하겠다.

8) 러시아의 토론 관련 소책자(『반대파의 경제강령(Экономическая платформа оппозиции)』, 반대파 노동자에 대한 『볼셰비크(Большевик)』와 오솝스키(Оссовский)의 기사 등)를 보내줄 것을 요청한다.

서한을 보내준 안드레이(Андрей)와 폴랴크(Поляк)에게 사의를 표한다. 그들에게서 또다시 받을 수 있기를 희망한다. 만약 내가 당신들로부터 힘을 얻지 못한다면, 당신들에게 정보를 제공하는 나의 힘도 약해지게 될 것이다.

인사를 전하며,

당신들의 단코

РГАСПИ, ф.495, оп.135, д.124, лл.148-148об.

РГАСПИ, ф.495, оп.135, д.124, л.149.

РГАСПИ, ф.495, оп.135, д.124, л.150.

1926년 11월 6일 조선공산당 책임비서 김철수가
코민테른 원동총국에 보낸 보고서

기밀

청년회에 대한 보고

1926년 7월 19일 대다수가 검거된 후 공청과 당의 연락이 단절되었다.

모두가 몸을 숨겼기 때문에 당은 회의를 소집할 수 없었다. 이 당시 공청이 이전의 사업을 계속하였다. 이때 고려공산청년동맹(서울청년회)이 공청에 가입하였다. 이에 대해서는 공청으로부터의 보고서가 있다. 이제 또 다시 추가 사항으로 (보고서를 받고 수행된 사업에 대한 공식적인 승인이 있었다) 당과 공청에 대한 이 보고서를 쓴다…* 고광수를 사업에서 해임시키는 것. 이에 대해서는 이미 보고가 되었지만 현재 고광수는 블라디보스토크에 있는데, … 이를 신중하게 주시할 필요가 있다. 해임의 이유는 허위 보고와 이를 당에 숨긴 것, 그리고 수많은 부가적인 모험주의적 행위이다. 소문에 따르면 공청 대표로 모스크바에 간다는 이야기가 들린다. 아무런 지시도 받지 않고 갔다. 틀림없이 자의로 그렇게 한 것으로 보인다.

1926년 11월 6일
조선공산당 책임비서 김철수

수신: 코민테른 원동총국

---

* 　　　원문에 이렇게 표시되어 있다. 이하 동일하다.

РГАСПИ, ф.533, оп.10, д.1895, лл.64-66.

РГАСПИ, ф.533, оп.10, д.1895, лл.67-69.

1926년 11월 18일 조선 문제에 대한 동지들의 발언

김단야 동지

새로운 단체는 우리의 목표와 과업에 부합하지 않는다. 그 단체는 우리의 대오에 불화와 밀정 분자들을 가져다줄 수 있다.

정상적인 조건에서도 단체의 문을 전면적으로 개방해서는 안 된다. 공산주의운동이 일련의 병적 현상에 취약하게 노출되어 있는 상황에서는 더욱 그러하다. 열성자들 모두가 투옥되어 있다. 아직도 우리는 통합이 실제로 성사되었는지 여부를 모른다. 통합이 실제로 성사되었다 해도 그것이 콤 단체들의 건전한 통합(그들의 역사적 사명 수행)인지 혹은 공청의 취약성을 이용한 기회주의 분자들의 모험의 결과인지에 대해 알지 못한다. 국제공청의 과업은 이 문제를 올바르게 해결해 내는 것이다.

그들은 국제공청에서 합의한 후 조선으로 향하지 않고 연해주에 머물렀다. 현재 그들은 고려공산청년회의 취약성을 이용해서 통합을 추진하였다. 그들은 일련의 동지들(조훈, 김단야)에 반대하는 행동을 하고, 이에 더해 공청의 올바른 노선과 공청의 역사적 사명을 부정하고 있다.

현재의 조건에서 그들은 고려공산청년회의 취약성을 이용하면서 국제공청의 지도를 거부한 채 통합을 향해 나아갔다.

발생한 사실은 민주집중제 원칙에 부합하지 않는다. 국제공청에 알리지도 않고 그러한 중요한 변화를 발생시켰다. 이것은 볼셰비키의 방식이 아니다.

서울청년회와 고려공산청년회 간에 진정성이 보이지 않는다. 예를 들어, 통합위원회 대표들은 자기들의 위임장을 조훈 동지에게 제출하기를 거부하였다. 이는 반혁명적 행위이다.

그들이 고려공산청년회의 직인을 사용하지 않았으므로, 이 통합이 진정으로 성사된 것인지도 매우 의심스럽다. 이 모두는 사기꾼들의 간계라는 인상을 불러일으킨다.

나의 결론: 고려공산청년회가 존속하는 데 있어 매우 위험한 시기이다. 연대하기에는 위험한 다른 반대 그루빠들의 침투 위험성이 조성되고 있다. 나는 고려공산청년회

가 이렇게 하지 않을 것이라고 예상한다. 나는 고려공산청년회가 사전에 국제공청의 지령을 받지 않은 채 통합으로 나아가지는 않을 것이라고 생각한다. 이것은 통합이 진실이 아님을 가르쳐준다. 만약 이것이 사실이라면 그것은 사기적 간계이므로, 통합된 부분을 고려공산청년회의 중심으로부터 분리시켜야 한다.

나의 제안:

1) 가능한 모든 수단을 동원하여 가능한 한 신속하게 이 문제를 규명해 낸다.

2) 이 사안을 조사하도록 권위 있는 동지를 그곳으로 파견해야 한다.

3) 만약 고려공산청년회 중앙위원회가 존재하지 않음에도 불구하고 통합중앙위원회가 그 기능을 수행하고 있을 경우에는 공청의 새로운 지도기관을 설립해야 한다.

자기를 고려공산청년회 대표라고 주장하는 동지들에 대해 말하자면, 우리는 여하한 경우에도 그들을 고려공산청년회의 대표로 인정하지 않는다.

조훈 동지

통합중앙위원회 11명 중에서 우리는 명단에 기재된 6명 중 전해 동지와 한익주 동지를 고려공산청년회의 정식 성원으로 인정한다.

1) 고광수는 노동당에서 사업하였다.

2) 베이징에서 온 양명은 한인동맹 기관지 "아방가르드"에서 복무하였으며, 소련이 동방에서 짜르의 정책을 펼치고 있다는 관점을 표명한 것으로 알려져 있다.

양명은 ① 단체의 중앙집중적 건설과 ② 연령적 구성이 공청원이 아니라는 이견에 대해 해명하였다.

3) 조희창은 중립주의자이며, 전연방공산당 후보당원이자 공청원이다. 그에게는 의혹이 있었다. 당에서 사업했으며, 개천(Кайчен)으로 파견되었다.

4) 한익주는 전연방공산당원이다. 인천의 열성적 당 일꾼이며, 지금은 만주에 있다.

5) 김강은 알려져 있지 않다.

6) 전해는 고려공산청년회 중앙위원회 후보위원으로 선출되었다. 10개월간 투옥 후 석방되었으며, 재차 검거되었다.

서울청년회

1) 이인수는 김단야와 절친했지만, 후에 결별하였다. 평균적 열성자이다.

2) 김병일은 평균적 열성자이다.

3) 김월성은 과거 동방노력자공산대학 학생이었다. 전연방레닌주의청년공산주의자 동맹원이었지만 제명되었다. 블라디보스토크에서 절도 행위를 했고, 하얼빈으로 보내졌다.

4) 김동명은 한 단체를 붕괴시켰다.

천도교의 "신"파와 "구"파

"자치권자" – 일본에 이용되는 정치단체의 설립에 찬성하는 신파.

"친일파"들이 신파에 속해 있다.

РГАСПИ, ф.533, оп.10, д.1895, л.70.

1926년 11월 19일 서울청년회 공청 그루빠 대표 이정윤, 최창익이 국제공청 집행위원회 상무위원회에 보낸 성명서

수신: 국제공청 집행위원회 상무위원회

발신: 서울청년회 공청 그루빠 대표 이정윤, 최창익

성명서

우리 공청 그루빠 중앙총국으로부터 접수한 정보와 지령에 근거하여 우리는 금년 8월 12일에 서울에서 있었던 공청 그루빠의 고려공산청년회 가입에 대한 우리 중앙의 결정에 전적인 찬성을 표한다.

대표자: 최창익, 이정윤

모스크바 1926년 11월 19일

РГАСПИ, ф.533, оп.8, д.108, лл.57-61.

РГАСПИ, ф.533, оп.8, д.108, лл.62-67.

РГАСПИ, ф.495, оп.135, д.129, лл.9-14.

1926년 11월 24일 단코 동지와 서울청년회 대표 정백 동지와의 네 번째 담화

최근 조선의 혁명적 사회단체 내 다양한 그루빠들과 민족 신문들의 지면에서 민족협동전선의 수립과 조선 민족당의 설립에 대한 말이 나오기 시작하였다. 일본 정가와 그들의 조선인 조력자들도 자치(홈룰)를 이야기하기 시작하였다. 나는 오늘의 대담이 다음과 같은 문제를 중심으로 이루어지기를 희망한다.

1) 조선 민족혁명당 창건 사업은 어떤 상태에 있는가.

2) 조선 민족혁명당은 어떠한 기본적 그루빠들과 단체들로 구성될 수 있는가.

3) 이 당의 강령은 어떠해야 하는가.

4) 이 당은 어떠한 조직 형태를 띠어야 하는가.

5) 조선의 공산주의 분자들과 민족혁명당의 상호 관계는 어떠해야 하는가.

6) 공산주의자들은 자치(홈룰) 및 부분적이고 과도적인 정치 구호에 어떻게 대처해야 하는가.

정백:

당신이 제기한 구체적인 질문에 대해 다음번 만남에서 답변했으면 한다. 왜냐하면 나는 더 생각해 보아야 하고 우리 동지들과도 의논해야 하기 때문이다. 오늘 나는 이 문제의 전제 조건과 현황, 그리고 몇몇 일반적인 의견만을 말할 수 있다.

민족당 문제는 최근 10년 동안 민족해방운동이 발전해 온 토대가 된 역사적, 경제적 전제 조건과 연관해서 거론되어야 한다.

병합 이전의 조선은 관료주의 압제자들에 의해 수립된 정치제도하의 봉건적 경제체제였다. 병합이 되고 난 후 해당 정치제도가 변경되면서 자본주의적 발전의 징후가 나타났다. 조선이 봉건주의에서 자본주의로 이전하는 시작은 병합 순간이었다. 일본인들은 관료들의 전횡을 제한하면서 부르주아의 권리를 토대로 한 몇몇 법령 체계를 수립하였다. 병합 초기에 조선에 몇 가지의 특전을 제공하였다. 하지만 이러한 특전은 일본인들이 조선을 경제적으로 착취하기 이전까지, 그리고 농민을 수탈하고 그들을 빈곤화시키기 이전까지만이었다. 조선의 민족운동에서는 이 운동의 2가지 구성 부분을 구분할 필요가 있다. 우리에게는 2가지 유형의 민족운동이 있다. 그 하나는 과거의 황금시기를 회상하면서 병합 이전 시기로의 회귀를 추구하는 봉건주의적 민족운동이고, 다른 하나는 자유와 권리에 대한 부르주아적 관념에 토대를 둔 자본주의적 민족운동이다. 1907년부터 1919년까지의 시기는 봉건주의적 민족운동이 주를 이루는 단계였다. 이 운동의 형태는 일본인들에 반대하는 빨치산운동과 조선 내 봉기였다. 이 모든 것은 대부분 망명자들에 의해 지도되었다. 비록 민족혁명가들(하지만 이들은 충분한 의식과 사상을 갖추지 못하고 있다)도 있기는 하지만, 천도교, 불교 등 종교단체의 많은 부분을 봉건주의적 민족운동의 대표자로 분류할 필요가 있다.

병합 이후 부르주아 자본주의적 관계가 성장하면서 부르주아 민족운동이 출현하였다. 민족 신문, 문화계몽단체, 청년민족단체 등이 이 운동의 대표자였다. 1919년 이 운동은 망명자들을 주축으로 한 좌익과 조선에 남아서 문화계몽운동을 계속 수행한 우익의 2개 부분으로 분화되었다. 부르주아 민족운동의 좌익은 재차 좌익과 자치(홈룰) 및 일본인들과 경쟁하기 위한 문화적 역량의 적극적 양성을 주장한 우익으로 분리되었다. 좌익은 (1921년에) 처음 결성된 때부터 민족운동을 부정하고 민족혁명과 사회혁명 등 2가지 혁명의 동시적 수행을 부정하면서, 사회혁명 노선을 취하였다. 그들은 조선의 프롤레타리아운동이 일본 프롤레타리아운동의 족적을 따라가야 한다고 생각하였다. 그들은 조선 민족운동의 목표인 조선의 독립을 위한 투쟁 구호에 부정적이었다. 이 모든 것은 계속 진행된 문화계몽운동을 제외한 프롤레타리아운동과 부르주아운동이 약화되는 상황에서 발생하였다.

1924년 좌익운동은 일본에의 의존을 부인하는 강령을 취하였다. 좌익 민족주의자들은 해방 역량의 양성을 위한 문화계몽운동에 종사하였다. 그리고 이로부터 부분적인 정치적 요구를 위한 투쟁, 일본 통치 테두리 내에서의 투쟁을 자기의 과업으로 내세운 "정치학습회"가 만들어지고 성장하였다. 사람들은 그들이 홈룰주의자가 아님에도 불구하고 그들을 홈룰주의자라고 비난하였다. 예를 들어 최린, 송진우 같은 이 운동의 개별 지도자들은 1919년 삼일운동에서 적극적으로 활동했던 자들이다. 좌익의 압력하에 이 운동의 활동가들은 입을 다물었고, 운동으로부터 이탈하였으며, 구호는 일본인, 반역자들의 동의 없이는 채택되지 않았다.

이 시기 공산주의자들은 경제투쟁만을 하였다. 그들은 정치투쟁을 하지 않았으며,

민족주의자들에게 하도록 내주지도 않았다. 최근에 공산주의자들 사이에서 과거의 모든 노선에 대한 재검토가 있었다. 서울청년회는 민족협동전선을 수립하고 부분적인 요구를 위한 투쟁을 하고자 민흥회를 조직하였다. 이러한 움직임에 대한 반응으로 우리에 대한 질책과 항의가 쏟아져 나왔다. 얼마 전에 정우회에서 이 단체와 서울청년회의 합의 결과로 유사한 움직임이 있었다. 하지만 참여한 단체들은 아직 아무런 구체적인 계획도 내놓지 않았고, 모두가 이를 수행하는 것을 두려워하고 있다. 망명자들 사이에서도 민족당과 통합에 대한 논의가 시작되고 있다.

민족당은 되도록 빨리 창건될 필요가 있다. 민족당은 합법적인 것이어야 한다. 비합법 정당으로는 모든 필요한 단체들을 결속시키기 힘들 것이다. 하지만 이는 민족당이 향후 비합법적 지위로 이전해야 한다는 것을 배제하는 것이 아니다. 당은 다양한 단체들을 명확하고 공개적인 강령에 통합시키는 방식으로 창건되어야 한다. 비합법 정당에서는 이를 공개적으로 할 수 없다. 민족당의 토대는 농민이 되어야 한다. 하지만 농민들이 낮은 문화적, 사회적 발전 수준에 놓여 있는 관계로 모든 기존의 혁명 역량, 모든 사상단체, 상업단체, 종교단체와 조선 혁명운동의 전위인 프롤레타리아단체들을 끌어들일 필요가 있다. 전술한 단체들 중에는 봉건적 그루빠들로부터 파생된 단체도 있다. 하지만 그러한 단체의 토대가 농민인 이상 그 단체들도 끌어들일 필요가 있다. 공산주의자들은 공산당이 아닌 단체에 참여해야 한다. 하지만 공산주의자들은 조직적 지도의 전면에 나서거나 이를 장악해서는 안 되며, 단지 사상적으로만 지도해야 한다. 그렇게 하지 않을 경우 이는 민족부르주아를 멀어지게 하고, 일본의 반작용을 강화시키게 될 것이다.

민족당은 원칙강령과 행동강령 등 2개의 강령을 가져야 한다. 원칙강령은 그것이 조선 독립의 요구를 포함해야 하기 때문에 합법적일 수 없으며, 공개적으로 제기되어서는 안 된다. 행동강령은 합법적 요구와 비합법적 요구를 모두 포함하게 될 것이다. 즉 "요구"와 "투쟁 구호" 등 2개의 부분으로 나눠져야 한다. 우리는 언론, 출판, 집회 자유의 요구와 경제적 요구를 공개적으로 제기할 수 있는데, 지금까지는 일부 사람들만이 청원을 제기했지만 때로는 대중을 유인해서 청원하는 것이 불가피할 경우도 있을 것이다. 우리의 구호들은 대중을 잃어버리지 않도록 하는 요소에 부응해야 한다. 자치(홈룰) 및 의회와 관련하여 우리는 이 구호들을 제기할 수 없다. 왜냐하면 민족주의자들과 대중이 우리에게 반대할 것이기 때문이다. 하지만 민족운동의 한 측이 자치(홈룰)에 의거할 것임을 염두에 둘 필요가 있다. 하지만 우리는 어떻든 이 문제에 관여해서는 안 된다. 왜냐하면 이것으로부터는 아무것도 나오지 않을 것이기 때문이다. 자치(홈룰)운동이 보다 강력하게 된다면, 이것이 우리에게서 대중을 빼앗아 갈 수 있다. 대중이 이 구호를 위해 나아가지 않을 때에만 우리는 자치(홈룰)와 의회 소집 구호에 반대하고, 대중을 작은 요구들을 위한 정치투쟁으로 유인해야 한다. 우리는 대중을 기본적인 민주적 요구를 위한 정치투쟁(언론, 출판, 집회의 자유)으로 나아가게 해야 한다. 그렇게 하지 않을 경우 우리는 대중을 잃게 될 것이다.

РГАСПИ, ф.533, оп.4, д.94, лл.83-88.

1926년 11월 26일 상해에서 단코가 국제공청 집행위원회에 보낸 보고 서한

– 전략 –•

조선

지금까지 우리는 조선 사업에 많은 관심을 기울였다. 최근에 현 순간이 우리 당 전술 문제와 조선 민족혁명당 창건 문제를 심사숙고하고 있다.

이 우편물과 함께 당신들에게 조선 문제와 관련한 매우 유용한 재료들과 우리가 논 의하고 일정하게 보충 및 변경한 그리고리(Григрий)의 원고 초안을 보낸다. 민족혁명 당 테제는 현재 진행 중인 민족주의자들과의 대화가 진행되는 2~3주의 기간 동안 중단 한다. 공청 사업 문제는 일반 정치적 및 당적 문제를 합의한 후에 내가 검토할 것이다.

지금은 당신들 서한의 한 대목인 친일 천도교에 대해서만 언급하겠다. 이는 누군가 가 당신들의 머리를 혼란스럽게 만든 것이다. 우리에게는 실제로 "정통"과 [판독 불가]가 주도하는 "진보" 2개의 천도교가 있는데, 이 두 조직에는 어떠한 경우에도 친일이라는 이름을 붙여서는 안 된다. 만약 누군가가 친일 천도교를 말한다면, 이는 필시 "진보" 천 도교를 염두에 두고 하는 말일 것이다. 왜냐하면 단지 이전에 [판독 불가]가 우리 공산주 의자들과 민족혁명가들에 의해 홈룰을 위한 투쟁으로 받아들여진 과도적인 정치 구호 를 발표했기 때문이다(11월 24일 자 나와 정백의 담화 참조). 물론 [판독 불가].

이 두 천도교 그루빠의 차이와 나머지 문제들에 대해서는 다음번에 쓰도록 하겠다.

이만 총총.

당신들의 단코

• 　　　중국과 일본 청년운동에 관한 부분이어서 번역하지 않았다.

추신. "농민 문제에 대하여"와 "부르주아에 대하여" 등 2개의 속기록을 방송한다. 국민당(ГМД)에 대해서는 페트로프에게만 보내니, 그에게서 받아서 읽어보기 바란다. 만약 그가 주지 않는다면, 나를 욕하기 바란다. 많은 흥미로운 재료를 제공하는 공청 중앙위원회 공보(제2, 3, 4호)를 번역하는 조치를 취해주기 바란다.

РГАСПИ, ф.533, оп.4, д.111, лл.42-46.

РГАСПИ, ф.533, оп.4, д.111, лл.47-51об.

조선 문제의 결정에 대하여
(서한의 테제 초안)

서론

최근 3년 동안 국제공청 집행위원회는 수차에 걸쳐 조선 문제를 해결하지 않을 수 없었다. 하지만 코민테른과 마찬가지로 모든 기본적인 관심은 이미 오랜 기간, 특히 근간에 조선 혁명운동의 향후 발전과 공고화에 가장 중요한 장애가 되는 분파투쟁의 중단 문제에 주어지지 않을 수 없었다. 투쟁은 지금까지 주로 그리고 배타적으로 소부르주아 지식인들의 헤게모니를 위한 투쟁에서의 개인주의에 기반을 두고 전개되었다. 진정한 원칙적, 정치적인 이견은 전혀 없었다. 최근에 와서야 이론적 지식이 확장되면서 이 모든 집단적 투쟁에 원칙적이고 정치적인 이견을 끼워 넣으려는 시도가 나타나고 있다. 그러나 이것은 바로 지금 조선 사회의 급격한 계급적 분화를 배경으로 조선혁명 전술 및 전략 노선과 추동력 문제에 대한 이견이 이미 출현하고 있는 것과 유관한 것이다.

분파투쟁을 중단하고, 공청의 대중사업을 강화하고, 청년회를 진정한 볼셰비키 청년단체로 전변시키라는 국제공청의 수차에 걸친 호소에도 불구하고 지금까지 전혀 아무런 성과도 나오지 않았다. 조선 프롤레타리아 청년운동의 발전 노선에 대한 기본적 관점들에 대한 언급으로 넘어가기 전에 먼저 현재 조선의 경제 및 정치 상황을 대강 분석하도록 하겠다.

I. 현재의 경제 및 정치 상황

1. 자본주의의 약탈적 발전의 믿을 수 없을 정도로 빠른 속도. 소공업의 매우 빠른 쇠락 과정. 조선 농촌의 분화. 농촌의 빈곤화. 농민 소요의 성장.
2. 민족혁명운동의 성장. (6월 사변). 혁명투쟁에서 몇몇 계층의 분화와 이탈.
3. 노동운동 성장의 자연 발생적 과정.
4. 농민 소요와 좌익혁명운동의 성장.

II. 무엇이 혁명단체들의 조직을 방해하는가

생각건대, 객관적인 요인들 이외에도 다음이 있다.

a) 구습과 민족혁명단체들의 가부장적 형태

b) 조선 혁명운동에 대한 일본 제국주의의 탄압

c) 조선 프롤레타리아의 허약성 등

내 생각으로는 의심의 여지없이 일본 제국주의자들이 조선 혁명운동과 투쟁하는 데 있어 능수능란하게 이용하는 격렬한 분파투쟁이 이러한 현상을 초래하는 가장 중요한 주관적 요인이다.

III. 근간에 조선 공산주의운동에서 국제공청의 지령을 능숙하게 수행해야 할 역량이 나오지 못한 원인이 어디에 있는가.

주요 원인은 다음에 있다.

1. 조선 공산주의운동은 민족혁명운동에 참여한 혁명적 지식인들의 좌익으로부터 나왔다. 공산주의운동의 최초 단계는 동시에 민족혁명운동의 열성적 일꾼인 마르크스 소조와 그루빠들의 독특한 형태였다.

2. 지금까지 공산주의운동은 이러한 폐쇄적인 [판독 불가]와 파벌주의에서 탈피하지 못하였다.

3. 새로운 정치 상황(계급 분화)하에서 낡은 사업 방식과 사업 형태의 존재, 노선 변경의 불능, 구닥다리 전술과 구호.

4. 청년회의 심각하게 낮은 정치 수준.

5. 청년운동에서 대중 지도간부의 부재.

6. 조직적 형태의 미비 및 공청의 비청년적 성격.

7. 공청의 극단적 유동성.

8. 공청에 생생하고 진정으로 혁명적이고 계급적인 투쟁과 대중사업의 부재 (6월 사변 이후).

9. 모든 청년회와 그 지도부에 건고한 프롤레타리아 핵심의 부재.

참조: 이를 통해 우리 공청원들의 혁명적 가치를 훼손하고자 하는 것이 결코 아니다. 그들이 과거의 혁명투쟁에 열성적으로 참여했고 그로 인해 그들이 지금도 박해를 당하

고 있다는 사실이 이를 증명한다.

IV. 청년회의 과오와 결함

1. 조직적 형태의 미비와 볼세비즘 조직 원칙에 대한 이해의 부재.
2. 전술적 문제:
    a) 조선청년총동맹에 대한 우리의 태도
    b) 청년노조에 대한 우리의 태도
    c) 농민운동에 대한 우리의 태도
3. 합법적 및 비합법적 사업 방법
4. 공청의 진정한 견인줄 부재

V. 청년회의 과업

국제공청 집행위원회는 청년회 지도부와 공청의 모든 회원 및 고려공청에 공감하는 모든 자들에게 특히 근간에 조선 청년운동에 존재했던 과오를 밝히면서 그러한 과오의 극복을 통해 한편으로 청년회의 진정한 볼세비키화를 이루고, 다른 한편으로 조선 프롤레타리아 청년운동이 진정한 대중적 프롤레타리아 청년 볼세비키단체의 길로 나아갈 수 있도록 해줄 것을 호소할 필요가 있다고 생각한다.

볼세비키화의 본질은 무엇인가?

1. 공청의 실질적인 대중적 및 합법적 프롤레타리아 청년단체로의 전변
(1) ① 청년회의 생산-지역원칙에 따른 재조직. 공업 중심지들과 가장 중요한 농민운동의 농업 소요 중심지들에서의 단체 설립.
    ② 청년회 대오의 프롤레타리아화.
    ③ 프롤레타리아적 지도와 청년 노동자 열성자들의 양성.
    ④ 청년회의 갱신: 연령. 노농 청년들의 이익을 위한 경제적 및 정치적 투쟁 구호
(2) 견인줄
조선청년총동맹의 재조직
    ① 청년노동자의 합법적 대중 정치단체로서의 프롤레타리아청년동맹(Лига пролетарской молодежи)

② 농민동맹의 청년부

③ 노동조합의 청년부 및 계급적 노동조합 설립

(3) 대중사업

① 청년 노동자와 농업 프롤레타리아트의 일상적 이익을 위한 경제투쟁

② 일본 공청과의 접촉을 통한 반군국주의 사업

③ 민족혁명운동에서의 협동전선 전술

④ 학생 대상 사업: 조선의 독립, 민족학교 등의 구호하 투쟁을 기반으로 한 대학생 및 학생 운동의 조직

⑤ 합법 및 비합법 출판(계급투쟁의 구호를 감추지 않고 표출한다).

결론

1. 대중사업 및 청년회의 재조직 기간 – 제2차 공청대회 준비 기일
2. 혁명적 계급투쟁과 프롤레타리아운동에서 자신을 발휘하는 자만이 국제공청의 완전한 지원을 받는다.

우리의 적들만이 공청의 진정한 사업 방법으로의 전환을 방해할 것이다.

РГАСПИ, ф.533, оп.4, д.111, лл.52-55.

국제공청집행위원회의 조선 문제에 대한 결정

조선 문제에 대한 결정

국제공청 집행위원회는 고려공산청년회 사업 및 고려공산청년회와 서울청년회 공청 그루빠와의 통합에 대한 김강 동지의 보고를 청취한 후 다음과 같이 결정한다.

1. 코민테른 집행위원회의 조선 문제에 대한 결정에 전적으로 완전히 찬동한다.

2. 자기의 기본적이고 아무런 원칙적인 이견도 없는 분파투쟁이 조선 공산청년운동의 발전 도정에 놓여 있던 근본적인 장애였음을 인정한다.

3. 이 분파투쟁은 현재 조선 청년혁명운동의 가장 중요한 과업을 수행하는 도정에 장애가 되었고, 조선 청년들의 광범위한 민족혁명협동전선을 수립하고 기존의 모든 청년혁명단체들을 유일 동맹으로 통합시키는 데 장애가 되었다.

4. 국제공청 집행위원회는 조선 공산청년 대오에서의 분파투쟁을 청산하고 모든 공청 그루빠를 고려공산청년회에 가입하도록 하기 위한 모든 가능한 조치를 취하였다. 1926년 4월 고려공산청년회에 가입하지 않은 공청 그루빠 대표들과의 담화에서 국제공청 집행위원회는 통합을 달성하기 위해 최대한의 노력을 경주하였다.

상무위원회는 이 담화들 이후에 고려공산청년회에 가입하지 않은 공청 그루빠 회원들 사이에 담화의 결과로 서울청년회 공청 그루빠와 고려공산청년회의 통합을 성사시키려는 유일성에의 열망이 강화되었음을 확인하고 있다.

5. 상무위원회는 서울청년회 공청 그루빠의 고려공산청년회 가입을 조선 청년공산주의운동 대오를 결속시키는 사업의 진전으로 보고 있으며, 고려공산청년회가 자기의 대오를 결속시키고 국제공청의 지도, 고려공산청년회와 국제공청의 강령과 전술을 인정하면서도 아직 가입하지 않은 다른 공청 분자들을 고려공산청년회로 유인할 수 있을 것이라는 강력한 확신을 표명한다.

6. 상무위원회는 어느 측이건 향후에도 분파투쟁을 계속하려는 시도에 대해 자기의 무조건적이고 준열한 비난을 표명한다. 새로운 분파투쟁의 시기는 현재 조선의 혁명단체들을 탄압하고자 획책하는 일본 제국주의에게만 유리한 것이다.

7. 국제공청 집행위원회는 향후 고려공산청년회를 공고히 하고 강화하는 사업, 그

대오에 건고한 볼셰비키적 유일성을 수립하는 사업에 전면적인 원조와 지지를 제공할 것을 약속한다.

8. 진행되는 통합을 최종적으로 완료하고 청년회의 앞으로의 기본적인 전술적, 조직적, 정치적 과업을 수립하기 위해서는 국제공청 집행위원회 대표의 지도하에 고려공산청년회 대회를 조속히 소집해야 한다고 생각한다. 고려공산청년회의 광범위한 대중적 대표성을 보장하기 위해서 지하의 조건에서 이 대회에 참석하는 지방 단체 대표들을 최대한 민주적으로 선거해야 한다.

9. 청년회의 건고한 지하기관을 설립하기 위해 최대한의 노력을 경주해야 하며, 이를 위해서는 청년회의 비합법기관과 그 사업을 합법 청년단체들로부터 확실하게 분리시켜야 한다.

10. 청년회의 조직 구성을 지역적 및 생산적 특징에 따른 세포를 기반으로 재조직하는 데 착수해야 한다. 합법단체들에서는 자기의 사업상 청년회의 지도기관들에 소속되어야 하는 프락찌야만이 조직되어야 한다.

11. 합법단체들을 조선청년총동맹으로 통합시키고, 단일의 통일적인 강력한 조선청년단체들의 동맹을 결성하고, 이 단체들에 대한 고려공산청년회의 영향력을 공고히 하기 위해 그들 대오에 존재하는 통합에의 열망을 이용해야 한다. 이에 있어 고려공산청년회는 이 단체들에서 고려공산청년회 회원들이 지도적 위치를 점하지 않도록 노력하면서 정치적이고 조직적으로 이들을 지도해야 한다.

12. 조선의 공청은 공산당과 함께 국민당 형태의 조선민족혁명당 창건 사업에 적극적으로 참여해야 한다.

조선청년총동맹은 이 당의 창건에 적극 참여하고 그 대오로 들어가야 한다.

13. 국제공청 집행위원회는 향후 고려공산청년회와 조선공산당의 연락이 공고화되어야 한다고 생각한다. 청년회는 당 대오의 강화와 공고화를 위해 조선공산당을 전적으로 지원해야 한다. 이를 위해 당 대오와 당 사업에 가장 준비되어 있고, 열성적이고, 정치적으로 발전된 청년회 회원들을 제공해야 한다.

14. 상무위원회는 프롤레타리아, 천민, 농민 분자들을 고려공산청년회 대오로 유인하기 위해 최근에 조선의 광범위한 청년 근로자 계층 사이에서 고려공산청년회가 갖게 된 가장 광범위한 인기를 최대한의 수준에서 이용해야 한다고 생각한다.

15. 청년 노동자와 원시적 수공업 청년들을 공청 대오로 유인하는 데 각별한 관심을 기울여야 한다.

조선의 모든 거대 제조소와 공장들에 우선적으로 공청세포를 조직해야 한다.

16. 고려공산청년회는 청년 노동자의 이익을 위한 경제투쟁을 수행해야 한다. 공산당과 함께 계급적 노동조합을 설립하는 데 특별한 관심을 기울일 필요가 있다.

17. 상무위원회는 중국혁명과의 연대, 공동의 적인 일본 제국주의에 반대하는 투쟁에서 조선, 중국, 일본 청년 근로자들의 긴밀한 동맹을 위해 광범위한 조선 청년 대중을 상대로 강력한 선동을 수행해야 한다고 생각한다.

18. 최근에 고려공산청년회는 일본 행정부와 경찰 측으로부터 강력한 타격을 받았으며, 그 결과로 큰 손실을 입었다. 많은 우수한 동지들이 투옥되어 있고, 그들 중 일부는 고통 속에 숨을 거두었다. 상무위원회는 고려공산청년회와 조선공산당이 조선의 광범위한 청년 대중들 사이에서 자기의 영향력을 강화하기 위해 앞으로의 재판을 이용해야 한다고 생각한다.

19. 국제공청 상무위원회는 고려공산청년회의 영웅적인 투쟁을 열렬하게 환영하며, 감옥에 갇혀 있는 조선의 공청원들에게 뜨거운 형제적 인사를 보낸다. 상무위원회는 수개월 전에 재판정에서 조선의 공청원들이 보인 존경하여 마땅한 혁명적 행동에 대해 특별한 만족을 가지고 언급하며, 금년 6월에 있을 재판에서 공청원들이 고려공산청년회와 국제공청에 대한 자기의 믿음과 충성심을 보여줄 것임을 전적으로 믿는다.

20. 고려공산청년회의 정치강령 작성 사업을 조속히 완료할 것을 동양위원회에 지시한다.

РГАСПИ, ф.533, оп.4, д.111, лл.78-81.

국제공청이 고려공산청년회 중앙위원회에 보낸 서한

수신: 고려공산청년회 중앙위원회

친애하는 동지들

2월 말부터 5월 초까지 당신들이 보낸 보고서들을 받았다. 최근 반년 동안 당신들 단체의 열성적 일꾼 다수가 검거된 것은 당신들 청년회의 비밀기관, 특히 그 지도기관인 중앙위원회의 공고화 과업을 당신들 앞에 강력하게 제기하고 있다. 이를 수행하기 위해서는 가능한 한 경찰 측의 공격으로부터 난공불락인 것으로 만들어야 한다.

중앙위원회는 가능한 한 도 동맹들과만 직접 연결되어야 하기 때문에 도 위원회들을 시급히 조직해야 한다.

지도일꾼들을 적극적인 실무적 사업(예를 들어, 삐라 인쇄 시 중앙위원회 비서의 인쇄 참여. 이는 잘못된 것이었다)으로부터 완벽하게 보호해야 한다.

중앙위원회는 제대로 지하화되어야 한다. 그렇지 않을 경우 경찰은 앞으로도 조직의 지도부를 제거하고 이를 통해 중앙위원회 측으로부터의 지도가 반드시 필요한 모든 운동을 마비시키는 자기의 정책을 지속할 수 있게 될 것이다.

청년회의 성장 분야에서 당신들은 노동자와 농민을 통해 앞으로의 성장을 견인한다는 올바른 노선을 취했지만, 유감스럽게도 당신들의 보고서에는 최근까지 무엇을 기반으로 성장이 이루어졌는지에 대한 언급이 없다.

우리에게 당신들 단체의 사회적 구성에 대한 상세한 정보를 보내줄 것을 요청한다.

당신들은 청년 노동자들의 경제투쟁 지도에 대한 정보를 제공하고 있다. 이 지도는 청년 노동자들, 특히 이 파업들의 열성적인 참여자들을 고려공산청년회 대오로 유인하는 데 이용할 필요가 있다.

당신들의 경제강령과 청년 노동자 상황의 근본적인 개선을 위한 투쟁 구호를 청년 노동자들 사이에 확산시키면서, 노동시간 단축, 임금 인상 등의 [판독 불가] 요구도 수행해야 한다.

당신들은 청년 노동자들의 상황을 파악하고, 그들을 대상으로 노동조합으로 유인하는 선동을 수행해야 한다.

우리에게 노동조합과 그 연령 구성, 그들 사이에서 당신들 청년회가 수행할 수 있는 사업 등에 대한 재료를 보내줄 것을 요청한다.

농촌사업은 과거에 비해 고려공산청년회의 사업에서 보다 많은 부분을 차지해야 한다. 특히 천민청년운동을 가능한 한 많이 지도하면서 이 운동을 이용해야 한다. 천민청년단체들을 조선청년총동맹으로 유인해야 한다.

고려공산청년회 회원을 보유한 천민청년회들에 지하 프락찌야를 조직해야 한다. 우리의 사업을 위해 도시와 농촌에서 야학과 구락부를 광범위하게 이용해야 한다.

합법단체들의 사업 분야에서 중앙과 지방에 있는 기존의 모든 청년혁명단체들을 조선청년총동맹으로 통합하는 방침을 수행해야 한다. 우리는 이 문제에서 경기도 동맹이 취한 방침에 찬성한다. 학생단체들은 자기의 독립성을 축소시켜야 한다. 학생 대상 사업에서 당신들이 거둔 성과를 앞으로도 진척시켜야 한다.

우리에게 아동 그루빠들의 사업에 대한 상세한 재료를 보내줄 것을 요청하며, 이후 당신들은 국제공청 아동부로부터 필요한 지령을 받게 될 것이다.

당신들의 단체는 체육사업에 관심을 거의 두지 않고 있다. 체육은 대부분 부르주아 민족주의단체들의 수중에 놓여 있다.

노동조합과 기타 노동자 및 농민 단체들을 끌어들여서 노동자와 농민의 체육단체들을 조직하는 데 착수해야 한다.

우리는 당신들의 선전선동사업 계획을 전적으로 지지한다. 우리는 이미 당신들에게 몇몇 재료를 보냈다. 당신들이 무엇이 더 필요한지 적어주기 바란다.

우리는 이미 레닌 과정 문제를 확정시켰다. 당신들은 그 결과를 적시에 통보받게 될 것이다. 대회 소집 문제와 관련하여 우리는 당 대회 소집 기간과 연계시켜야 한다고 생각한다.

대회 이전에 또한 당중앙위원회 전원회의 이후에 중앙위원회 전원회의를 소집할 것을 당신들에게 권고한다.

우리는 "좌경"과의 투쟁, 청년회의 성장, 당의 정치지도에 복종, 청년회 사업의 "갱신" 등 최근의 중앙위원회 지령을 전적으로 지지한다.

모든 과오와 결함의 교정은 고려공산청년회와 조선의 혁명운동에서 공청의 역할을 대폭 강화시킨다.

고려공산청년회에게 있어 6월 사변은 처음 겪는 심각한 시련이었다. 우리가 보기에 고려공산청년회는 그것을 완벽하게 견뎌냈다. 고려공산청년회는 즉각 대중혁명운동의 시도사들 중 하나의 역할을 수행하였다. 6월 사변에서 고려공산청년회의 역할은 (특히 "좌경" 등) 과거의 오류를 교정한 것으로 설명된다.

당신들은 모든 혁명단체의 협동전선을 위한 투쟁에서 당신들이 거둔 성과를 보다 견고하게 하고 발전시켜야 한다.

아직도 우리는 발생한 사변에 대한 상세한 정보를 입수하지 못하고 있다. 이에 대해 우리에게 상세한 보고서를 작성해 줄 것을 당신들에게 요청한다. 하지만 우리가 입수한 정보만을 가지고도 이미 우리는 이 사변이 있던 당시에 당신들이 취했던 노선을 전적으로 지지한다.

우리가 생각하기에 시급한 해결이 요구되는 새로운 문제가 있다. 그것은 천도교 청년단체와의 상호 관계 문제이다. 우리의 정보에 따르면, 이 단체는 고려공산청년회와 함께 6월 사변에 매우 적극적으로 참여하였다.

당신들에게서 이 문제에 대한 재료와 당신들의 의견을 조속히 받을 수 있기를 희망한다.

이 단체를 세밀하게 파악하고 그곳에서 사업을 수행할 수 있는 몇몇 열성적인 동지들을 그곳으로 보내야 한다. 또한 당신들은 이 단체와 항시적인 연락을 취하고 사업에서 상호 간에 원조를 해야 한다.

또한 천도교청년회가 조선청년총동맹에 가입하기를 희망한다.

또한 우리에게 6월 사변 당시 서울청년회가 수행한 노선에 대한 재료를 보내줄 것을 요청한다.

우리는 당신들이 제기한 모든 문제(동방노력자공산대학에 대하여, 군사학교에 대하여 등)를 해당 단체들로 이관하였다. 당신들은 이 모든 문제에 대한 답변을 적시에 통지받게 될 것이다.

РГАСПИ, ф.533, оп.10, д.1894, лл.138-139.

1926년 12월 17일 김광이 조훈과 김단야에게 보낸 서한

조훈 동지와 김단야 동지에게

어떻게 지내는지 그리고 어떻게 투쟁하고 있는지? 우선 사업에 대해 몇 마디 하겠다.
1. 나는 만주대회를 준비하기 위해 만주에서 이곳으로 왔다. 당신들은 만주총국이 보낸 전보를 통해 이미 이에 대해 알고 있을 것이다. 이 대회는 강습의 형태로 10일 동안 이어질 것이다. 대회가 끝난 후 우리는 당연히 모든 재료와 문서를 당신들에게 보낼 것이다. 자금과 관련하여 조선 내지에서 우리에게 300엔을 보냈다고 우리에게 알렸다. 하지만 아직 오지 않았으므로, 당신들도 우리를 지원해 주었으면 한다.

2. 서울청년회와 관련하여 현재 상황이 매우 복잡하다. 우리가 서울청년회를 상세하게 검토한 바에 따르면 현재 그곳에는 6~7개의 작은 집단이 있는데, 이를 개략적으로 3개 그루빠로 분류할 수 있다.

1) 이른바 신파 – 이들은 공산당과 공청의 유일성을 주장하며, 그러한 조건에서 그들은 자기의 단체를 해산하고 당과 공청으로 합류하고 있다. 현재 이 그루빠의 다수가 이미 우리 당과 공청에 가입하였다.

2) 이른바 중앙파 – 이들은 당과 공청에 가입하는 데 찬성하지만, 서울단체의 정신을 유지하는 조건에서의 가입을 원한다.

3) 정통파 – 서울 그루빠의 노선을 전적으로 지지하고 있다. 이들은 단체 차원의 당 및 공청 가입을 주장하며, 중앙기관들에서의 평등한 대표선거권을 요구하고 있다. 만약 그것을 이루지 못한다면, 그들은 투쟁하게 될 것이다.

북풍회와 노동당에 대해서는 문제를 제기할 필요조차 없다.

신경향(Новое явление в нашей жизни) – (6월 사변 이후) 일본에서 온 조선인 동지들이며, 적극적으로 사업을 수행하고 있다.

현재 정통파는 신파와 일본에서 온 동지들을 상대로 적극적인 선동을 하고 있으며, 신파를 변절자, 반역자라고 비난하면서, 그리고 일본에서 온 동지들이 자신들을 중립파라고 칭하면서 사실상 이미 오래전에 당을 배반했고 쓸모가 없다고 비난하면서, 그들에 대한 다양한 책략을 쓰고 있다.

3. 고광수 건에 대해 말하자면, 그의 행위를 결코 용서할 수 없을 뿐 아니라, 심지어 그를 사상적이라고 생각할 수조차 없다. 그는 수많은 동지들이 검거된 6월사건 이후의 시기를 이용해서 우리를 서울파에 배신적으로 넘겨주고자 하였다. 그놈은 우리의 직인 (우리 중앙위원회 직인은 전해 동지의 집에 있다)을 위조했음에도 불구하고, 노상열 동지가 검거된 후 직인이 경찰의 손에 들어갔다고 말하고 있다. 그는 위조한 직인을 이용해서 기만하였다(머저리). 이러한 모험주의적 행위를 통해 이른바 "중앙위원회"가 설립되었다. 이것은 모두 사실이다. 그는 "머저리들"과의 연계를 이용해서 상당한 액수의 금전을 얻어냈다. 그는 심지어 금전을 받은 것을 자기 동지들에게 말하지 않고 숨겼다. 그를 죽일 일만 남아 있을 뿐이다. 이것이 그의 첫 번째 행동이었다.

두 번째 행동 – 당신들을 축출하고 당신들의 자리에 이정윤을 앉히기 위해, 그리고 자기는 모스크바의 당 대표 자리를 차지하기 위해 모스크바로 간 것이다. 이를 통해 그는 공청과 당을 파괴하거나 서울파에 배신적으로 넘겨주고자 하고 있다. 그것을 이루지 못할 경우를 대비하여 그는 제3의 당을 만들고자 획책하고 있다. 그런 짐승 같은 놈을 반드시 제거할 필요가 있다.

내가 가지고 있는 고려공산청년회 중앙위원회의 위임장과 위촉장을 국제공청이 참고할 수 있도록 국제공청에 전해주기 바란다. 이 통합단체는 순전히 모험주의적인 단체이다. 이른바 통합중앙위원회는 사실상 존재하지 않는다. 고광수는 당과 공청을 위해서는 이미 존재하지 않는다. 자기의 관계에 좀 더 조심스럽게 임해달라고 머저리(Дурак) 동지에게 전해줄 것을 다시 한 번 당신들에게 청한다.

4. 김상탁을 만주로 보낼 수 있는 방안을 강구해 주었으면 한다. 왜냐하면 그는 열성자 교육을 위해 우리가 조직한 강습소의 교원으로 필요하기 때문이다.

1926년 12월 17일
김광 [서명]

РГАСПИ, ф.533, оп.10, д.1895, лл.71-80.

РГАСПИ, ф.533, оп.10, д.1895, лл.81-90.

РГАСПИ, ф.495, оп.45, д.9, лл.15-26.

1926년 12월 18일 고려공산청년회 중앙위원회 대표 지모사, 이정윤이 코민테른 집행위원회 및 국제공청 집행위원회에 보낸 서울청년회 공청 그루빠의 고려공산청년회 가입 전후 고려공산청년회의 활동 보고서

조선어에서 번역

수신: 코민테른 집행위원회, 국제공청 집행위원회

발신: 고려공산청년회 중앙위원회 대표 지모사, 이정윤

서울청년회 공청 그루빠의 고려공산청년회 가입 전후 고려공산청년회의
활동에 대한 간략한 보고

I. 서울청년회 공청 그루빠 가입 이전 고려공산청년회 활동

대중사업과 공청

과거에 공청은 이른바 "사상단체", 그중에서도 특히 "신흥청년회"를 통해 자기의 대중운동 지도 과업을 수행하였다. 조선에서 신흥청년회는 합법적 대중사업을 지향하는 공청원들이 가입하고 개별적인 급진적 지식인들이 공청으로 진입하는 통과 지점으로서의 합법적 공청 역할을 수행하였다. 이러한 이유로 지방에서 사업하는 자들을 포함한 공청원 대다수가 "신흥청년회"의 이름으로 대중 속에서 사업하였으며, 신흥청년회는 합법적 대중 분파투쟁의 환경에서 공청의 공식 대표로 받아들여졌고, 또한 연계를 가졌다. 그러한 동일시와 공청 활동을 위장할 목적으로 소규모 지하 콤 그루빠들이 대중사업으로 이전하던 시기에 시작된 비합법단체의 합법단체로의 이전은 현재 비밀사업을 불가능하게 할 뿐 아니라, 비합법적 부분의 노출을 초래할 수 있고, "신흥청년회"와 "화요회"의 영향력 범위에 따라 공청의 활동 범위를 제한하면서 공청의 유연성을 마

비시키고 있다. 또한 서울 공청 그루빠를 포함한 다른 콤 단체들에 대해서도 동일한 측면에서 이야기할 수 있다.

청년 노동자와 공청

공청은 전적으로 급진적 지식인들로 구성된 이른바 "사상단체"들만을 통한 대중사업을 하면서 지식인들을 대상으로 자기의 활동을 펼쳐나가고 있는데, 이는 한편으로는 자기의 허울 좋은 지원을 광범위하게 선전하기 위한 공청 옛 영도자들의 대중추수로, 다른 한편으로는 노동자 농민 대중의 한복판으로 침투하고 위치하는 것의 어려움으로 설명할 수 있다. 지식인들은 지식인들 속에서 보다 용이하게 사업하며, 조선의 모든 지역들에서 매년 수십 개의 다종다양한 지식인 단체들이 생겨났고 또한 지금도 생겨나고 있기 때문에 지식인은 실제로 조선에서 질적이 아니라 수적으로 무분별한 분파투쟁을 추구하는 데 적합한 토양을 제공한다. 그에 따라 공청과 다른 콤 단체들은 거의 저항을 하지 않고 단체들의 간판을 보다 많이 획득하는 방법으로 나아가면서 노동자와 청년 노동자들의 운동에 거의 참여하지 않았고, 청년 노동자 단체에 거의 아무런 관심도 기울이지 않았다. 이 분야의 어려운 사업 조건들이 최대한의 에너지, 인내력과 역량을 요구함에도 불구하고 말이다. 공청이 청년 노동자들 속에서 무엇인가 사업을 진행했다 해도 그것은 대부분 소규모의 직공장이나 부직공장들을 대상으로 한 것이었다. 조선 내 대규모 공업기업소들의 철도 노동자, 방직 노동자 등등에 대해 말하자면, 그들은 공청의 혁명 실무에서 배제되어 있었다.

청년 농민과 공청

공청은 대부분 소작농과 고농이 참여하는 농민총동맹을 통해서만 농민운동에 영향력을 행사하였다. 공청은 농민총동맹의 외부에서는 사업을 수행하지 않았다. 따라서 (소작농과 고농 조합으로 대표되는) 동맹에 참여하지 못한 중농과 청년 중농은 옛 공청 중앙위원회의 관심 밖에 위치해 있었다. 서울청년회 공청 그루빠에 대해서도 동일하게 이야기할 수 있다. 농민회들은 그 조직을 지도하는 조선청년총동맹에서 매우 적은 자리만을 차지하였다. 동맹에 가입한 284개 청년단체 중 청년농민회의 수는 56개였다. 이 숫자에서 소작농과 고농 조합을 제외한다면, 청년 중농 단체의 몫으로는 극히 보잘 것없는 수만이 남는다. 소작농과 고농 대중 속에서 사업할 필요가 있음은 말할 나위 없지만, 중농을 간과해서는 안 된다. 결과적으로 공청이나 서울청년회 공청 그루빠는 조선총독부의 하수인들에 의해 이미 많은 도에 조직된 추악한 "농회(農會)"의 해체를 위한 사업을 수행하지 않았다.

민족혁명단체, 진보적 종교단체들과 공청

공청은 민족혁명단체, 진보적 종교단체들과의 관계에 있어 2개의 대립적 극단 사이에서 일관성 없이 우왕좌왕하고 있다. 또한 공청은 진보적 종교단체들의 혁명파에 의존해서 진보적 종교단체들에 자기의 혁명적 영향력을 공고히 하기 위해 1925년 11월 전조선 기독교일요학교 대표자들의 대회에서 러시아 공청원들로부터 차용해 온 구호들을 내걸면서 반종교 선전을 대대적으로 실시하였다. 그리고 최근에는 천도교청년당(이른바 집단지도체제 지지자들)의 지도를 받는 "천도교" 좌익을 지지하는 대신에, 이 종파의 박인호, 오세창 등등이 이끄는 우익(이른바 유일지도체제 지지자들)을 지지하는 몇몇 천도교에서 거의 추방된 (대중과 유리된) 자들과 연계를 맺었다. 그와 같은 "좌라는 문구"(조선의 조건에서의 "좌")에서 원로 "지도자들"에 의해 파산된 "천도교" 청우파 대신에 주도권을 쥔 우편향으로의 전환은 대중운동에 대한 몰이해로부터 나오는 것으로, 조선의 공청과 조선의 모든 혁명운동에 유해하게 반영되고 있다.

청년동맹과 공청

서울 콤 그루빠의 지도를 받는 조선청년총동맹은 다양한 콤 단체들의 영향을 받는 284개의 지방 청년회로 구성되어 있다. 1,000개가 넘는 조선의 나머지 청년회들은 동맹의 외부에서 분산적으로 활동하고 있다. (최소한 민족혁명단체와 종교청년단체의 진보적 부분과 관련하여) 주요한 원인은 동맹의 사회주의적 강령을 완고하게 견지하는 서울 콤 그루빠의 "좌경적" 회원들에게 있다. 동맹에 대한 고려공산청년회의 영향력이 미미했는데, 이는 다음과 같은 수치적 통계를 통해 알 수 있다. 동맹 내에 공청의 영향을 받는 청년회는 20개이다(196개가 영향으로부터 분리되어 있다). 동맹 내에 서울청년회 콤 그루빠의 영향을 받는 청년회는 209개이다(459개가 영향으로부터 분리되어 있다). 만약 공청이 무엇인가 영향력을 발휘하고자 했다면, 더 많은 수가 거부했을 것이다. 공청은 자기의 분열적이고 조직 파괴적인 정책을 통해 청년동맹의 조직 구조를 취약하게 만들었다. 금년 3월에 도 대표자대회에서 "함경남도"와 "경기도"의 동일한 도 동맹 대표자였던 공청원들(안기성, 김효경(Ким-хё-рён), 도용호)은 절대 소수임에도 동일한 도에 양립하면서 서로 적대적인 2개의 도 동맹을 하나로 통합하는 조건을 마련할 것을 동맹 집행위원회에 위임한 내회의 결정에 불만을 품고 추잡하게도 대회에서 나가버렸다.

전연방공산당(볼세비키) 및 코민테른의 반대자 블록과 공청

출판과 정보 영역에서도 사업이 전혀 만족스럽지 못하게 조직되었다. 원칙적이고 실무적인 의미를 갖는 가장 중요한 정치적 문제에 대한 정보가 이따금 제때에 제공되지 않거나 조명되지 못했으며, 때로는 아예 전달조차 되지 않았다. 예를 들어, 우리는 줄곧 국제공청과 코민테른 극동총국으로부터 전연방공산당(볼세비키)와 코민테른 내부의 "반대자 블록"에 대한 아무런 재료도 받지 못하였다. 우리는 중앙기관지『영도자(Вождь)』에 망명자들 중에서 반대자 블록에 반대하는, 그리고 최소한 조선과 일본 부르주아 신문업자들의 비방에 반대하는 단 하나의 글이라도 게재되었는지에 대해 알지 못한다. 그 어떤 경우에도 우리는 망명자들이 발간하는『염군(Искра)』잡지 단 1개 호수도 받지 못하였다. 따라서 손에 아무런 재료도 가지지 못한 우리는 일본과 조선의 부르주아 언론에 나온 허위 기사를 반박할 수 없었다. "반대자 블록"의 완고한 침묵 행위를 어떻게 설명할 수 있을까? 우리는 망명자들 가운데 있는 과거 지도자들이 반대자 블록의 과오를 규탄하는 것이 될 공청의 최종 결정을 지연시키려는 의도에서 재료의 제공을 의식적으로 지연시켰다고 생각한다.

II. 서울청년회 공청 그루빠 가입 이후 공청 사업

서울청년회 공청 그루빠의 가입 이유

11월 18일 나는 서울 공청 그루빠의 가입에 대해 국제공청 집행위원회 상무위원회에 서한의 형식으로 보고하였다. 통합을 주장한 서울 공청 그루빠 집단이 최종 순간까지 개인적 가입을 강요한 공청에 가입했다는 사실 자체가 이미 양 단체에서의 옛 분파적 충돌을 청산하는 방향으로 진전이 이루어졌음을 의미하는 것이다. 이러한 진전은 공청 대중들 속에서 시작되었다. 그들은 실무사업의 모든 과정을 통해 ① 옛 공청 지도자들의 정책에 대한 불신임, 그것의 유해성과 파산, ② 대중을 위한 투쟁에서 청년운동 전반의 발전을 분열시키고, 혼란스럽게 만들고, 지체시킨 공청과 서울 공청 그루빠의 통합 필요성 등을 확신하게 되었다. 처음에는 중앙과 개별 일꾼들 사이에 통합의 경향이 대화의 형태로 나타났다. 대화의 목적은 부분적으로는 대중 속에서 첨예한 분파적 충돌을 완화시키는 것이었다. 그 후에야, 즉 금년 초에 공청 하부로부터의 압력을 받고

서야 그것이 고려공산청년회 중앙위원회와 서울 공청 그루빠 중앙위원회 대표들 간에 통합을 이야기하는 대화의 형태를 띠게 되었다. 한 측이 개인적 가입을 고수했고, 다른 한 측이 (그루빠로서의) 통합을 주장했기 때문에 이 최초의 대화는 아무런 성과도 내지 못한 채 종료되었다. 첫 번째 시도가 좌절되었음에도 공청 대중의 통합 열망은 식지 않았다. 거꾸로 통합을 위한 운동이 계속 성장해 갔다. 일본 경찰의 탄압이 강화되면서 이 성장의 과정은 속도를 더하게 되었다. 조선 문제에 대한 코민테른의 4월 결정은 문제를 긍정적인 측면에서 최종적으로 해결하였다.

서울 공청 그루빠의 가입

금년 7월 28일 서울 공청 그루빠는 고려공산청년회 가입을 결의하였다. 고려공산청년회 책임비서 …• 동지가 당중앙위원회에 가입 문제를 제기했고, 당중앙위원회는 서울 공청 그루빠의 가입에 전적인 찬성을 표하였다. 또한 코민테른 집행위원회 대표 … 동지도 찬성하였다. 금년 7월 30일 고려공산청년회 중앙위원회는 대화를 위한 대표를 선발하기로 결정하였다. 금년 8월 5일 양 단체 대표들의 회의가 개최되었으며, 회의에서는 내가 11월 18일 국제공청 집행위원회 상무위원회에 보낸 보고서에 서술한 조항들에 기초한 합의에 도달하였다. 회의에서 작성된 조항들은 중앙위원회의 승인을 받았으며, 서울 공청 그루빠는 개별 성원들이 개인적인 검토를 받은 후 공청에 가입되었다. (중앙위원회에 서울 공청 그루빠 소속 개별 회원들을 기피할 수 있는 권리가 부여되었다). 중앙위원회는 공청 그루빠를 통합한 직후 지방에 지도원들을 파견하였다(얼마간 시간이 흐른 후 일본과 만주에도 파견하였다). 8월 12일 고려공산청년회 회의에서 새로운 중앙위원회가 선거되었다. 당 대중과 공청 대중은 서울 공청 그루빠의 가입에 대해 어떻게 반응하였나? 조선의 당원들과 공청원들은 가입을 기쁜 마음으로 받아들였다. 만주 공청과 일본에 있는 공청원들도 축하를 보냈다. 통합하지 않는다면 일본 경찰이 극악한 백색테러를 자행하는 조건에서 조선에서 효과적인 사업을 전개하는 것이 불가능했음에도 불구하고 망명자들의 야심에 사로잡힌 지도자들만이 가입에 불만을 가졌다. 만약 망명자들의 옛 지도자들이 가입을 저지하면서 그 사업을 방해하지 않는다면, 공청은 그들과 함께 혁명투쟁의 길로 나아갈 것이다.

•   원문에 이렇게 표기되어 있다. 이하 동일하다.

공청과 대중사업

서울 공청 그루빠가 가입한 후 중앙위원회는 다음과 같은 사업을 결정하고 수행하였다. 대중사업 영역에서 공청은 "사상단체"를 대중단체들에게 영향을 주는 기본적 도구로서가 아니라 급진적 지식인들의 합법적 운동 형태 중 하나로 간주하기로 결정하였다. 공청은 대중단체들에 과거의 유입 활동, 예를 들어 노동자회들에 공청 세포를 조직하기 위해 "사상단체"의 직인을 지닌 사람들(흔히 그러한 대중단체들에 부적합하게 [판독불가])을 그곳으로 들여보내던 것을 대신하여, 동 단체들에서 이미 지도를 하고 사업을 했던 자들 중에서 자기의 세포를 조직해서 그곳에서 직접적으로 사업을 수행하도록 할 것이다. 공청은 예외적인 경우에만 "유입" 체계를 사용할 것이다. 공청은 노동자농민운동의 모든 뛰어난 대표들, 콤 그루빠 당에 들어가지 않았거나 민족혁명단체 출신자들 중 모든 우수한 (청년) 분자들을 자기에게로 유입시킬 것이다. 이를 통해 공청은 혁명운동의 모든 틈바구니에 침투하고, 자기의 프롤레타리아 기지를 공고히 하면서 개별 혁명단체들의 제국주의자 타도를 지향하는 활동을 합치시켜 나갈 것이다.

공청과 청년 노동자

공청은 프롤레타리아운동의 지도 영역에서 철도 노동자, 인쇄 노동자, 섬유 노동자, 금속 노동자 등의 공업 노동자들과 기타 조선의 대규모 공업 분야 노동자들, 그리고 우리에게 있어 중요한 의미를 지닌 선원들을 결속시키는 사업을 강화하기로 결정하였다. 또한 해당 공업 분야나 해당 지역 노동자들의 구체적인 생활과 노동조건을 고려하면서 산업별, 직업별, 부문별 특징에 따라 노동자와 청년 노동자들을 결속시켜 나갈 것이다. 공청은 노동운동을 강화하면서 노동동맹을 조직적 구조의 측면에서 완전히 혼란스럽고 혼잡한 기관으로부터 강력한 노동조합기관으로 재조직해 나갈 것이다. 공청은 현재 이 과업을 수행하는 데 (비록 부분적인 수행일지라도) 충분한 역량과 광범위한 프롤레타리아 대중에 대한 영향력을 보유하고 있다.

1) 현재 조선노동동맹 집행위원회 상무위원회에 공청원 3명이 있다.

2) 조선금속노동자동맹 집행위원회 상무위원회에 공청원 2명이 있다.

3) 인쇄공동맹 집행위원회 상무위원회에 공청원 3명이 있다.

4) 원산, 청진, 부산, 인천에 자기의 지부를 두고 있는 선원조합은 공청의 완전한 영향력하에 있다.

5) 일본노동동맹에 공청원 2명 이상이 있다(우리는 아직 정확한 수치를 모른다).

6) 재일본무산자청년회에서 다수의 공청원이 사업하고 있다.

전체적으로 공청은 모든 대규모 노동단체들에 자기의 회원들을 침투시킬 수 있었다.

공청과 농민 문제

공청은 농민 문제에 대해 다음과 같이 결정하였다.

1) 교원들 중 우수한 혁명 부분을 자기 측으로 유인하면서 농촌에 고농, 소작농과 중농으로 이루어진 농민회를 조직하는 사업을 강화한다.
2) 일본 경찰에 의해 조직된 추악한 "농회"의 해체 사업을 강화한다.
3) 새로운 "좌익" 농민단체를 설립하지 않고, 기존의 "농민총동맹"과 "농민사"를 이용한다.

여성, 학생 및 소년 운동

공청은 여성과 소년 대상 사업에서 큰 성과를 거두었다. 조선에는 최근에야 고려공산청년회가 관심을 갖게 된 조선소년총연맹이 있다. 공청은 소년연맹과 연계를 맺을 수 있었다. 공산주의에 동조하는 연맹의 지도자가 공청에 가입했고, 소년연맹의 사업을 공청에 위임하였다. 우리는 현재 여성 사업에서 여성 공청원 6명을 보유하고 있는데, 그들은 서울에 있는 3개의 여성단체에서 단체들 간의 충돌을 청산하는 사업을 하였다. 그들은 조선의 대규모 여성단체 3개의 통합을 이끌어냈다. 이미 우리는 모스크바에서 신문에 난 소식을 통해 그것을 알았다. 공청은 주로 과학연구회와 학생연합회를 통해 학생 대상 사업을 수행하고 있다. 양 단체 상무위원회에 7명의 공청원이 있다. 출판 분야에서는 잡지 『조선지광』과 일본에서 간행되는 주간신문 『대중신문』이 거의 전적으로 공청원들의 힘으로 발간되고 있다. 멀리 떨어져 있기 때문에 고려공산청년회는 그들을 직접 지도하고 있지 않다. 다수의 공청원이 베이징에서 나오는 잡지 『혁명(Революция)』을 발간하는 사업도 하고 있다.

공청과 청년동맹

공청은 청년동맹에 관하여 다음과 같이 결정하였다.

1) 혁명운동의 분열과 혼란 속에서 자기의 안식처를 만들고 있는 조선 분파들의 개별적 부류들과의 투쟁에서 보이는 동맹의 조직적 혼란상을 극복하고,

2) 청년운동의 노동자농민기지를 공고히 하면서 민족혁명 강령을 기반으로 사회주의 경향을 지닌 단체들과의 통합 기관으로부터 객관적으로 혁명적인 모든 청년단체들과의 동맹적 통합 기관으로 재조직한다.

공청은 가까운 장래에 이 재조직 과업을 수행할 것이다. 현재 공청원들은 대규모 청년회와 군 및 도 동맹 현장에서 매우 많은 사업을 수행하고 있다. 이미 지금까지 적대적이었고 동일한 도나 군에서 2개로 분열하여 행동했던 후자들 중 일부가 통합의 방향으로 나아가고 있다. 조선청년총동맹 집행위원회 상무위원회에서 공청은 총 5명 중 2명의 자기 일꾼을 보유하고 있는데, 그들은 보다 광범위한 기초에서 재조직된 종교청년단체의 민족혁명적이고 진보적인 부분을 유입하는 방향으로 활동하고 있다.

III. 결론

광동군(廣東軍)이 승리*함에 따라 보다 거대한 혁명적 사변의 분위기가 성숙되고 있다. 심양에서 광동군의 승리는 조선에 직접적인 혁명적 상황을 조성하고 있으며, 조만간 우리 앞에 일본 제국주의에 반대하는 무장투쟁의 문제를 본격적으로 제기하게 될 것이다. 만약 조선이 소련과 혁명 만주를 배후에 두게 된다면, 조선혁명의 승리는 이미 3분의 1을 보장받게 된다. 공산당과 공청, 그리고 혁명적 대중단체들은 지금 즉시 사상적 준비뿐 아니라, 아마도 무장투쟁을 위한 기술적 준비까지도 시작해야 할 것이다. 만약 앞으로도 고려공산청년회가 자기 콤 그루빠의 우수한 분자들이 고려공산청년회에 합류할 경우 자기들이 더 이상 지도자로 남아 있을 수 없음을 잘 알고 있는 망명자들 중 몇몇 "지도자들"에게 유리하도록 분파적이고 패거리적인 활동을 지속한다면, 고려공산청년회는 그와 같은 거대한 과업을 수행할 수 없게 될 것이다. 결론적으로 우리는 새로운 고려공산청년회 중앙위원회를 대리하여 코민테른 집행위원회와 국제공청 집행위원회에 다음과 같이 요청하고자 한다.

1) 새로운 고려공산청년회 중앙위원회를 승인한다.
2) 새로운 고려공산청년회 중앙위원회의 사업을 방해하지 말 것을 망명자들의 옛 "지도자들"에게 요구한다(그들의 이기주의적이고 거친 분파주의 정책은 완전히 파

● 　봉천 군벌에 대한 광동 기반 국민혁명군의 승리를 의미한다.

산 당하였다).

3) 조만간 조선에서 고려공산청년회가 수행할 사업의 계획을 수립한다.

고려공산청년회 중앙위원회 대표

지모사, 이정윤

모스크바

1926년 12월 18일

1926년 12월 27일

РГАСПИ, ф.533, оп.10, д.1895, л.91.

1926년 12월 28일 고려공산청년회 대표 이정윤이 국제공청 집행위원회 상무위원회에 보낸 청원서

수신: 국제공청 집행위원회 상무위원회

청원서

나는 금년 11월 11일 고려공산청년회 중앙위원회의 위임에 따라 국제공청에 보고하기 위해 모스크바에 왔다. 12월 3일경 내가 고려공산청년회 대표로 인정되었음이 나에게 통보되었다. 이후 나는 내가 물질적으로 보장받지 못하고 있다는 사실을 수차례에 걸쳐 국제공청 동양부와 코민테른에 주지시켰다. 하지만 국제공청 동양부는 오늘까지도 계속 뭉개둔 채 (무슨 목적인지 모르겠다) 내 요구를 만족시키는 문제를 해결해 줄 생각을 하지 않고 있다. 그러므로 나는 국제공청 상무위원회에 나에게 숙소를 제공해 줄 것을 요청한다. 왜냐하면 나는 여러 거처를 전전하다 보니 심지어 보고서를 준비할 수조차 없기 때문이다. 또한 식량을 제공해 줄 것을 요청한다. 왜냐하면 상시적인 배고픔이 나의 노동력에 영향을 미치지 않을 수 없기 때문이다.

고려공산청년회 대표
이정윤 [서명]

1926년 12월 28일
모스크바

РГАСПИ, ф.533, оп.10, д.1895, лл.92-93об.

РГАСПИ, ф.533, оп.10, д.1895, лл.94-95.

РГАСПИ, ф.533, оп.10, д.1895, лл.96-97.

РГАСПИ, ф.533, оп.10, д.1895, лл.98-99.

1926년 12월 28일 고려공산청년회 대표 지모사와 이정윤이 국제공청 집행위원회 상무위원회에 보낸 청원서

극비

수신: 국제공청 집행위원회 상무위원회

발신: 고려공산청년회 대표 지모사, 이정윤

청원서

우리는 1926년 8월 12일 고려공산청년회에서 조훈 동지의 분열주의 정책을 조선의 혁명운동에 해악을 끼치고 고려공산청년회의 현 정책에 부합하지 않는 악질적 분파주의자의 정책으로 간주하여 그를 고려공산청년회 전권대표 직에서 해임한다는 결정을 내렸음을 11월 18일에 이미 보고하였다. 또한 조훈은 어떠한 자금도 거리끼지 않으면서 자기와 2~3명으로 이루어진 자기의 작은 분파적 이익을 공청의 이익에 우선하기 때문에 신임을 얻지 못하고 있다.

1. 1924년 조훈 동지와 김사국 동지는 고려공산청년회를 조직하기 위해 국제공청 전권의 자격으로 조선에 파견되었다. 조훈은 김사국에 앞서 조선에 갔으며, 김사국의 도착을 기다리지 않은 채 "신흥청년회" 회원들을 기반으로 공청을 조직하였다. 그리고 모스크바로 온 후 국제공청에 제출한 보고서를 통해 김사국이 조선에 도착한 후 자기와의 만남을 회피하면서 자기에 대한 음모를 꾸몄다고 하면서 그를 비난하였다. 조훈은 김사국을 기만하고, 직접 그에 대한 음모를 꾸몄으며, 김사국을 비방한 것에 대해 자기의 거짓말이 폭로된 금년에 들어서야 인정하였다.

2. 1924년 말라홉카(Малаховка)에서 동방노력자공산대학의 위임을 받고 행한 보고에서 조훈은 서울청년회를 파괴하기 위해 "신흥청년회"를 돌발적으로 조직했다고 솔직하게 토로하였다. 조훈은 그와 같은 반혁명적 사상을 고려공산청년회에 덮어씌우면서

고려공산청년회 사업의 명예를 훼손하고 파괴하였다.

3. 1923년 조훈은 청년당대회(Съезд партии Молодежи)가 소집되어 고려공산청년회 중앙총국의 지도를 받았다고 국제공청에 보고했으며, 1924년 국제공청에 보낸 보고서에서 그는 자기가 "신흥청년회" 회원들을 토대로 조직한 공청이 조선에서 청년운동의 유일성을 이루어냈고 조선의 청년동맹을 지도하고 있다는 거짓말을 하였다. 조훈 동지는 그와 같은 거짓말로 국제공청의 개별 일꾼들이 잘못된 길로 가도록 획책하였다.

4. 1926년에 간도 "국제공산청년회"의 이주화, 심상원(Сим сан вон) 등등이 고려공산청년회 만주분과에 반대하는 활동을 한 것도 조훈이 음모를 꾸민 결과에 기인한 것이다.

우리는 여기에서 허위, 계략, 모험주의를 통해 국제공청과 고려공산청년회의 권위를 추락시키는 음모가인 조훈에 대해 이야기하는 몇 개의 사실에만 한정해서 언급하기로 한다. 우리는 보고를 통해 조선혁명과 고려공산청년회에 유해한 영향을 준 그의 간악하고 분열주의적인 정책을 보여주도록 하겠다(일부는 옛 공청 중앙위원회 정책 비판과 관련된 서면 보고에서 이미 이야기하였다).

전술한 사항과 공청 중앙위원회의 조훈 동지 해임 결정을 감안하여 우리는 고려공산청년회의 과거와 현재 활동에 대하여 조훈 동지에게 보고하는 의무를 우리에게서 면제해 줄 것을 요청한다.

고려공산청년회 대표
지모사, 이정윤

1926년 12월 28일
모스크바

1926년 12월 31일 상해에서 단코가 러시아 대표단에 보낸 서한

상해 1926년 12월 31일

수신: 러시아 대표단

친애하는 친구들

사실은 이렇다. 김철수, 김광 등 조선 동지들의 보고와 나의 서한, 그리고 나의 서한 과 재료들을 통해 당신들은 조선에서 달성한 우리의 모든 성과와 우리 사업의 결함을 확인할 수 있다. 통합 문제는 이미 거의 결정되어 가고 있다(당에서는 이미 결정이 있었 고, 공청에서는 조만간 결정이 있을 것이다). 공청 문제는 2월 회의에서 최종적으로 결정 될 것이다(이미 발송해서 아마도 당신들이 구체적으로 검토했을 고려공산청년회 강령, 조 직 건설 문제 등의 재료들을 함께 참조하기 바란다. 이것들은 통합공청에서 단결적 역할을 하게 될 것이다).

이제 [판독 불가]와 모든 문제들을 해결하기 위한 나의 조선 방문 문제에 대해 이야기하 겠다. 나는 이 방문이 매우 필요하다고 생각한다. 원동총국도 동일한 견해를 가지고 있 다. 이에 대해 논의해 주기 바란다. 코민테른 집행위원회 비서부와 논의하고 나에게 전 보로 알려주기 바란다. 이를 위해 다음과 같은 상황을 염두에 둘 필요가 있다. 나는 여기 에서 조선 입국비자를 받는 것이 불가능하다. 그것을 모스크바에서 받을 필요가 있다. 가장 좋은 것은 나에게 우리나라 경제지 기자 신분으로, 혹은 보다 더 좋은 것은 타스 특 별통신원 신분으로 비자를 발급해 주는 것이다. 어하튼 당신들과 국제연락부(OMC)가 최대한 빠른 시일 내에 이 문제를 해결해 주었으면 한다.

모든 것이 당신들에게 달려 있다. 나는 내가 할 수 있는 모든 것을 하였다. (지방 동 지들이 인정하는 바와 같이) 나와 정백의 대담은 통합의 움직임에서 최종적인 역할을 수 행하지 못하였다. 새로운 서울 그루빠와의 논의를 고착 및 중단하고 북풍회와의 논의 를 시작하며, 가장 중요한 것은 통합의 모든 장애 요소를 확인하고 원만하게 해결할 필 요가 있으므로, 나의 방문이 반드시 필요하다고 나는 생각한다.

당신들의 단코

РГАСПИ, ф.533, оп.10, д.1892, л.28.

РГАСПИ, ф.533, оп.10, д.1892, лл.29-29об.

РГАСПИ, ф.533, оп.10, д.1892, л.30.

РГАСПИ, ф.533, оп.10, д.1892, л.31.

박윤세가 조훈에게 보낸 서한

조훈 동지

편지를 간간이 보내는 것에 대해 미안하게 생각한다. 그 이유는 내가 쫓겨 다니기 때문이다.

마지막으로 단호하게 말하겠다. 만약 국제공청이 1개월 내에 우리에게 답변을 주지 않는다면 나는 연해주의 50명이 넘는 열성자들과 만주의 47명을 데리고 전 만주 차원뿐 아니라 전 조선 차원에서의 사업을 수행할 수밖에 없다. 왜냐하면 내가 생각하기에 우리 조선에는 20명의 활동가라도 보유한 단체가 없지만 우리는 97명이기 때문이다. 97명을 전 조선의 운동에 보낼 수 있다. 추후에 모든 역량이 우리에게 속하게 된다 할지라도 당신은 우리를 인정하지 않을 것인가. 참으로 안타깝다. 직접 우리에게 와서 우리가 얼마나 많은 일을 했는지 보기 바란다. 보라! 이 개척되지 않은 황량한 만주에서 우리는 맨손으로 정말로 많은 것을 해낼 수 있었다. 만약 1개월 내에 답변을 하지 않는다면, 나 역시 더 이상 편지를 쓰지 않을 것이다.

만약 우리를 사업에서 배제한다면, 만주와 조선의 북부에 있는 공청은 어떠한 힘도 제공하지 않을 것이다. 매우 씁쓸하다.

박윤세 [서명]

РГАСПИ, ф.533, оп.10, д.1896, л.1.

РГАСПИ, ф.533, оп.10, д.1896, л.8.

No.1, 1926년 12월 현재 만주비서부 통계자료

도총국 명칭	세포 수	인원	성별		사회성분			
			남	여	노동자	농민	지식인	기타
남만주 도총국	9	82	82	-	2	42	26	12
간도총국	27	113	108	5	3	31	39	40
북만주 도총국	6	38	36	2	1	20	11	6
총계	42	233	226	7	6	93	76	58

연도별 회원 수				교육			회원, 후보회원, 연령 초과자 수		
23년	24년	25년	26년	초급	중급	상급	회원	후보	연령 초과자
-	1	33	48	1	37	44	62	11	9
4	10	44	55	5	96	12	73	12	25
1	8	9	19	2	21	15	29	3	6
5	19	86	122	8	154	71	164	26	43

열성도			정치 교양 준비 수준			군사 전문가	기타 전문가
합계	높음	중간	합계	높음	중간		
53	28	25	36	4	32	11	1
80	49	31	50	25	25	8	-
17	13	4	14	5	9	4	3
150	90	60	100	34	66	23	4

РГАСПИ, ф.533, оп.10, д.1896, л.2.

РГАСПИ, ф.533, оп.10, д.1896, л.9.

No.2, 1925년 1월~1926년 12월 만주비서부 활동 통계자료

도총국 명칭	대회/대표자회		회의		선전선동 삐라		출판	
	개최 횟수	문제 해결 수	개최 횟수	문제 해결 수	배포 횟수	매수	출판 횟수	출판 부수
만주비서부	-	-	8	56	5	9000	3	1550
간도 단체	2	30	45	180	8	5600	3	650
북만주 단체	1	10	4	15	4	2000	3	1500
남만주 단체	1	9	5	46	7	2100	5	1000
총계	4	49	62	238	24	18700	14	4700

공문서		시위		혁명 경축		강연 및 연설
발신	수신	횟수	참여 인원	경축 횟수	참여 인원	
250	550	-		-	-	25
308	350	3	2000	9	4500	22
65	35	-	-	8	1200	88
90	95	-	-	7	2100	135
713	1030	3	2000	24	7800	

돌발 강연	공청 야회	벽신문 및 산신문	운동경기, 견학여행
-	-	-	-
12	3	52	9
-	5	10	6
5	3	38	-
17	11	108	15

РГАСПИ, ф.533, оп.10, д.1896, л.3.

РГАСПИ, ф.533, оп.10, д.1896, л.10.

No.3, 만주 "사상단체" 통계

사상단체 명칭	단체 주소	하부단체 수	회원 수	사회성분		
				노동자	농민	기타
동우회	용정	-	30	-	8	22
독서회	용정	-	30	-	10	20
연구회	용정	-	30	-	4	26
동우회	두도구(Тю-Ди-Зя)	-	20	-	-	20
문우회	두도구(頭道溝)	-	20	3	-	17
로동회	용정	-	70	65	-	5
신흥회	영고탑(宁古塔)	-	40	-	15	25
합계	-	-	240	68	37	135

단체 설립일	수행 사업	단체 유지 수단	단체 내 공청원 비율	비고
1926.12.10	대중들에게 계급 및 민족의식 해설 및 각인	회비	80%	1924년 설립된 "문우회"와 1926년 설립된 "여우동맹"이 통합하여 본 회를 설립
1925.12.10	이론 학습	회비	100%	
1926.6.20	이론 학습	회비	95%	
1926.4.11	대중들에게 계급 및 민족의식 해설 및 각인	회비	100%	1926년 봄에 설립된 "수양회"가 본 회로 재조직됨
1926.4.11	대중들에게 계급 및 민족의식 해설 및 각인	회비	90%	
1926.7.15	교육 및 교양사업	회비	90%	
1926.8.20	사업 수행하지 않음	회비	-	
-	-	-	70.7%	

РГАСПИ, ф.533, оп.10, д.1896, л.4.

РГАСПИ, ф.533, оп.10, д.1896, л.11.

No.4, 1926년 12월 현재 만주 합법 청년단체 통계자료

단체 명칭	설립일	하부단체 수	회원 수	사회성분		
				노동자	농민	기타
남만청년총동맹	1925.10.3	22	477	-	397	80
리파(ЛИФА)청년총동맹	1926.4.15	7	120	-	100	20
간도청년총동맹	1925.1.25	90	3500	100	3000	400
북만노력청년총동맹	1925.10.16	12	270	-	250	20
북만조선인청년총동맹	1926.5.7	23	430	-	400	30
합계	-	154	4797	100	4147	550

단체 내 공청원 수	군사집단 수	청년회 미참가자 수	단체 활동
45	16	12000	청년노동자단체가 통합 중앙단체로
2	4	300	겨울과 여름을 이용하여 문맹퇴치 야학 개설. 물적 재원이 보장되지 않아 긍정적인 사업성과를 기대할 수 없음. 삼일봉기 경험, 봉건국가적 활동 형태, 삼일봉기 이후 간도에서 일본인들이 자행한 탄압과의 투쟁 경험 등이 거론되고 있다.
103	120	45000	
30	10	300	
1	30	980	
181	180	57880	

РГАСПИ, ф.533, оп.10, д.1896, л.5.

РГАСПИ, ф.533, оп.10, д.1896, л.12.

No.5, 1926년 12월 현재 만주 민족단체 통계자료

단체 명칭	구역 수	단체 참여 농호 수	빨치산 수		부대 수	
			지휘관	일반병사	중대	소대
정의부	17	25000	29	300	6	18
참의부	9	20000	15	150	3	9
신민부	9	1287	10	100	2	6
합계	35	56887	54	550	11	33

조직 구조	각 농호당 연간 세금	지방예산을 포함한 세금 총액	활동
원칙적으로는 민주집중제이지만, 실제로는 봉건국가 구조	20루블	500000	1. 조선의 자치 관련 사업
	20루블	250000	2. 영토국가 운영
	8루블	27062	3. 빨치산 운용. 빨치산은 이 봉건적 국가를 위해 복무하며, 주민들로부터 세금을 징수하기 위해 운용된다. 이 단체들에서는 상호 이해의 측면에서 주민들과 군사들 간에 분쟁이 벌어지고 있다. 불만이 증가하고 있다. 많은 수의 단체들이 친일단체인 '민회'의 영향으로 인해 단체의 혁명성을 상실하고 있다.
		777062	

РГАСПИ, ф.533, оп.10, д.1896, л.6.

РГАСПИ, ф.533, оп.10, д.1896, л.13.

No.6, 1926년 12월 현재 만주 민족단체 통계자료

단체 명칭	회원 수	수입액	설립일
한족노동당	3131	기본 자본금 1500루블. 회비 월 1루블	1924.10.3
다물당	500	회비 20코페이카	1925년 3월
민생회	80	없음	1926년 10월
공산주의자동맹 (Союз коммунистов)	35	없음	1926년 1월
자경단	약 30	없음	현재 비밀리에 조직 중

활동 총평	비고
"정의부"에 소속되어 있다. 이 단체의 지도 그루빠이자 상해파 및 경상도 사람들의 무기이다. 농민사업은 중요하지 않다.	아직 이 단체들은 조직적으로 전혀 견고하지 못하다. 이 단체들의 조력을 받아 민족혁명당을 조직하고자 하는 분파주의자들에게 토대를 제공하고 있다. 분파주의자들에게 지도권을 부여하면서 그들의 분열주의를 위한 최종적인 피난처를 제공하고 있다. 우리의 과업은 이 단체들을 통합하고, 민족혁명협동전선의 길로 나아가게 하는 것이다.
"정의부"에 소속되어 있다. 경상도 사람들이 조선 "북풍회" 그루빠가 이곳으로 오는 길을 뚫었다.	
"신민부"에 속해 있다. 서울파의 무기이다.	
조직자 이청천. 군사단체. 만주에서 힘을 갖고 있다.	
정의부 내 다물당에 토대를 둔 북풍회 그루빠가 자경단을 앞세워 민족혁명당을 조직하려 하고 있다. 첫 번째 회의가 금년 3월에 있을 것이다.	

РГАСПИ, ф.533, оп.10, д.1896, л.7.

РГАСПИ, ф.533, оп.10, д.1896, л.14.

No.7, 1926년 12월 현재 만주의 학교에 대한 통계자료

소재지	학교 수		학생 수		교사 성별				학생 성별			
					중급		초급		중급		초급	
	중급	초급	중급	초급	남	여	남	여	남	여	남	여
간도	7	236	1300	22000	50	5	700	50	1220	80	17000	5000
남만주	-	179	-	7080	-	-	290	7	-	-	5880	1200
북만주	-	35	-	1300	-	-	80	4	-	-	1000	300
합계	7	450	1300	30380	50	5	1070	61	1220	80	23880	6500

매년 졸업생 수		비고
중급	초급	
150	1300	주민들 속의 조선인 친일단체, 종교단체 등에 의해 유지되고 있다.
-	780	조선인 친일단체에 의해 유지되고 있다. 종교단체 학교가 대부분이다. 80%가 조선인들에 의해 유지되고 있다.
-	270	98%가 조선인들에 의해 유지되고 있다.
150	2350	교과서가 부족하고 교과서의 내용이 매우 비정상적이다. 교사 역량이 부족하다. 조선인교사대회를 소집할 필요가 있다.

РГАСПИ, ф.533, оп.4, д.94, лл.57-62.

РГАСПИ, ф.533, оп.4, д.120, лл.41-46.

РГАСПИ, ф.533, оп.4, д.120, лл.60-65.

1927년 1월 5일 찰리가 국제공청 집행위원회에 보낸 서한

친애하는 동지들

10월에 있을 대회 문제를 결말짓기 위해 10월에 동지가 상해로 파견되었다. 원동총국의 의견은 다음과 같았다. 1) 불법적 조건으로 인해 대회를 소집하지 않는다. 2) 일련의 문제를 살펴본 이후에 대회를 준비하는 것이 더 낫다.

상해에 있는 중앙위원회의 일부 위원들이 이 의견에 동조하였다. 모두가 그렇게 해야 한다고 생각했고, 대회 개최를 위해 동지가 파견되기를 희망하면서 대답을 기다렸다. 나는 12월 14일 상해를 떠났고 그때까지 조선으로부터는 아무런 소식도 없었다. 며칠이 지난 후에야 블라디보스토크에서 김철수와 김병일을 만났다. 그들은 조선에서 12월에 대회가 있었다고 말하였다.

나는 왜 원동총국의 허락도 없이 대회를 소집했냐고 질문하였다. 그는 다음과 같이 답변하였다. 1) 민족 문제. 2) 서울청년회를 가입시켰다. 3) 조직 문제. 4) 코민테른 집행위원회에서 직접 조선 대표를 호출하였다. 5) 나는 비서였고, 사변 이후 사람들이 나를 숨겨주었지만 더 이상 있을 수 없었으며, 대리를 선거할 필요가 있었다. 나는 그에게 10월부터 12월까지 2개월이 지났는데 어째서 당신들은 이 2개월 동안 소식을 전하지 않았는지 질문하였다. 그는 침묵했으며 답변하지 않았다.

11월 10일경에 서울청년회 콤 그루빠가 도 책임일꾼 대표자회를 소집하여 7명으로 구성된 중앙(중앙위원회)을 선거하였다. 처음에 그들은 당 가입 문제를 논의하였다. 토론에서 6명이 가입에 찬성했고, 1명이 반대하였다.

현재 서울파에는 3개의 그루빠(공산당 가입 반대 그루빠, 찬성 그루빠, 동요분자들)가 있으며, 원동총국이 이전부터 알고 있던 김철수, 원우관, 오희선 3명의 명단이 가장 먼저 보내졌다. 이것이 중앙위원회였다. 11월 초 중앙위원회는 존재하지 않았다. 남아 있던 2명이 1) 안광천, 2) 양명, 3) 김준연, 4) 권태석 등 4명을 더 선출하였다.

12월 6일까지 당원 95명이 검거되었고, 조선과 (만주를 제외한) 국외에 189명이 남았다. 이 모두는 300개의 세포에 통합되었다.

옛 그루빠들 중에는 대회 참석자가 없었고, 서울파와 김철수 그루빠(상해파)만이 참석하였다. 대회에서 중앙위원회 위원 7명이 선거되었지만, 내가 생각하기에 그들은 소부르주아이고 불량한 자들이다.

중앙위원회의 구성원은 다음과 같다.

비서: 1) 안광천 – 지식인. 지금까지 일본에 있었고, 스스로를 "그루빠 외부" 사람이라고 생각하였다. 영도자가 되기를 원했지만, 1926년 11월에 조선으로 올 때까지 조선의 운동과는 아무런 관련이 없었다. 일본의 사상적 지식인단체인 일월회 회원이다.

2) 정학선 – 옛 서울파. 대중운동가가 아니었다. 과거에 부유한 부모의 자식으로 부양받으면서 살았다. 약 40세.

3) 김남수 – 옛 당원. 공청 중앙위원회 후보위원이었다. 조선의 노동운동과 청년운동에서 장기간 사업하였다. 실천가. 또한 농민운동에서도 사업하였다. 농민. 이론적으로 제대로 준비되지 않았다.

4) 김준연 – 일본의 대학을 마치고 독일로 가서 3년 동안 수학하였다. 1925년 봄에 조선으로 돌아왔다. 법률가. 귀국 후 부르주아 신문인『조선일보』가 그를 모스크바에 통신원으로 파견하였다. 1925년 9월에 재차 귀국해서 신문사에서 계속 일하였으며, 운동에는 가담하지 않았다. 김철수는 그가 서울 그루빠 출신이지만, 이에 대해 전혀 몰랐다고 말한다. 34~35세.

5) 권태석 – 그가 청년노동자운동에서 사업했다고 알고 있다. 서울파.

6) 한위건 – 김준연과 유사하게 일본에서 수학했고,『동아일보』기자였다. 운동에는 참여하지 않았다. 30세.

7) 하필원 – 그도 일월회 회원이다. 지금까지 일본에서 수학하였다. 그의 부친은 매우 부유한 지주이다. 운동에 참여하지 않았다. 25세.

중앙검사위원회

1) 김병숙 – 알지 못한다. 서울파.

2) 노백용 – 인품은 뛰어나지만 이론적으로 준비가 덜 되어 있다. 비서인 안광천의 친구이다. 45세.

3) 임표 – 서울파. 과거 1920년까지 일본 헌병이었다. 40세.

대표

만주 – 옛 중앙위원회에 있던 오희선이 2개 계통의 전권으로 임명되었다.

집행위원회 원동총국 – 서울파인 정백이 상해에 있었는데, 지금은 그곳에 있다.

코민테른 – 대표 직책에 조동호

블라디보스토크에 김철수. 모스크바 여행 후

[판독 불가] – 주종건. 제1차 대회에서 선거된 옛 중앙위원회 출신.

국제혁명투사후원회 – 구연흠. 1차 대회에서 선거된 옛 중앙위원회 후보위원.

김영만. 옛 서울파. 1926년 내내 모스크바에 있었고, 블라디 보스토크에서 김철수를 도왔다.

만주총국 – 오희선이 임명되었다. 현지에 있다.

대회 결정

1) 1926년 2월 임시대회에서 규약과 강령을 재검토한다.

2) 민족 문제: 혁명적 민족단체와 비합법 단체를 동맹자로 간주하고 그들과 함께 사업할 것이다.

3) 만주의 빨치산운동을 지지하며, 연계를 수립한다.

4) 당원 모두를 교양시킨다.

5) 민족주의자들로 정당을 조직한다.

6) 단체, 그루빠

① 모든 정치단체들은 연계를 맺어야 하며, 유일 단체를 조직해야 한다.

② 도에는 개인적으로 또는 세포들로 정당을 조직한다.

③ 만약 당이 2개의 그루빠로 나누어지면 프락찌야들을 조직할 필요가 있으며, 이후 어느 것이 더 좋은지 검토하고 그것의 지도부를 장악한다.

④ 민족운동의 밀정들을 추적하고 그들의 행동을 광범위하게 폭로한다.

⑤ 일본의 행위에 대한 비판과 대중의 정치 교양을 위해 모든 합법적 기회와 합법 기관 및 신문을 이용한다.

3) 사상단체는 불필요하므로 해산한다.

4) 노동자 농민 문제: 노농총동맹을 노동 부분과 농민 부분의 2개 부분으로 별도로 분리한다. 이들 단체의 중앙위원회 위원들은 통합되지만, 그들의 사업은 분리되어야 한다.

5) 모든 청년단체는 조선청년총동맹에 가입해야 한다.

이것이 대회의 가장 주요한 결정들이다.

공청대회가 없었다. 검거 이후 남아 있던 7명으로 조직되었다.

상해에 알려졌던 바와 같이 차후에 3명을 선거하였다.

1) 고준

2) 전해

3) 김남수

(상해에서는 이들에 대해 일고 있었다)

하지만 김철수는 이전에 다음의 자들이 선거되었다고 전하였다.

① 양명, ② 고준, ③ 전해, ④ 이인수, ⑤ 김병일, ⑥ 김강(김 보리스(Ким Борис)), ⑦ 송언필

당대회에서 새로운 고려공청 중앙위원회와 당 중앙위원회가 선거되었다.

신 중앙위원회:

1) 하필원 – 비서(그에 대한 평정은 공산당 중앙위원회 구성원 참조)

2) 고준 – 동방노력자공산대학. 1926년 가을에 떠났다.

3) 임형일 – 조선에서 사업하였다. 고참 당원. 준비가 부족하다.

4) 조기승 – 서울파. 지방에서 사업하였다. 준비가 부족하다. 『동아일보』에서 일하고 있다.

5) 온낙중 – 서울파. 불상.

6) 송언필 – 부자의 아들로, 일본에서 수학하였다. "일월회" 회원. 운동에 참여하지 않았다.

7) 김철 – 서울파.

만주 전권: 이인수

앞의 5개 쪽에 자금을 모금하고자 상해에서 이곳에 온 김찬, 만주 사업 전권인 김찬과 내가 나눈 대담이 기록되어 있다.

이 많은 소식을 보기 바란다. 대표로 이곳에 온 김철수와 김 보리스는 코민테른이 서울 연락소를 통해 자기들을 소환했다고 말하고 있다.

새 중앙위원회는 만주 사람들과의 협의회를 추후로 연기하라고 제안하였다. 그것은 이해가 된다. 그들은 상황을 파악하기를 원한다. 무엇을 해야 하나? 사람들은 왔는데,

돈은 없고, 협의회도 없다.

보는 바와 같이 상해파, 서울파, 일본 "일월회" 3개 그루빠로 공산당의 통합이 이루어졌다.

어떤 전술이 있어야 하나?

그들이 지지난번 코민테른 전원회의에 있었던 조동호를 제외하고는 망명자들 중에서 어느 누구도, 그 어디에도 임명하지 않았음을 주목하기 바란다.

대회의 결정은 그다지 나쁘지 않다. 솔직히 말해서 나는 아직도 무슨 일인지 파악하지 못하였다.

나는 김 보리스를 만났지만 그와 대화를 나누지 않았고, 내가 당신들이나 단코에게서 지령을 받을 때까지 계속 그렇게 할 생각이다. 비록 과거에 블라디보스토크에서 그를 알게 되었지만(그가 나를 찾아왔다) 건강에 대해서만 이야기를 나누었다. 만약 그가 이야기를 시작한다면 별개의 문제이겠지만, 나는 그것을 원하지 않는다.

단코가 여기로 와서 이 모든 것을 조사하는 것이 좋겠다는 나의 제안이 아마도 지금쯤 미슈카(Мишка)에게 전해졌을 것이다.

이 사변은 지도부의 공고화 문제를 제기하고 있다. 본 바와 같이 그것으로는 충분하지 않았다. 아마도 국제공청 원동국이 필요할 것이지만, 코민테른 집행위원회 원동국이 존속할 것이라는 조건하에서이다.

그러므로 미슈카의 출발을 서둘러 줄 것을 요청한다.

내일 당신들에게 전보를 보낼 것이다. 협의회와 함께 무엇을 해야 하는지 말해주기 바란다.

조선 문제는 당분간 이것이 전부이다.

나는 5일쯤 후에 조선 문제를 보다 잘 파악할 수 있는 블라디보스토크를 떠난다.

그럼, 여러분의 건투를 빈다.

찰리
1927년 1월 5일, 새벽 2시.

– 후략 –*

●   중국 관련 사업 부분이므로 번역하지 않았다.

РГАСПИ, ф.533, оп.10, д.1899, л.62.

1927년 1월 19일 고려공산청년회 만주단체 제1차 협의회에서 제3인터내셔널에 보낸 축전

고려공산청년회 만주단체 제1차 협의회는 세계혁명의 총참모부에 열정적인 볼세비키적 인사를 보내면서, 그리고 레닌주의의 기치 아래 조선 공산주의운동을 통합시키는 길에서 수행해야 하는 자기의 전투적 역할을 인정하면서, 만주 평원에서 혹독한 어둠을 헤쳐나가면서 피압박 민족의 해방운동과 세계 사회주의혁명이 승리하는 그날까지 나아가겠다고 강철 같은 맹세를 한다.

피압박 민족 해방 만세!

코민테른 만세!

협의회 상임위원회

1927년 1월 19일

РГАСПИ, ф.533, оп.10, д.1899, лл.66-74об.

РГАСПИ, ф.533, оп.10, д.1899, лл.75-85.

РГАСПИ, ф.533, оп.10, д.1899, лл.86-96.

만주공청 협의회에서 조직건설에 대한 토론의 주요 내용

1. 김복만

a) 현재와 과거 당의 지도

과거에 당과 공청은 당 사업의 오류로 인해 서로 적대적이었다. 당에 의해 선발된 자들이 분파주의적 연계에 따라 활동하였다. 모든 자들이 사상적으로 취약하게 교양되었고, 비조직적으로 모였기 때문에 공산주의를 알지 못하였다. 당은 이러한 오류를 인지하고 이 문제를 새롭게 해결해 나갔다. 공청의 가장 우수한 분자들로 당의 토대를 만들고 다양한 프락찌야에서 우수한 분자들을 선발하는 사업에 착수하였다. 오류를 교정하면서 진정으로 확고부동한 당 사업을 수행하기로 결정하였다. 우리는 과거의 당과 공청 간 관계를 염두에 두면서 당의 지도하에 앞으로 나아가야 한다.

b) 공청의 대중화

앞으로 우리 공청은 당의 지도를 따르면서 대중화를 실현해야 한다. 과거에는 당적 관점을 가지고 가입시켰지만, 향후에는 가입 조건을 완화시킬 필요가 있다. 이는 합법화를 의미하는 것이 아니다. 다양한 프락찌야에서 분자들을 가입시키는 데 있어, 서울 그루빠 분자들에 대해서는 다른 프락찌야들에 비해 가입 조건을 완화시킬 필요가 있다. 왜냐하면 그들은 분파주의의 영향을 덜 받았기 때문이다. 비록 콤소몰 인테르나찌오날(Комсомол интернационал)이 공청을 해체시키고자 하고, 공청에 대해 악의적인 선전을 하면서 공청에 반대했으며, 공청의 사업에 해로운 영향력을 가져왔음에도 불구하고, 질적인 선발을 통해 콤소몰 인테르나찌오날로부터 분자들을 가입시킬 필요가 있다.

c) 통신 문제

과거에 만주비서부와 중앙위원회 간에 통신이 취약하였다. 만주비서부에 대한 중앙위원회의 지도가 매우 취약했는데, 이는 중앙의 무책임성을 보여주는 것이다. 앞으로 만주총국과 중앙위원회 간에 3개월에 1회, 만주총국과 도위원회들 간에 2개월에 1회 연락이 이루어져야 하며, 도위원회와 구역위원회 간에 보다 긴밀한 연락이 이루어져야 한다. 다음으로 책임일꾼들의 협의회가 보다 빈번하게 소집되어야 한다.

d) 청년운동

조직화되지 않은 청년들을 조직화할 필요가 있다. 청년들을 민족주의 강령으로 결집시키고, 만약 가능성이 보인다면 만주총동맹을 조직하는 토대가 되도록 해야 한다. 그 후 조선청년총동맹에 가입하고, 그 사업을 통해 전만청년총동맹의 설립을 완료해야 한다.

e) 사상단체

기존의 단체들은 사상의 방향으로 더욱 더 나아가게 하고 통합한 후에 관련 농민운동의 방향으로 나아가게 해야 한다.

f) 교양원대회를 조속히 소집할 필요가 있다.

2. 박병희

a) 우리는 내부보다는 외부를 더 비판하였다. 또한 사업에서 계획성이 부족하였다. 연락이 신속하게 이루어지지 않았기 때문에 동일한 속도가 날 수 없었다.

b) 당에 관하여

남만주에서는 당이 인정한 김철훈, 박웅칠(Пак Сынчир), 장도정 등을 신뢰할 수 없었다. 그들은 자기를 책임일꾼이라고 칭하면서 공청을 당의 지도를 받지 않는 분파로 분리시켰고, 새로운 분파를 만들어서 자기의 개인적 지도에 복종하는 수단으로 만들었으며, 심지어 민족주의자들에게 (공청원들이) 밀정이라고 중상모략하였다. 중국공청에 가입하고자 하는 의도도 보여졌다. 이 당을 건설하는 것이 우리의 책무임을 인식하면서, 우리는 만주비서부의 지도에 따라 당 조직에 가입하였다.

3. 이정만

우리 공청이 다양한 프락찌야들로부터 공격을 받았다는 것은 사실이다. 또한 자기를 당이라고 부르는 자들로부터도 엄청난 공격을 받았다. 옛 공청을 인정하지 않고 공청 사업에 반대하면서 분열적 행동을 통해 중복되는 단체를 조직하는 경우들이 있었다. 또한 정치적 식견이 없었다. 이론 외에도 세포 조직의 실무적 문제를 알 필요가 있다.

민족 문제. 공청원들은 무기를 준비하고, 우수한 군사교육을 받고, 협동전선을 실현하기 위해 모든 단체를 통합시키는 데 노력해야 한다.

4. 이함산

과거 당의 오류는 다양한 프락찌야들의 경향들로 인한 것이었는데, 이는 우리의 사업에서 확인되고 있다. 진화의 법칙에 따르면 당과 공청은 의심의 여지없이 함께 간다. 옛 지도자들에게서 아직 분파주의 의식이 제거되지 않았기 때문에 이를 감시하고, 다양한 프락찌야에서 분자들을 가입시킬 경우에 신중성을 유지할 필요가 있음을 함께 사업하면서 미리 경고할 필요가 있다. 중국공청과의 연계는 시간의 문제이다. 만주에서는 학교들을 포섭할 필요가 있는데, 이는 사업을 원활하게 수행할 수 있게 할 것이다.

5. 손경호

남만주는 지역이 광대하기 때문에 2개의 도위원회가 더 필요하다. 농민이 전체 주민의 99%를 차지하고 있다. 그들 대다수는 농노제적 상황에 놓여 있다. 현재 농민운동을 시작하고 있으므로, 우리는 가장 올바른 정책으로 이를 지도할 필요가 있다.

6. 이종희

a) 다양한 프락찌야들의 공격

해외와 조선 내부의 모든 프락찌야가 만주에 모여 있다. 모든 프락찌야가 우리 공청에 우호적이지 않다. 요컨대, 공청을 적대시하면서 자기 스스로를 공산주의자와 당원이라고 칭하고 있다. 공청에 대한 이러한 적개심은 모두의 앞에 "유해한" 생각을 싹트게 하고 있다. 공청의 전술은 어떠했나?

① 우리 단체 내부에, 그리고 공청이 지도하는 합법단체들에 자기의 분파주의 꼬리를 들이밀면서 분열주의정책을 펼쳤다. 합법단체들에서 사업하는 우리 동지들에게 공격을 가하였다.

② 우리에게 위해를 가하기 위한 반대 단체들의 극단적 정책

③ 다른 단체들 속에 숨어서 교활하고 기만적인 방법으로 해당 단체로부터 사람들을 뽑아내서 그들로 하여금 우리의 사업을 방해하도록 지도하였다.

④ 현 정세에 대한 우리의 관점을 받아들인다고 하면서도 뒤에서는 자기의 분파주의 꼬리를 질질 끌고 다니면서 화해정책을 펼치고 있다.

이에 우리는 어떠한 정책을 펼쳤나?

① 우리는 프락찌야와 관련한 말과 글로 청산정책을 수행하였다.

② 우리의 관점과 정책을 확산시키면서 대중을 프락찌야들의 탐욕스러운 마수로부터 분리시키고, 프락찌야들의 영향력 확장으로부터 차단시켰다.

③ 지도부라고 참칭한다는 의심을 대중으로부터 제거하고 대중을 우리 대오로 끌어

들이기 위해 대중을 상대로 프락찌야 반대 선전을 하였다.

앞으로는 다음과 같은 정책을 수행할 필요가 있다. 한 명의 공산당원이 일반 대중 1백 명을 일깨워 세우고, 한 명의 혁명가가 1천명의 분파주의자를 일깨워 세운다. 우리는 프락찌야들을 두려워하지 않는다. 다만 우리 공청원들이 사상교양에서 취약하지 않은가라는 의구심이 있을 뿐이다. 달리 말하자면, 무식이 가장 아픈 부분이다. 모든 프락찌야는 붕괴의 문턱에 놓여 있다. 그 이유는 다음이 될 것이다. ① 프락찌야들 간의 투쟁. ② 각 프락찌야 내 대중의 의식 성장. 현재 각자는 유행처럼 통합을 이야기하고 있다. 우리는 이 통합을 잘 분석해야 한다. 이 통합이 원칙적이고 혁명적인 통합인지 아니면 무원칙적이고 분파주의적인 통합인지를. 우리는 무원칙적이고 분파주의적인 통합을 요구하지 않으며, 만약 통합이 혁명적이 아니라면, 그리고 원칙적이지 않다면, 가장 우수한 분자들은 모든 프락찌야로부터 이탈해서 올바른 혁명의 도정으로 나아가게 될 것이다.

b) 당과 만주비서부 동지들

공청의 사업은 당의 확고한 지도를 받지 않고는 올바른 방향으로 100% 나아갈 수 없다. 당의 지도가 없는 공청은 부모를 잃은 아이와 같다. 조선혁명전선에서 이것이 특히 강조되고 있다. 조선전선은 어떤 기관을 요구하는가? 최소한 민족혁명당, 공산당과 공청의 존재가 요구되었다. 특히 만주의 구체적인 상황은 민족당을 요구하였다. 그와 같은 구체적인 상황의 요구에 따라 만주비서부는 이 3개 단체의 사업을 수행하지 않을 수 없었다. 조선전선과 다른 전선의 동지들은 총 3개의 기관으로 어렵게 사업을 수행해 왔지만, 특히 만주에서는 만주비서부 하나가 이 모든 사업을 수행함에 따라 사업 수행이 매우 어려웠다. 이것이 바로 만주비서부 사업이 순수한 공청 사업이 아닌 이유였다. 지금은 지도를 받으면서 순수한 공청 사업을 수행하고 있다.

c) 통일성과 규율

앞서 언급한 상황적인 어려움으로 인해 내부의 조직사업과 연락사업에서 취약성이 노정되었다. 그리고 이와 함께 만주비서부가 지령을 내리지 못했던 것도 매우 뼈아픈 측면이다. 대회가 소집되지 않음에 따라 총적인 지령이 나오지 않았다. 또한 중앙이 만주비서부의 사업을 검열하지 않았고, 각 도위원회의 사업을 제대로 검열하지 못해서 그것이 사업의 통일성과 규율성에 영향을 미친 것에 대해 유감스럽게 생각한다. 향후로는 사업의 계획성을 증진시키고, 다양한 기관들 간에 긴밀한 연락을 취할 필요가 있으며, 엄정한 통일성과 규율성에 입각해서 사업을 수행할 필요가 있다.

d) 자금의 부족

동지들이 잘 알고 있는 바와 같이 이 문제는 우리 기관에서도 가장 어려운 문제이고 가장 긴요한 문제이다. 무엇보다도 만주비서부 책임일꾼들이 무엇으로 살았는지 몰랐을까? 또한 출판사업도 만족스럽지 못하였다. 이 문제와 관련하여 우리 기관뿐 아니라 아마도 다른 단체들에서도 독재가 없었나? 만주비서부 전원회의에 단 한 번도 위원들이 모두 모인 적이 없었으며, 2~3명의 동지에 의해서 결정되었다. 앞으로는 물적 문제를 해결하는 데 과단성 있게 나서고, 모두 합심해서 경제 부문에 많은 노력과 에너지를 집중시킬 필요가 있다.

7. 김송렬

청년동맹운동에서 1925년까지는 조직사업에 노력이 집중되었다. 1926년은 조직사업의 휴지기라고 규정할 수 있는데, 이는 분파주의의 영향 때문이었다. 또한 교양 부문도 취약하였다.

8. 김동수

합법운동의 전술을 바꿀 필요가 있다. 비합법 일꾼들이 합법운동에 빈번하게 모습을 보일 필요는 없다. 직접 사업이 아니라 프락찌야를 통한 사업이 필요하다. 집회에 제대로 참석하지 않는 회원들은 동맹의 규율에 따라 처리해야 한다. 개별 동지들에게 책임사업을 부여하는 데 이용할 목적으로 하는 것은 잘못된 것이다. 사업에서 관료적 행태를 제거할 필요가 있다.

9. 유일근

과거 우리의 전선에는 분파주의자들이 민족운동에서 사회운동으로 나왔었다. 현재 그들은 다시 민족운동으로 들어가서 분파주의사업을 하고 있다. 그 예로 신민부(서울 프락찌야), 상해파, 북풍회 등을 들 수 있다. 민족당 문제는 분파투쟁에 있어 부차적인 동기가 되었다. 우리는 이를 격퇴하기 위한 준비를 하지 않을 수 없다. 모든 방법을 동원해서 당을 지원할 필요가 있다. 현재 북만주에서는 (당에 가입하지 않은) 서울 그루빠가 반당운동을 대대적으로 수행하고 있다. 이것은 민족당을 조직하는 데 강력한 영향을 미치게 될 것이다. 다양한 프락찌야의 분자들을 공청에 가입시키는 문제에 신중하고 무겁게 접근할 필요가 있다. 상해파 잔재들의 공청 가입은 잘못된 것이다. 왜냐하면 그들은 공청단체가 아니기 때문이다. 북만주는 지역이 광활하다보니 세포들을 지도하기가 극히 어렵다. 대중화가 된다면, 일정 부분 위험성이 생겨나게 될 것이다. 공청의 대중화를 위해서는 교양기관을 강화할 필요가 있다.

10. 강진

a) 일본의 제국주의정책과 중국의 반동정책이 만주 전역에 얽혀져 있다. 특히 간도에서 그러한 정책이 잘 나타나고 있다. 중국의 정책은 자본주의적으로 이전하는 단계에 놓여 있다. 중국 정책이 배제되고 일본 정책이 강화되고 있지만, 전반적으로 중국 정책이 조선인들에게는 보다 유리하다. 현재는 일본의 정책과 중국의 정책이 대립하는 상황인데, 이는 당장 교육정책 문제에서 나타나고 있다. 양국 각자가 조선인들에게 자기의 동화정책을 실시하고 있다. 비록 이것이 작은 대립이기는 하지만, 우리는 이것을 이용할 필요가 있다. 일본의 동화정책에 맞서면서 대중을 혁명적으로 교양시키는 사업을 강화할 필요가 있다.

b) 민족 문제와 관련하여 조직적이고 체계적인 관점이 없었다. 따라서 이 관점을 확립할 필요가 있다. 총적 과업은 민족협동전선을 수립하는 것이고, 당면 과업은 민족혁명당을 창건하는 것이다. 이를 조직하려면 그것을 준비하는 단계로 당과 공청을 보다 광범위하게 결속시키고 공고히 하고, 당과 공청 간의 관계를 보다 긴밀하게 하며, 민족단체들과 대중에게서 봉건적 관점을 제거할 필요가 있다. 선전사업을 강력하게 수행하면서 민족단체들의 통합에 힘쓰고, 유일 강령에 따라 조직하고 그들의 행동을 통일적으로 수행하도록 해야 한다. 이를 위해서는 합심하여 적합한 통일적 환경을 조성할 필요가 있다. 직접 안으로부터 또는 간접적으로 밖으로부터 전술한 과업들을 수행하기 위해서 좌경적인 문구를 내던져 버릴 필요는 없다. 이 문제와 관련하여 신중하고 확고부동하게 사업할 필요가 있다. 민족당은 한편으로 민족혁명운동의 총체적인 대표이며, 다른 한편으로 모든 프락찌야가 자기를 구원하는 데 있어 근간으로 삼는 것이다. 이와 더불어, 사업이 중요한 만큼 우리의 자질 문제가 제기된다. 일꾼들을 사회주의자로 교양시킬 필요가 있다.

c) 현재 조선의 운동은 새로운 시기, 요컨대 모든 콤 그루빠들이 유일 공산당으로 결집하는 시기, 모든 혁명운동이 중앙집중화의 길로 나아가는 시기로 진입하고 있다. 이에 따라 공청은 당적인 경향을 던져버리고 다양한 프락찌야들로부터 우수한 분자들을 가입시키면서 새로운 통합의 길로 들어서고 있다. 우리는 국제공청에서 제시한 대중화

의 구호에 따라 나아가고 있다. 공청은 대중화의 길을 가야 한다. 하지만 이것은 공청을 합법화할 필요성이 있음을 의미하는 것이 아니라, 공청이 대중에게 강력한 영향력을 발휘하면서 대중을 지도할 기회를 머릿속에 가지고 있어야 할 필요가 있다는 것을 의미한다. 만약 그렇게 하지 않는다면, 대중화로 인해 규율과 조직성이 약화될 수 있다. 또한 청년 민족운동이 와해될 위험성도 있다. 그러므로 이러한 위험성을 제거하기 위해 공청을 볼셰비키화할 필요가 있다. 볼셰비키 사상으로 교양시키기 위해 당 학교, 강습소 등을 조직하고 동 부문의 프로그램을 강화할 필요가 있다. 공청의 공고함과 공청의 투쟁 역량은 가장 엄격한 규율에서 나온다. 그러므로 실무에서 엄격한 규율을 실현하고 대중 교양사업을 전면적으로 강화할 필요가 있으며, 이러한 방법으로 맹목적인 규율을 근절하고 행동의 자각성을 발전시킬 필요가 있다. 기관 간의 취약한 연락은 책임일꾼들에게 책임을 지울 필요가 있음을 말하는 것이 아니라 객관적으로 전개되는 상황에 숨어 있는 것이므로, 이는 사업을 강화할 필요가 없음을 의미하는 것이 아니다. 다양한 단체들 간의 보다 긴밀한 연락은 상급 기관의 하급 기관에 대한 사상적, 조직적 지도를 의미한다. 콤소몰 인테르나찌오날은 그것이 어떻게 조직되었건 간에 운동에 대립되는 단체이지만, 그들 중에는 일본 제국주의로부터 영향을 받은 지식인들의 영향력 하에 있는 혁명적 청년들이 있다. 강력한 교양을 통해 그와 같은 영향력으로부터 분리하면서 공청 대오로 유인할 필요가 있다. 또한 (만주에 있는) 적기단과 청년총동맹(OCM)을 공청원으로 대우할 필요가 있다. 개별 단체들 간에 가입에 차별을 둔다면, 이는 올바른 접근이라고 할 수 없을 것이다.

  d) 국제혁명투사후원회는 계급적이고 비당적인 단체이다. 우리의 상황에서 국제혁명투사후원회는 대중에게 혁명적 에너지를 불러일으키는 단체이자, 우리 당과 공청의 예비이다. 간도에서는 간도의 위험한 정치 상황으로 인해 비밀리에 조직해야 하며, 그렇게 하지 않는다면 우리 비밀활동가들에게 부정적인 영향이 미치게 될 것이다.

  e) 민족 문제의 올바른 해결은 농민 문제의 올바른 해결에 달려 있다. 농민대중에게 혁명 교양을 주입하면서 그들을 조직화할 필요가 있다. 단체의 형태는 농민조합(крестьянский союз), 구제회(общество взаимопомощи) 등이 될 것이다. 농민들에게 조직적 역량을 부여하면서 이를 습관화하게 할 필요가 있다. 봉건주의의 잔재와 싸우게끔 할 필요가 있고, 그들을 민족주의의 구호 아래 민족혁명전선의 토대로 만들 필요가 있다. 이를 수행하는 데 있어 당과 공청의 모습을 보여줄 필요는 없다.

  f) 여성운동에서는 페미니즘을 제거할 필요가 있다. 민족해방이 여성해방으로 가는

단계라는 구호를 통해 여성들을 민족해방을 위한 투쟁전선으로 이끌 필요가 있다. 순회강연, 야학 등이 이를 달성하는 방법이 될 것이다. 여성단체들은 페미니즘으로의 편향을 장려하지 말아야 하며, 여성 대중의 교양과 조직을 위한 수단이 되도록 할 필요가 있다. 이를 위해서는 올바른 지도를 통해 혁명운동에 동참하도록 여성단체들을 조직화하는 사업을 조속히 시작할 필요가 있다.

g) 러시아혁명은 사상운동에 크나큰 영향을 주었다. 비록 이 운동이 막대한 이익을 가져다주었다고는 하지만, 운동에서 헤게모니를 쥐겠다는 희망은 잘못된 것이다. 대중의 사상을 불타오르게 하는 교양선전단체가 되어야 한다. 체계적인 형태로 사회주의를 습득하고 당과 공청의 지도 아래 혁명운동의 과업들 중 하나를 수행하는 단체가 되어야 한다.

h) 합법운동에 청년 대중을 집중시킬 필요가 있음을 부정해서는 안 된다. 현재 만주의 모든 청년 대중을 조직하는 것은 시간문제이다. 대중의 인식을 고양시키면서 사업계획을 준비하는 데 착수하고, 밑에서부터 위에 이르기까지 조직화할 필요가 있다.

11. 강우

1925년 만주 전체의 범위에서 만주총국을 조직한 후 만주 전체의 범위에서 사업을 발전시켜 나갔다. 하지만 지리적인 여건으로 인해 사업이 전적으로 만족스럽게 진행되지는 못하였다. 또한 이후 자기를 사회주의단체라고 칭하는 적기단과 투쟁하지 않을 수 없었다. 어떻든 우리는 그와 같은 위험한 상황이었음에도 불구하고 견고한 조직 구조 덕분에 발전해 나갈 수 있었다. 공청의 영향력을 따져본다면, 전부는 아닐지라도 절반 이상의 단체가 우리의 지도를 받고 있다고 말할 수 있다. 합법운동에서 대중과 단체들의 관계를 본다면, 지금까지 대중단체가 없었던 만주에 청년운동이 출현하고 그것이 조직적으로 발전되면서 대중뿐 아니라 다양한 "봉건주의자들"(신민부, 정의부)까지도 공산주의자로서의 우리의 신뢰성에 대한 믿음을 갖게 되었다. 나는 청년총동맹을 조직하는 시간의 문제에 대해 시간이 이미 도래했다는 강진 동지의 말에 반대한다. 나는 정의부, 신민부와 기타 빨치산운동을 민족 문제로 보지 않지만, 민족운동의 토대를 이루는 부분 중 하나로는 본다. 만약 우리가 그들을 분석한다면, 우리는 그들이 아무런 정치적 견해도 전술적 행동도 가지고 있지 않음을 보게 될 것이다. 이 운동은 대중으로부터 분리되었다. 이 운동을 조직적 측면부터 시작하여, 보다 적합한 형태로, 그리고 대중운동의 길로 나아가도록 개편할 필요가 있다. 어떻게 할 방도가 없는 형태를 가진 빨치산운동에는 새로운 교양과 학습이 필요하다. 봉건 정부 형태의 단체들은 농민들에게서 징수하는 수입이 연간 40~50만 루블이지만, 아무런 효과도 내지 못한 채 이를 허비하고 있다. (정의부, 신민부, 참의부에 속한) 빨치산 대원들은 테러 행위를 하면서 대중에게 손실을 가져다주고 있으며, 이로 말미암아 주민들이 다른 곳으로 이주하고 있다. 이미 대중으로부터 불만의 목소리가 들리고 있다. 이헌(재일본조선노동총동맹의 옛 대표)과 다른 자들은 만주에서 토지를 경작하는 것이 이익이라고 하면서 조선으로부터 농민들을 이주시키기를 희망하고 있다. 실제로는 착취 등을 면할 수 없으므로 조선 내부의 언론을 통해 만주의 농민들이 처한 실상을 알리면서 가능한 한 이주를 저지할 필요가 있다.

당과의 관계에서 과거에는 상해 연락부를 신뢰할 수 없었다. 그들은 우리와 투쟁할 필요조차 없다는 지령을 내려 보내면서, 우리를 반동분자라고 불렀다. 이를 통해 그들의 정책이 정확하게 파악되었으며, 김광 동지가 도착한 후에도 우리는 당에 대해 아무것도 듣지도 알지도 못하였다. "화전사(火箭社)"(만주총국에서 제명된 하얼빈의 모험주의자들)와 아성청년회를 가입시키고 사업하면서 우리와는 아무런 연락도 취하지 않았다. 요컨대 지금 당은 어디에 토대를 두어야 하는가? 의심의 여지없이 공청을 토대로 삼을 필요가 있다.

12. 김광은

a) 과거에는 당 문제가 매우 복잡하였다. 하지만 지금은 유일성의 강령을 따르면서 당은 당의 책임을, 공청은 공청의 책임을 수행하고 있으며, 일꾼들의 참여하에 장래의 발전을 보장하고 있다. 과거에 이미 있어야 했던 견고한 운동이 지금에서야 본궤도를 찾았다.

b) 중앙위원회 측의 지도 문제에 있어 지도는 실제로 취약했지만 이는 다음과 같은 요인으로 인한 것이었다. ① 외적 요인 – 일본의 탄압정책. ② 내적 요인 – 다양한 프락찌야들의 관계로 인해 시간이 없었지만, 향후에는 당과 공청의 통합으로 모든 것이 잘 마무리될 것이다.

c) 합법운동은 과거의 좌익 소아병 경향을 던져버리고 청년 민족주의자들을 통합하면서 민족주의 강령에 의거하여 사업을 수행해야 한다.

d) 현재 조선 내 단체들의 앞에는 보다 확실한 비밀 보장 문제가, 그리고 만주단체 앞에는 대중화의 문제가 놓여 있는데, 이는 당신들이 조선 내 단체들보다 앞서가고 있

음을 보여주는 것이다. 우리는 조선 내 단체들이 과거에 어려운 상황에 처해 있었다는 사실을 알고 있다. 우리는 만주단체가 자기의 사상을 시종일관 망각하지 않을 것이고, 투쟁에서 고려공산청년회와 조선공산당의 건고한 단체들 중 하나로 설 수 있을 것으로 믿어 의심치 않는다.

13. 김광

당 문제. 토론에 따르면, 당 조직과 관련하여 당시 만주에 상해 그루빠의 기지가 있었다는 것을 사실이라고 생각하였다. 첫 번째 조항에 가능한 한 우수한 분자들을 당에 가입시킨다는 항목이 있었다. 만남이 없었기 때문에 여기에 잘못이 있었다. 만주당 건설이 기본적으로 올바르지 않다는 것이 나의 개인적인 생각이기도 하였다. 당 중앙에 보낸 보고서에 이에 대하여 기록하였다. 만주공청은 다양한 프락찌야를 결집하여 당을 조직하기를 원했지만, 이는 만주의 상황에 부합하지 않는 것이었다. 따라서 수차에 걸쳐 보고를 했지만 이에 대한 대답은 없었다. 그리고 마침내 당과 공청이 독자적으로 통합하였다. 이와 관련하여 만주비서부의 책임일꾼과 만남을 가졌다. 이제 사업상의 과오에 대해 당은 법적인 책임을 져야 한다.

14. 이종희

재정 문제로 인해 만주비서부는 한 곳에 머물 수 없었으며, 그로 인해 서한을 잃어버리면서 비밀이 폭로되었다. 지도에는 시간의 문제가 있었다. 이 모든 것에 대하여 완전한 대책이 있어야 한다.

공청의 대중화란 만주비서부 기관을 군중에게 가져다가 던져준다는 말을 의미하는 것이 아니다.

(이러한 토론이 있은 후 전술한 모든 문제를 각 항목으로 분류하고 이하와 같은 결정을 채택하였다)*

---

*   결정의 내용은 "조직 문제에 대한 결정(만주공청 협의회)"(РГАСПИ, ф.533, оп.10, д.1899, лл. 97-98.)과 "고려공산청년회 만주협의회 결정"(РГАСПИ, ф.533, оп.10, д.1899, лл.99-107.)에 수록되어 있다.

РГАСПИ, ф.533, оп.10, д.1899, лл.97-98.

조직 문제에 대한 결정
(만주공청 협의회)

I. 내부 조직과 연락에 대한 결정

1. 우리는 당의 후비대이고, 당의 정책을 실현하는 무기이며, 당의 지도하에 밀접한 관계를 맺고 있다. 당을 옹호하며 당의 과업 실현을 위해 노력할 것이다.

2. 공청의 가장 우수한 열성자들을 당으로 이동시키고, 당의 토대를 공고히 한다.

3. 이후부터 우리는 당과 공청의 견고한 지도하에 공청사업을 수행해야 하며, 우리의 행동은 공청의 대중화 방향을 지향해야 한다. 공청의 권위를 합당한 수준까지 통합 및 고양시키고, 공청 대오에 가장 의식 있고 혁명적인 청년 노동자와 농민들을 유인하고, 공청의 강령과 규약을 위반하고 분파주의 노선을 지향하는 자들에 반대하여 투쟁하는 것이 공청의 과업이다.

4. 모든 청년단체들에 공청의 영향력을 확산시키고, 청년협동전선을 통해 민족혁명 통합의 과업을 수행하고, 그들 대오를 공청 대오로 끌어들인다.

5. 과거에는 공청의 다른 단체들에서 공산주의 활동이 미약하였다. 앞으로는 농민, 민족, 사상, 청년 단체들 내부에서 공산주의 활동을 강화하고, 이를 통해 공청의 영향력을 전방위적으로 확장시키며 이 단체들이 공청의 정책을 토대로 해서 활동하도록 노력할 필요가 있다. 모든 운동을 협동전선으로 통합시키는 노력을 경주해야 한다.

6. 공청의 후비대인 유소년들을 대상으로 한 공청사업을 강화하기 위해 만주비서부 산하 소년사업부는 소년들을 대상으로 한 조직, 선전, 출판 활동에 자기의 기본적 관심을 기울일 필요가 있다.

7. 과거에는 협의회와 회의 등이 정기적으로 소집되지 않았다. 향후에는 다음과 같은 시간표에 따라 진행될 필요가 있다.

　a) 공청 만주총국 전원회의(협의회): 4개월에 1회

　b) 도 전원회의 혹은 협의회: 3개월에 1회

　c) 군 혹은 구역 전원회의, 협의회: 2개월에 1회

8. 과거에는 단체들 간에 연락이 취약하였다. 향후에는 다음과 같은 방법으로 연락을 강화할 필요가 있다.

　a) 만주총국과 공청 중앙위원회의 연락:

　　6개월에 1회 중앙위원회에 지도원을 파견해 줄 것을 요청한다.

　　6개월에 1회 만주총국은 중앙위원회에 사람을 보낸다.

　b) 만주총국은 6개월에 1회 도 총국에 자기의 지도원을 보내고, 도 총국은 만주총국에 4개월에 1회 사람을 보내서 보고를 한다.

　c) 도 총국은 2개월에 1회 군으로 보내며, 군 총국은 1개월에 1회 도 총국으로 보낸다.

9. 기관 내부에 정보부를 설치하고 상호 간에 보다 자주 정보를 교환한다.

10. 향후 공청의 활동을 확장할 필요가 있다. 봉천성과 참의부 두 방면에 도 기관을, 당원현과 안동 방면에 특별구역 기관을 조속히 조직한다.

III. 합법운동에 대한 결정

공청 측에서 프락찌야들을 통해 합법운동을 사상적으로 지도할 목적으로 합법운동을 연구하고 지도하는 부서를 조직할 필요가 있다. 소속이 없거나 조직되지 않은 대중에게 공청의 영향력을 확산시키는 방법으로 비합법운동으로부터 합법운동을 분리시킬 필요가 있다. 조직되지 않은 대중을 조직하고 그들을 혁명적 지도에 종속시키도록 할 필요가 있다.

1. 청년운동의 과업

　a) 노동자, 농민, 소부르주아 및 지식인 청년들을 토대로 놓고, 이 대중을 조직하며,

우리의 사상적 지도에 종속시킬 필요가 있다. 그러한 방법으로 조직되지 않은 자들을 조직하고, 조직된 청년들을 통합시키며, 가장 조속한 시일 내에 공청 회의를 통해 투쟁에서 그들을 지도하고 그들에게 사상적 교양을 제공한다.

b) 만주의 모든 청년 대중을 통합할 목적으로 모든 청년운동을 지도하게 될 전만청년총동맹을 설립할 필요가 있다. 남만주, 북만주, 동만주의 청년동맹들을 동맹화하고, 이를 바탕으로 전만청년총동맹의 토대를 조성한다. 이 동맹들의 외곽에 위치한 나머지 모든 단체들을 이 동맹의 대오로 유인한다. 이를 위해 조속한 시일 내에 도 차원에서 청년단체들을 통합하고 이 단체에 극동의 모든 청년단체들이 포함되도록 할 필요가 있다.

모든 청년단체들의 강령은 민족주의적 청년회의 강령이 되어야 하며, 그 사상에 모든 민족주의 청년들을 통합시키고, 가능한 한 신속하게 민족해방협동전선을 조직해야 한다.

북만노력청년총동맹과 조선인청년총동맹을 조속한 시일 내에 무조건 통합시켜야 한다.

2. 과거에는 사상단체들이 별다른 활동을 하지 않았다. 앞으로는 혁명투쟁의 이론과 전술을 연구하는 단체가 되도록 인도하고, 단체들을 동일한 강령으로 통합시켜야 한다.

3. 만주에는 교육 분야에서 일본의 동화정책이 더욱 더 확장되고 있다. 일본인들은 폐교되거나 흉작으로 인해 폐교될 조선인 학교들을 통합해서 자기들에게 순종하는 정신을 배양하는 보통학교나 보조서당을 만들고 있으며, 교사들을 통해 자기의 정책을 펼치면서 주민들에 대한 자기의 영향력을 확장시키고 있다. 한편 중국 당국은 사립학교 대신에 공립학교를 만들고 있다. 이에 따라 일본과 중국 학교정책 간의 모순이 조성되고 있다. 일본의 정책에 반대하는 캄파니야를 위해 중국의 학교정책을 이용하고, 조선인 교사들을 모아서 교육자대회를 소집할 필요가 있다. 이 대회에서 조선인 학교정책의 유일성과 일본 정책에 맞선 투쟁에 대해 논의할 필요가 있다.

4. 전만교육자대회(Всеманьчжурский съезд деятелей народного образования)를 소집할 목적으로 사전에 도 교육자대회를 소집할 필요가 있으며, 도 대회를 준비하기 위해 군 대회를 개최할 필요가 있다(간도, 동만주에서는 교육방법론학습회를 강화해야

한다). 그렇게 함으로써 표준 교과서를 발간해야 한다. 학교 일꾼들을 노동조합적 성격에 따라 조직해야 한다.

5. 여성단체들과 관련해서는 과거의 편견과 유해한 정신적 습관을 청산하는 데 노력하고, 그들을 페미니즘의 경향으로부터 지켜내며, 그들을 직접적인 사회운동으로 유인할 필요가 있다.

이와 함께 여성 야간학교, 강연, 문화기관 등을 조직할 필요가 있다.

6. 당의 지도하에 단체들을 강화하는 방법으로 각 도에서 노동단체들을 혁명화하고, 조직되지 않은 노동자들을 조직화하고 그들에게 계급의식을 주입시킬 필요가 있다. 노동단체들이 있는 곳에서는 조직되지 않은 자들을 기존의 단체로 유인하고, 노동조합적 성격에 따라 조직하며, 그들을 자신들의 계급투쟁과 정치투쟁으로 지도해야 한다.

7. 만주의 극빈농들을 조직하고, 그들을 정치적으로 양성하며, 그들로 조선해방운동과 노동청년회의 공고한 대오를 만들어내야 한다. "간민회"와 "농민회" 및 노동조합단체들은 [판독 불가] 지지하고 경제 상황과 정치 상황 학습을 통해 그들을 전반적인 해방운동으로 유인해야 한다.

번역자의 주석

1) [판독 불가] 문제. 불명확한 것이 많다. 국제공청의 지시를 내릴 필요가 있다. 국제공청.

나는 와병으로 인해 문제들을 살펴보는 데 직접 참여할 수 없었다. 하지만 그들에게 국제공청의 지시를 받을 때까지 [판독 불가] 원칙적이지 않은 항목들을 제외한 모든 결정을 [판독 불가]

2) 나머지는 번역하지 못하였다.

РГАСПИ, ф.533, оп.10, д.1899, лл.99-107.

고려공산청년회 만주협의회 결정

I. 단체 내부 사업과 연락에 대한 결정

1. 우리는 당의 예비, 당 정책 수행의 무기로서 당에 전적으로 만족하고 당을 전적으로 옹호하면서 당의 과업을 수행하는 데 태만하지 않을 것이다.

2. 공청의 가장 열성적인 분자들을 당에 유입시키는 방법으로 당의 토대를 강화할 필요가 있다.

3. 우리 공청은 앞으로 당의 강력한 지도하에 공청사업에 착수하면서 대중화를 시행해야 한다. 여기에서 공청은 유일성과 신뢰성을 강화하고, 노동자, 빈농, 의식 있는 혁명적 청년 지식인 분자들 중에서 우수한 자들을 공청 대오로 유인해야 한다. 공청의 규약과 강령을 위반하는 분자들, 그리고 혁명의 도정에서 분파 행위를 자행하는 분자들에 맞서 싸워야 한다.

4. 합법 청년단체들에 공청의 영향력을 강력하게 미치면서 민족혁명에서 청년전선의 통일성을 공고히 할 필요가 있다. 우수하고 열성적인 분자들을 공청 대오로 유인할 필요가 있다.

5. 과거 프락찌야들의 사업이 취약했음을 염두에 두고 향후에는 민족단체, 농민단체, 청년단체, 사상단체들의 프락찌야 사업에 대한 지도를 강화하면서, 공청의 영향력을 전방위적으로 확장시키고, 공청의 정책을 엄격하게 수행하고, 조직사업과 선전사업을 조직적으로 추진하고, 모든 운동을 통일성 있게 수행하는 길로 나아가게 할 필요가 있다.

6. 공청의 예비인 소년사업을 보다 공고히 하기 위해 만주비서부 소년사업부는 조직사업, 선전사업, 교양사업, 출판사업을 강화해야 한다.

7. 과거에 협의회를 충분히 개최하지 않았던 것을 고려하여 이하와 같은 기간에 따라 협의회를 개최할 필요가 있다고 생각한다.

a) 만주총국 회의(전원회의와 협의회): 4개월에 1회, 1년에 3회 이상

b) 도위원회 회의(전원회의와 협의회): 3개월에 1회, 1년에 4회 이상

c) 구역총국 회의(전원회의와 협의회): 2개월에 1회, 1년에 6회 이상

8. 과거 각 기관들의 연락이 충분하지 않았던 점을 고려하여 이하와 같은 기간에 따라 반드시 연락할 필요가 있다.

a) 중앙이 만주총국으로 6개월에 1회(제안), 만주총국이 중앙으로 6개월에 1회

b) 만주총국이 도위원회로 6개월에 1회, 도위원회가 만주총국으로 4개월에 1회

c) 도위원회가 구역총국(군 총국)으로 2개월에 1회, 구역총국이 도위원회로 1개월에 1회

9. 향후 사업의 발전에 따라 기관을 확장시킬 필요가 있다.

(심양 방면에서 "참의부"(압록강 변에 위치한 지역)는 조속히 도 총국을 설치한다. 탕원현과 안동 2개 지역에 2개의 특별구역을 조직할 필요가 있다).

II. 선전, 교양, 출판에 대한 결정

1. 서론

1) 정치적, 경제적 탄압이 모든 노력자 대중의 정신적 생활에 영향을 미치고 있다. 노동자, 농민의 최종적이고 현실적인 해방을 위해서는 정신적 억압으로부터의 해방이 필요하다. 이 중요한 과업이 청년운동의 몫이다. 적극적인 집회 참여를 유도함으로써 청년운동이 혁명운동의 예비가 되도록 해야 한다. 모든 청년운동을 지도하면서 청년들을 혁명운동으로 유인하기 위한 과업들 중 하나인 모든 청년의 이론적 준비 과업을 수행할 필요가 있다.

2) 모든 부분적인 요구를 만족시키기 위한 정치투쟁, 경제투쟁에서 노력자들은 한편으로 건실성과 인내력의 경험을 가지게 되고, 다른 한편으로는 주변 환경에 대한 인식 능력이 성장하고 있다. 부르주아적, 관념적 세계관을 근절하고 유물론적 세계관을 접목시킬 필요가 있다.

3) 노력자들의 투쟁은 일시적인 승리와 패배를 거치면서 단계적으로 발전한다. 공청 내부에서 모든 문제를 볼셰비키적으로 분석하고 올바른 관점을 제시하면서, 또한 공격과 후퇴를 조절하면서, 그리고 조직성과 통일성을 실현하면서, 교양과 선전을 강화할 필요가 있다.

4) 문화 활동에서의 편협한 민족주의적 소부르주아주의와 이론만을 학습하는 경향에 반대하여 투쟁할 필요가 있다. 사회주의 교양의 원칙에 토대를 두고 이론과 실무를 제공하는 교양사업을 통해 청년 대중을 유인할 필요가 있다.

5) 정치, 경제, 역사의 모든 문제를 대중의 생활에 접목시킬 필요가 있다. 어떤 문제에서건 군사적 준비와 봉건적 잔재의 제거에 모든 힘을 결집시킬 필요가 있다.

6) 과거의 모든 사변들에 대한 면밀한 조사와 토론을 통해 이를 향후의 교양과 선전을 위한 재료로 이용할 필요가 있다.

2. 공청 내부의 교양사업과 선전사업

7) 우리의 과업은 모든 문제를 자기에게 명확히 하고 혁명을 위해 육체적, 정신적 희생을 감내하는 혁명적 선전원들과 지도자를 육성하는 것이다. 선전사업과 교양사업의 기본은 공산주의이다. 공청원들로 하여금 각각의 학습 재료와 문제를 학습하게 함으로써 그들에게 조직적 관점을 제공할 필요가 있다.

8) 실천적 투쟁과 통합에 있어 가장 중요한 요소는 최고로 엄격한 규율이다. 이러저러한 순간과 장소에서 규율의 배후에 강령의 조직 원칙과 배치되는 개별적인 경향들이 나타나고 있고, 더 나아가 책임일꾼들에 의해 "원시적인" 행동이 허용되고 있다. 이러한 양상은 선전사업과 교양사업의 약화를 초래한다. 공청원들 속에서 전체 대중에게 남아 있는 심리를 제거해야 한다. 그것의 해결은 교양사업의 발전, 그곳에서 볼셰비키적 요소의 강화, 규율의 실천적 이행에 달려 있다.

9) 규율을 강화하는 데 있어 사업에 이익을 주지 않는 근시안적인 규율이 존재함에 따라 공청원들의 적극성이 약화되는 데 대해서도 관심을 기울일 필요가 있다. 규율을 강화하기 위해 공청원들 스스로 사업에 적극적일 필요가 있다. 가능한 한 모든 문제에 대해 자유로운 토론을 보장하면서 사업에 적용하고 제기해야 한다.

10) 모든 세포는 이론 문제를 정기적으로 학습해야 한다. 1개월에 2회 회의를 조직해야 한다. 현재의 국제적 사건들에서 재료를 선정해야 한다. 신문과 사회주의 서적의 독보를 조직해야 한다. 실무적 방법은 도위원회들이 스스로 만들어내야 하며, 지방의

단체들에 보내야 한다. 보다 긴밀한 연락을 유지하고 보다 빈번하게 지령을 내려야 한다.

11) 공청을 대중화하면서 보고, 강연, 신문, 소책자 등을 이용하는 방법으로 대중 속의 모든 콤 프락찌야들을 제거할 필요가 있다.

12) 공청을 대중화하는 데 있어 정치적으로뿐 아니라 선전사업과 문화 활동을 연계하여 대중을 발전시켜야 한다. 공청은 견학 여행, 공연 등등을 보다 자주 조직해야 한다. 또한 국제혁명기념일, 민족적 기념일 등에 합법 청년단체들을 통해 선전을 수행해야 한다. 이와 더불어 중요하지 않은 혁명적 사변들도 이용해야 한다.

13) 모든 문제를 명확하고 광범위하게 전망하면서 대중화와 볼세비키화를 추구할 필요가 있다. 볼세비즘의 경험을 학습하고, 그 궤도에서 벗어나지 않으며, 실천적으로 사업하면서 공청의 통일성을 공고히 해야 한다. 올바른 실행을 위해 강습소와 정치학교를 조직하고 이를 통해 공고한 일꾼들을 양성할 필요가 있다.

3. 합법운동에서의 교양과 선전

14) 지금까지 선전을 통한 대중의 유인이 대체로 만족스럽지는 못하였다. 공청은 노력자 대중에 대한 영향력을 보장하기 위한 사업을 강화해야 한다. 여기에는 큰 위험이 노정되어 있다. ① 모든 역량을 민족운동에 집중하는 것은 공청의 약화를 초래할 수 있다. ② 이로 인해 공산주의운동이 잘못된 길로 나아갈 수 있다. 전술한 상황을 피하기 위해 공청은 통일성을 강화해야 한다.

15) 합법 청년운동으로 민족운동이 있다. 우리 공청원들은 내부로 들어가서 가장 우수한 분자들을 우리 대오로 유인하면서 혁명사상을 성장시키기 위한 교양사업과 선전사업을 집요하게 수행해야 한다. 새로 가입한 회원들을 무시해서는 안 되며, 그들에게 청년회 내부 학습과 가장 엄격한 규율을 통해 사상교양을 실시할 필요가 있다. 다른 말로 하자면, 합법 청년회들의 문이 열리는 위험성과 분열의 과정이 나타날 수 있다.

16) 선동의 토대는 학생, 농민, 노동자, 지식인 남녀 청년들이다. 그들의 혁명적 각성을 성장시키면서 민족혁명전선으로의 합류를 유도할 필요가 있다. 과거에 있었던 좌익 소아병을 근절하고 조선의 완전한 해방을 위해 일본 제국주의에 반대한다는 선전을 하면서 민족운동의 구호 아래 결집시켜야 한다. 일본의 식민지 동화교육을 청산하는 데 노력을 경주하도록 할 필요가 있다. 민족해방원칙에 의거한 강령과 규약을 만들 필요가 있다. 개별 부분들의 사업을 민족운동에 적용시킬 필요가 있다.

17) 합법단체들의 사업은 아래와 같다.

① 공고한 교양사업을 통해 농민, 학생과 기타 대중을 혁명 대오로 유인할 필요가 있는데, 이것이 원칙이 될 것이다.

② 계급투쟁원칙에 입각한 민족해방투쟁을 제기하면서 정치적 자유, 공민적 자유를 쟁취하도록 해야 한다.

18) 합법운동 지도자들은 중앙기관에 책임을 지기보다는 지역 대중의 신뢰를 얻고 그들에게 공청의 신뢰성을 보여줄 필요가 있다.

사상단체들을 혁명화하고, 사회과학 학습을 강화하며, 대중으로 하여금 혁명사상을 불러일으키도록 할 필요가 있다.

19) 학생 문제

학생과 교사 간의 충돌과 공공 시위의 경우를 이용하면서 학생들을 올바른 혁명의 방향으로 인도하고 민족해방전선으로 유인할 필요가 있다. 사회주의 교양의 습득과 공산주의 선전을 통해 반혁명 역량을 감소시킬 필요가 있다. 이러한 방법으로 제국주의 옹호자들을 고립시키면서, 중립 분자들을 혁명전선으로 유인해야 한다.

20) 합법단체들은 정치사업뿐 아니라 문화 부문과 예술 부문의 사업을 통해 청년 대중을 유인해야 한다. 일본 제국주의 교육기관들에 반대하여 나아가도록 추동하면서, 성인학교, 야간 강습소 등을 통해 청년 대중을 상대로 정치사상을 선전할 필요가 있다.

21) 문화, 정치 및 선전사업에서 불화의 위험성이 나타나는 것을 피하기 위해 가능한 한 중앙집중화할 필요가 있다.

22) 대중 속에 중국혁명에 대한 실천적 관점을 공고하게 할 필요가 있다. 즉, 중국 혁명운동의 지원을 통한 소비에트 원리의 이해, 국제 자본주의 관계를 이해하게 해야 한다. 식민지 해방운동을 위한 투쟁의 실질적인 방법을 실천적으로 이해하도록 해야 한다. 피압박 민족들의 협동전선을 조속하게 수립해야 한다. 이상적인 민족운동에 나서고, 당의 정책에 찬성하도록 해야 한다.

23) 선전사업에서 출판사업은 직간접적으로 중요한 의미를 지닌다. 따라서 만주총국의 출판물을 확산시킬 필요가 있다. 또한 통일적 지도를 위해 그것을 중앙집중화할 필요가 있다. 출판물은 국제, 정치, 경제 및 기타 사건 등이 되어야 할 것이며, 지속적으로 출판될 필요가 있다. 출판물의 유형은 다음과 같다.

①『신흥청년』(월간) 신간

②『신소년』(월간) 속간

③『공청통신』과 기타 교양용 정기간행물

24) 신문, 소책자 등 사회주의 서적의 확산을 강화하면서 이와 관련하여 확산을 가능하게 하는 다음과 같은 지방 기관지들을 만들어야 한다. 『대중신문』, 『무산신문』, 『청년대중』, 『조선지광』 등등.

(물적 자금 문제는 협의회에서 해결하지 않고 만주총국으로 이관한다).

III. 합법운동에 대한 결정

프락찌야를 통한 사상 지도와 학습 및 지도를 위해 공청의 모든 합법운동에 합법사업부를 조직할 필요가 있다. 그리고 그러한 방법으로 비합법사업으로부터 합법사업을 분리시키면서 공청의 영향을 받는 합법운동이 작동할 수 있도록 할 필요가 있으며, 전술과 정책을 수립할 필요가 있다. 조직화되지 않은 대중을 조직해서 혁명적으로 지도할 필요가 있다.

1. 합법 청년운동

a) 노동자, 농민, 지식인과 소부르주아 피압박 청년들로 토대를 조직하고 사상 지도를 해야 한다. 그렇게 함으로써 조직화되지 않은 청년들을 최단시간 내에 결집시키고, 공청 프락찌야를 통해 조직화된 대중으로 하여금 투쟁 이론과 실천적 전술을 익히도록 하며, 투쟁의 길로 나아가게 해야 한다.

b) 만주 전역의 청년들을 통합의 방법으로 결집시키면서 해방전선으로 진출시키기 위해서는 모두를 지도하는 전만청년총연맹을 조직할 필요가 있다. 다음과 같은 조직 형태가 되어야 한다. 남만주동맹, 북만주동맹, 동만주동맹이 조선청년총동맹에 가입하고, 그 조직부의 사업을 통해 전만청년총동맹을 설립한다. 그러므로 최단시간 내에 각 도 청년동맹을 모범적으로 행동하도록 인도할 필요가 있는데, 이는 가장 좋은 준비가 될 것이다.

c) 합법 청년운동의 강령은 민족주의의 견지에 입각해서 작성되어야 한다. 모든 민족주의 청년들을 유인하면서 신속하게 민족해방협동전선을 수립할 필요가 있다. 북만주에서는 조속한 시일 내에 조선인청년총동맹과 노력청년총동맹을 통합할 필요가 있다.

2. 과거에 존재했던 사상단체들은 사상단체로서의 책무를 수행하지 못하였다. 그러므로 혁명투쟁의 이론과 실무를 학습하는 단체가 되도록 각 단체를 지도할 필요가 있다. 동일한 강령과 전술을 보유한 단체들을 통합할 필요가 있다.

3. 만주에는 일본의 동화교육정책이 성장하고 있다. 폐교된 학교들이나 폐교가 임박한 학교들과 관련하여 일본인들은 이것들을 통합시켜 "보통학교"(일본 초급학교)와 "보조서당"을 만들어서 소년들에게 노예교육을 시키고 있으며, 이 학교의 기관들을 통해 각 지역에서 자기의 정책을 시행하고 있다. 이와 함께 중국인들의 교육정책 역시 국가와 지방 기관들로부터 보조금을 받는 학교의 설립을 강화하고 있다. 이렇듯 일본과 중국 2개의 교육정책 노선이 충돌하는 상황이 전개되고 있다.

중국의 정책을 이용하면서 일본의 교육정책에 반대하는 운동을 고양시킬 필요가 있다. 조선인 교육자들을 모아서 교육자대회를 조직할 필요가 있다. 그렇게 함으로써 소년교육을 중앙집중화하면서 조선의 교육에 기반을 두고 일본의 교육체계에 대항할 필요가 있다.

4. 전만교육자대회를 설치하기 위해서는 각 도에 교육자대회가 조직될 필요가 있고, 각 군에서 교육자들을 조직할 필요가 있으며(동만주에서는 교육학습회를 보다 강화할 필요가 있다), 이를 통해 표준 교과서의 발간을 이루어낼 필요가 있다. 이러한 단체에 노동조합의 성격을 부여할 필요가 있다.

5. 여성단체들에서는 관습처럼 되어 있는 유교사상과 페미니즘을 근절할 필요가 있다. 사회운동에 직접 참여하도록 유인할 필요가 있다. 여성 강습소, 야간강습소 등을 조직해서 교양사업을 강화할 필요가 있다.

6. 당의 지도하에 기존의 노동자단체들을 보다 더 조직적으로 인도하고 혁명화하면서 가입하지 않은 노동자들을 최단기간 내에 유인하고 그들의 계급의식을 고양시킬 필요가 있다. (노동자들은 있지만) 노동자단체가 없는 지역들에서는 노동자단체를 조직해서 혁명의식을 고양시킬 필요가 있다. 필요한 경우 생산-직업적 특성(광산, 기업소, 임노동자)에 따라 조직해서 부분적인 요구를 위한 조직적인 정치투쟁으로 유인하고, 이를 통해 이 투쟁에 놓여 있는 이익에 대한 그들의 의식을 발전시켜야 한다.

7. 만주에서는 빈농 대중을 보다 조직적으로 결속시키고, 조선 해방운동전선의 견고한 토대 중 하나인 혁명의식을 고양시키면서 그들을 일상적인 정치 생활로 유인해야 한다. 이와 더불어 그들을 프롤레타리아계급의 동맹자로 만들면서 간민회 운동과 농민회를 통해 유인해야 한다. 그것들을 통해 민족단체 등의 재조직 사업을 수행하고, 이 단체들을 통해 정치적 안전을 도모하고 경제 상황을 향상시킬 수 있도록 할 필요가 있다.

РГАСПИ, ф.533, оп.10, д.1898, лл.7-14.

РГАСПИ, ф.533, оп.10, д.1898, лл.15-22.

1927년 1월 21일 박윤세의 조직건설 문제에 대한 보고

보고자: 박윤세

1927년 1월 21일 오후 6시

I. 만주의 전반적 상황

a) 경제 상황

일반적인 특징을 보면 남만주는 북만주에 비해 불안정하다. 6~7개의 각종 세금이 있다. 농민은 (절반 이상이) 반농노제의 처지에 놓여 있다. 북만주 또한 불안정한 상황에 놓여 있다. 조선 농민들은 동쪽에서 서쪽으로, 북쪽에서 남쪽으로 전전하면서 지속적으로 이주하고 있다. 동만주의 농민들은 보다 안정적인 삶을 살고 있는 것으로 보이지만, 일본 제국주의의 정책으로 인해 계급적 분화의 경향을 보이면서 빈곤화의 속도가 빨라지고 있다.

b) 정치 상황

간도에서는 중국에 비해 보다 강력한 일본의 억압정책이 펼쳐지고 있다. 일본 영사관, 주재소와 기타 일본 관료들의 영향력을 전달하는 조선인들의 조직인 이른바 "민회"가 그 비근한 예이다. 남만주와 북만주에서는 일본의 직접적인 영향력이 미약하지만, 간접적인 방법으로 억압정책의 시행을 획책하고 있다. 또한 간도에서는 동화정책을 수행하기 위해 학교 관련 사업을 자기의 탐욕스러운 손으로 장악하려 하고 있다. 즉, 소학교, (일본인 히다카 헤이고로(日高丙子郎)가 착수한) "광명"사범학교, "광명"여자중학교, "광명"어학교와 영신학교(중등학교) 등과 심지어 "동흥중학교" 등을 장악하였다. 전반적으로 일본의 정책으로 말미암아 직접적인 억압을 받고 있고, 일본의 영향력을 전파하는 중국인 관료들로부터도 간접적인 억압을 받고 있다.

c) 혁명운동의 방향

1919년 만주 전역에 거주하는 대중은 미국이나 베르사유강화회의에서 조선의 해방을 얻어내기를 기대하였다. 이것이 당시의 일반적인 염원이었다. 얼마 지나지 않아 이러한 환상이 깨져버렸고, 그들은 무장봉기를 조선 해방의 새로운 전술로 인식하게 되었다. 하지만 동시에 대중에게 봉건주의 사상의 잔재가 있었던 만큼, 그들은 정치적으로 낙후되어 있었다. 단순하게 피와 무기가 없는 투쟁은 불가능하다는 인식을 가지고 있을 뿐이었다. 관료주의 습성을 가진 분자들이 그것을 이용해서 다양한 그루빠를 조직하였다. 대중의 정치의식이 취약했던 만큼, 옛 지도자들은 그것을 이용하였다. 따라서 일본과 싸우기도 전에 서로 죽이고 자기 자신의 살과 뼈를 잘라내는 상황이 발생하였다. 이 옛 지도자들은 자기의 야심과 주도권을 충족시키고자 대중의 혁명 에너지를 강탈하였다. 그러한 현상은 대중이 옛 지도자들을 신뢰하지 못하도록 하는 상황을 초래하였으며, 협동전선에 참여하지 않으면 죽는다는 생각이 나타났다. 대중은 과학적으로 고찰하지 않은 채 통합에 대해서 꿈꾸듯이 말하기만 하였다. 대중의 이러한 요구는 다양한 분파에 분산되어 있는 지도자들을 짓누르는 압력이었다. 이러한 인식은 결코 대중성과 구체성을 가질 수 없었다. 하지만 대중은 일정한 시기가 되면 우연에 의해서가 아니라 원인적 현상에 의해 질적으로 변화하도록 되어 있다. 우리는 이 변화의 시기에 보다 빨리 다가가야 한다. 비록 봉건적이기는 하지만 단합의 현상이 모습을 보였다. 또다시 대오의 분리를 지향하고 있는 것으로 보이지만, 이러한 분리는 대중에게 혁명의 에너지를 제공한다. 대중은 "한인군", "혁신군", "강산", "동명" 등등이 실천적 이행의 측면에서 올바른 혁명 방법의 형태라고 말할 수 있다고 다르게 이야기하면서도, 전술한 방법으로 혁명의 승리를 달성할 수 있음을 인식하였다. 하지만 심지어 이러한 상황에서조차 옛 지도자들은 혁명의 길을 따르지 않은 채 자기의 분파를 강화하면서 대중의 이익에 막대한 손실을 끼치고 있다. 그들이 혁명적 청년들을 그 대오로 보유하고 있는 만큼 그들을 올바른 정신으로 육성한다면 선도적 혁명분자들을 얻어낼 수 있을 것이다. 이것이 바로 이 혁명적인 청년 분자들의 통합과 그들의 육성이 선차적 과업으로 되는 이유이다.

e) 사상운동

조선 내부의 다양한 프락찌야들이 자기의 영향력을 확장시키기 위해 만주로 옮겨왔고, 만주에서 사상운동을 시작하였다. 하지만 이러한 사상단체들을 사회주의적이라고

부를 수는 없다. 간도에는 무직자와 불만을 가진 지식인들이 없었던 관계로 조선에서 온 지도자와 조직자들로는 사상단체의 발전이 극히 저조하였다. 하지만 사상운동에 착수했다는 것은 사실이다. 조선에서 온 지식인들의 남만주 유입이 확대되고 있고, 이에 따라 사상운동이 시작되는 모습이 보이고 있다. 하지만 순수하게 실무적이고 객관적인 조건들로 인하여 그 발전은 더디게 진행되고 있다.

II. 과거와 현재의 만주공청

1923년 6월 29일 간도 용정에서 세포가 최초로 조직되었다. 삼일운동의 실패와 일본 원정토벌대의 투입으로 인해 대중의 혁명 에너지가 위협을 받았다. 이후 다른 해방의 방법을 찾고자 노력했고, 그 과정에서 모두는 문화운동의 필요성을 인식하였다. 이에 따라 농촌과 도시에 다수의 학교가 설립되었다. 그러자 일본 제국주의가 조선인 교육사업의 발전을 방해하였다. 대중은 일본 제국주의의 압제를 무너뜨리지 않고서는 심지어 교육의 자유로운 제공조차도 불가능하다는 사실을 다시금 깨닫게 되었다. 이에 따라 공산주의 도정에서 소비에트 러시아에서 타승한 새로운 종교 전술, 혁명 전술을 이해하고, 삼일운동의 경험을 기반으로 공산주의를 이해하고자 희망하는 공청 통합 분자들이 최초의 목소리를 내기 시작하였다. 상해 분파를 붕괴시킬 목적으로 코르뷰로 성원인 한명세 등이 공청을 조직하도록 김호반 등등을 파견하였다. 나(박윤세)도 파견 지시를 받은 사람 중 한 명이다. 나는 간도에 도착했을 때 상해의 재료들을 이르쿠츠크 그루빠에 전달하려는 생각이 없었고, 그렇기 때문에 이르쿠츠크 그루빠의 시중을 들지 않았다. 당시 그곳에는 서울청년회 간도총국이 있었다. 진정한 운동을 위해서는 분산될 필요가 없었기 때문에 (고인인) 김사국 동지와 함께 1923년 6월 29일에 그것을 조직하였다. 초기에 단체는 취약했으며, 공산주의에서 배운 조직을 흉내 낼 뿐이었다. 하지만 조금씩 성장하고, 사상을 선전하고, 공산 청년들을 통합하면서 국제적 기념일에는 삐라와 격문 등을 배포하였다. 당시 조훈 동지를 통해 국제공청에 보고를 했지만, 김사국 동지는 우리를 이르쿠츠크 그루빠 가담자로 여기고는 몇몇 동지들과 함께 공청을 탈퇴하였다. 그 후 고려공산청년회 중앙총국은 간도총국을 조직하고 간도로 사업을 확장하였다. 그런데 고려공산청년회는 국제공청의 결정에 따라 어떠한 분파의 영향도 받지 않으면서 자립적으로 운영되었지만, 실제로는 이르쿠츠크 그루빠의 영향을 받았으며, 공청의 명칭은 법적으로만 순수하였다. 이르쿠츠크 그루빠의 유해한 영향이 있었기 때문인지 만주공청은 그것을 수립할 책무를 고려하여 중앙에 복종하였다. 1924년 11월 25일 전체 간도총국대회가 소집되어 북만주 공청과 함께 만주총국을 조직하기로 결정하고 이를 중앙에 의뢰하였다. 1925년 1월 21일 중앙은 만주총국을 인가하였다. 그와 같이 사업이 발전하는 가운데 언급할 가치도 없는 일련의 소동을 경험하였다. 분파투쟁에 반대한 봉기 문제로 인해 러시아 연해주 공청(당)에서 제명된 동지들이 만주총국에서 활동하고 있었기 때문에, 기존의 다양한 분파들이 도처에서 사업을 방해하면서 만주공청을 극단적으로 두려워하고 증오했다는 사실 하나에 대해서는 반드시 말하고 싶다. 언급할 가치가 없다 해도 자기 분파의 사활 문제가 걸려 있기 때문에 언급이 필요하다. 비합법적 일꾼들의 이름을 밝히면서 반혁명주의자로, 일본의 첩자로 규정했던 적이 한두 번이 아니었다. 그와 같은 악의적인 선전은 우리 공청에 큰 이익을 가져다주었다. 그러한 방해와 음모는 공청으로 하여금 흉악한 비난을 검토하고, 보다 더 조직화하고, 보다 올바른 정책을 추구하도록 하였다. 비합법 활동가들은 합법운동을 보다 잘 지도하고 대중사업을 보다 잘 전개하면서, 지하로 보다 깊숙이 들어갔다. 1925년 총국은 비서부로 개칭되었다. 만주공청의 역사는 피와 눈물의 역사로 보는 것이 타당하다.

III. 당의 지도

얼마 전까지 당의 지도를 받지 못하였다. 이는 당이 어디 있는지, 그리고 그것이 진정한 당인지 몰랐기 때문이었다. 공청 중앙으로부터 아무런 지령도 없었으며, 들리는 소문으로는 당이 있다고 이야기들 했지만, 사람들은 그것이 적기단 계통이 아닌지, 그것이 대중에게서 무엇인가를 강탈하지는 않는지, 모험이 당의 유일한 사업이었다든지, 당 구성원에 일본 경찰 앞잡이와 첩자가 있다든지, 당 세포 회의는 공개적인 예배를 하는 기독교도가 대다수라든지 하는 등등의 의심을 하였다. 만약 그러한 공산주의자들로 당이 조직되어 있다면, 원칙적으로 그것을 인정해서는 안 되는 것이었다. 인정하지 않을 뿐 아니라, 아예 맞서 싸울 필요가 있었다. 그 당시에 조선공산당이 만주총국을 조직하였다. 그리고 공청 중앙의 지령에 따라 그때부터 당의 지도를 받도록 되어 있었지만, 조성된 상황으로 인해 사실상 당의 지도를 받지 않았다. 당과 공청은 만날 수가 없었다. 누구의 책임인지를 찾기보다는, 아예 당이 공청을 이해하지 못했다고 보는 것이 맞다. 당이 공청에 직접적으로 닿아 있지 않은 채 배후에서 방황하면서 공청에 대해 오해를 하고 있었다. 이로 인해 공청은 당의 지도를 받지 못했고, 이에 더해 당 사업은 토대부터 모순을 보였으며(예를 들어, 첫 번째 당 사업은 상해 그루빠와 이르쿠츠크 그루빠 사람들의 질적 검열을 통한 당 등록이었다. 당은 옛 상해 그루빠와 이르쿠츠크 그루빠를 기본적 토대로 생각하고 그들을 합법적 기관으로 받아들였다), 이에 따라 우리는 당을 의심하였다. 그 후 간도에서 김광을 공식적으로 만났는데, 그는 우리가 추측한 것과 다르게 말했으며, 우리는 상호 간에 의심을 풀면서 당에 열성자들을 보내고 당의 지도를 받게 되었다.

IV. 민족운동(공청의 사업)

과거 만주비서부는 당 사업을 겸하지 않을 수 없었기 때문에 각각의 민족단체에 들어가서 사업을 수행하였다. 민족운동을 사상적으로 지도한 것이 사실이다. 곽송령(郭松齡)이 봉기를 일으켰을 때 중국에서 북만주 "신민부"와 함께 일련의 계획을 수립했지만, 곽송령이 실패함에 따라 계획은 포기되었다. 이렇듯 공청은 다양한 민족단체들과 연계하면서 그들 속에서 사업을 수행한 것이 사실이다. 향후 당의 지도를 받는 민족운동이 보다 발전될 것이라는 점은 의심의 여지가 없다.

V. 결론

과거에 공청은 당의 지도를 받지 못하였다. 이에 더해 당 사업에 대한 의심이 보다 확고하게 형성되어 갔다. 그러므로 진정한 공산주의 신념을 가진 분자들은 공청원이 되었다. 당의 역량이 이미 조직되어 있고, 당이 모든 사업을 수행하는 지금 당적 토대를 확고하게 끌어오기 위해서는 공청에 있는 가장 우수한 분자들을 당으로 이동시킬 필요가 있다. 공청은 당으로부터 지도를 받으면서 공청사업만을 수행해야 한다. 그렇기 때문에 공청은 대중화할 필요가 있다. 대중화는 합법화를 의미하는 것이 아니라, 공청 대오에 공산주의 학습단체들을 끌어들이고 공산주의적 염원을 가진 무산계급 청년들을 가입시키는 것을 의미한다. 공청은 모든 무산계급 청년들을 공청에 가입시키면서 그들을 장래의 당원으로 양성하는 학교의 역할을 할 필요가 있다. 다양한 공청 그루빠의 기존 회원들을 질적 측면에서 선발하여 공청에 가입시키고, 분파주의 경향을 제거하면서 그들을 공산주의 속에서 교양시켜야 한다. 콤소몰 인테르나찌오날의 분자인 이인구,

이주화 단체는 엄격하게 검사하여 공청에 가입시켜야 한다. 이 경우 공청 내부에 일련의 위험성이 생겨날 수 있으므로, 규율을 보다 강하게 세우고, 일정한 경우에는 엄정한 숙청을 단행할 필요가 있다. 당의 강력한 지도를 받으면서 당의 결정에 절대 복종하고 그것을 수행할 필요가 있다. 보다 공고한 조직성을 가지기 위해 군사적 표현 양식을 사용할 필요가 있다. 요컨대 과거에는 지령(директива)이었지만, 이제는 명령(приказ)에 따라 행동할 필요가 있다. 중국공청과의 연계를 강화해야 하므로 중국공청에 대표를 파견할 필요가 있다. 합법 영역에서 기존에 북만주에 있는 2개의 동맹을 조속한 시일 내에 통합시키며, 조직화되지 않은 청년들을 조직화하고 동맹과 종교청년단체들로 유인할 필요가 있다. 이번 1927년에 전만청년총동맹을 설립할 필요가 있다. 공청원들의 양적 참여를 압박할 필요는 없으며, 사상적으로 지도하여 독립적인 열성자들을 만들어내는 데 진력해야 한다. "동흥학교"의 경험이 보여주는 바와 같이 간도에는 학생운동이 매우 중요한 의미를 갖는다. 학생 스스로로 하여금 조선의 토대에서 교양을 쌓고 일본의 동화정책에 맞서도록 해야 한다. 따라서 동향인 학생들을 올바르게 지도하여 학교들 간의 반목을 해소시키고 혁명적 지도를 통해 사업을 진척시켜야 한다. 다음으로, 소학교 학생들을 미래의 투사 정신으로 교양시키기 위해서는 (동화정책을 추구하는) 일본 소학교의 발전을 저지하면서 소년운동을 강력하게 전개할 필요가 있다. 만주의 모든 교원들을 끌어들이고 교육 문제를 해결하기 위해 조속한 시일 내에 교사대회를 소집할 필요가 있다. 소년단을 합법화할 필요가 있다. 체육회를 조직해야 한다. 청년들의 건강을 증진시키고, 혁명적 에너지와 정신을 고양시켜야 한다. 여성운동에서는 여성단체들을 교양단체(야간 강습소와 주간 강습소 등)로 재조직하고 사회단체들에 수시로 참여하는 강력한 단체를 조직해야 한다. 앞으로 여성대중운동은 조선 대중 해방이라는 일상적 과업을 위한 투쟁에 동참할 필요가 있다. 모든 분산된 빨치산부대들의 통합을 목적으로 하는 군사훈련을 위해 빠른 시일 내에 다양한 민족단체들에서 모든 공청원이 운동에 참여할 필요가 있는데, 이는 민족단체들의 통합을 이끌고 군사화의 목적에도 부합한다.

연락 분야의 경우 만주공청은 중앙으로부터 2~3회 지령을 받았는데, 이는 매우 처량한 것이다. 또한 중앙위원회는 단 한 번도 만주공청의 사업을 검열하지 않았다. 이는 의심할 여지없이 시간이 없어서이기도 하지만, 대부분은 자금의 문제이다. 다음으로 만주비서부와 다양한 도위원회 간에도 연락이 거의 없었다. 이것은 우리 단체에게 있어 매우 뼈아픈 문제이다. 향후에는 보다 긴밀하게 연락을 유지할 필요가 있으며, 인적 연락(живая связь)이 필요하다. 이 외에 각 도부터 시작해서 만주비서부까지 협의가 거의 없었는데, 이는 사업을 지연시키는 원인이 되었다. 명확한 결정을 통해 협의회를 정기적으로 개최하고 정기적인 연락을 유지할 필요가 있다. 향후 사업이 발전함에 따라 기관도 전방위적으로 발전시킬 필요가 있다. 동지들! 전술한 사항들을 이행하기 위해서는 아마도 당신들의 발뒤축이 닳아 없어지고 당신들의 혀끝이 말라버려야 할 것이다. 우리의 사업은 당신들의 펜촉이 무뎌지고 당신들의 몸이 부서지기를 요구한다.

РГАСПИ, ф.533, оп.10, д.1898, лл.23-23об.

1927년 1월 29일 이남두가 김강에게 보낸 서한

친애하는 김강!

친애하는 동지! 고군분투에서 건강하게 돌아오기를 기원한다. 통행에 소요되는 자금의 문제로 시간이 늦어지고 있다. 또한 조선 내부의 일을 처리하는 것이 더 중요하고 시급하다는 생각이 들어서 조선으로 가기로 결정하였다. 우리의 대화에 따른 투쟁 계획은 상호 신뢰를 바탕으로 수행하게 될 것이다. 오래 지체하지 말고 문제를 조속히 해결하기 바란다. 당신이 조속히 조선으로 오기를 희망한다. 최근 소식에 따르면 당 가입 문제는 지난해 여름 집행위원회 전원회의 결정에 따라 구체화될 때까지 기다릴 것이다. 나와 당신 간에 결정된 내용에 대해 중앙은 사전에 내부에서 합의한 후에 중앙으로 가져가는 데 변함없이 동의하고 있다. 그에 따라 나는 조선으로 가라는 중앙의 지령을 받았다. 지금 이 지령을 받아 진행 중이며, 다양한 문제들에 관한 정식 허가를 받은 후에 조선 내부에서 직접 보고할 것이다. "2차 [판독 불가] 협의회"에 대해 상세하게 보고할 것이다. 동지! 문제는 조선 내부에 있으므로 그것을 매우 강력하게 제기할 필요가 없으며, 신속하게 조선으로 가고자 노력할 필요도 없다. 만약 문제가 시작되면 "화요회" 핵심에 대한 [판독 불가] 수행을 위해 지령을 통해 상해의 조(Дио)* 동지나 김광 동지를 보내기 바란다. 서울청년회의 권력은 여전히 이영, [판독 불가], [판독 불가] 등 옛 그루빠의 수중에 놓여 있다. 이른바 "서울파 가담자들(Вхожденцев Сеула)" 그루빠는 실질적인 토대가 없다. 이를 염두에 두고 행동하기 바란다. 만약 내가 서울로 간다면, 옛 서울 그루빠를 그들의 동의하에 당의 깃발 아래로 끌고 갈 것이다. 만약 그들이 우리 쪽으로 오지 않는다면, 나는 그들이 반대 측에 서지 않도록 가능한 모든 방법을 동원할 것이다. 동지! 모스크바로 가는 것과 조선으로 가는 것의 사업 결과를 비교한다면, 이 문제에 있어 조선 내부에서의 사업이 보다 큰 결과를 가져다준다. 그곳에서 사업을 수행하면서 당 사업의 원칙들을 견지해 주기를 희망한다. [판독 불가]. 우리는 자신의 힘으로 물적 부분을 강화하면서 강력한 조선공산당을 창건하는 데 진력할 것이다. 길게 쓰지 않

---

* 조봉암으로 추정된다.

겠다. 우리에게 전할 소식이 있으면 [판독 불가]에게 편지를 쓰기 바란다. 그곳에서 우리가 조선에 대한 정보를 얻을 수 있을 것이다.

1927년 1월 29일
이남두

번역자의 주석: 이남두는 "스파르타쿠스" 그루빠의 대표로 1926년 3월에 모스크바에 있었다.

번역자: 김강

РГАСПИ, ф.495, оп.45, д.9, лл.27-31.

1927년 1월 29일 고려공산청년회 중앙위원회 대표가 코민테른 집행위원회 산하 조선위원회 위원장 슈메랄에게 보낸 보고서

조선어에서 번역

기밀

수신: 코민테른 집행위원회 산하 조선위원회 위원장 슈메랄(Шумераль) 동지

발신: 고려공산청년회 중앙위원회 대표 …* 동지

1925년 9월부터 1926년 11월까지([판독 불가] 조선 파견 시부터 고려공산청년회 중앙위원회가 모스크바로 대표 자격으로 파견했을 때까지) 나의 사업과 고려공산청년회 중앙위원회 구성원의 변동에 대한 간략한 정보 보고

1. 나는 1922년 동방노력자공산대학에 입학해서 3년 동안 수학하였다. 코민테른이 당 사업을 위해 조선에 파견하는 12명에 포함되어 비합법사업 준비를 위한 1개월 강습을 받았다. 나는 (9명의 집단과 함께) 1925년 9월 중순에 모스크바를 떠나서 1925년 10월에 조선 (서울에) 왔다.

2. 가는 중에 블라디보스토크에서 당 대표로부터 해당 지령과 암호를 받고 조선에 도착해서 그것들을 당중앙위원회 비서 김재봉 동지(나는 이미 1922년 치타에서 그를 알았다)와 김동명 동지(2년간의 동방노력자공산대학 학습을 마치고 1924년 국제공청에 의해 공청사업 차 조선으로 파견되었다)에게 전달하였다.

3. 당중앙위원회의 지시에 따라 나는 지방 당 단체들의 조사와 공고화를 위해 1925년

---

* 원문에 이렇게 표시되어 있다. 이하 동일하다. 고광수로 추정된다.

11월 초순에 강원도로 파견되었다. 약 2개월 동안 그곳에 체류한 후 서울로 다시 돌아왔다. 왜냐하면 11월 말과 12월 초에 신의주에서의 사건으로 인해 양 중앙위원회의 다수 위원들이 검거되어 중앙과 지방의 연락이 단절되었기 때문이었다. 서울에 와서 나는 고려공산청년회 중앙위원회 위원 이지탁 동지를 통해 고려공산청년회 중앙위원회와의 연락을 유지하였다.

4. 1926년 1월 고려공산청년회 중앙위원회의 결정에 따라 나는 고려공산청년회 중앙위원회 후보위원에 포함되었는데, 이에 대해 김동명, 권오설, 이지탁 동지로부터 통보를 받았다. 이 결정은 당중앙위원회의 승인을 받았고 나는 1926년 1월부터 6월까지 중앙위원회 후보위원으로 사업하였다. 거의 동시에, 즉 같은 해 2월에 당중앙위원회 결정에 따라 "노동당(Рабочая партия)"에 가입해서 1926년 6월까지 당의 해당 지령을 실행하면서 당의 영향력을 전파하였다.

5. 6월 5~9일의 연이은 검거로 (신의주 사건으로 인해 첫 번째 중앙위원회 위원들이 검거된 후 자기의 임무 수행에 착수했던) 두 번째 고려공산청년회 중앙위원회 위원 (7명 중) 5명이 검거된 후 나는 당중앙위원회와 고려공산청년회 중앙위원회의 결정에 따라 기존의 후보위원이었던 다른 4명과 함께 고려공산청년회 중앙위원회 위원이 되었다. 당시 나는 중앙위원회에서 당중앙위원회 및 공청중앙위원회와 코민테른 집행위원회 지점과의 연락 수립 임무, 고려공산청년회 중앙위원회 선전부장 등 2개의 임무를 수행하였다.

6. 1926년 7월 15~19일 신의주 사건 이후 수사당하고 추적당했던 합법 부문의 저명한 일꾼 동지들 다수와 화요회, 신흥청년회 등 공청단체 동지들이 검거되었다. 검거된 자들 중에는 당중앙위원회 비서 강달영 동지, 고려공산청년회 중앙위원회 비서 겸 위원 전정관, 김남수, 박순병 동지 등이 포함되어 있었다. 후자들은 이미 경찰의 철저한 감시하에 있었고, 이 동시적 검거가 있기 이전에 이미 한 차례 검거된 경험이 있었다.

7. 합법 부문과 화요회, 신흥청년회 등 공청단체의 비열성자들만이 신의주 사건과 6월 사건으로 인한 붕괴 이후 경찰의 추적을 면하였다. 나 역시 당시에는 아직 추적을 받지 않았다. 왜냐하면 공식적으로 노동당에 속해 있었고, 비합법사업을 수행하지 않았기

때문이었다. 나는 7월 19일 와병 중인 김세연(Ким-се-ен)의 집에서 환자를 방문한 다른 많은 자들(노동당원 좌공림, 정우회 상무위원 임형일, 천도교청년당원 이환(Ли-хоан))과 함께 검거되었다. 왜냐하면 경찰이 김세연의 집을 포위한 채 수색했고, 경찰에 의해 김세연과 [판독 불가] 가택연금 상태에 있던 강달영이 연락한 사실이 밝혀졌기 때문이었다.

8. 나는 경찰서에 단 하루만 있었고, 검거 다음 날 아침에 김세연의 집에서 검거된 2명(이환, 임형일)의 뒤를 이어 세 번째로 심문을 받았다. 나에게 나의 과거와 김세연 동지 방문 이유를 물었다. 나는 어릴 때 강원도에서 공부했고, 지금은 기독교도로 서울의 청년농민회 구락부에 있는 강습소들에서 공부하고 있고, 조선에서 간도로 이주하여 그곳에서 교사로 복무하면서 "노동당" 구락부에 다니면서 잡지와 신문을 읽었으며, 환자와 가까운 사람으로서 김세연을 방문했다고 대답하였다. 나는 김세연의 집에서 검거된 다른 자들과 함께 그날 석방되었다.

9. 1926년 7월 26일 저녁에 (석간인) 동아일보 보도를 통해 경찰에 의해 당 문서들이 발각되었음을 알게 된 나는 여성 공청원인 김열수(Ким-нер-су)를 내 집으로 보내 정탐하게 하였다. 그녀는 내가 경찰에서 풀려난 후 들르지 않았던 내 집에 내가 오기를 기다리는 경찰 밀정(경사)이 있다고 알려주었다. 그때부터 나는 조선을 떠날 때까지 몸을 숨겼다. 후일 내가 당중앙위원회에 경찰에 발각된 문서들에 대해 보고했을 때 당중앙위원회 비서(당시 비서는 김 …● 동지였다)는 아마도 중앙과 지방의 몇몇 당 및 공청 일꾼들 이름이 적힌 암호로 작성된 문서가 확실하다고 말하였다.

10. 이 당 문서들이 어떻게 경찰의 손에 들어갔는지에 대해 우리는 8월 중순에 1924년 동방노력자공산대학에서 수학했던 전형걸(Тен-хен-реп)(공청 중앙위원회 비서인 전정관의 조카)로부터 들었다. 전형걸은 다음과 같이 말하였다. (공청 중앙위원회 비서) 전정관 동지가 고문을 견디지 못하고 이 문서들을 경찰에 제공했으며, (당중앙위원회 비서) 강달영 동지가 고문을 견디지 못하고 이 문서들을 해독해 주었다. 전정관은 당의 비밀을 모른다는 핑계를 대면서 이를 해독하지 않았다. 전형걸은 자기와 관련하여 자

●　　　김철수로 추정된다.

기는 경찰에 의해 석방되었는데, 그 이유는 시종일관 자기는 삼촌인 전정관이 주어서 보관 중이던 문서들의 성격을 몰랐다는 하나만을 되풀이해서 이야기했기 때문이었다고 한다.

11. 1925년 코민테른이 우리 동방노력자공산대학 출신자 12명을 조선으로 파견하였다(1진 9명, 2진 3명). 그 동지들은 다음과 같다. 1) 박 니키포르, 2) 전정관, 3) 이지탁, 4) 김상탁, 5) 한응갑(Хан-ын-габ), 6) 조희창, 7) 한익주, 8) 고광수, 9) 이병무(Ли-бенму), 10) 김호반, 11) 박원희(Пак-ен-хи), 12) 노상열. 12명의 파견자 중 현재 구금되어 있는 자는 1) 박 니키포르, 2) 전정관, 3) 이지탁, 4) 노상열 등이다. 신의주 사건 순간부터 의심과 추격을 받으면서 신흥청년회와 화요회 회원들 사이에 모여서 활동했던 무능력한 화요회와 신흥청년회 일꾼들이 검거되었다(경찰은 그것들을 당과 공청으로 의심하고 있다). 대중적 분파투쟁의 장에서 이 합법단체들, 당 및 공청 대표들과 일련의 직접적인 연결이 없는 자들만이 검거되지 않고 남았다. 김호반, 조희창, 한익주, 이병무, 한응갑은 지방에 있었다. 나는 노동당에서 사업했고, 김상탁은 북풍회 단체에서 사업하였다. 박영희는 신문일꾼들과 비합법 활동을 했고 지금은 소련 블라디보스토크 관구로 이주하였다.

12. 중앙위원회 위원 3명이 검거된 후 7월 19일 후보위원들 중 조희창과 한익주가 공청 중앙위원회로 들어갔다. 이렇게 해서 중앙위원회는 다음의 6명 동지로 구성되었다. 1) 고광수, 2) 신백순(Син-пяк-сун), 3) 전해, 4) 조희창, 5) 한익주, 6) 정순제. 나는 비서로 선출되었다. 서울 공청 그루빠의 합병이 이 성원들로 구성된 중앙위원회에서 이루어졌다. 서울 청년 그루빠를 받아들인 후 옛 서울 공청 그루빠 위원 동지들(이인수, 김병일, 김월성, 김재명, 김세권)을 중앙위원회로 영입한다는 결정이 내려졌다.

13. 8월 13일 (정확히는 기억하지 못한다) 합법사업을 지도하던 중앙위원회 위원 노상열과 정순제가 검거되었다. 그들은 다음과 같은 이유로 검거되었다. 『시대일보』편집 일을 했던 정순제는 시대일보 신판을 위한 돈을 걷기 위해 다녔다. 돈을 주려는 사람이 그에게 옛 편집일꾼이자 화요회 지도자들이면서 경찰에게 쫓기던 구연흠과 한남익(Хан-нам-их)을 추천하였다. 정순제는 추천장을 받았다. 경찰이 이를 알게 되었고 그들 검거했으며, 누가 그에게 추천장을 주었는지 추궁하였다. 그와 함께 일했던 노상

열이 같이 검거되었다.

14. 노상열과 정순제를 대신하여 당중앙위원회에서 추천한 양명과 김강이 중앙위원회로 들어왔다. 내가 블라디보스토크에서 입수한 소식에 따르면, 최근의 중앙위원회가 1926년 10월 16일 자 회의에서 경찰의 추적을 받는 동지들로 인해 검거가 지속적으로 이어지고 있기 때문에 경찰의 추적을 받는 고광수, 한익주 동지를 중앙위원회에서 내보내고 고준 동지를 포함시킨다는 결정을 내렸다. 또한 비대한 중앙위원회 구성을 줄이기 위해 옛 서울 공청 그루빠 위원 3명(김월성, 김재명, 김세권)을 후보위원으로 이동시켰다. 이렇게 해서 고려공산청년회 중앙위원회는 1926년 10월 16일 다음의 동지들을 성원으로 구성되었다. 1) 양명, 2) 고준, 3) 전해, 4) 조희창, 5) 김병일, 6) 이인수. (마지막 2명은 옛 서울 그루빠 위원이다)

РГАСПИ, ф.495, оп.45, д.21, л.6.

1927년 2월 15일 국제공청 집행위원회 위원 조훈이 국제공청 집행위원회와 코민테른 동양비서부에 보낸 청원서

수신: 국제공청 집행위원회

　　　사본 – 코민테른 동양비서부

발신: 국제공청 집행위원회 위원 조훈

청원서

친애하는 동지들.

내가 수행한 다년간의 실무사업 경험을 통해 나는 이론적 준비가 전혀 되어 있지 않은 채 열성과 혁명적 진실성 하나만으로는 많은 과오를 저지른다는 것을 깨닫고 있다. 나는 코민테른에서 내가 수행한 8년 동안의 사업에서 나 역시 적지 않은 과오를 저질렀을 수 있다는 것을 인정한다. 지금 반대파들의 화살이 나를 향하고 있는데, 이 또한 내가 과오를 저질렀음을 증명하는 것일 수 있다.

그러므로 나는 적절한 이론적 준비가 되어 있지 않고는 코민테른의 건강한 전사가 될 수 없음을 확고하고 단호하게 인식하고 있다.

나를 사업에서 면직시키고 레닌 과정들에서 내가 적절한 준비를 받을 수 있는 기회를 제공해 주기를 당신들에게 간곡하게 청원한다.

조선에서 착잡하고 복잡한 일이 있는 순간에 내가 사업에서 떠나는 것을 도주로 생각하지는 말아주기 바란다. 나는 코민테른이 이 문제를 올바르게 결정하기를 희망하며, 코민테른의 결정에 전적으로 복종할 것이다.

나는 이미 조선공산당 대표인 조동호 동지와 상담하였다.

공산주의식 인사와 함께.

1927년 2월 15일

조훈 [서명]

РГАСПИ, ф.533, оп.10, д.1897, лл.9-13.

РГАСПИ, ф.495, оп.45, д.19, лл.87-91об.

1927년 3월 1일 고려공산청년회 대표 김강이 국제공청 집행위원회에 보낸 고려공산청년회 만주단체에 대한 보고서

수신: 국제공청 집행위원회

발신: 고려공산청년회 대표 김강

고려공산청년회 만주단체에 대한 보고

I. 만주공청의 간략한 역사

1923년 박윤세, 김호반, 이순 동지가 사업차 연해주에서 북간도로 갔다. 당시 그곳에는 김사국 동지가 청년 학생들을 대상으로 사업을 확장시키고 있었다. 김사국 동지는 급진적인 교육 프로그램을 가진 "동양학원(Курсы Востока)"을 조직하였다. 북간도의 가장 혁명적인 청년 분자들 중 일부가 이 학원에서 교육을 받았다. 파견된 동지들은 김사국 동지와 함께 사업을 하였다. 이 학원의 청년 학생들을 근간으로 하여 1923년 6월에 15명의 동지로 구성된 최초의 공청세포가 조직되었다. 오래지 않아 조훈, 찌토비치(Цитович)와 관련한 김사국과 나머지 동지들 간의 이견으로 인해 김사국 동지는 5명의 공청원과 함께 단체를 탈퇴하였다. 그 후 고려공산청년회 중앙총국과의 연락이 이루어졌다. 같은 해에 있었던 중앙총국 결정에 따라 공청 간도총국이 설립되었다.

간도총국의 사업은 국제적 기념일에 선전 캠페인을 수행하는 것으로 한정되었으며, 삐라, 격문 등이 배포되었다. "동흥중학교" 청년 학생들을 대상으로 공산주의의 영향력을 확산시키는 사업이 비교적 성과적으로 진행되었다.

1924년 말 간도총국은 전연방레닌주의청년공산주의자동맹 연해주분과를 통해 러시아 동지들로부터 동청철도 지역에 조선인 공청단체들이 있다는 사실을 알게 되었다(1924년 전연방레닌주의청년공산주의자동맹 중앙위원회 극동총국 회의에서 하얼빈 도 공청 비서 세민(Семин) 동지의 보고).

확실한 정보를 가지고 있지는 않았지만 하얼빈 도 전연방레닌주의청년공산주의자동맹 동지들의 이야기를 믿은 간도총국은 동청철도 단체를 가입시키고 점검하기로 결정하였다(1924년 늦가을). 이외에 또 하나의 계획은 만주 공청운동에서 새로운 그루빠의 싹을 제거하는 것이었다(동청철도 단체들은 그러한 경향을 가지고 있었고, 실제로 그들은 공청 북만주 중앙위원회의 설립을 원하였다). 이렇듯 활동 영역이 확장되자 간도총국은 중앙총국에 자기에게 보다 광범위한 권한을 부여해 달라는 요청을 하였다. 1925년 1월 25일 자 고려공산청년회 중앙총국 결정에 따라 간도총국은 해산되었고, 이를 대신하여 고려공산청년회 중앙총국 만주총국이 설립되었다. 3월에 최종적으로 박윤세(중앙총국에 의해 "비서"로 임명됨), 이종희, 김규열, 강우, 김성, 한빈, 김강 동지 등으로 조직된 만주총국은 자기의 사업에서 다음과 같은 지도노선을 표방하였다.

1. 만주 공청운동의 전일성을 보장한다.
2. 무원칙한 분파주의에 맞서 비타협적인 투쟁을 전개한다.
3. 공청 열성자들의 선발을 통해 당 운동의 토대를 다진다.

II. 첫 번째 발전 단계

새로운 총국 앞에는 공청의 조직적 설립이라는 쉽지 않은 과업이 제기되어 있었다. 지도부의 유연성 및 대중과의 원활한 연계 덕분에 동만주, 남만주, 북만주 도 총국들이 조직되었다.

동만주(북간도)에서는 세포들이 결합되고, 확대되었다. 새로운 대오들이 조직되었다. 개별 공산주의 분자들 앞에 공청의 문이 활짝 개방되었다. "적기단" 청년들을 공청으로 끌어들였고, 이를 통해 그들의 분파투쟁을 청산시켰다. 사업의 주요 요소는 다음과 같았다.

1. 청년 학생들에게 공산주의의 영향력을 확산시킨다.
2. 학생단체들 속에서 지도노선을 보장받고, 그들을 포섭한다.
3. 청년 농민들을 합법적 민족청년회로 유인하고, 대중적 청년운동을 조성한다.
4. 합법적 문화계몽동맹에 농업 학습을 조직하고, 그들 속에서 영향력을 보장받는다.

남만주에는 최근까지 공산주의운동이 없었다 …● 만주총국이 파견한 동지들은 다양한 민족혁명단체들에 올바르게 접근하는 방식을 통해 사업에 착수하는 기회를 잡을 수 있었다. (합법적이고) 대중적인 청년운동의 토대가 구축되었다. 전문 과정들을 통해 배출된 우수 분자들을 중심으로 몇 개의 세포가 조직되었다. 공청은 민족혁명단체인 "정의부"를 진실되고 분파적이지 않은 공산주의자들과 협력하는 방향으로 유도하면서, 동 단체에 대해 강력한 영향력을 발휘하였다. 남만주단체의 주요 사업 요소는 첫째, 청년 농민들을 청년회 단체와 청년운동 전반으로 유인하고, 둘째, (매우 격렬한 형태로) 경상도와 평안도 출신들 간에 존재하는 지역적 배타주의에 맞서 투쟁하며, 셋째, 빨치산부대와 "정의부"에 공산주의의 영향력을 투사하는 것 등이었다.

북만주에서는 장기간에 걸쳐 어렵게 사업이 진행되었다. 만주총국이 수행한 일련의 검열을 통해 다음과 같은 상황이 확인되었다.

1) 동청철도 단체(5개 세포)는 정치적, 조직적으로 견고하지 못하였다.

2) 대오들, 그중에서도 특히 (하얼빈에 집결해 있는) 지도자들 속에 타락한 모험주의자들이 존재하였다.

3) 세포 중 3분의 2가 "적기단"의 영향을 받고 있으며, 이에 따라 철저한 분파주의적 정향을 보였다.

만주총국은 동청철도 단체들을 모두 해산시키고, 새로운 조직사업을 시작하였다. 특히 (모험주의자들의 결집체인) "고려공산청년회" 하얼빈 세포에 각별한 관심이 주어졌다. 장기적이고 신중한 하급 공청원 선발을 통해 몇 개의 세포를 조직해 내는데 성공하였다. 간도에서 온 공청원들이나 만주총국 일꾼들이 직접 그 세포들의 비서로 임명되었다. 새로 설립된 북만주총국은 자기의 과업을 성과적으로 수행하였다. 단체는 보다 견고하고 [판독 불가] 규율 있게 되었다. 하얼빈에 파견된 분자들이 "적기단원들"의 직간접적인 지원을 받으면서 자기의 잡지인 『화전(火箭)』(이때까지는 『우리의 목표(Наша цель)』로 지칭되었다)에서 만주총국을 맹렬하게 공격하였다. 2~3개월이 지난 후 이 "공청"단체는 해산되었다. 북만주단체의 사업에서는 "신민부"의 좌경화와 합법적 청년농민회에 각별한 관심이 기울여졌다. 소작농운동을 고양시키려는 시도는 장작림의 경찰이 지도자들을 검거하고 북만주소작농대회를 해산시킴에 따라 성공적으로 완료되지 못하였다 (1925년 겨울).

●   원문에 이렇게 표시되어 있다. 이하 동일하다.

III. 조직사업

a) 조직 구성

1925년 8월에 고려공산청년회 중앙위원회에 상세한 보고서를 제출했고, 고려공산청년회 중앙위원회는 보고서를 승인하였다. 무슨 이유에서인지 만주총국이 고려공산청년회 중앙위원회 만주비서부의 중앙위원회로 개칭되었다. 1926년 10월 결정으로 만주비서부 중앙위원회는 재차 중앙위원회 만주총국으로 개칭되었다. 총결 보고에 따르면 1926년 12월 20일 현재 만주단체 대오에 정회원 164명, 후보회원 26명과 연령 초과자 4명 등 총 233명이 있었다. 그들 가운데 여성은 7명이다. 사회성분별로는 노동자 5명, 농민 93명과 학생 외 기타 135명이다. 청년회 경력별로 보면 1923년부터 5명, 1924년부터 19명, 1925년부터 86명, 1926년부터 97명이다. 세포 총수는 42개이다. 각 단체별로는 다음과 같이 분포되어 있다.

1) 북만주: 세포 6개, 회원 19명, 후보회원 3명, 연령 초과자 6명

2) 남만주: 세포 9개, 회원 62명, 후보회원 11명, 연령 초과자 9명

3) 동만주: 세포 27개, 회원 83명, 후보회원 12명, 연령 초과자 28명

b) 고려공청 만주단체 조직도

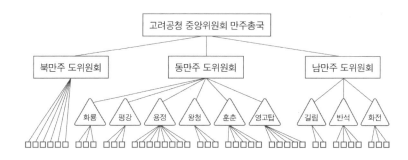

고려공산청년회 만주총국은 지도기관으로 조직부, 선전부, 민족부의 3개 부서를 두고 있다. 3개의 도위원회가 그 뒤를 따른다. 각 도위원회는 조직부와 선전부 등 2개의 부를 두고 있다. 각각의 도위원회는 전술한 바와 같이 여러 개의 구역총국을 두고 있다.

c) 연락사업

도위원회들 간에는 만주총국 산하 상임 지도원들과 영고탑-액목현-길림-화전-반석, 영고탑-액목현-용정, 용정-훈춘 및 일련의 다른 특별 연락소들을 통해 연락이 이루어진다.

현재 중앙위원회로부터는 일정한 지점들을 통해 연락이 유지되고 있다. 자금 부족으로 인해 소식을 자주 전할 수 없지만, 2개월에 1회 정기적으로 연락이 이루어지고 있다. 중앙위원회 만주총국은 1923년 봄에 국제공청 전권위원인 닐로보이(Ниловой)(하얼빈) 동지와 연락하고자 하였다. 하지만 세민 동지와 닐로보이 동지를 주축으로 하는 전연방레닌주의청년공산주의자동맹 하얼빈 도위원회가 절대적인 신임을 표명했던 니콜라이 라스토츠킨(Николай Ласточкин)(우리가 해산시킨 하얼빈 세포의 지도자이자 모험주의 분자)이 연락을 독점하였다. 더욱이 그는 전연방레닌주의청년공산주의자동맹원으로 하얼빈 영사관에서 중요한 사업을 수행하였다. 그를 통하지 않고는 러시아 동지들과 관계를 맺을 수 없었다. 만주총국은 내키지 않았지만 만주총국이 국제공청 전권위원과 직접 연락을 취할 수 있게 될 때까지 그를 이용하는 데 동의하지 않을 수 없었다. 만주총국으로서는 아무것도 얻은 것이 없는 2개월간의 시도 끝에 연락하고자 하는 희망을 포기하게 되었다. 그 후 만주총국은 만주에 있는 러시아 동지들과 전혀 연계되지 못한 상태에서 사업을 수행하였다. 만주에서 중국공청과 공동으로 활동해야 하는 절박한 필요성에도 불구하고, 만주총국과 중국공청 간에도 전혀 연락이 이루어지지 않았다.

d) 조직사업에서의 기본 방책

주요 방책은 다음과 같았다. 1) 공청의 대중화 노선 견지. 2) 도 열성자들의 발탁. 3) 유연한 공청기관의 설립. 4) 연락 체계의 정비와 연락소들의 조직. 5) 공청 대오의 엄정한 규율 확립. 6) 세포비서 및 선전원 간부부의 설치. 7) 당으로 이동시킬 공청 열성자 양성.

추후에는 다음이 필요할 것이다. 1) 단체의 재등록을 실시한다. 2) 보다 강력한 대중화 노선을 견지한다. 3) 연락기관을 보다 견고하게 정비한다. 4) 공청 군사화의 확고한 노선을 견지한다. 5) 만주총국과 각 도위원회 산하에 상임 선전원 성원들을 보강한다. 6) 만주 소재 국제공청 기관과의 상시 연락 체계를 수립한다. 7) 중국공청과 긴밀한 연계를 수립한다. 8) 고려공산청년회 중앙위원회와 보다 자주 연락을 취한다.

IV. 선전사업

역량의 부재로 인해 사업 수행이 미미하다. 계몽사업 내부에 일정한 성과가 있다. 3개의 정치 강습소가 운영되어 62명을 배출하였다. 세포들에서 정치 학습이 정기적으로 진행되고 있고, 용정에 비합법 독서실 몇 개와 공개 독서실 1개가 있다. 만주총국은『볼셰비크(Большквик)』(비합법적),『대진』(반합법적),『동맹』(반합법적, 남만청년연맹) 등의 잡지와『노력청년』(반합법적, 북만청년연맹),『신진소년』(반합법적, 소년단) 등의 신문을 발간하였다. 이외에 공청원들을 위해 정보신문인『고공청통신』을 발간했고, 소책자 등을 발간하였다.

대중 선전용 삐라, 격문 등이 배포되었다.

추후 출판사업은 만주 전체 범위의 1개 합법적 기관지로 집중시킬 필요가 있다. 중앙위원회는 예정된 전 조선 범위 잡지의 출판으로 비합법적 출판을 집중시켜야 한다.

V. 청년 민족혁명(합법적)

공청은 초급 단체들을 설립하고 동 단체들을 도 연맹으로 통합시키기 위한 거대한 사업을 진행하였다.

연맹 사업 현황 종합

연맹 명칭	초급단체 수	회원 수	공청 참가자 수	군사교육 이수자 수	비고
남만청년연맹	22	477	45	16	
북만노력 청년총동맹	12	270	20	10	
북만조선인 청년총동맹	23	430	3	30	"적기단"과 "학우단" 지도자들의 분파적 견해에 따라 북만노력청년총동맹에서 분리되었다
동만청년총동맹	90	3500	93	120	
리파(ЛИФА) 청년동맹	7	120	2	4	
총계	154	4797	150	180	

북만조선인청년총동맹을 제외한 모든 단체들이 공청의 사상적 지도를 받고 있다. 문화교양사업은 모든 연맹이 수행하는 기본 사업이다. 만주의 조직화되지 않은 청년의 수는 6만 명이 넘는다. 다음을 수행할 필요가 있다. 1) 중앙집권제에 의거한 만주청년총연맹의 설립. 2) 연맹의 사회정치사업으로의 유인. 3) 만주 청년 농민들의 광범위한 포섭 노선. 4) 연맹원들의 군사화 노선.

VI. 당 문제와 만주공청

1925년 8월 중앙위원회 상무위원회는 만주총국이 제출한 만주의 당 운동 계획을 승인하였다. 계획의 기본 입장은 다음과 같았다. 1) 당의 토대를 위한 공청 열성자 육성. 2) 이를 기반으로 다양한 연맹으로부터 오는 우수한 공산주의 분자들을 집중화. 이에 따라 만주총국은 가장 열성적인 공청원들을 당으로 이동시키기 위해 그들을 선발하고 육성하였다. 하지만 만주 당 운동 문제가 구체화되었을 때, 중앙위원회가 자기의 8월 결정을 취소했음이 밝혀졌다(만주총국은 이와 관련하여 아무런 통보도 받지 못하였다). 이는 1926년 5월 조선공산당 중앙위원회 만주총국을 조직할 때 조봉암 동지에 의해 명확하게 확인되었다. 공청이 조선공산당의 기치 아래 나아갈 준비가 되어 있음에도 불구하고 그는 공청을 내팽개쳐 버렸다. 고려공산청년회 중앙위원회 만주총국은 단 한 명의 열성자도 공산당으로 이동시킬 기회를 가질 수 없었다. 만주총국에게는 문이 닫혀 있었다. 조선공산당 중앙위원회의 새로운 만주총국 일꾼들은 사상적 지도 대신에 첫날부터 공청운동에서 역량도 숙련도도 없는 "적기단", "콤소몰 인테르나찌오날"(조선공산당 중앙위원회에서 파견한 이인구 동지의 창작물로, 총 7명이다) 등과 같은 다양한 분파들을 기반으로 연립총국을 구성하는 방식으로 고려공산청년회 만주총국의 구성을 변경시키라고 지시하였다. 고려공산청년회 중앙위원회 만주총국은 공청 중앙위원회에 해명을 요구했지만, 그곳으로부터 아무런 대답도 들을 수 없었다. 또한 김철훈, 김하구 등과 같은 조선공산당 중앙위원회 만주총국 일꾼들은 조봉암 동지가 박윤세의 해임과 김광의 임명에 대하여 이야기했다고 간상 행위를 하면서 (조봉암 동지와 김광은 "공식적 혹은 비공식적으로" 공청 만주총국 일꾼들에게 이에 대해 결코 말하지 않았다. 심지어 당시에 공청 중앙위원회 만주총국의 여러 번에 걸친 시도에도 불구하고 그들을 만날 수조차 없었다) 세포와 도기관 등을 조직하였다. (8월 1일 자 중앙위원회 비서부 회의에서 공청 중앙위원회 만주총국 대표 김하일 동지의 보고).

만주 공청운동 대오에 전반적인 혼란이 조성되는 상황이 전개되었다. 객관적으로 옛 공청 중앙위원회 일꾼들에게 책임을 묻지 않을 수 없다. 고려공산청년회 중앙위원회 만주총국은 그와 같은 혼란에도 불구하고 공청의 규율을 상기하면서 공청 중앙위원회에 질의를 하는 것에만 국한하였다. 중앙위원회 측으로부터의 답변은 없었고, 새로운 공청 중앙위원회가 만들어지고 나서야 긍정적인 답변을 들을 수 있었다. 문제가 잘 마무리되었다. 열성자들을 당으로 이동시키고 있으며, 공산당 중앙위원회 만주총국과 공청 만주총국의 상호 관계가 정비되었다. 공산당 만주총국 일꾼들이 조직한 공청단체는 이틀을 버티지 못하였다.

VII. 만주공청과 군사화

광동군이 북쪽을 향해 성공적으로 진격하고 있는 것과 관련하여 장작림 후방에서의 부분적인 빨치산작전 문제와 군사 문제 전반은 절박한 현안이 되고 있다. 다양한 빨치산부대들과 민족단체에서 공산주의 영향력을 가지고 있는 것들 중 하나인 만주공청은 이러한 상황을 간과할 수 없다. 이와 관련하여 공청 중앙위원회 만주총국은 공청 중앙위원회의 전적인 동의하에 모든 연맹과 연맹의 영향을 받는 대중적 청년민족혁명단체들의 군사화를 진행하고 있다.

결론적으로 금년 1월 블라디보스토크에서 개최된 최근의 고려공산청년회 만주단체 회의에 대하여 몇 마디 하고자 한다. 이 회의에서는 한마음 한뜻으로 규율성 있게 승리의 그날까지 조선공산당 중앙위원회의 지도 아래 나아갈 준비가 되어 있음을 표명하였다. 회의에서는 조선 공청운동의 통합이라는 중앙위원회의 올바른 노선에 환영을 표하였다.

공청원 33명이 참석하였다. 회의 의제는 다음과 같았다.

1) 국제 상황과 소련.

2) 조선 내부 상황과 민족 문제.

3) 만주공청의 조직적 건설.

4) 소년운동의 기본 문제.

회의가 종료되기 전에 내가 떠났기 때문에, 상세한 상황에 대해서는 전할 수 없다.

모스크바

1927년 3월 1일

고려공산청년회 중앙위원회 대표 김강 [서명]

РГАСПИ, ф.495, оп.45, д.19, л.215.

1927년 3월 10일 고려공산청년회 대표 김강이 코민테른 집행위원회 산하 조선위원회에 보낸 청원서

수신: 코민테른 집행위원회 산하 조선위원회
발신: 고려공산청년회 대표 김강

청원서

조선 문제에 대한 조선위원회 결정안을 접한 후 조선의 공청운동과 관련한 몇 가지 문제에 대한 나의 생각을 전하고자 한다.

1. 현재 고려공산청년회는 그 어느 때보다 단합되어 있으며, 고려공산청년회에 온전한 그루빠로 들어오는 권리를 요구할 수 있는 공청 그루빠가 고려공산청년회의 외부에 전혀 없는 상태이다.

2. 고려공산청년회의 유일성을 위해 개별 공청분자들의 그루빠들을 인정할 필요는 없으며, 현재 수행되고 있는 바와 같이 질적 선발의 방법으로 개인적으로 가입하도록 할 필요가 있다.

3. 공청 비상대회의 소집은 요구되지 않으며, 고려공산청년회 중앙위원회 12월 결정에 따라 제2차 전 조선 고려공산청년회 대회를 소집하여 정강, 강령 및 기타 문제들에 대해 결정할 필요가 있다.

4. 비상대회에 다양한 공청 그루빠 대표들의 참여를 허용하는 것은 근본적으로 잘못된 것이라고 생각한다. 왜냐하면 개별 공청분자들의 그루빠를 조직하는 것은 필요하지 않으며, 결국에는 우리 청년운동에 보다 큰 부담이 될 것이기 때문이다.

5. 고려공산청년회를 승인한다는 조선위원회의 결정에 따라 국제공청의 지도 아래 고려공산청년회 중앙위원회에서 모든 대회 사업을 수행할 필요가 있다.

6. 중앙위원회 결정과 우리가 위원회에 제출한 청원서에 따라 조훈 동지에 대해 최종적이고 확고한 결론을 내려주기를 요청한다.

김강

1927년 3월 10일
모스크바

РГАСПИ, ф.495, оп.45, д.21, лл.49-52.

1927년 3월 16일 조선공산당 중앙위원회 및 고려공산청년회 중앙위원회 대표 김철수와 김강이 코민테른 집행위원회 조선위원회에 보낸 청원서

수신: 코민테른 집행위원회 조선위원회

발신: 조선공산당 중앙위원회 및 고려공산청년회 중앙위원회 대표 김철수, 김강

청원서

조선공산당과 고려공산청년회의 구체적인 계획을 수립하는 데 있어 우리는 위원회에 우리 양자를 불러줄 것을 요청한다. 왜냐하면 우리는 위원회에 수많은 구체적인 재료를 제공할 수 있기 때문이다.

이하에 우리 제안의 모든 조목을 제시하도록 하겠다.

1. 조선 공산주의운동의 단합 문제에서 조선공산당과 고려공산청년회는 자기의 대오에 "사상단체들"에서 사업하는 공산주의자들뿐 아니라 대중적 민족혁명단체들에서 사업하는 자들을 받아들여야 한다.

2. 공산당과 공청의 사회적 토대 고양.

3. 대중사업(콤 프락찌야 사업 등) 문제에서 공산당과 공청은 대중 및 민족혁명단체 기관들의 조직적 전취가 아니라 사상적 지도를 우선적으로 지향하고 있다.

4. 반대분자들에 대한 무자비한 사상투쟁을 전개해야 하지만, 신랄한 조직 문제(책벌)는 극단적인 경우에만 시행해야 한다.

5. 노조사업 문제에서 조선 노조운동의 사회적 토대 고양. 일본인들 소유의 거대 기업소들에서 사업을 강화한다. 노농총동맹의 영향력을 강화한다.

6. 농민사업 문제에서 중농사업의 강화. 즉, 일본 식민주식회사(동양척식회사)와 조선인 지주들에 반대하는 (빈농, 중농, 부농의) 유일 농민블록 설립. "조선농회"의 붕괴 사업을 개시한다. 노동동맹 사업을 강화한다. (민족혁명단체와 농민회 등) 천도교와의 연락을 수립한다. 천도교 농민단체 등의 "노농총동맹" 가입을 지원한다.

7. 청년운동 문제에서, 광범위한 인민대중을 대규모로 전취하기 위해 이 단체들을

민족혁명강령을 토대로 재조직한다.

8. 코민테른과 국제공청은 상해의 코민테른 집행위원회 원동총국을 통해서가 아니라 조선의 공산주의운동과 공청운동을 직접적으로 지도한다.

    a) 코민테른 집행위원회 기관에 조선공산당 중앙위원회와 고려공산청년회 중앙위원회의 신임을 받는 조선인 동지가 있어야 하며, 그는 조선의 정치 및 경제 상황에 대해 객관적으로 정보를 제공해야 한다.

    b) 당을 위해 서울 연락소가 유지되어야 한다.

    c) 블라디보스토크 연락소의 영도자에 객관적이고 성실한 동지를 임명해야 한다. 조선공산당 중앙위원회에서 임명하고 코민테른 집행위원회에서 비준한 1명의 조선인 동지가 블라디보스토크 연락소 기관에서 사업해야 한다. (김철수 동지가 이 책무를 조선공산당 중앙위원회에 위임하였다)

    d) 하얼빈에 조선공산당과 공청, 만주단체들의 연락총국을 개설한다. 그곳에서는 조선공산당 중앙위원회에서 임명하고 코민테른 집행위원회에서 비준한 1명의 조선인 동지가 사업해야 한다.

9. 조선 노농동맹은 노동동맹과 농민동맹으로 조속히 재조직되어야 한다. 동 단체들은 프로핀테른과 크레스틴테른에 가입해야 한다.

10. 조선에서의 민족혁명당 조직 문제는 조선 문제에 대한 코민테른 집행위원회의 최근 결정에 따라 보다 구체화되었다.

11. 상해의 『염군』 신문을 폐간한다. 블라디보스토크에서 조선과 만주의 공산당 및 공청 단체들을 위한 책자를 발간한다.

12. 조선공산당 중앙위원회 대표가 국제혁명투사후원회 극동총국에서 사업해야 한다. 조선 내지에서의 사업을 조선공산당과 고려공산청년회로 이관한다.

13. 간도에서는 조선 빨치산운동을 조속히 단합시킬 필요가 있다.

14. 레닌그라드국제군사학교를 마쳤지만 러시아어를 잘 못하는 동지들은 러시아 붉은 군대에 부적합하다. 이 동지들을 조선공산당 만주위원회로 배속시킨다. 군사학교의 조선인 생도들을 완편된 중대가 될 때까지, 그리고 포병학교는 완편된 분대가 될 때까지 충원한다. 모집은 공산당과 공청 기관들을 통해 수행한다.

15. 동방노력자공산대학 문제에서

    a) 동방노력자공산대학 외국인 그루빠 조선학부의 지도성원(당3인위원회)을 조선공산당 중앙위원회와 고려공산청년회 중앙위원회의 신임을 받는 동지들로 교

체한다.

b) 금년에 동방노력자공산대학의 전체 조선인 중 3분의 2를 조선공산당 중앙위원회로 파견한다.

c) 1927/28학년도 동방노력자공산대학 학생 모집에 있어 조선공산당 중앙위원회와 고려공산청년회 중앙위원회에 20개의 자리를 제공한다.

16. 모스크바 소재 콤뮨군사학교(Военная школа коммунаров)에서 박의완 동지를 제명한다.

17. 김상탁 동지가 조선에서 도피하였다. 당시에 절박한 위험이 그에게 닥치지 않았음에도 불구하고 당이 어려운 시기에 당의 사업을 내동댕이쳐 버렸다. 지하사업으로부터의 도피자를 소련에서 지나치게 환대하면서 받아들여서는 안 된다. 해외 비합법 공산당으로부터의 도피자에 대한 그와 같은 환대는 운동의 타락으로 작용하게 될 것이다. 다른 자들에게 교훈이 되도록 우리는 김상탁 동지에게 책벌을 내려줄 것을 요청한다. 하지만 어떤 경우에도 그에게 동방노력자공산대학의 자리를 주어서는 안 된다.

18. 조훈 동지는 중앙의 사업에서 면직시켜야 한다. 그를 조선공산당 중앙위원회로 파견해야 한다.

19. 김강 동지(고려공산청년회 중앙위원회 대표)에게 스베르들로프 대학(Свердловский университет) 입학 기회를 제공해야 한다. 1926년 12월 자 공청 중앙위원회의 결정이 있다.

20. 조선공산당과 공청에는 당 일꾼 간부를 양성하는 문제가 매우 심각하다. 블라디보스토크에 생도 60명을 위한 3개월 과정의 강습소를 개설해야 한다. 코민테른은 이 사업에 소요되는 자금의 절반을 제공해야 한다.

21. 연해주에서 조선혁명을 지원하는 사업을 개시할 필요가 있다. 이는 조선공산당과 고려공산청년회를 물적 및 기타 수단을 통해 지원하게 될 것이다. 외교적 문제를 일으키지 않도록 이 일을 수행해야 한다. 연해주의 동지들이 자연 발생적으로 이 사업을 시작하였다. 이 사업에 조직적 형태를 부여할 필요가 있다. 연해주에서 이 일을 실현하기 위한 조선공산당 중앙위원회로부터의 위임장이 김철수 동지에게 있다.

1927년 3월 16일

김철수 [서명]

김강 [서명]

РГАСПИ, ф.533, оп.10, д.1897, лл.14-29.

РГАСПИ, ф.533, оп.10, д.1897, лл.30-45.

РГАСПИ, ф.495, оп.45, д.19, лл.92-107.

1927년 4월 14일 고려공산청년회 중앙위원회 대표 김강의 보고서

고려공산청년회 사업에 대한 보고의 요지

I. 통합 이유

공청 그루빠들이 고려공산청년회와 통합한 이유를 다음과 같이 요약해서 말할 수 있다.

a) 다양한 그루빠, 프락찌야 등등이 형성되던 초기에 전반적인 공산주의운동과 특히 청년운동에서 근본적인 분열이 발생하지 않았고, 강령, 정책 등의 측면에서 공청 그루빠와 고려공산청년회 간에 견해차가 없었다.

b) 조선에 청년민족혁명협동전선을 수립해야 한다는 당면한 과업은 공청 대오로 하여금 고려공산청년회의 기치 아래 선차적으로 결집할 것을 요구하였다.

c) 당 대중과 공청 대오를 통합시키고 단합시키는 경향이 성장되고 강화되었다. 예를 들어, 만주 공청단체, 조선 남부 등. 이와 관련하여 공청과 공산당의 지도적 열성자들 중에서 통합 지지자들과 애초의 입장에 반대하는 패권주의자들(분파주의자들)이 생겨났다.

d) 1926년 6월부터 일본 경찰의 탄압이 심해지면서 조선의 공산주의자 대오가 약화되었다. 전면적인 헌병 통치의 상황과 더욱 강화된 억압은 공산주의 역량을 통합하기 위한 운동의 과정을 신속하게 진행하도록 만들었다.

e) 이러한 통합운동의 구체적인 토대가 되는 필요 조건들 외에도 공청 지도기관들에 이를 실천적으로 수행하기 위한 통합 지지자들이 있을 필요가 있었다.

2. 1926년 6월과 그 이후 중앙위원회와 하부 기관 등의 공청 기관들이 그때까지는 후보 명단에 있던 통합 지지자들로 채워졌다. 모든 긴박한 상황(반동의 강화), 대중의

자연 발생적인 통합 열망, 불손한 반동에 반대하는 공산주의 대오를 결합시키는 과업의 절박성 등을 고려하여 1926년 8월 8~12일 서울에서 개최된 양 공청단체 중앙위원회 비서부 통합회의에서 통합이 결정되었다.

3. 중앙위원회는 통합(공청 그루빠의 가입) 이후 다음과 같은 기본 노선을 지침으로 삼았다.
  a) 고려공산청년회의 기치 아래 시행된 공청 대오의 통합을 공고히 한다.
  b) 콤 그루빠(서울청년회) 공산주의자들을 조선공산당에 가입시키는 적극적인 활동을 통해 콤 그루빠와 조선공산당의 통합 과정을 신속하게 진행하고, 이를 통해 조선 공산주의운동 전반의 유일성을 보장한다.
  c) 조선 공산주의운동에서의 분열적이고 무원칙한 분파주의 경향에 반대하는 가차 없는 투쟁을 전개한다.
  d) 청년민족혁명협동전선 수립을 위한 준비사업을 수행한다.

II. 조선공산당과의 상호 관계

4. 붕괴 시기(6, 7, 8월)에 고려공산청년회 중앙위원회와 조선공산당 중앙위원회의 연락이 단절되었다. 그러한 상황으로 인해 공청원들에게는 단체의 재건사업, 단체의 공고화, 성장 및 서울청년회 공청원 그루빠와의 통합이라는 매우 어렵고 막중한 책임감을 요하는 과업이 부여되었다. 하지만 상황을 종합적으로 고려하면서 자기의 허약해진 어깨로 공청 역량의 단결이라는 무거운 짐을 짊어졌으며, (조선공산당 중앙위원회의 원칙적인 동의하에) 공청 그루빠(서울청년회)를 자기의 전투 대오에 가입시키면서 과업을 성과적으로 수행해 나갔다.

5. 고려공산청년회 중앙위원회와 조선공산당 중앙위원회의 연락은 (9월 말) 고려공산청년회를 중심으로 공청전선을 통합(전선은 10월 16일부터 확고하게 자리 잡았다)하는 모든 사업을 수행한 이후에 이루어졌다. 조선공산당 중앙위원회는 고려공산청년회 중앙위원회의 보고를 청취한 후 공청이 수행한 모든 사업을 추인하면서 이 사업들이 정치적으로, 그리고 원칙적으로 정확하고 올바르다고 인정하였다(조선공산당 중앙위원회는 고려공산청년회 중앙위원회의 모든 회의록을 비준하였다).

6. 고려공산청년회는 조선공산당 중앙위원회가 자기의 기치 아래 조선의 공산주의 역량을 단결시키는 어려운 사업을 수행하는 데 있어 할 수 있는 모든 지원을 다 하였다. 서울청년회 콤 그루빠가 조선공산당 대오로 가입하는 사업에 절대적인 지원을 하였다. 지원을 구체적으로 살펴보면, 다음과 같다.

a) 서울청년회 대중 대오를 상대로 통합을 위한 전반적인 선전사업을 수행하였다.

b) 공청원들("통일파")을 서울 콤 그루빠 중앙위원회에 포함시켰는데, 그들은 조선공산당 가입 문제에 대한 서울 콤 그루빠 대회의 소집을 신속하게 진행하였다.

c) 공산주의 대오를 통합하는 방향으로 대회 참가자들을 유인하고, 새로 선거된 서울 콤 그루빠 중앙위원회 구성원에 통합 지지자들을 100% 포함시켰다.

7. 서울 콤 그루빠의 조선공산당 가입 전후에 취약해진 당 사업을 강화시키기 위해 공청 열성자들을 조선공산당으로 이동시켰고, 다른 한편으로는 공청의 당적 중추를 강화시켰다.

III. 공청의 조직사업

8. 붕괴 이전과 특히 붕괴 이후 전체 공청사업의 중심은 공청사업을 조직하는 방향으로 전환되었다. 조직사업의 기본적 시책은 다음과 같았다.

① 사업의 비밀성 강화

② 공청의 사회성분 개선

③ 아직 공청에 가입하지 않은 다른 공청 분자들의 공청으로의 유인

④ 당으로의 이동과 당 대오의 강화

⑤ 공청의 저연령화 방침

⑥ 공청 생활의 조직적 저연령화 방침

⑦ 공청 기관들의 설립 및 공고화

⑧ 세포의 보강 및 강화

⑨ 합법 활동가와 비합법 활동가가 수행하는 사업 기능의 분리와 단절을 통한 (단체들의 근간인) 공청 지하활동가의 양성 및 강화

a) 단체 구성원

9. 고려공산청년회 대오에 속한 청년회 정회원은 433명이다. 이들 중 약 80명의 동지가 검거되었고, 353명의 동지가 자유로운 상태이다. 조선 내부에 178명이 있는데, 검거된 동지 80명을 포함하면, 258명이다.

만주 – 164명

일본 – 11명

총계 – 353명

후보회원은 46명이다. 이들 가운데 26명이 만주에 있다. 만주의 연령 초과자는 43명이다. 조선 내부의 수치는 계산되지 않았다. 공청 후보회원, 정회원, 연령 초과자를 모두 합하면 522명이며, 공청 내 여성은 16명이다.

사회성분별

노동자 – 2.3%

농민 – 23.3%

학생 등 – 74.4%

1925~26년 공청 기본 대중.

b) 세포사업

10. 세포는 총 81개이다.

조선 내부 – 37개

만주 – 42개

일본 – 2개

합계 – 81개

1개 세포에 평균 5명 이상이 가입되어 있다. 세포들은 지역-생산 원칙에 따라 민족단체와 합법단체의 범위를 뛰어넘어 개편되고 있다. 공장, 제조소 등이 있는 지방들에서는 그 내부에, 학교, 시골 등에서도 그 내부에 위치한다.

책임비서를 위시한 3인위원회와 5인위원회의 비밀적 고려에 의거한 구성 체계.

11. 세포 조직자-비서 제도가 있거나 만들어지고 있는데, 그들을 확장시키고, 공고

화하고, 질적으로 고양시켜야 한다. 일군의 부적합한 세포들이 해체되었고, 공청의 기본 노선인 통합 원칙에 따라 세포들 간에 통합이 이루어졌으며, 일련의 새로운 세포들이 조직되었다.

12. 지금까지도 사실상 합법단체들 내부에 공청 프락찌야들이 있고, 비합법사업에 일정한 편향이 있어서 합법사업에만 관심이 집중되었기 때문에 세포사업은 전반적으로 그다지 만족스럽지 못하였다. 취약한 정치교양과 지도적 세포 열성자의 부족으로 인해 이러한 상황이 보다 심화되었다.

c) 공청 프락찌야

13. 지금까지 조선 공청운동에서는 대부분 사상단체, 청년단체, 여성단체, 노동단체, 농민단체, 민족단체 등의 다양한 합법단체 내부에 만들어진 공청 프락찌야가 실질적인 핵심적 하부 단체였다.
이 프락찌야들의 작은 구성원 수, 정치 훈련 영역에서 프락찌야 내 지도적 공청원의 취약성, 조선 공산주의 역량의 분산성과 일련의 다른 원인들로 인해 기존 프락찌야들의 사업 생산성이 대폭적으로 약화되었다.

14. 고려공산청년회 중앙위원회는 가장 중요한 일련의 프락찌야들의 약화 등이 초래된 붕괴 이후에 이를 지역-생산 원칙에 따라 개편하고 (전반적으로 아직 개편의 초보 단계에 놓여 있고 향후 많은 좋은 발전이 있기를 희망하고 있는) 3인위원회와 5인위원회 체계를 도입하면서 모든 공청단체(프락찌야)에 다른 사업 관점을 제공하였다.

15. 세포와 기타 단체들이 있는 규모가 크고 보다 신뢰할 수 있는 모든 지역들에 일련의 공청 프락찌야가 조직되고 강화되었다. 예를 들어, 조선청년총동맹 집행위원회와 각 도 동맹 및 하부 단체들에 공고한 공청 프락찌야가 조직되었다. 자기의 사업을 당 프락찌야들과 엄정하게 연계시키는 천도교 내부와 일련의 다른 단체들에도 조직되었다. 만주에서는 모든 빨치산부대와 민족단체들에 조직되었다. 예를 들어 노농동맹(P-K федерация)과 일련의 다른 노동단체들 등과 같이 공산주의운동과의 전반적 통일성이 요구되는 곳에서는 당 프락찌야들과 통합된 경우도 있다.

d) 공청 기관

16. 1926년 중반까지 중앙위원회는 도 기관들을 두지 않은 채 세포 및 그 지도자들과 직접 연락을 취하면서 모든 사업을 수행해야만 하였다. 이로부터 다음과 같은 불편함이 초래되었다.

① 중앙의 비밀 보장에 취약하였다.

② 기술적 측면에서 모든 하부 단체들을 동시에 일련의 정치적 사변에 참여시키고 지도하는 것이 불가능하였다.

③ 중앙위원회의 역량이 분산되었다.

새로 구성된 중앙위원회는 이러한 사정을 고려하여 조선 내부에 공청 기관을 만들 필요가 있다고 생각하였다(만주와 일본에는 이미 존재하고 있었다).

17. 조선 내부에 11개, 만주에 3개, 일본에 1개 등 총 15개의 도 총국(губбюро)이 조직되었다. 만주에 9개의 구역총국(райбюро)이 조직되었는데, 그 기관들의 사업은 아직 개선의 여지가 많다(경험을 고려할 필요가 있다).

18. 공청 기관의 조직 구조는 다음과 같다.

① 중앙위원회 – 총비서와 2명의 부장 등 3명으로 구성된 중앙위원회 비서부를 수반으로 선전부, 조직부 등 2개의 부와 1개의 민족위원회로 구성되어 있다. 중앙위원회 후보위원을 포함한 위원 수는 7명이다.

② 만주에는 직접 중앙위원회의 지도를 받고 중앙위원회에 직속하는 고려공산청년회 중앙위원회 만주총국이 설립되었다. 만주총국 구성원 수는 7명이다. 만주총국은 만주에 소재한 모든 공청 단체를 관할한다. 일본에는 도총국의 권한을 가진 일본총국이 있다.

③ (해당 도의 상급 공청 기관으로 자신이 위치한 해당 도 지역에서 중앙위원회와 만주의 경우에는 만주총국의 지령에 따라) 활동하는 권한을 보유한 도 총국이 그 뒤를 잇는다.

④ (만주의 경우에는) 구역위원회, 세포의 경우는 세포 뷰로와 콤 프락찌야가 그 뒤를 잇는다.

19. 시간이 경과하고 경험이 축적되면서 기관을 조직한 후에 실시한 사업들의 결과를 결산할 필요가 있다. 도 열성자의 수가 부족하고, 도 총국들의 사업이 아직도 취약하다. 중앙위원회는 비합법 활동가들을 도 총국 지역의 책임자로 임명하는 방침을 고수하고 있다. 가장 중요한 도들에서는 이것이 이루어졌다.

e) 연락, 지도 및 일꾼들의 이동

1. 조선에서의 연락사업은 해당 분야 사업을 위한 개별 일꾼들의 부재, 물적 장비의 부재, 나라의 야만적인 정치 탄압 등으로 인해 전반적으로 매우 어렵게 진행되고 있다.

2. 연속적으로 발생한 붕괴의 시기에 중앙위원회와 지방의 연락이 단절되었고, 부분적으로는 열성자들이 검거됨에 따라 연락이 끊어졌다. 중앙위원회가 지방의 상황에 대해 아무런 정보도 얻지 못한 채 서울에 고립되고, 지방은 지방대로 서울의 정보를 얻지 못하는 상황이었다.

3. 하지만 극단적으로 복잡하고 어려운 상황임에도 불구하고 마침내 연락을 완벽하게 재개하는 데 성공하였다. (10월 말) 단체들의 신경이 자기의 뇌수인 중앙위원회에 100% 연결되었다. 옛 서울 그루빠의 하부 단체들과는 가입 이후에 연락이 정상적으로 유지되고 지속되었다.

4. 중앙위원회는 연락을 재건하고 세포 활동을 정비하며 세포들을 지도하는 등등을 위해 일군의 지도원들을 지방으로 파견하였다. 중앙위원회는 그들을 통해 비밀회합소, 연락소 등을 조직하고 공청의 사업 상황에 대한 상세한 정보를 제공하였다. 이와 함께 중앙위원회는 공청 활동의 전체 현황을 조사하고 정확하게 판정하였다.

5. 전술한 이외에 중앙위원회는 지도 분야에서 전술한 3항과 8개의 방책을 통해 모든 공청단체들을 충족시켰다.

6. 붕괴, 비밀 누설 등으로 인해 중앙위원회 일꾼들이 빈번하게 교체되었다. 조선에 부적합한 일꾼들이 만주로 보내졌고, 일군의 새로운 동지들이 고려공산청년회 만주단

체로부터 유입되었다.

이러한 방법을 통해 조선 내부의 상임 일꾼들을 조직해 내는 데 성공하였다.

f) 조직사업에서의 향후 과업

① 총적 노선

    ⓐ 통합의 공고화와 개별 공청 분자들을 고려공산청년회로 유입한다는 기본 방침을 더욱 공고하게 견지한다.

    ⓑ 고려공산청년회의 사회적 토대를 개선한다는 기본 방침을 단호하게 견지한다.

    ⓒ 공청의 영향력을 통해 청년노동자농민을 대중적으로 유입한다는 기본 방침을 견지한다.

    ⓓ 공청의 저연령화 기본 방침을 공고하게 견지한다.

    ⓔ 공청 내 당적 중추를 강화한다.

    ⓕ (단체의 골격인) 열성자들과 비합법 활동가들을 보다 견고하게 하고 강화한다.

② 세포사업

    ⓐ 기업소, 학교 등에서 모든 합법단체와 민족단체들에 대하여 생산-지역 원칙에 의거한 세포 개편 사업을 강화하고 정착시킨다.

    ⓑ 세포비서 제도를 정착시키고, 그들의 정치 수준을 고양시킨다.

    ⓒ 광범위한 혁명청년들을 자기의 영향력 아래로 포섭하면서 세포와 프락찌야 사업을 보다 대중적으로 수행한다.

③ 도 총국 사업에서

    ⓐ 도 열성자와 비서를 공고화하고 양성한다.

    ⓑ 정기적인 지도를 통해 세포 및 프락찌야와 보다 긴밀하게 연락하고 지도한다.

    ⓒ 도 총국 사업에서 큰 유연성과 주도력을 발휘한다.

    ⓓ 중앙위원회와 기타 상급 기관(만주의 경우에는 만주총국)과의 보고 및 정보 체계를 견고하게 한다.

④ 지방과의 연락을 강화하기 위해 중앙위원회에 상임지도소를 설치해야 한다.

⑤ 비밀회합소, 연락소 등을 설치하는 기술을 향상시킨다.

⑥ 비합법 서적 등을 운반하기 위해 운반소를 설치한다.

IV. 선전선동사업

1. 해당 사업 분야는 유능하면서 준비된 일꾼이 없고, 물적 수단이 부족하고, 탄압이 강화됨에 따라 공청사업의 중심이 조직 부문으로 이전되었기 때문에 비교적 취약하였다.

2. 대중 선전사업은 합법 청년단체들을 통해 관련 정치 주제에 대한 강의, 집회, 강습 등의 방법으로 이루어졌고 또한 현재도 이루어지고 있다. 국제적 기념일과 국가적 기념일에는 삐라, 격문 등이 유포되었고, 집회가 진행되었다(하지만 집회는 경찰이 해산시켰기 때문에 극단적으로 미약한 수준에서 이루어졌다).

3. 공청 내 선전선동(교양)사업은 상당한 개선이 요구된다. 공청원들의 전반적인 정치 발전 수준은 만족스럽지 못하다. 당 정책 및 코민테른과 국제공청 정책을 습득하고 이해하는 것을 차치하고라도 아직도 공청원들 모두가 공청의 강령, 전술, 정책을 습득하지 못하고 있다.

4. 개인적으로 혹은 소조 수준에서 학습하는 방법이 부분적으로 도입되었는데, 이는 좋은 결과를 가져왔다. 만주단체에서는 공청원들을 위한 단기 강습이 진행되었는데, 이는 매우 만족스러운 결과를 가져다주었다.

5. 공청 중앙위원회는 조선과 일본에서 (합법적으로) 『대중신문』, 『조선지광』, 『청년조선』 등과 같은 몇 개의 잡지와 신문을 발행하고 있다.
북경에서 발행되는 『혁명』은 중앙위원회의 간접적인 영향을 받고 있지만, 근본적인 재조직이 요구된다. 만주에는 일련의 비합법 잡지와 일련의 합법 신문이 있었지만, 물적 자원의 부족으로 인해 모두 폐간되었다.

6. 이 폐간되었거나 현존하는 기관지들은 대중과 공청원 전반을 계몽하는 데 있어 매우 중요한 역할을 하였다. 모든 신문과 잡지 등을 통해 일관되게 강조되고 있는 것은 공산주의 대오의 통합 및 무원칙한 분파주의와의 투쟁이다.
신문과 잡지들은 청년 대중과 전체 혁명 대중의 지혜를 고양시키면서 공산주의 역량의 단결을 위한 대규모 준비사업을 수행하였다.

향후 선전선동사업 분야에서는 다음이 필요하다.

ⓐ 도시와 농촌들에 독서실, 강습, 벽신문과 산신문(живая газета), 체육소조, 예술소조 등을 조직해서 청년노동자농민 대중을 혁명정신으로 유인하고 계몽시킬 필요가 있다.

ⓑ 청년들 속에서 문맹퇴치사업을 실시해야 한다.

ⓒ 혁명 기념일, 사건 등을 전방위적으로 이용하여 청년 대중집회, 시위 등을 조직해야 한다.

ⓓ 상시 강습이나 이동 전람회와 같은 관련 계몽기관들을 통해 일반 혁명운동에 참여시키면서 청년노동자농민 대중을 보다 깊숙하게 끌어들여야 한다.

ⓔ 청년운동 문제와 일련의 다른 필수적인 문제에 대한 비합법 서적의 출판에 우선적인 관심을 기울여야 한다.

ⓕ 국제적 기념일과 국가적 기념일에 비합법 삐라, 격문 등을 배포해야 한다.

ⓖ 1개 기관에 모든 합법 출판을 집중시키고, 동 기관을 강화해야 한다.

ⓗ 공청 전체를 위한 고려공산청년회 중앙위원회의 통일된 비합법 잡지를 발간해야 한다.

ⓘ 공청원들의 계몽을 위한 정치 강습을 조직하고, 열성자를 양성할 필요가 있다.

ⓙ 전체 회원 대중을 위해 관련 학습 계획에 따라 세포들에서 정기적인 소조학습을 실시할 필요가 있다.

ⓚ 정밀하게 고안된 방식에 따라 개별 학습을 실시해야 한다.

ⓛ 개별 회원들로 하여금 공청의 강령과 전술, 프롤레타리아 투쟁이론 등을 습득할 수 있도록 할 필요가 있다. 특히 그들이 (공청의) 레닌주의 기본 원칙을 습득하는 데 관심을 기울여야 한다.

V. 대중사업

a) 조선청년총동맹

1. 현재 315개 하부 단체와 4만 명의 회원을 보유한 조선청년총동맹은 가장 강력한 청년운동단체 중 하나이다.

뒤를 이어 기독교청년회, 천도교청년당, 형평사 등이 있다. 이 단체들은 수백에서 수천 명까지의 회원을 보유하고 있다.

조선청년총동맹 외부의 비신분단체와 비종교단체는 약 600개이며, 회원 대중의 수는 약 5만 명이다. (수치는 정확하지 않다).

2. 현재 조선청년총동맹은 고려공산청년회의 사상적 지도를 받고 있다. 집행위원회, 도 동맹과 기타 하부 단체들에서 공청의 영향력이 공고해지고 있다.

3. 콤 그루빠의 고려공산청년회 가입 이전 시기 조선청년총동맹 사업에서는 공청단체들 간의 분파적 이견으로 인하여 불필요하게 중복되는 도 및 군 동맹 단체들이 존재하는 것과 같은 비정상성과 기형적인 현상이 관찰되었다. 동맹의 사업 과정에 영향을 주는 등의 경우도 관찰되었다.

4. 향후 다음과 같은 조치를 취할 필요가 있다.
   ⓐ 조직된 다양한 단체의 청년 대중 모두를 동맹 대오로 유인한다.
   ⓑ 동맹 강령을 민족혁명의 방향으로 변경하면서 천도교 청년들을 가입시킨다. (기독교청년회, 형평사와 기타 등등을 조선청년총동맹에 가입시킨다).
   ⓒ 동맹 사업에서 중앙 집권적 요소를 강화한다.
   ⓓ 중복적인 도 및 군 동맹들을 통합시킨다.
   ⓔ 조선청년총동맹의 저연령화 방침을 엄격하게 견지한다.
   ⓕ 청년노동자농민의 가장 광범위한 계층을 조선청년총동맹에 가입시킨다.

b) 청년 노동자들 속에서의 사업

5. 조선에는 공업자본이 발전되어 있지 않기 때문에 청년 노동자의 수가 매우 적지만, 그 수가 적음에도 불구하고 공청의 지도를 받는 일군의 청년노동자단체들이 존재하고 있다. 향후 공청은 단체들을 대상으로 보다 강력하게 사업을 수행하고 청년 노동자들을 자기의 대오로 포섭하며, 그들을 운동의 정치적 궤도로 유인할 필요가 있다.
   ⓐ 청년 노동자들을 투쟁의 총적 목표와 연결시키면서 그들에게 구체적이고 부분적인 요구를 제기하고 청년과 성인 노동자들의 요구를 위한 투쟁에 참여하

도록 유인할 필요가 있다.

ⓑ 청년 노동자들을 노동조합으로 유인하고, 그들을 포섭해야 한다.

ⓒ 노동조합을 조직하고, 이를 통해 성인 노동자들도 노동조합으로 유인해야 한다.

ⓓ 사업 과정에서 조직화되지 않은 순수 청년 노동조합들을 보살펴 주고, 성인 노동조합 내에 청년부와 총국 등을 조직하여 모든 청년 노동자 대중을 성인 노동조합으로 유인해야 한다.

ⓔ 청년 노동자들을 계몽하기 위해 청년 노동자를 위한 학교, 강습 및 구락부를 조직할 필요가 있으며, 체육소조 등을 만들어서 청년들을 사회생활로 유인해야 한다.

c) 청년 농민들 속에서의 사업

6. 조선에서는 청년 빈농과 고농들이 남부의 도들에서 성인들과 함께 전반적인 농업운동에 참여하고 있다. 청년 농민들은 합법적 청년회에 조직되어 있다. 공청은 조선청년총동맹을 통해 그들을 상대로 사업을 수행하였지만, 역량의 부족으로 인해 별다른 사업을 할 수 없었다.

향후 다음이 필요하다.

ⓐ 가능한 한 광범위한 계층의 청년 빈농과 중농을 대상으로 고려공산청년회의 영향력을 확장시켜야 한다.

ⓑ 청년노동자회와 청년농민회 간에 연계를 수립하고, 그 연계를 전면적으로 공고히 하도록 해야 한다.

ⓒ 청년 빈농과 고농 노동조합을 조직하고, 그들을 조선인과 일본인 지주에 반대하는 전반적인 농업운동에 참가시켜야 한다.

ⓓ 전체 청년 농민 대중을 흉악한 농회(조선농회)의 해산을 위한 투쟁으로 이끌어야 한다.

ⓔ 청년 농민들을 다양한 관개 회사들, 토지 조합들, 동양척식주식회사에 반대하는 운동에 참가시켜야 한다.

ⓕ 농업 교사들과 방학 기간의 청년 학생들을 참여시켜서 청년 농민들 속에서의 교양사업과 계몽사업을 전면적으로 확대해야 한다.

d) 청년 학생들 속에서의 사업

7. 서울에 공청의 영향력하에 있는 몇 개의 학생동맹이 있지만, 아직은 그들을 대상으로 한 사업이 충분한 정도로 진행되지 않고 있다. 서울과 각 도 소재 도시들에 있는 대다수의 중등 및 고등학교들에 학생단체를 조직하도록 할 필요가 있다. 청년학생운동을 학생들의 이익을 위한 학교 내에서의 투쟁으로 향하도록 할 필요가 있다. 학생들에게 혁명정신을 교양시키기 위해 그들을 사회과학 학습으로 이끌어야 한다. 또한 학생 역량을 문화계몽 부분의 대중사업으로 유인할 필요가 있다.

e) 소년 속에서의 사업

8. 고려공산청년회는 지금까지 이 사업에 관심을 기울이지 않았다. 부분적으로 만주에 제3문화소년단(отряды ДТК)이 있었는데, 매우 활동적이었다.

공청은 부르주아 단체들과 다양한 민족주의단체들이 소년사업을 확장시키고 있는 것을 염두에 두면서 이 사업에 착수하고 있다. 이런 저런 명칭하에 기존의 소년단체들을 통합으로 인도하고, 그 단체들을 공청의 영향력에 귀속시키며, 공청 사업과 유사한 형태의 단체를 재조직하고 있다. 다른 한편으로, 제3문화소년들(ДТК)을 기반으로 새로운 단체들이 설립되고 있는데, 이 단체들은 공산주의의 토대를 조성하기 위해 실행되고 있는 조선 소년단체들의 통합에 영향을 미치고 있다. 공청원들 중에서 소년사업을 수행할 일꾼 성원들을 선발할 필요가 있다.

f) 소녀 속에서의 사업

9. 공청은 여성 공청원들과 합법적 여성단체들의 일꾼들을 통해 소녀사업을 수행하고 있다. 사업은 여성 청년 학생들을 상대로만 이루어지고 있으며, 여성 노동자와 농민을 대상으로는 시행되지 않고 있다.

여성 학생과 교사들을 이용하여 여성 노동자와 농민들을 대상으로 한 일반적인 교양사업을 실시할 필요가 있다.

여성 청년 학생들을 여성동맹 등에 가입시켜야 한다. 여성 대중을 총적 투쟁에 참가시켜야 한다.

g) 국제혁명투사후원회 사업

10. 공청은 이 사업을 거의 수행하지 않았다. 앞으로 모든 가능한 유형의 다양한 박애주의단체 등을 이용하여 청년 노동자, 청년 농민, 청년 지식인 등의 광범위한 계층을 국제혁명투사후원회에 가입시켜, 한편으로는 그들을 교육시키고, 다른 한편으로는 정치범들에 대한 후원을 조직할 필요가 있다.

h) 체육사업

11. 공청은 체육과 운동 사업에 거의 관심을 두지 않았다.
청년노동자농민들로 다양한 체육단체를 조직하고, 기존의 청년단체와 기타 운동단체들을 활용하여 공청의 영향력을 공고히 하며, 청년 대중을 혁명화할 필요가 있다. 고려공산청년회는 이 사업 분야에 초미의 관심을 기울일 것이 요구된다.

VI. 결론

고려공산청년회는 일본공청, 중국공청과 긴밀하게 연계해야 한다. 극동의 정치 상황이 이를 요구하고 있다.
고려공산청년회 만주단체의 군사화 문제에 구체적으로 접근해야 한다.
조선공산당의 기치 아래 보다 긴밀하게 연계하면서 조선공산당 중앙위원회와 고려공산청년회 중앙위원회의 지도하에 조선 공산주의운동의 유일성을 위해, 그리고 위선적인 일본 제국주의에 반대하여 싸워야 한다.

모스크바
1927년 4월 14일

고려공산청년회 중앙위원회 대표 김강 [서명]

РГАСПИ, ф.533, оп.10, д.1897, л.49-49об.

고려공산청년회 대표 김강이 국제공청 동양부에 보낸 보고 서한

수신: 국제공청 동양부

발신: 고려공산청년회 대표 김강

제2차 전조선고려공산청년회대회 소집 계획

1. 대회는 국제공청의 지도를 인정하면서도 아직 우리 대오에 가입하지 않은 공청 분자들을 우리 공청 대오에 가입시킨 후 고려공산청년회 중앙위원회의 명의로 소집되어야 한다.

2. 대회는 조선공산당 제3차 대회 사업 종료 후에 소집할 필요가 있다.

3. 대회는 조선 내지에서 개최되어야 한다. 공청 중앙위원회가 소집 장소를 결정한다.

4. 대회 일정은 기본적으로 다음과 같다.

    a) 정치 상황과 공산당의 과업

    b) 중앙위원회 보고

    c) 공청 강령에 대하여

    d) 공청 건설(규약 등)

    e) 청년노동자농민 대상 사업에 대하여

    f) 민족청년운동에 대하여

    g) 소년사업에 대하여

    h) 중앙위원회 선거

5. 제2차 전조선고려공산청년회대회의 수행과 준비를 위한 물적 재원이 필요하다.

РГАСПИ, ф.533, оп.10, д.1897, лл.50-50об.
РГАСПИ, ф.495, оп.45, д.21, л.77.

1927년 5월 3일 조선공산당 중앙위원회 대표 김철수, 고려공산청년회 중앙위원회 대표 김강이 코민테른 집행위원회 동양비서부에 보낸 청원서

수신: 코민테른 집행위원회 동양비서부
발신: 조선공산당 중앙위원회 대표 김철수, 고려공산청년회 중앙위원회 대표 김강

청원서

일꾼이 매우 부족하므로 조훈 동지를 공산당과 공청 만주단체로 시급히 보내서 대중 실무사업을 수행할 수 있도록 해줄 것을 요청한다. 이와 더불어 1926년부터 전연방공산당(볼셰비키) 후보당원이고 1922년부터 전연방레닌주의청년공산주의자동맹원이면서 충분한 정치 지식과 정치적 능력을 지닌 박 표도르(Федор Пак) 동지를 조선으로 보내서 공산당 및 공청 중앙위원회에서 사업할 수 있게 해줄 것을 요청한다. 그는 1925년 동방노력자공산대학을 마쳤다. 현재 모스크바 포병학교에서 사회학 교원으로 복무 중이다.

마지막으로 1925년 10월부터 조선공산당 당원이자 1925년 3월 3일부터 고려공산청년회 회원인 한빈(미하일) 동지를 전연방공산당(볼셰비키)로 이적시켜 줄 것을 요청한다. 그는 현재 레닌그라드국립대학 소비에트법학부에서 교육받고 있다. 이 동지는 조선 내지에서 책임적 사업을 수행하였다.

1927년 5월 3일
모스크바

조선공산당 중앙위원회 대표 김철수 [서명]
고려공산청년회 중앙위원회 대표 김강 [서명]

РГАСПИ, ф.533, оп.10, д.1897, л.51.

1927년 5월 27일 고려공산청년회 대표 김강이 국제공청 동양부에 보낸 청원서

수신: 국제공청 동양부
발신: 고려공산청년회 대표 김강

청원서

러시아어를 구사하는 공청 열성자들을 재교육할 수 있도록 고려공산청년회에 27/28학년도 스베르들로프(Свердлов) 공산대학의 자리 1~2개를 제공해줄 것을 국제공청에 요청한다.

고려공산청년회 대표 김강 [서명]

1927년 5월 24일
모스크바

РГАСПИ, ф.533, оп.10, д.1897, лл.54-56.

РГАСПИ, ф.533, оп.10, д.1897, лл.57-59.

РГАСПИ, ф.533, оп.10, д.1897, лл.61-66об.

РГАСПИ, ф.533, оп.10, д.1897, л.67.

1927년 7월 23일 이종희, 이인수, 김광은이
국제공청 집행위원회에 보낸 서한

1927년 7월 23일
수신: 국제공청 집행위원회

조선의 당과 공청이 분파투쟁에 사로잡혀 있어서 올바른 방침에 따라 자기의 사업을 수행하지 못하고 있다고 생각해서는 안 된다. 지난해 가을부터 그들은 분리되어 있는 콤 그루빠들과 공산주의 분자들을 통합하면서 정상적인 활동을 위한 토대를 마련하였다. 따라서 현재 조선의 혁명운동은 새로운 발전 단계에 놓여 있다. 이는 우리뿐 아니라 모든 나라 공산주의자들 전체에게 기쁨이지만, 분파주의적 요소들의 잔재와 지속되고 있는 분파투쟁이 우리를 서글프게 하는 유일한 사실이다. 이 투쟁은 우리의 사업을 방해하고 있다. 오래 지속될 수는 없겠지만, 그들은 당 속에서의 분파사업을 외국에서 계속하려고 획책하고 있다. 그렇기에 우리는 지극히 유해한 영향으로부터 당과 공청을 보호하는 조치를 취해줄 것을 국제공청에 의뢰하는 것이다. 물론 이 편지가 중앙위원회를 통해 발송되어야 하지만, 기밀과 우송의 어려움, 촉박한 시간 등으로 인해 우리가 직접 발송한다. 그러므로 당신들이 우리의 행동을 나쁘게 받아들이지 않기를 청원한다.

실상은 다음과 같다.

1) 전연방공산당원인 박 알렉세이(Пак Алексей)가 7월 12일 간도 용정을 통해 조선으로 갔다. 그는 용정에서 공산당원이 아닌 오규현(О-Гю-Хен)(상해파 지지자)을 만나서 자기가 3명의 동지와 함께 조선으로 가고, 코민테른이 블라디보스토크 조직위원회를 통해 자기를 파견했으며, 조선에 도착하면 중앙위원회 위원인 안광천과 접촉할 것이라고 말하였다. 또한 그는 우리 만주단체를 자기들의 당 전선 등에 있어 위험한 단체라고도 말하였다. 박 알렉세이는 당 기관에는 오지도 않은 채 공산당원이 아닌 자에게

그러한 말을 퍼뜨렸다. 우리는 박 알렉세이가 훈춘에서 일본 영사에게 검거되었을 때 자신이 마루아(Marya, Мари) 구역소비에트 의장이라고 말했기 때문에 석방되었다는 다른 사실도 알고 있다. 그가 일본의 첩자인 오규현과 대화했을 때, 오규현이 그에게 박상준(Пак-Сан-Чжун)이 마루아 구역소비에트 의장이 아니냐고 질문하자, 그는 아니라고 답했고, 몇 분이 지난 후 그는 박상준이 맞다고 하면서 박상준이 검거되었다고 말하였다. 이 첩자가 박 알렉세이를 알고 있었기 때문에 그는 검거되는 것이 마땅하였다. 하지만 일본인들은 그를 검거하지 않고, 그와 함께 다른 자들도 검거하기 위해 첩자들을 보내 그의 뒤를 따라다니게 하였다. 이 자는 우리 단체에 많은 해악을 끼칠 수 있다. 그러한 순간에 우리는 항상 (1925년 당중앙위원회와 공청 중앙위원회 위원들이 검거된) 신의주의 경우를 상기한다.

2) 금년에 동방노력자공산대학을 마친 김영(Ким Ньен) 동지가 코민테른으로부터 파견 명령을 받고 조선으로 갔다. 7월 15일 그가 용정에 왔을 때 그는 그곳에서 조선공산당원인 전인절(Ден-Ин-Дер)을 만나 다음과 같이 이야기하였다. 8월에 당 대회를 개최할 예정이었지만, 12월로 연기되었다. 이 대회는 코민테른에서 온 대표의 직접적 지도하에 진행될 것인데, 그 대표는 우리 측 사람이다(화요회). 우리는 만주공청의 영향력을 차단해야 한다. 이 목적을 위해 우리는 만주공청을 대중으로부터 분리시키고, 우리가 대중의 전면에 나서야 한다. 대회에서는 세포비서 대다수가 우리 동지들 중에서 선발되어야 한다. 이를 위해 우리는 조선 전역에 새로운 세포들을 조직해야 한다.

공청 도위원회 비서인 임민호 동지가 이를 듣고 도위원회에 알렸으며, 2차례에 걸쳐 김영 동지를 호출했지만, 그는 출두하지 않았다.

이러한 사실들은 조선의 당과 공청에게 있어 위험한 것이다.

국제적 견지에서 볼 때 이는 매우 작고 사소한 문제일 것이지만, 조선의 운동에 있어 이는 엄중하고 절박한 문제이다. 조선의 혁명운동이 봉건적 분파주의 그루빠들의 손에서 벗어난 것이 사실이지만, 봉건적 경향을 지닌 그 외의 분파주의 싸움꾼들이 분파투쟁을 지속하고 있고, 그들 중 일부가 반혁명의 방향으로 변절하고 있기 때문에, 일본 제국주의자들은 우리의 사업 모두를 알게 될 것이다.

이 두 가지 사실이 코민테른 및 전연방공산당(볼세비키)와 연결되어 있기 때문에 우리에게 이것이 더욱더 아픈 것이다.

그 외 나머지 봉건적 분파주의 그루빠의 지도자들이 블라디보스토크와 모스크바에 있으면서 지대한 해악을 불러오는 동지들을 이곳으로 보내고 있다. 우리는 우리 나름대로 많은 노력을 하고 있다. 국제공청은 이 해악적인 활동을 멈추도록 우리에게 도움을 주어야 한다.

이 모두는 조선 운동의 발전에 있어 부정적이고 부담을 주는 상황이다. 우리는 그 원인들을 철저하게 파헤치지는 않겠지만, 우리가 그와 같은 경우들을 만나게 될 경우 그러한 분파주의 사업을 이겨내고 경고하도록 하기 위한 노력을 불러일으킨다.

그러므로 우리는 코민테른과 전연방공산당이 공청원들을 보내서 보다 엄정하게 그들을 조사하고 이 문제를 보다 신중하게 취급해 주기를 희망한다.

이종희 [서명]
이인수 [서명]
김광은 [서명]

국제공청 집행위원회에

12장으로 이루어진 이 편지는 만주총국 위원 3명이 국제공청에 보내는 것이다. 내가 이것을 블라디보스토크로 가져왔고 당신들에게 전달하는 것이다. 당신들은 이 편지를 불에 쪼여서 보기 바란다.

1927년 7월 28일

김광은 [서명]

РГАСПИ, ф.533, оп.10, д.1908, лл.42-43.

북만주 혁명운동에 대한 보고서

북만주

러시아의 10월, 중국과 조선의 혁명운동, 최근 연간의 흉작, 조선과 중국 농민 대중의 광범위한 빈곤화는 폭군 장작림이 있는 북만주의 혁명운동을 불러일으켰다. 북만주 영역, 그중에서도 특히 간도 지역에서 공청과 민족혁명단체들이 성장하고 있는 상황이 그 좋은 예이다. 그곳에는 현재 49개 단체, 13개 세포가 있고, 소속되어 있는 총인원은 490명이다. 단체들의 민족별 구성은 조선인이 대다수이며, 사회성분은 대다수가 농민이다.

국제공청 집행위원회는 유일적 지도기관들의 설립을 통해 조선과 중국의 혁명운동을 통합하는 방향을 설정하였다.

북만주의 청년공산주의운동 역시 조선에서와 마찬가지로 분파투쟁의 영향에서 자유롭지 못하다. 예를 들어, 현재 간도(북만주)에는 우리 공청단체와 함께 2개의 "공산주의" 단체가 더 존재한다. 하나는 "적기단"(상해파)이고 다른 하나는 김사국의 "중립당"이다. 이 단체들 각각은 공청세포를 휘하에 두고 있으면서 우리 단체를 "자기의 지도하에" 종속시키려 하고 있다.

이러한 상황에서 공청 간도총국은 국제공청의 지령에 따라 진정한 조선공산당이 창건될 때까지 확고한 독자 노선을 견지할 것이다.

간도에서 국제청년절이 성대하게 진행되었다. 붉은 깃발이 도시 위로 올라갔고, 삐라가 뿌려졌다. 그 결과로 공청원이 아닌 몇 명(7명)이 그날 검거되었고, 그 후에 20명이 검거되었는데, 그들 중 1명이 공청원이었다. 우리에게 견고한 핵심이 취약한 상태에서 그와 같은 술책을 미리 예견하는 것은 불가능할 것이다. 간도에서 진행된 국제청년절 및 검거와 관련하여 러시아레닌공청 연해주 한인단체의 큰 발전이 눈에 띈다. 공청원들은 당원들에게 자기들의 이야기를 들으라고 요청하고 있으며, 간도 공청원들을 돕는 캄파니야를 수행하고 있다.

중국의 내전은 현재 다음과 같은 요인들 속에서 진행되고 있다. a) 간도의 기아(흉작), b) 조선인 청년 농민들의 군대 징집, c) 일본인(장작림)의 지도하에 홍호자(紅鬍子)

(폭도)들의 조선인 청년 학살(50명이 살해되었다). 이와 관련한 우리의 사업은 다음과 같다. 1) 전쟁의 본질 해설, 손문 당(민족해방운동)을 위한 선동. 2) 중국 민족해방운동의 장래 인민혁명군 핵심을 조직하기 위해 군에 징집된 고려공청원 속에서의 선전.

북만주의 동지들이 조선어로 된 잡지를 발간하고 있다.

국제공청 집행위원회 사업의 당면한 기본 과업은 사업을 확장시키면서 남만주로 침투하고 북만주에서의 조선과 중국 혁명운동을 하나로 통합하는 것이다.

РГАСПИ, ф.533, оп.10, д.1898, лл.32-41.

РГАСПИ, ф.533, оп.10, д.1898, лл.43-53об.

1927년 10월 27일 고려공산청년회 중앙위원회 만주총국 책임비서 이종희와 선전부장 김광은이 국제공청 집행위원회에 보낸 보고서의 별지 제1, 2, 3호

조선어에서 번역

보고 별지 제1호

조직 및 선전 사업에 대한 보고

a) 내부 상황

1926년 말까지 고려공산청년회 만주단체는 공청의 역할뿐 아니라 당의 역할도 병행하였다.

블라디보스토크에서 개최된 고려공산청년회 만주단체 제1차 협의회 결정에 따라 1927년 1월부터 만주 고려공산청년회는 당의 조직적 공고화와 당 영향력 범위의 확장을 위한 투쟁을 전개하는 동시에, 독자적 행동과 (민족운동과 농민운동에 대한 지도 등) 당 기능에 대한 개입을 중단하면서 당시에 조직된 당을 지원하였다. 그때부터 고려공산청년회의 대중화라는 구호 아래 당의 지도에 입각한 사업의 방향을 견지하였다. 주요하고 기본적인 과제로 청년 농민들에 대한 공청의 영향력 확장과 당 기관의 공고화가 제기되었다.

사업을 통해 달성된 결과는 다음과 같다.

I. 조직사업

전술한 바와 같이 만주공청은 당의 기능을 수행하면서 당원 자격을 가진 자들만을 자기의 구성원으로 가입시켰는데, 이는 자연스럽게 공청의 양적 성장에 영향을 주었다. 협의회 이후 60명의 공청 열성자 동지를 당에 넘겨주면서 이전의 모든 후보회원을 정회원으로, 그리고 모든 지지자들을 후보회원으로 이동시켰다. 또한 동간도청년동맹과 중등학교들의 모든 열성자들 및 싸움을 하던 그루빠들과는 상관없는 열성적 젊은이들을 공청 대오에 가입시켰다(서울 그루빠의 15명 중 9명, 북풍회 그루빠의 19명 중 3명, 상해 그루빠에서 20명을 가입시켰다).

북만주에서는 협의회의 결정에 따라 당 만주총국에서 지도하는 북만조선인동맹과 고려공산청년회 만주총국에서 지도하는 북만조선농민동맹을 조건 없이 통합했으며, 이러한 통합에 따라 이 2개 단체의 열성자 30명이 고려공산청년회에 가입하였다.

남만주에서는 지역이 광활하고 사업 조건의 성격이 일부 상이했기 때문에(정의부와 참의부의 영향력 범위에 따라 구역이 구분되어 있었다), 옛 도위원회가 2개의 도위원회로 분리되었다. 제1도위원회는 길림, 반석, 화전, 돈화, 액목현과 장춘, 하얼빈을 관할하고, 제2도위원회는 유하현을 중심으로 압록강과 봉천 지대를 관할하고 있다.

그 외에 요하, 임강현, 장춘 – 봉천 선의 지역에 고려공산청년회 만주총국의 직접 지도를 받는 특별구역위원회를 조직할 생각이다.

수행된 조직사업과 새로운 회원의 가입을 감안한다면 현재 공청의 대중화는 부분적으로 60% 이상 달성되었다고 볼 수 있다.

조직이 공고화됨에 따라 사업이 정상 궤도에 진입하였다.

조직의 대중화가 이루어짐에 따라 사업도 대중화되고 있다. 공청은 다양한 유형의 민족단체, 농민단체, 청년단체, 여성단체와 기타 사회단체(다양한 사회행정기관, 호회(戶會), 향회(鄕會) 등) 등의 모든 단체에 참여하기 시작하였다. 참여하는 모든 단체에 프락찌야가 조직되었다. 이러한 방식으로 반제국주의협동전선을 조직하여 일본 제국주의 및 중국 집권자에 맞선 투쟁에 집중하였다.

임무의 배분에 있어서는, 모두가 기관, 학교, 그리고 기타 모든 민족단체, 사회단체에서 사업하고 있다. 회비는 정확히 10전 또는 급료의 5%를 납부한다. 조직부와 선전부로부터의 모든 지령은 자기 계통에 따라 세포에까지 도달한다(재원 부족으로 인해 이 사업은 가장 어려운 사업 중 하나이다).

또 하나의 어려운 조직 문제는 비밀연락소의 조직이다. 이 사업은 향후 개선이 요구되지만, 아직은 특별히 심각한 결함이 나타나지 않고 있다. 우리는 이 방면에 대한 관심을 거두지 않고 있다.

합법사업과 비합법사업의 연락은 만족스러운 편이다. 최근의 사건에서 경찰에 비합법 활동가 명단을 탈취당했음에도, 그들이 활동가의 면모를 몰랐기 때문에 활동가들은 용정에 있으면서 사업을 계속할 수 있었다.

전반적으로 공청원들이 만주 전역에 뿌리를 내렸다고 보아도 무방하다. 동만주, 남만주, 북만주 청년동맹은 우리의 영향력하에 놓여 있고, 다른 모든 민족단체들에서도 우리는 70%를 차지하고 있다. 하지만 우리는 무엇인가 사건이 있을 경우에 그들 모두가 우리의 방식을 따를 수 있도록 자기의 향후 사업에서 그들을 완벽하게 포섭하기 위해 노력할 것이다. 만주총국 위원은 위원 7명과 후보위원 3명으로 구성되어 있다. 책임비서 이종희, 원태희(조직부), 김광은(선전부), 김기철, 김 발랴(Ким Валя), 전용호, 송인섭 등이다. 후보위원은 유일근, 임춘산, 김정환이다.

도위원회는 모두 4개이다. 동간도 책임비서는 김기철, 북간도 책임비서는 유철근, 남만주 제1도위원회 책임비서는 김정환, 남만주 제2도위원회 책임비서는 조병삼이다.

회원 총수는 420명이고, 70명이 당으로 이동되었다.

II. 선전선동사업

만주 지역에는 노동자가 없다. 농민이 95%이고 지식인이 3.5% 상인 계층이 1.5%이다. 따라서 단체의 구성원 중에서 95%는 농민이고, 나머지는 지식인이다. 이러한 조건에서 선전선동사업은 가장 긴요한 사업으로, 이 사업을 통해 소부르주아 경향을 퇴치하는 동시에 규율을 강화하고 있다. 우리의 지령 114개 중에서 70%는 선전선동 분야에 관한 것이다. 각각의 지령에는 관련 재료들이 첨부되어 있었다(현재는 대부분의 경우 블라디보스토크에서 발행되는 『선봉(Авангард)』을 이용하였다). 실무사업에서 비밀스럽거나 공개적인 구호와 전술을 가진 운동을 수행하였다. 사상적 자각의 측면에서는 조선 내지와 외지에서 발간되는 다양한 사회주의 잡지와 신문을 이용하였다. 일례로 도쿄에서 발간되는 『대중신문』의 경우 만주로 들어오는 총부수 중 85%를 공청원들이 받아보는데, 이는 조선에서 받아보는 총부수를 상회하는 것이다. 그 외에 이론 서적에 대한 요구가 증가하고 있지만, 이를 충족시키기가 매우 어려운데, 이는 우리 선전선동사업에 있어 심각한 장애로 작용하고 있다(연해주에서 발간되는 모든 서적을 우리 공청원들에게 배포하였다). 『공청통신』과 『볼셰비크』 발간을 중단한 것은 우리 사업에 있어 크나큰 결함이다. 협의회에서 『볼셰비크』를 계속 발간한다고 결정했지만, 경제적인 문제로 인해 결정을 실천할 수 없었다(1,000부를 발송하는 데 15루블이 소요된다). 지도기관이 있는 지역들에서는 선전선동사업이 만족스럽게 이루어졌다. 왜냐하면 그러한 지역들에서는 책임일꾼들이 선전소조를 조직하고, 소조에서 민족 문제에 있어서의 레닌주의, 조선의 정치경제 상황, 중국혁명 문제, 조직 문제 등을 탐구하였기 때문이다. 재료는『선봉』과『적기(Красная Знамя)』신문에서 발굴해서 사용하였다. 모든 가능성을 최대한으로 이용하면서 사업을 수행했지만, 전반적인 상황으로 인해 수행된 모든 사업에서 아직도 부족한 측면이 많다. 모든 사업에 있어 가장 근본적인 결함은 경제적인 문제이다. 우리는 북경의『혁명』잡지를 계속 발간하는 책임을 스스로에게 부과했지만, 경제적인 문제로 인해 발간하지 못하고 있다. 잡지 2,000부를 발간하는 데 25루블이 소요된다.

III. 합법사업

합법단체들에서 우리는 주도자였다. 우리는 당의 지도를 받으면서 단체들에서의 사업을 공고히 하였다. (우리의 역량이 부족하고 자발적으로 발생하는 곳에서는 프락찌야를 조직하였다. 금년 4월에 만주에서 전만주민족당단체 주도 그루빠가 생겨났는데, 그곳에서 우리는 사회주의자들과의 협동, 중국혁명에의 참여, 당 조직 문제를 광범위하게 논의한 이후에 당을 조직하는 것 등에 대한 문제와 관련하여 격렬한 투쟁을 하였다).

광범위한 대중이 논쟁에 참여했는데, 이는 의심할 바 없이 반제국주의협동전선을 조직하는 데 있어 성공의 조건으로 작용하였다.

각 민족단체에서는 합법적 수단의 범위 내에서 농민의 이익을 수호하는 사업을 수행하고 있다. 또한 광범위한 대중을 북만주의 "호회", 간도의 "향회", 남만주의 "주민회" 등에 가입시키고 있다.

동간도에서는 금년 여름에 일본 영사관이 선동을 통해 조선인 상인과 기타 민족단체들을 자기편으로 끌어들여서 만주 지역에서 일본 상품의 면세 불허 정책에 항의하는 시위를 벌였다. 당시 우리는 큰 어려움 없이 일본영사관이 조직한 시위에 반대하는 시위를 조직하였다. 시위는 굉장했으며, 모든 민족단체들이 시위에 참가했는데, 이를 통해 우리는 대중에 대한 우리의 영향력이 엄청나다는 것을 확인하였다. 청년운동에 있어 우리는 90%를 넘는 영향력을 보유하고 있다.

만주총국은 3개의 지령을 통해 (동간도, 남간도 및 북만주청년동맹 등) 3회의 시위를 촉발시킬 수 있었다. 항의 구호는 다음과 같았다. a) 중국 인민의 주권을 침해하지 말라! b) 반식민지 상황에서 해방을 위해 투쟁하는 중국 인민들을 전폭적으로 지원하자!

c) 소수 상인의 이익을 위해 광범위한 농민 대중에게 피해를 주어서는 안 된다! (면세품 반입의 불허는 일본 상인들에게만 해가 된다. 이로 인해 물가가 인상되지 않는다. 왜냐하면 중국 상품이 비싸지 않기 때문이다). 분별없는 중국 관료들은 조선인 모두가 일본의 정책을 지지한다고 생각하면서 가능한 모든 혼란을 불러일으켰다. 시위 결과 일본인들은 자기의 정책을 실현하지 못했고, 조선인 3명이 아무런 근거도 없이 일본 영사관에 의해 다른 곳으로 추방되었다.

광범위한 대중 속에서의 선전사업은 혁명 기념일 관련 선전문의 발행, 시위, 대중 강연의 조직 등을 통해 수행되었다.

3월 1일에 선전문 1,000매가 배포되었다. 삼일절 구호는 다음과 같았다.

a) 조선의 완전 독립

b) 맨손과 "만세" 함성이 아니라 조직된 무장봉기를 통해 독립을 요구하자!

c) 모든 혁명가와 모든 혁명단체들은 중국혁명을 전폭적으로 지원하자!

d) 유일 민족당을 조속히 창건하자!

5월 1일에는 당과 함께 선전문 3,000매를 배포하였다. 구호는 다음과 같았다.

a) 소련은 피압박민족의 진정한 해방을 추구하는 유일한 나라이다.

b) 일본 간섭군의 파병에 반대하는 운동을 지속하자!

c) 일본 제국주의의 주구 장작림을 몰아내자!

d) 조선 혁명가들은 일본의 노동계급, 모든 피압박 인민들, 전 세계의 노동계급과 동맹을 결성하자!

e) 중국의 해방운동은 모든 동방 피압박민족의 해방운동이다.

f) 중국 혁명운동에 적극적으로 참여하자!

국제청년절에는 (동간도에서는 경찰의 강력한 탄압으로 인해 선전문을 발간하지 못하였다) 비밀협의회만 있었다.

동간도에서는 도시에서 10베르스타(верста)* 떨어진 곳에서 500명이 참가하는 집회가 열렸으며, 그곳에서 연설이 있었다. 그 외에 『대중신문』, 『조선지광』을 토대로 한 집체토의가 진행되었다. 전반적으로 합법선전이 비합법선전보다 효과적으로 진행되고 있는데, 이는 비합법 서적이 없는 것으로 설명될 수 있다. 협의회의 결정에 따라 3개

●   러시아의 거리 단위로, 1베르스타는 1,067m이다.

의 만주동맹은 전만주중앙동맹을 통해 조선총동맹에 가입하도록 되어 있었지만, 상해에서 일본 경찰이 우리 협의회 회의록을 압수하는 바람에 이를 조직하는 것을 연기하였다.

IV. 소년운동

소년운동은 공청원을 교대할 장래의 요원을 준비하고 장래의 일꾼을 준비하는 사업이다. 만주 전역에서 소년운동은 매우 조직적인 방법으로 진행되고 있으며, 발전의 가능성이 매우 크다. 동간도에서는 소년운동이 성장하면서 부르주아적 동자군(童子軍)(Союз буржуазных детей)이 쇠퇴하고 있다. 우리 공청원들은 자신들이 교사로 있는 각 학교에서 공청 규율에 따라 소년회(Пионерский отряд)를 조직하고 있다. 각 청년동맹에는 소년운동을 지도하고 소년회를 조직하는 소년부가 있다(부장은 공청원이다). 남만주에는 8개의 소년단체로 구성된 소년연맹이 조직되었다. 북만주의 소년운동은 중국 정권의 탄압으로 인해 매우 취약하다. 만주총국은 자금의 부족으로 인해『신소년』의 발행을 중단하였다.

보고별지 제2호

당과의 관계

1927년 1월 1일 개최된 고려공산청년회 만주단체 제1차 협의회에서 당과 관련하여 다음과 같은 결정이 채택되었다.

a) 당을 절대적으로 지지한다. b) 열성자들을 당으로 보내고, 이를 통해 당의 토대를 공고히 한다. c) 당과 긴밀한 연락을 취하고, 당의 지도하에 공청뿐 아니라 대중 속에서 당의 정책을 실현한다.

하지만 금년 1월 1일부터 9월 1일까지 당과 공청의 상호 관계는 실제로는 다음과 같았다.

I. 당과의 연락

솔직하게 말하자면, 연락이 매우 취약하였다. 금년 4월까지 양 총국이 북만주의 여러 지역에 위치해 있었기 때문에 연락은 서신으로, 그리고 때로는 인적 왕래를 통해 이루어졌다. 5월 중순에 아래와 같은 이유로 고려공산청년회 만주총국이 총국을 동간도의 용정으로 이전하기로 결정하였다.

1) 중앙위원회와의 긴밀한 연락을 조직하기 위해(중앙위원회와의 왕래가 3~4일이면 가능하다).

2) 동간도는 만주에서 인구가 가장 많은 지역이며, 따라서 일꾼들의 기지이다. 그 외에 동간도에 공청원 총원의 45%가 있다. 총국은 상설 기지가 있는 곳에 위치해야 한다.

3) 만주총국 위원들은 소조와 세포들을 통해 직접 지도에 참여해야 하는데, 이런 측면에서 간도는 사업을 공고히 하고 이를 통해 만주의 다른 지역들에 공급되어질 새로운 일꾼 간부들을 양성할 수 있는 가장 풍요로운 기지이다.

4) 북만주 지역에서 중국 정권 측의 정치적 탄압이 심해지고 있다.

전술한 이유들에 따라 우리는 고려공산청년회 만주총국을 동간도로 이전하기로 결정한 후, 전술한 이유와 함께 동간도에 총국원 6명이 있다는 점에 주목하면서 당 만주총국에도 동간도로 자기의 [판독 불가]를 이전할 것을 제안하였다. 당시 당 총국은 오희선 동지와 서상필* 동지의 지도를 받고 있었다. 오래 시간의 무익한 대화 끝에 고려공산청년회 만주총국은 동간도로 이전했고, 당 총국은 북만주에 남게 되었다. 동간도에서 북만주까지 가장 가까운 곳이 600베르스타이며, 서신 왕래에는 6~7일이 소요된다. 이후 8월까지 3개월 동안 아무런 연락도 없었다. 이는 오희선 동지가 자기의 책무를 서상필 동지에게 떠넘긴 채 조선으로 떠나버렸고, 서상필 동지는 일정한 주거가 없어서 서신 연락이 불가능했기 때문이었다. 서상필 동지가 연해주에 1개월 동안 머물러 있었지만, 총국은 우리에게 이를 알리지 않았다. 이렇듯 서상필 동지가 있는 블라디보스토크에 총국이 있었기 때문에 연락을 취할 방도가 없었다.

●　　　본명은 최원택이다.

II. 당의 지도

만주 고려공산청년회 협의회*가 소집되었을 때 당은 만주 당 열성자대회를 소집하였다(대회 명칭에 의심이 간다). 이러한 명칭하에 그들은 일부 지역 열성자들의 대회를 개최하였다. 이후 당 총국은 자기의 결정을 이행할 것을 고려공산청년회 만주총국 단체들에 전파하였다. 하지만 이 결정은 사실상 옛 분파 그루빠들의 것을 모방한 것으로, 당이나 공청의 결정이라고는 할 수 없었다. 따라서 우리는 수정 결정안을 제안하면서, 우리의 수정안이 받아들여져야만 그것을 시행할 수 있을 것이라고 통보하였다. 이후 우리는 우리의 수정안이 받아들여질 때까지 만주총국의 결정 이행을 중단한다는 회람을 단체들에 동시에 전파하였다. 우리의 제안과 관련하여 결정이 수정된 형태로 재차 보내질 것이라는 답변이 있었지만, 그 후로는 아무런 답변도 없었다.

그 외에 3월 1일 당에서 우리에게 시위 구호를 보내야 했음에도 당은 보낼 생각을 전혀 하지 않았기 때문에 우리 공청원들이 적당한 구호와 선전문을 만들어내지 않을 수 없었다. 5월 1일에도 우리는 선전문을 등사해서 당 기관에 전달하였다. 이렇듯 우리는 당의 지도를 전혀 받지 못했다고 해도 과언이 아니다. 당 만주총국이 고정적인 거처를 갖지 못했고 이로 인해 양 총국이 여러 지역에 위치했기 때문에 이러한 어긋남이 생겨났던 것이다.

전반적으로 비정상적이었다. 그 원인은 다음과 같았다. 첫째, 책임일꾼들이 지도를 할 수 있는 자질을 갖추지 못하였다. 둘째, 당 책임일꾼인 오희선과 안기성이 분파주의적인 관념을 가지고 있었다. 셋째, 기관을 장악하고 분파투쟁을 했으며 모든 공산주의자들을 화요회 회원으로 만들려고 하였다. 넷째, 사업에 태만하였다.

그들은 공청이 전위주의를 앓고 있다고 말하면서 대중에 대한 공청의 영향력을 축소시키고자 끊임없이 획책하였다. 그들은 자기의 조직을 공고히 하면서 공청을 지도해야 했음에도, 항상 공청의 뒤를 따라오면서 당이 공청을 지도하는 상황을 이용하여 갖은 방법으로 공청의 권위를 손상시키고자 획책하였다. 예를 들어, 동간도동맹은 공청 프락찌야의 지도를 받았지만, 당은 자기의 프락찌야를 조직하고 동간도 구역위원회를 통해 지도하였다. (……)** 국제혁명투사후원회는 공청의 지도를 받았기 때문에 공청

●　　　　　1927년 1월에 개최된 제1차 협의회를 지칭한다.
●●　　　　원문에 이렇게 표시되어 있다.

의 가장 밀접한 단체였고, 그곳을 통해 열성자들이 공청으로 넘어왔다. 하지만 당은 공청의 지도를 차단시켰으며, 이를 통해 국제혁명투사후원회에서 공청을 완전히 배제해 버렸다.

공청에서 사업하면서 책임적 직책에 있는 당원들은 공청에 회비를 납부했지만, 이제 당에 납부하게 되었다.

그들은 공청 총국 선전부와 아무런 협의도 없이 자기의 지인들을 사업 준비가 되어 있지 않았음에도 불구하고 6개월 동안 선전사업을 수행하는 자리에 임명하였다.

그 외에 한 무리로 뭉친 그들 화요회 사람들은 계획적으로 통합중앙을 배격하는 사업을 하였다(이주화의 서한이 그 증거이다). 그들은 이를 통해 와해되고 있는 자기의 그루빠를 부활시켰다. 그들이 남만주와 북만주에서 한 행위들을 거론하지 않는다 해도, 동간도에서 그들의 정책을 조직화하려 했다는 것은 밝혀진 사실들만도 이미 차고 넘친다. 그들은 기관들에서 분파사업을 수행했고, 이를 통해 당의 노선을 왜곡시켰다.

그들은 공청은 "25세 미만인 자를 당에 가입시킬 수 없다"는 당의 인식에 전혀 부합하지 않는 규정을 공포하였다. 그렇게 함으로써 그들은 공청에 당 핵심을 증대시키지 못했고(공청 내 1.5%가 당원이었다), 이는 자연스럽게 공청에 대한 당의 연락과 지도에 영향을 미쳤다.

당으로 이동해 간 70명의 공청원 중에서 3개 도당위원회의 책임일꾼은 이순(동간도 구역위원회 조직부장), 이함산(북만주총국 선전부장), 박윤세(조선공산당 만주총국 군사부장) 등이었으며, 그들 외에는 아무도 없었다(당원 총수가 150~160명이었는데, 그들 중 다수가 공청원들에 비해 질적 수준이 낮았다). 이를 통해 다수의 책임일꾼이 자기의 직책을 수행할 자질을 갖추지 못했음을 알 수 있다.

그들은 사업을 수행하는 데 있어 오랜 기간 사업을 함에 따라 보다 규율이 있고 경험이 많은 공청원들의 뒤만 졸졸 따라왔다. 다음과 같은 사실을 그 예로 들 수 있다. 동간도위원회 선전부장 현칠종은 중국 문제를 보고하는 중에 장작림이 우페이푸(吳佩孚)와 타협하지 않을 것이라고 말한 반면, 공청 만주총국 선전부장 김광은 보고를 하는 중에 우한이 반혁명의 중심이라고 말했기 때문에, 이 문제와 관련하여 큰 논쟁이 벌어졌다. 하지만 1개월 후에 그들은 『조선일보』를 읽은 후 자기들이 잘못 생각했다고 말하였다. 당시 공청은 『적기』에서 재료를 발굴하였다. 이와 같이 그들은 일꾼들을 능력에 따라 이용하지 않았고, 아예 공청을 모험주의라고 비난하면서 갖은 수단을 동원하여 대중 앞에서 공청의 위신을 깎아내리고자 획책하였다.

III. 화요회의 계획과 그들의 결정적 행동

서상필(만주총국 조직부장. 김근이 검거된 후 금년 5월 17일 제3차 총국 전원회의에서 임명되었음)은 2개월 동안 블라디보스토크에 거주하다 9월 초에 연변에 와서 9월 6일 당 총국 전원회의를 개최하였다. 전원회의는 장선재의 집에서 열렸다. 9명의 위원 중 서상필, 안기성, 김광, 이순, 임계학 등이 참석했으며, 협의권만 행사하는 자격으로 이종희, 박진, 남준표, 한익주, 현칠종 등이 참석했는데, 그들 중 현칠종은 총국 후보위원 자격으로, 이종희는 공청 만주총국 책임일꾼 자격으로, 박진과 남준표는 만주총국 지도원 자격으로, 한익주는 초청을 받고 참석하였다. 그런데 당이 고광수의 일시적 당권 정지를 이유를 들면서 이미 1개월 이상 간도에 거주한 고광수의 등록을 받아주지 않았음을 지적하지 않을 수 없다(그들은 이에 대해 비당원인 고광수로부터 들었다고 말하였다). 만주총국은 이 문제를 공청 중앙위원회에 문의했고, 공청 중앙위원회는 고광수가 고려공산청년회 회원이자 조선공산당 당원이라고 확인해 주었지만, 그들은 이 확인이 당중앙위원회로부터 온 것이 아니라는 이유를 들면서 이를 인정하지 않았다. 하지만 그들은 박진과 남준표에 대해서는 중앙과 아무런 협의도 없이 지도원에 임명하여 전원회의에 참석할 수 있도록 허용하였다. 의사일정에 문제가 있었다. 조선공산당 만주총국의 보고는 공청과 그 책임일꾼들에 대한 강제적인 고립을 목표로 하고 있었다. 서상필이 총국 사업에 대해 보고하였다. 그 보고는 서상필의 행위에 대한 근거 없는 정당화로 이루어져 있었으며, 당적 책임을 묻는 것과 관련해서 그는 비밀 사항이 있기 때문에 자신에게는 그것을 공개된 전원회의의 토론에 회부할 권한이 없으며, 이 문제는 조만간 오게 될 조선공산당 중앙위원회의 전권대표에게 이관해야 한다고 말하였다(화요회 사람들이 중앙위원회의 동의를 얻어 조선공산당 중앙위원회 전권대표를 파견해 줄 것을 요청하였다). 하지만 이 문제가 논의되었으며, 그 결과 서상필이 사업을 전혀 수행하지 않았음에도 무책임하게 변명했다는 점이 다수결로 인정되었다. 또한 이를 근거로, 향후에는 그가 그와 같은 방법을 사용하지 말았으면 한다는 제안이 있었다. (상세한 토론 내용은 [판독 불가]).

이종희 동지는 동간도위원회가 비당원인 김영일(Ким-Ен-Ир)의 위신을 저하시키고, 서면으로 안기성을 비판했으며, 전원회의에 위협적인 요구를 했다는 이유로 [판독 불가]. 이를 근거로 그 본질을 정확히 파악하지도 않은 채 그들(서상필, 안기성, 김광)은 이것이 당 기관을 인정하지 않는다는 선언이라고 말하면서 그에게 견책 처분을 내리고(임계학은 처음에 참석했지만 마지막까지 자리를 지키지 않고 떠났다), 이순 동지는 그가 이주화의 서한(이 서한은 당원이 아닌 대중에게도 공개된 것이다)을 이종희에게 보여주었다는 이유로 당 만주총국 위원직과 동간도구역위원회 조직부장 직책에서 철직시켰다. 임민호는 공청 만주총국에 김영의 정보를 전달했다는, 즉 당의 비밀을 누설했다는 이유로 당권을 일시 정지시켰다. 그 후 공청에서 사업하는 모든 일꾼들이 일본 정부의 첩자이고, 그들이 일본 첩자들의 프락치를 당에 심으려는 목적으로 당에 들어왔다고 말하였다.

금년 7월 3일 동간도구역위원회 전원회의를 교란시켰던 안기성에게는 견책 처분만이 내려졌다.

이주화는 화요회 재건 [판독 불가] 서한을 썼다는 이유로 3개월 동안 책임사업에서 배제되었고, 보고를 위해 중앙으로의 파견이 결정된 이종희에게 불신임을 표명했고, 총국 전원회의에서 군사부장으로 임명된 박윤세 동지에 대한 불신임을 표명했던 서상필에 대해서는 이를 중앙에 문의하기로 하였다(서상필의 서한에 대하여 나는 안광천에게서 직접 들었다). 그 후 만주총국 선전부장 김광의 사직서를 받았다. 이렇듯이 첫 번째 총국 전원회의는 단 하나의 사업 문제도 해결하지 못한 채 자기의 사업을 종료하였다. 전원회의 이후 서상필과 안기성은 총국 기관을 장악하고 임계학마저 제거한 후 총국 위원과 선전부장으로 현칠종을 임명하였다. 또한 박진을 만주총국 위원 겸 동간도총국 선전부장으로, (옛 인테른(Интерн) 회원인) 장시우를 동간도총국 조직부장으로, 심지어 당원이 되기에도 불충분한 이동산을 총국 위원으로 임명하였다.

이렇게 해서 그들은 총국을 자기 그루빠의 프락찌야인 화요회 사람들만으로 구성했고, 그로 인해 부적합한 일꾼들이 총국에 들어가게 되었다. 이때 박윤세 동지가 북만주를 통해 용정으로 왔다(9월 10일). 박윤세는 서상필을 만나 총국 전원회의를 다시 소집하자고 제안하였다. 하지만 서상필은 제4차 및 제5차 전원회의(이 전원회의는 서상필과 안기성만의 협의회였다)의 결과에 대해 말하고, 진행된 재선거에 대하여 설명하였다. 이에 박윤세는 전원회의는 중앙위원회의 허가 없이 새로운 사람을 총국 위원에서 해임하거나 위원으로 임명하는 권한을 가지고 있지 않으므로, 옛 구성원들이 참석하는 전원회의를 소집할 필요가 있다고 대답하였다(박윤세는 총국 비서부원 중 한 명이다). 서상필은 총국의 결정을 취소할 수 없다고 하면서 새로운 구성원들의 전원회의를 소집할 것을 주장하였다. 박윤세는 중앙이 아직 새로운 구성원들을 승인하지 않은 한 옛 구성원들의 전원회의를 소집해야 한다고 대답하였다. 하지만 서상필은 이를 거절하였다.

그러자 박윤세는 새로운 구성원들이 화요회 사람으로만 이루어져 있기 때문에 자기는 그것을 인정할 수 없으며, 이를 보고하기 위해 중앙으로 가겠다고 말하였다(박윤세는 중앙으로 떠나면서 공청 만주총국에 화요회 사람들이 분파주의적으로 행동하고 있다고 설명하였다).

동간도구역위원회 책임일꾼인 임민호가 당 만주총국에서 해임된 것과 관련하여 나는 다음과 같은 이유를 들면서 이를 집행하지 못하겠다고 말하였다. 1) 만주총국 위원 5명은 대회에서 임명되었다. 2) 김원철, 송산우, 이규봉은 공청원이 아니기 때문에 공청의 생활을 접하지 못했던 만큼 공청의 내부 상황을 알지 못한다. 따라서 그들을 책임일꾼으로 사용할 수 없다. 3) 공청 만주총국의 5명 동지는 공산당원이며 오랫동안 공청사업을 수행하였다. 4) 공청의 유일성을 유지하기 위해서 옛 "인테른" 그루빠의 동지들을 공청사업에 이용해서는 안 된다. 왜냐하면 아직도 고려공산청년회 내에 그들에 대한 적개심이 존재하기 때문이다. 5) 새로운 임명은 당의 지도가 아니라 화요회 그루빠의 복귀이기 때문에 우리는 이에 복종할 수 없다.

그 외에 그들은 만주총국 조직부장에 한익주를, 선전부에 남준표를 사용하자고 제안했지만, 이에 대해 나는 다음과 같은 이유를 들면서 반대를 표명하였다. 1) 한익주는 공청에서의 자기 사업 결과 만주총국 위원으로서의 자격이 없음이 판명되었다. 2) 남준표는 첫째, 비합법사업 경험이 없기 때문에 먼저 비밀사업에 적응하기 전까지는 그에게 비밀사업을 위임해서는 안 되고, 둘째, 그가 동방노력자공산대학을 졸업했다고는 하지만, 그의 역량이 아직 밝혀지지 않았으며, 셋째, 그는 아직 만주 사업의 조건을 모르기 때문에 그를 당분간 만주총국 지도원으로 배치하고, 능력이 발휘되는 데 따라 후에 보다 책임 있는 사업에 임명해야 한다. 넷째, 현 선전부장 김광은이 이 직책에 전적으로 부합된다.

이후 그들은 전원회의(9월 18일~19일)를 개최하겠다고 통보하면서, 이른바 전원회의에 참석하라고 제안하였다. 거기에 서상필, 안기성, 박진, 현칠종이 있었기 때문에 나는 다음과 같은 이유를 들면서 참석을 거부하였다(전원회의는 영산의 집에서 개최되었다).

1. a) 총국 위원 9명 중 4명만이 참석했고, 심지어 그들 중에 박진은 아직 위원 자격이 있는지에 대해 의문을 가지고 있는데, 전원회의 개최가 가능한가? b) 박윤세 동지를 통해 만주총국 내에 프락찌야가 있음을 확실히 알았기 때문에 나는 이 전원회의가 화요회 프락찌야의 회의가 아닌가라는 의문이 든다. c) 박윤세에 대한 문제가 의사일정

에 있기 때문이다.

2. a) 만주총국은 당의 지도하에 공청 대중 속에서 당의 정책을 수행하고 있으므로 당신들은 만주총국과 공청 동간도구역위원회의 위원을 보선하는 데 있어 당의 지도라는 위장을 통해 화요회 정책을 수행할 수 없다. b) 여러 지역으로부터 1주일에 3~4회 오는 만주총국의 각종 공문을 가로채는 안기성과 같이 사업을 해서는 안 된다(2주일 동안 단 한 개의 공문도 오지 않아서 비밀리에 조사한 결과 안기성이 2매를 절취한 것으로 판명되었다. 그에게 이를 이야기하자, 그는 부인하였다. 하지만 후에 문서에 근거하여 추궁하자 그는 박주로부터 받았다고 말하였다. 그 서한은 학교*로 가는 것이었다). 이후 나는 당의 지도하에 공청사업을 하는 책임일꾼으로서 공청 문서를 고의적으로 도적질하고 이를 통해 당에 해를 입히는 당 기관에는 복종할 수 없다고 말하였다. 또한 당 기관이 공명정대하게 될 때까지 나는 당분간 당 기관의 지령을 이행하지 않을 것이라고 말하였다. 이렇게 말한 후 나는 그곳을 떠났다.

이와 함께 나는 당 지도의 이행을 일시적으로 중단하는 것을 허락해 달라는 요청과 함께 상세한 보고서를 공청 중앙위원회에 즉각 보내고, 검사위원회를 파견해 줄 것을 당중앙위원회에 요청하였다. 하지만 공청 중앙위원회로부터 답장이 오기 전에 간도사변이 발생하였다.

보고별지 제3호

I. 간도사변에 대하여

금년 10월 3일 오후 12시 30분에 일본 무장경찰이 동간도 구역위원회 건물을 포위하고 안기성, 현칠종, 김규극을 검거했으며, 검거 시에 가택수색을 통해 제2차 전원회의 회의록과 인적 조사서 80매를 압수하였다. 그 후 그들은 즉각 연변 전역에 경찰을 배치하고 압수한 인적 조사서를 이용하여 공산주의자들에 대한 대규모 검거에 착수하였다. 그 후 그들은 학교**를 포위하고 교사 7명을 검거했는데, 그들 중에 여성 공청원

●　　　　　대성중학교를 지칭한다.
●●　　　　대성중학교를 지칭한다.

이 있었다. 그 여성 공청원이 우리에게 벌어진 사태에 대해 알렸는데, 당시 우리는 일꾼들을 배치하기 위한 회의를 하고 있었다. 이를 알게 된 후 우리는 미리 경고하기 위해 국자가(局子街), 왕청(汪淸), 훈춘, 화룡(和龍), 두도구(頭道溝), 이도구(二道溝), 기성촌(基成村) 등지에 즉각 사람들을 보냈다. 얼마간의 시간이 지난 후 무소속인 3명의 교사가 석방되었고, 우리는 그들로부터 인적 조사서를 바탕으로 검거가 이루어지고 있다는 사실을 알게 되었다. 이후 우리는 당원들에게 경고하기 위해 재차 사람들을 보냈다. 10월 3일부터 6일까지 다음의 동지들이 검거되었다.

연번	성명	직책	주소
1	서상필	만주총국 조직부장	용정
2	임계학	만주총국 위원	용정
3	김광	만주총국 선전부장	용정
4	안기성	만주총국 위원	용정
5	현칠종	선전부장	용정
6	김규극	동간도 구역위원회 위원	왕청
7	김소현	동간도 구역위원회 위원	용정
8	차만승	당원	용정
9	이주화	당원	용정
10	황용태	당원	용정
11	최문호	당원	용정
12	박재하	당원	회령
13	정일광	당원	용정
14	송산우	당원	용정
15	임동원	당원	국자가
16	미상	당원	두도구
17	미상	당원	두도구
18	천수일	당원	용정
19	전재일	당원	용정

이외에도 자금이 없어서 도피하지 못한 사람들이 검거되었다. 검거의 여파로 당 만주총국, 공청 만주총국, 동간도 구역위원회 등 3개 기관이 사업을 중단했기 때문에 공청 만주총국은 단체들을 임시 감독하기 위해 강진(조선공산당원), 원태희(중국공산당

원), 김세준(공청원)을 구성원으로 하는 3인위원회로 즉각 임시총국을 조직했으며, 단체들과의 연락을 유지하고 향후의 검거를 경고하기 위해 동간도 구역위원회를 대신하는 3인위원회도 조직하였다. 3인위원회는 고광수, 이순, 강진으로 구성되었다. 조선공산당 중앙위원회와 고려공산청년회 중앙위원회에 이 사실을 보고하기로 결정하였다. 공청 남만주총국과 북만주총국은 조선공산당 북만주총국으로부터 사전에 경고를 받았다.

공청 만주총국의 소재지를 남만주로 이전하기로 결정하였다. 나는 위험성을 고려하여 모든 업무를 원태희 동지에게 위임하고, 단체에 위험성을 경고하기 위해 가능한 모든 필요한 조치를 취하였다. 시시각각 위기가 닥쳤음에도 불구하고 이를 위해 용정에 10월 6일까지 머물렀으며, 7일에 중앙위원회로 보고서를 발송한 후 블라디보스토크로 떠났다. 이곳에서 정치적 망명자들을 물적으로 지원하는 문제에 대해 국제혁명투사후원회와 대화하고 있다.

II. 검거 원인과 결과

안기성, 현칠종, 박진, 서상필은 장선재라는 여성의 집에 있었다. 그녀는 과거에 전치선과 결혼해 살다가 후에 이혼하고 공산당원인 박재하와 살고 있었다. 이후 박재하는 혁명 활동을 위해 조선으로 보내졌다. (전치선은 현재 경찰에 복무하지는 않지만, 일본 영사관의 비밀 협력자이다). 그는 이 집이 경찰의 감시를 받고 있다는 경고를 받았다.

장선재는 후에 자기 딸을 남겨둔 채 조선에 있는 자기 남편인 박재하에게로 갔다. 그녀의 딸인 영자(19세)와 용자(12세)는 안기성과 현칠종에게 맡겨졌다. 서상필은 블라디보스토크에서 돌아온 후 금년 9월 9일에 이 집에서 조선공산당 만주총국 전원회의를 개최하였다. 안기성과 현칠종은 자신들이 살던 집을 주인이 매도했기 때문에 잘 모르는 "안(安)"이라는 사람의 주선으로 도시 중심에 있는 다른 집으로 이사하였다. 그곳은 특히 경찰과 수사관들이 많이 사는 지역이었다. 서한을 통해 새 집을 구하는 데 도움을 준 "안"이 신뢰할 수 없는 자라는 경고를 받았다.

그 외에 전치선이 두 가지 이유로 인해 안기성, 현칠종을 주시했을 것으로 추측된다. 첫째, 전은 영사관의 첩자였고, 둘째, 그의 딸들이 안기성과 현칠종의 보호를 받고 있었다. 따라서 나는 "안"과 전치선의 밀정 행위로 인해 이 사태가 벌어진 것이라고 생각한다.

III. 대규모 검거의 원인

이순 동지는 전연방공산당(볼셰비키) 당원으로 1923년부터 만주에서 사업했고, 조선공산당 만주총국 위원이자 조선공산당 동간도 구역위원회 조직부장이었다. 하지만 이순은 나에게 이주화의 서신을 넘겨준 것으로 인해(나는 이것을 국제공청과 고려공산청년회 중앙위원회에 보고하였다) 해임되었다. 이순 동지가 단체원들의 조사서 전부를 가지고 있었는데, 그는 그것들을 시골에 감춰두었다. 그가 만주총국 위원직에서 해임된 후 안기성은 자기에게 조사서를 넘겨달라고 6~7회에 걸쳐 이순에게 요구했지만, 이순은 비합법적인 환경에서 조사서를 시내에 보관하는 것은 위험하다는 이유를 대면서 거절하였다. 하지만 안기성이 단호하게 요구했기 때문에 이순은 화를 내면서 결국 조사서를 넘겨주었다. 이에 따라 시골에 있던 조사서는 시내의 트렁크 속에 보관되었으며, 그 결과 경찰이 그것을 용이하게 압수할 수 있었다. 그러므로 이 대규모 검거의 책임은 안기성에게 있다고 생각한다. 그 외에 이사한 새 집에서 5~6일 동안 6~7명이 매일 모여서 소조사업을 하였다.

그와 같은 대규모 검거는 일꾼들이 지하사업의 기술을 전혀 몰랐고, 지역사업의 조건을 전혀 모르는 사람들이 비밀사업에 임명되었기 때문에 발생한 것이다. 선전부장 박진은 금년 10월 3일 명동에서 돌아온 후 발생한 사태를 알게 되자 영자에게 자기가 블라디보스토크로 간다고 말하고는 몸을 숨겼다. 모든 단체에 급박한 위험에 대해 경고할 생각을 전혀 하지 않은 채 말이다. 더욱이 그는 얼마 전에 모스크바에서 왔기 때문에 며칠 동안 도시에 머물 수 있었음에도 말이다. 단체의 상황을 아는 당 책임일꾼이 아무런 조치도 취하지 않은 채 제일 먼저 도주했기 때문에 지방 단체들과의 연락을 조직하고 단체들을 수습하는 데 많은 어려움이 있었다. 이를 볼 때 대규모 검거는 일꾼들이 비밀사업의 조건을 전혀 몰랐고 심지어 자기 단체들에 대해 자기가 어떤 책임을 지고 있는지도 몰랐기 때문에 발생한 것이라고 나는 생각한다.

IV. 결과

동간도뿐 아니라 만주 전역에서 발생한 이 탄압은 진실로 통탄할 일이다. 동간도에서는 1923년부터 사업이 시작되었기 때문에 동간도의 대중은 다른 지역들보다 잘 조직되어 있었다. 그러므로 동간도는 간도 사업의 주된 영역이었다. 하지만 공산당원들에 대한 대규모 검거로 인해 사업은 괴멸적인 타격을 당하였다.

그곳에 이전과 동일한 수준으로 사업을 공고히 하는 데는 3~4년이 더 필요하다.

청년, 민족, 농민, 학교 등의 모든 단체가 전혀 지도를 받지 못하게 되었다. 4~5년 동안 이어져 온 모든 사업이 아무런 결과도 내지 못한 채 한순간에 수포로 돌아갔다. 지금은 이러한 단체들에 공청원과 국제혁명투사후원회 열성자들을 들여보내고, 동간도의 성공적인 재건사업을 위해 만주 전역의 일꾼들을 동간도로 집중시킬 필요가 있다. 아직 검거가 시작되지 않은 남간도와 북간도에서는 이전과 동일하게 사업을 수행할 것이다. 서상필이 검거된 후 여성 공청원 한 명이 상자를 부수고 조선공산당 만주총국의 모든 문서를 빼내와서 소각해 버렸다. 이렇게 함으로써 그녀는 다른 지역들에서 발생할 수도 있는 위험한 상황을 예방하였다. 국제공청에 준비된 일꾼들이 있다면, 우리에게 보내주기 바란다. 연해주에 있는 김 바실리(Василий Ким)와 티모페이 리(Тимофей Ли), 그리고 동방노력자공산대학 학생들을 일정하게 교육한 후 우선적으로 보내주기 바란다. 최근의 사변을 통해 우리는 많은 경험을 얻었다.

1) 전문적인 비밀 취급자를 둘 필요가 있다(서신 접수 및 여타 서면 교신을 위해)

2) 지역의 모든 조건을 이용할 수 있는 책임일꾼을 양성해야 한다.

3) 조사서의 작성을 중단해야 한다.

4) 비밀통신기관을 강화해야 한다.

5) 세포들 상호 간에 비밀을 유지해야 한다.

6) 책임일꾼들의 거처에 문서를 두어서는 안 된다.

7) 비합법일꾼과 합법일꾼 간에 왕래가 있어서는 안 된다.

8) 거처에서는 주의를 기울여야 한다.

9) 자기 동지들의 거처를 항상 감시해야 한다.

보고별지 제3호에 따른 구체적인 요구 사항

1) 우리의 제1차 협의회와 제115호 보고서에 대한 답변을 주었으면 한다.

2) 정치적 망명자 30명을 위한 6개월 강습을 조직해 주었으면 한다(블라디보스토크나 중국에).

3) 『공청통신』과 『볼셰비크』 잡지 발간 비용을 제공해 주었으면 한다(매달 30루블씩).

4) 국제혁명투사후원회와 교섭이 진행되고 있기는 하지만, 간도사변으로 인한 망명자에게 국제공청 측에서 (얼마이건) 지원을 해주었으면 한다.

5) 일꾼들, 특히 김 바실리와 티모페이 리를 보내주었으면 한다.

6) 가능하면 우리 단체에 월 100루블씩 보조해 주었으면 한다(사업이 과거에 비해 원활하게 수행될 것이다).

7) 블라디보스토크의 발데마르(Вальдемар) 동지를 통해 답변을 주었으면 한다.

고려공산청년회 책임비서 이종희 [서명]

РГАСПИ, ф.533, оп.10, д.1897, лл.1-8.

РГАСПИ, ф.495, оп.45, д.19, лл.57-64.

1927년 11월 10일 고려공산청년회 대표 김강이 코민테른 집행위원회와 국제공청 집행위원회에 보낸 보고서

수신: 코민테른 집행위원회 및 국제공청 집행위원회

발신: 고려공산청년회 대표 김강

<u>보고</u>

I. 성장 과정과 통합을 위한 활동

1. 나는 이 보고에서 지난 보고에 언급했던 지모사 동지 문제를 거론하지 않을 것이다. 통합 운동의 성장 과정, 공청사업, 서울청년회 그루빠의 공청 가입 이후 당과의 관계 등을 진술하는 데 주력하도록 하겠다.

2. 1926년 초에 고려공산청년회 대표 이지탁, 박 니키포르와 서울 공청 그루빠 대표 이정윤, 한빈에 의해 시작된 통합을 위한 대화가 6개월 동안 계속되었다. 대화 양측의 기대, 관련 당 조직들의 통합, 양 공청단체 중앙위원회 간 견해 차이 등의 이유로 인해 대화가 계속 이어졌다. 당과 서울 콤 그루빠 통합에 대한 4월 대화의 성공적이지 못한 결과는 대화에 참여한 공청단체들을 관망의 입장에서 벗어나게 하였다. 공청원들 대오에서 공산주의 대오의 통합을 위한 운동이 빠른 속도로 조직되었다. 이것이 고려공산청년 중앙위원회에 영향을 주었다. 고려공산청년회 중앙위원회 위원인 박 니키포르, 김동명, 권오설은 개인 가입과 집단 가입 사이에서 집단 형태의 가입 경향으로 동요하기 시작하였다. 이지탁이 열렬한 통합 옹호론자였으므로, 중앙위원회는 6월에 새로 구성될 때까지 "개인 가입 정강"을 확고하게 견지하지 않았다. 그 안에서 상해 망명자들의 영향력과 조선 내 공청 열성자들의 영향력 등 2개의 영향력 간에 투쟁이 벌어졌다. 개별 중앙위원들 사이에서도 상해 망명자들의 종속 "필요성의 인식"과 통합 필요성의 인식 간에 투쟁이 벌어졌다. 하지만 후보 중앙위원회에서는 다수가 통합을 확고하게

지지하였다. 그 안에는 동요가 없었다. 이는 중앙위원회 후보위원들이 공청 대중과 긴밀하게 연결되어 있고, 상해 망명자들에 의해 선정되지 않아서 분파주의에 오염되지 않았던 것으로 설명된다. 따라서 이 후보 중앙위원회는 6월과 7월의 붕괴 이후 모두가 중앙위원회의 임무를 수행하는 데 나서면서 서울 공청 그루빠를 고려공산청년회에 가입시키기로 즉각 결의하였다.

3. 근본적인 견해 차이가 없고 고려공산청년회가 서울 공청 그루빠를 가입시킬 준비가 되었다고 해도, 서울 공청 그루빠 측에서 전반적인 가입 준비가 되어 있지 않았다면 통합은 불가능했을 것이다. (1925년 말에 선거된) 서울 공청 그루빠 중앙위원회의 (1926년) 5월까지의 위원들 내에는 2개의 부류가 있었다. 하나는 "무조건적 통합"을 추구하는 부류였고, 다른 하나는 평등한 통합을 추구하는 부류였다. 중앙위원회에는 당시에 이미 헤게모니를 가진 자들이 없었다. 통합을 지지하는 중앙위원회 위원들의 지도하에 통합을 위한 준비가 진행되었다. 평등한 통합을 지지하는 중앙위원회 위원들의 존재로 인해 (조속한) 통합은 불가능하였다. 왜냐하면 통합을 위해서는 서울 그루빠의 무조건적인 가입이 요구되었기 때문이었다(이 경우에만 통합을 지지하는 부류가 고려공산청년회 중앙위원회 내부에서 상층부를 차지할 수 있었다). 통합 지지자들은 자기들로만 중앙위원회를 구성하도록 하기 위해 도 열성자들 중에서 우수한 자들을 서울청년회 콤 그루빠 중앙위원회에 선발하는 방식으로 중앙위원회를 신선하게 만드는 정책을 제기하였다. 이 정책은 다수결로 채택되었고, 통합 지지자들 전원이 중앙위원회에 포진하게 되었다. 4월 말에 선거된 새로운 위원으로 구성된 중앙위원회는 공청 대중에 대한 자기의 영향력을 공고히 한 후, 7월에 자체적 해산과 고려공산청년회 가입에 대한 결정을 회부하였다. 고려공산청년회 중앙위원회는 1926년 8월 1일 회의에서 서울 공청 그루빠를 고려공산청년회에 가입시키고, 경찰의 추격을 받지 않는 일꾼들로 중앙위원회 위원을 충원하기 위해, 그리고 옛 서울 공청 대중을 원활하게 지도하기 위해 옛 서울 공청 그루빠 중앙위원회 위원들(이인수, 김병일, 김월성, 김재명)을 중앙위원회에 합류시키기로 결정하였다. 이 8월 1일 자 결정은 8월 8일 양 중앙위원회 통합회의에서 비준되었고, 이를 통해 양측의 통합이 공식적으로 확정되었다.

II. 중앙위원회 성원의 변동

4. 첫째, 6월, 7월, 8월 붕괴를 불러왔던 신의주에서의 11월 붕괴 이후 지속적인 검거가 있었고, 둘째, 경찰이 중앙위원회 일부 위원들을 추격하는 등의 이유로 인하여 중앙위원회의 구성이 수차례 변동되었다. 그 결과 공청 중앙위원회는 새로운 붕괴를 피하기 위해 추격당하는 일꾼들 모두를 만주로 보내는 대신 사상단체들에서 합법적으로 활동하지 않으면서 경찰의 추격이나 수색을 당하지 않는 공청원들로 중앙위원회를 보강하기로 결정하였다. 이 결정은 당과 공청 중앙위원회의 승인을 받았으며, 최종적으로 다음의 동지들로 중앙위원회가 조직되었다.

위원: 1) 하필원, 2) 김철, 3) 송언필, 4) 고준, 5) 온낙중, 6) 조기승, 7) 임형일

후보위원: 1) 강우, 2) 김이룡, 3) 김재명, 4) 이기석, 5) 한림, 6) 도관호, 7) 김호반

전술한 자들을 구성원으로 하는 중앙위원회 위원과 후보위원 명단이 12월 2일 당 대회의 승인을 받기 위해 제출되었으며, 당 대회는 이 명단을 승인하였다. 책임비서에 하필원, 조직부장에 김철, 선전부장에 임형일이 선출되었다. 붕괴와 검거를 모두 열거하고, 중앙위원회 구성원의 변동 전부를 이야기하는 것은 불가능하다. 여기에서는 경찰의 추격을 받아 외국으로 보내진 자들의 명단만을 제시하도록 하겠다. 시간적인 차이를 두고 외국으로 보내진 동지들은 다음과 같다.

1) 지모사(국제공청 보고를 위해), 2) 전해(만주), 3) 박병희(만주), 4) 김월성(만주), 5) 이인수(만주), 6) 김강(국제공청 보고를 위해), 7) 이동산(만주) 등.

III. 기관의 조직 및 기관과의 연락 대책

5. 6월, 7월, 8월 붕괴는 중앙과 지방과의 모든 연락을 단절시켰다. 중앙위원회는 단체들의 상황을 제대로 알지 못하였다. 중앙위원회는 연락과 정보 제공 등등을 위해 각도에 거의 모든 중앙위원회 성원들을 보내지 않으면 안 된다고 판단하였다. 이를 위해 조선 전역을 북부, 남부, 서부의 3개 구역으로 세분하였다. 북부 구역(강원도, 함경남도, 함경북도와 경기도 일부)으로는 김월성과 한명찬, 서부 구역(황해도, 평안남도, 평안북도)으로는 이인수와 전해, 남부 구역(경상남도, 경상북도, 전라남도, 전라북도)으로는 김병일, 김재명, 김이룡, 이민용 등이 파견되었다.

6. 파견되는 동지들에게는 기본적으로 다음과 같은 지령이 내려졌다.

1) 전체 공청 대중을 조선에서의 당 및 공청운동 통합운동으로 유인한다.

2) 연락 체계를 수립하고 연락소를 설치한다.

3) 옛 서울 공청 대오에서 세포를 재조직하고 하부 세포 열성자들을 조직자로 선발한다.

4) 단체의 역량을 판정한다.

5) 부적합한 세포를 해체하고, 새로운 단체를 조직한다.

각 도로 보내진 지도원들이 거둔 성과는 다음과 같다.

1) 공청원들에게 조선 공산주의운동의 통합 필요성에 대한 인식을 최종적으로 형성시키고 확립시켰다.

2) 인천-서울-개성, 서울-신의주-평양, 서울-원산, 청진, 회령, 용정과 서울-부산-시모노세키 및 서울-군산-목포 연락소들을 설치하였다. 각각의 연락소에 비밀 아지트 등이 조직되었다.

3) 우수한 세포를 발탁하고 부적합한 세포를 제거하는 방법을 쓰면서 옛 서울 공청 세포와 고려공산청년회 세포들 간 통합을 통해 세포를 조직하였다.

4) 세포 조직자-비서라는 견고한 제도의 토대를 조성하였다.

5) 단체들의 상황에 대한 보다 확실한 정보를 제공하였다.

7. 내가 파악하고 있는 (미확인) 수치에 따르면 (조선에서 이곳으로 보낸 재료가 아직 도착하지 않았다) 고려공산청년회의 정회원 수는 433명, 후보회원 수는 46명이고, 연령 초과자의 수는 43명이다(일부는 공산당으로 이동되었다. 만주 고려공산청년회 단체에 한 수치이다). 그들 가운데 약 80명의 동지가 검거되어, 현재 고려공산청년회 대오에는 총 333명이 있다.

조선 내부 - 162명

만주 - 164명

일본 - 7명

옛 서울청년회 대오에는 총 100명이 있다. 65명이 검열을 거쳐 가입이 거부당했고, 가입된 자들 중에 8명이 투옥 중이다.

조선 내부 - 96명

일본 - 4명

후보회원

조선 내부 – 20명

만주 – 26명

세포 총수는 81개이다.

조선 – 37개(그 가운데 옛 서울청년회 계열은 20개이다)

만주 – 42개

일본 – 2개

8. 고려공산청년회 중앙위원회는 사업 과정에서 다음과 같은 지도 방침을 가지고 있다.

1) 고려공산청년회 계열에서의 통일성 공고화.

2) 공청과 청년단체 전반의 저연령화.

3) 고려공산청년회의 조직적 활성화.

4) 고려공산청년회 및 그 기관들의 엄정한 비밀 준수.

수행한 사업은 다음과 같다.

1) 공청 연령이 지난 공청 열성자들을 당 사업으로 이전시키고, 열성이 부족한 연령 초과자들을 노동조합, 농민단체 등의 합법사업으로 이동시켰다.

2) 혼재되어 있던 "합법 활동가"와 "비합법 활동가"를 분리하였다.

3) 3인과 5인 원칙에 따라 세포를 개편하였다.

4) 경찰의 강력한 감시를 받지 않는 일꾼들을 선발하는 방식으로 중앙위원회 자체에서 비밀을 가장 엄격하게 준수하도록 하였다.

5) 비밀이 폭로되어 추격을 받는 일꾼들을 만주로 이동시켰다.

6) 조선의 비합법 활동가들과 함께 단체의 골격을 구축하도록 하기 위해 해외로부터 "비합법 활동가"들을 조선 사업으로 유인하였다.

공청 대중을 보다 원활하게 포섭하기 위해 11개 도 총국이 조직되었다.

1) 경기도

2) 황해도

3) 평안도

4) 함경남도

5) 함경북도

6) 전라북도

7) 전라남도

8) 경상남도

9) 경상북도

10) 강원도

11) 충청남북도

만주에는 북만주, 남만주, 동만주 등 3개의 도위원회와 함께 고려공산청년회 중앙위원회 만주총국이 있다. 남만주와 동만주 도위원회는 구역총국(райбюро)을 보유하고 있다.

동만주 구역총국은 1) 왕청, 2) 화룡, 3) 평강, 4) 용정, 5) 훈춘, 6) 국자가 등을 보유하고 있다.

남만주 구역총국은 1) 길림, 2) 화전, 3) 반석 등을 보유하고 있다. 고려공산청년회 중앙위원회 만주총국 비서는 이인수 동지이고, 위원은 이종희(조직부장), 강진(선전부장)을 포함하여 총 7명이며, 후보위원은 5명이다. 기타 위원들은 지방의 열성자 동지들로 구성되어 있다. 일본에는 도위원회 자격으로 일본총국이 조직되었다. 책임비서는 한림이다.

중앙위원회의 기관은 다음과 같다. 비서, 조직부장, 선전부장으로 구성된 비서부가 있다. 조직부와 선전선동부 등 2개의 부가 있으며, 조선의 모든 합법적 청년운동을 지도하기 위해 비서부 직할로 민족위원회가 조직되었다. 현재 민족위원회는 고려공산청년회 중앙위원회 민족부와 공동으로 사업을 수행하고 있다.

9. 1926년 8월 11일 고려공산청년회 중앙위원회는 1927년 1월 1일까지 제2차 전조선고려공청대회를 소집하기로 결정했지만, 1926년 12월 6일에 조선공산당대회가 소집됨에 따라 고려공청대회는 봄(3월, 4월)으로 연기되었다.

10. 중앙위원회는 조선 내부에 발생한 사태에 대해 국제공청과 코민테른에 보고하도록 지모사 동지와 이정윤 동지를 파견하였다. 대표단 동지들에게 공청과 관련한 모든 문제를 해결하는 전권이 부여되었다. 또한 만약 조훈 동지가 실제로 공청과 당 열성자 다수가 그에 대해 이야기하고 있는 바와 같다면, 조훈 동지를 국제공청 대표직에서 해임하고 그 자리에 이정윤 동지를 임명하며, 확인을 위해 속히 이를 고려공산청년회 중앙위원회에 알리라는 정확한 지령이 내려졌다. (이 문제는 [판독 불가] 통합공청 중앙위원회 회의에서 제기되었다).

참조: 지모사 동지로부터 [판독 불가] 기다렸기 때문에 이에 대해서 고려공산청년회 중앙위원회와 조선공산당 중앙위원회에 공식적으로 알리지 않았다.

고려공산청년회가 조선공산당 중앙위원회와 연락을 취할 수 있게 되었을 때 고려공산청년회 중앙위원회는 조선공산당 중앙위원회가 지모사 동지 등의 사업에 대해 몰랐기 때문에 그의 권한을 중지시켰지만, 그 후 고려공산청년회 중앙위원회로부터 그의 사업과 국제공청에 보고하기 위해 떠났음을 알게 된 후 그가 수행하는 사업이 만족스럽다는 점을 인정했다는 사실을 알게 되었다. 조선공산당 중앙위원회는 국제공청에서 행한 지모사 동지와 이정윤 동지의 보고가 9월 24일까지의 사태만을 언급할 수 있다고 생각하고, [판독 불가]. 나는 그들과 고려공산청년회 중앙위원회에 위임된 사업을 지모사 동지, 이정윤 동지와 함께 [판독 불가] 생각한다.

IV. 당 사업과 공청

11. 6월과 7월에 연이어 붕괴가 발생한 결과 당은 물론이고 다양한 사상단체들에서 활동하던 당 기관들도 파괴되었다. 공청뿐 아니라 지방 당 조직들도 상급 당의 지도를 받지 못하게 되었다. 유일하게 무사했던 당중앙위원회 위원 김철수 동지는 책임적 당 일꾼으로 고려공산청년회 중앙위원회가 연락을 취했던 최초의 인물이었다. 하지만 고려공산청년회 중앙위원회는 1926년 8월 초까지 김철수와의 연락이 단절되었다. 왜냐하면 그가 매일 이곳저곳을 전전했기 때문이었다. 그는 추격하고 검속하는 경찰로 인해 심지어는 동일하게 그를 찾아 헤매는 고려공산청년회 중앙위원회 위원들이 그의 자취를 발견하지 못할 정도로 이곳저곳을 전전하였다. 단 한 명의 고려공산청년회[*] 중앙위원회 위원 혹은 후보위원도 찾아낼 가능성이 전혀 없고, 모든 당 사업이 파괴되고, 당 자체가 파괴되는 것을 목도하면서, 고려공산청년회 중앙위원회는 1926년 8월 11일 회의에서 모든 당 사업을 고려공산청년회 중앙위원회로 일시적으로 이관시켜 달라는 청원서를 코민테른 집행위원회에 제출하기로 결정하였다. 이 결정은 대강 다음과 같은 3개의 항목으로 되어 있었다.

1) 고려공산청년회 중앙위원회에 최고 당 기관으로서의 전권을 일시적으로 양도한다.
2) 고려공산청년회 중앙위원회에 조선의 모든 합법 및 비합법 사업 지도 권한을 양도한다.
3) 고려공산청년회 중앙위원회에 공산당 제2차 대회 소집 준비사업을 위임한다.

---

[*] 원문에 고려공산청년회로 표기되어 있지만, 이는 조선공산당의 오기로 추정된다.

그러나 당 사업에 대한 그와 같은 개입은 곧 의미가 없는 것으로 판명되었다. 9월 중순에 김철수 동지와의 연락이 견고하게 이루어졌고, 그에게서 새로운 조선공산당 중앙위원회의 구성원들에 대해 알게 되었기 때문이다. 조선공산당 중앙위원회와 연락이 이루어진 후 공청은 서울 콤 그루빠와 당의 통합과 관련한 거대한 사업을 수행하였다. 당이 통합에 찬성했기 때문에 옛 서울 열성자들을 수하에 두고 있던 공청 앞에는 서울 콤 그루빠의 당 대중을 통합의 방향으로 이끌고 서울 패권주의자들을 분쇄하는 과업이 놓이게 되었다. 공청은 자기의 지방 열성자들을 통해 이 과업을 성과적이고 완벽하게 수행하였다. 서울 콤 그루빠의 당원들을 대상으로 광범위한 선전이 전개되었고, 이를 통해 절대다수를 통합의 방향으로 이끌어냈다. 공청은 패권주의자들과의 투쟁을 위해 서울 콤 그루빠 중앙위원회에 5명의 통합 지지자들을 가입시킬 수 있었다. 그들이 발각되었을 때 "서울 패권주의자들"은 그들을 제거할 목적으로 서울 중앙위원회에 뿌려진 "화요회 프락치들은 꺼져라"라는 구호를 외치면서 서울 콤 그루빠 당대회를 소집하였다. 대회에 참석한 대표들은 모두가 통합 지지자들이었다. 이 대회에서 조선공산당 가입 결정이 채택되었고, 이로서 옛 서울 콤 그루빠 중앙위원회는 종말을 고하게 되었다. 통합 지지자들은 패권주의자들을 중앙위원회로부터 축출하였고, 서울 콤 그루빠 중앙위원회의 새로운 구성원 전원은 통합의 편에 서게 되었다. 이 중앙위원회는 대회의 결정에 의거하여 공산당에 가입한다는 결정을 즉각 채택했고, 이에 따라 서울 콤 그루빠는 1926년 11월 14일 조선공산당에 가입하였다.

추후에 보다 상세한 보고서를 제출하도록 하겠다.

고려공산청년회 중앙위원회 대표 김강 [서명]

РГАСПИ, ф.533, оп.10, д.1898, лл.54-55.

1927년 11월 14일 강진, 남준표 등이 코민테른 동양비서부에 보낸 서한

수신: 코민테른 동양비서부

조선으로 향하던 중 용정(10월 3일 사변이 일어난 동만주)에 도착한 직후 우리는 중국과 조선의 국경을 넘어가는 데 있어 매우 큰 어려움에 봉착하였다. 서울까지 가는 데 필요한 자금이 없었기 때문에 우리는 우리 당 중앙위원회에 어떤 방법으로 국경을 통해 잠입하고 여행 경비를 어떻게 충당할 것인지의 문제를 해결해 줄 것을 요청하였다. 그 후 우리는 중앙위원회로부터 서한을 받았다. 서한에서 그들은 우리가 다음의 두 가지 문제를 자체적으로 해결할 수 있다면 자기들은 우리가 서울에 오는 것에 동의한다고 말하였다. 첫째, 우리가 스스로 물적으로 보장할 수 있을 것. 이 첫 번째 조건은 조선 체류를 위한 것이다. 둘째, 우리가 지하로 들어가지 않고 합법운동 사업을 할 것. 물론 우리는 이 문제들을 해결할 수 없었지만, 그럼에도 우리는 어떻게든 조선으로 잠입하기로 결정하였다. 하지만 용정에서는 경비를 지원받을 수 있는 가능성이 전혀 없었다. 왜냐하면 연락총국(бюро Связи)이 블라디보스토크에서 우리에게 서울까지 가는 경비로 각각 20루블씩 주었기 때문이었다. 그 직후 중앙위원회에서 만주총국에 이 동지들이 만주에서 사업해야 한다는 지령을 보냈기 때문에 우리는 여기에서 한 명은 동만주 구역위원회 선전비서로, 다른 한 명은 만주총국 지도원으로 사업하지 않을 수 없게 되었다. 우리가 동방노력자공산대학을 마친 후 실무사업을 수행했음에도 불구하고 예기치 않은 사태로 인해 우리는 만주를 포기하고 블라디보스토크로 가지 않을 수 없었다. 사변의 결과 엄청난 탄압과 검속이 만주 전역을 휩쓸었다. 따라서 우리는 다음과 같은 우리의 문제를 검토해 줄 것을 당신들에게 요청한다. 첫째, 우리가 이곳에 있는 동안 일시적으로 물적 지원을 해줄 것. 둘째, 앞으로의 거취에 대해 우리에게 지령을 내려줄 것. 왜냐하면 우리는 돈도 없이 매우 어려운 처지에 놓여 있고, 검속이 계속되는 상황에서 만주로 돌아가는 것이 전혀 불가능하기 때문이다. 우리는 만주의 거리에서 수많은 삐라를 보았는데, 거기에는 "검거된 공산주의자들의 즉각 처벌"이라는 문구가 적혀 있었다. 우리뿐만 아니라 만주에서 도주한 다른 많은 열성적 동지들이 여기에서 매우 어려운 처지에 놓여 있다.

지금 우리는 가까운 장래의 상황에 대한 상세한 보고를 작성하지 않을 수 없도록 하는 매우 심각한 하나의 문제에 대해 언급하지 않을 수 없다.

박윤세를 중심으로 결집한 공청의 한 그루빠가 만주의 당과 상급 기관을 파괴하기 시작한 직후부터 사변이 있기까지 만주총국과 동만주 구역위원회의 지도적 당 기관들이 일본 경찰에 의해 해산되었는데, 이 분자들은 이 사건을 검거된 책임적 동지들에 대한 거짓말을 확산시키는 절호의 기회로 이용하였다. 그들은 당의 지도권을 자기들이 장악하고 최근의 사변으로 인해 만주에서 도주한 프락찌야 외부 분자들을 조직할 목적으로 블라디보스토크 인근에서 매일 비합법 모임을 개최하였다. 그러나 그들은 비당원과 비공청원들을 만주로 보내면서 자기들을 당원이라고 소개하고 합동국가정치국(ОГПУ)에 여권을 의뢰하는 등의 짓거리를 통해 전연방공산당(볼셰비키) 기관을 기만하였다.

따라서 당신들은 이 문제를 즉각 조사할 필요가 있다. 그렇게 하지 않으면 당 사업을 계속할 수 없기 때문이다.

이제 우리는 만주에서의 당 사업 현황 및 당과 공청 간의 상호 관계에 대한 상세한 보고서를 작성하도록 하겠다.

1927년 11월 14일

[판독 불가]

강진

남준표

РГАСПИ, ф.533, оп.10, д.1901, лл.1-2.

1928년 2월 11일 강우와 김재명이 국제공청에 보낸 보고서

수신: 국제공청

조선공산당 중앙위원회 대표와 코민테른 대표의 회동 및 보고 이후 상황에 대한 보고

1. 1928년 2월 1일의 상세한 검거 상황

대회 준비와 관련하여 여러 지역에서 활동이 활기를 띠었다. 종로경찰서가 예기치 않게 서울에서 중앙위원회 위원 동지 4명을 검거하였다(김철, 김강, 김병일, 정익현). 중앙위원회 위원 강우 1명만이 남았다. 다른 책임일꾼인 하필원, 엄학준, 조기승 등 10명이 넘는 자들도 자택에 억류되어 가택수색을 받았고, 이 과정에서 2,000엔이 넘는 공청의 돈이 압수되었다. 하지만 다른 문서들은 단 하나도 발각되지 않았다.

향후 검거의 위험은 없었다. 중요한 문서들은 김철의 책임하에 있었기 때문에 불안에 떨어야 할 이유가 없었다. 이후 유죄의 증거가 없었기 때문에 대다수가 석방되었다. 현재(1928년 2월 14일) 김철, 김강, 김병일, 정익현, 이평권, 하필원 등 10명이 넘는 사람이 구속 상태에 있다.

2. 중앙위원회의 조직

중앙위원회 위원 5명 중 1명만이 검거되지 않았기 때문에 중앙위원회는 김재명, 한명찬 등의 후보위원을 충원하여 총 5명이 되었다.

책임자(비서) - 강우

조직부장 - 김재명, 이계심

선전부장 - 한명찬

전조선공청대회를 2월 말까지 소집하기로 결정했지만, 대회 준비위원회 위원들이 검거됨에 따라 강우, 송언필, 이계심 3명이 위원회로 들어갔다.

3. 당과 공청의 관계

이전의 당중앙위원회가 검거된 후 후보위원들이 새로운 중앙위원회에 충원되었다. 이 중앙위원회를 무조건 지지하고 앞으로 당의 지도하에 활동하기로 결정되었다.

대표단의 상해 파견

당면한 대회의 준비와 소집으로 인한 최근 상황에 대해 보고하고 대회 개최에 소요되는 자금을 요구하기 위해 상해에 있는 국제공청(К.И.Ю.)에 사람을 보냈다.

대회 및 대회 이후 중앙위원회의 활동 관련 문제

대회 이후 국제공청의 지령에 따라 활동하게 될 기구(совет)를 선발하기로 결정하였다. 기구의 구성원은 12명이었다.

분파투쟁 문제

우호적인 만남(회합)의 방법으로 무원칙한 분파주의자들의 조직을 파괴하고 있다.

이영, 김영만, 허일, 권태석(Гуен Тай Ян)과 그 지지자들은 일본 경찰의 눈앞에서 당과 공청의 책임적 동지들에게 강압적인 행동을 했고, 대중 앞에서 조직의 비밀을 폭로하였다. 그 결과로 최근의 검거가 발생했던 것이다. (처음에 그들이 대중 앞에 폭로를 했고, 그것이 경찰에게까지 알려지게 되었기 때문이다).

그들은 외국에 있는 상해파 지도자 주종건, 윤자영과 연계하여 조선에 있는 다양한 프락찌야를 통합하고 그것들을 당과 공청에 대립시키고자 하고 있다.

하지만 그들의 그루빠는 타락한 봉건 계층을 기반으로 구성되어 있고, 대중은 그것을 지지하지 않는다.

심지어 거짓 선전으로 인해 그들을 아무런 의심 없이 믿었던 자들마저도 말과 실제와의 차이를 이해하고 당과 공청의 본질을 접하면서 당과 공청 쪽에 설 뿐 아니라, 상해파와 [판독 불가] 투쟁을 전개하고 있다. 그들의 수괴들이 아직도 계속 반동 행위를 하고 있기 때문에 조선 전역에서 분파투쟁을 뿌리까지 청산하기 위한 단호한 운동이 발생하였다.

그들의 수괴인 김영만은 "나는 코민테른으로부터 당과 공청의 전 조선대회를 소집할 독점적 권한을 부여받았다"라는 거짓 소문을 퍼뜨리고 있다. 또한 자기 지지자들과 협의회를 개최하여 김영만을 코민테른에 보내는 대표로 선정하였다. 김영만은 조선에서 모스크바로 떠났다.

조선 및 간도 공산당 재판

1925년 2월 13일부터 1926년까지 조선공산당 건으로 검거된 조선 공산주의자들에 대하여 최고 6년, 최하 1년 징역의 판결이 내려졌다. 12명이 석방되었고, 2명에 대해서는 형의 집행이 유예되었다. 오늘 총 14명이 석방되었다.

김재봉과 강달영에게 최고형인 6년형이 언도되었다. 권오설은 5년형을 받았다. 석방된 14명 가운데 조직의 지도하에 사업을 수행할 능력이 있는 자는 4~5명 남짓이다. 나머지는 북풍회에 속해 있으며, 그들의 입장은 정해지지 않았다.

간도공산당 건은 예심이 진행되고 있다. 모두 20명이다.

블라디보스토크 전연방공산당원인 조선인 중상모략자들의 협의회에 대하여

조선인 중상모략자 당원 협의회의 결정 내용들 중에는 다음이 있다.

고려공산청년회(KCY) 중앙위원회 위원 김강과 조선공산당(KCP) 총무부원 박윤세를 무정부주의적 조합주의 경향으로 규탄하고, 그들의 당권을 박탈한다. 또한 블라디보스토크의 일상적인 세포 회합들에서 전연방공산당 책임당원인 김 아파나시(Ким Афанасии)와 김 미하일(Ким Михаил)의 소식을 알리고 이를 신문에 게재한다.

고려공산청년회 중앙위원회 제2차 대회에서 이 문제에 대해 구체적인 토론을 하기로 결정되었다. 왜냐하면 그와 같은 공표로 인해 최근에 김강이 검거되었기 때문이다.

김강 동지와 기타 동지들이 충실하게 사업을 지속했음에도 불구하고 이를 무시한 채 그러한 결정을 내리고 심지어는 신문을 통해 대중에게 전파함에 따라 일본 경찰이 그것으로부터 정보를 얻고 있다. 객관적으로 말해서 이는 반혁명 활동이다.

나는 가장 최근의 전반적 상황에 대하여 전하고 있다. 보다 상세한 보고는 제2차 대회 이후에 대회 결정과 함께 제출하도록 하겠다.

1928년 2월 11일

고려공산청년회 중앙위원회 책임비서 강우

조직부장 김재명

РГАСПИ, ф.533, оп.10, д.1908, л.38.
РГАСПИ, ф.533, оп.10, д.1908, л.39.

용정에서 국제공청에 보낸 서한

조선어에서 번역
수신: 국제공청

친애하는 동지들

우리는 강우 동지가 가져온 당신들의 지시를 기쁜 마음으로 받았다. 또한 자금을 보낸 데 대해 당신들 동지들에게 감사를 표한다.

우리는 강우 동지가 우리의 노력 덕분에 우리에게로 안전하게 귀환했다는 생각을 멈추지 않고 있다. 정치적, 경제적 상황은 바뀌지 않았다. 이전과 마찬가지이다. 군국주의자들의 세력이 매일같이 성장하고 있다. 우리는 그들에 맞서나가고 있지만, 아직은 그 성과가 매우 적다. 하지만 사회의 상황이 계속 변화하고 있음을 언급하지 않을 수 없다.

우리는 소규모의 선전사업에 착수할 생각이다. 참고할 수 있도록 강우 동지가 작성한 우리의 보고서를 우리에게 보내줄 것을 요청한다. 상황에 대한 상세한 보고서를 조만간 발송할 것이다.

용정[판독 불가]에서 77.49. *

---

* 　　　원문에 이렇게 표기되어 있다. 특정인을 지칭하는 암호 숫자로 판단된다.

РГАСПИ, ф.533, оп.10, д.1900, л.1.

1928년 2월 29일 보낸 서한

1928년 2월 29일, 모스크바

일본 경찰에 의해 88명의 동지가 검거되었다. 분파주의자들이 자기들의 일을 하였다. 우리는 그들이 배신했다고 말하지는 않을 것이다. 아직 우리는 그들을 혁명가로 생각하며, 우리에게는 그들이 고의적으로 배신했다고 의심할 권리가 없다. 하지만 그럼에도 그들이 자기의 일을 했다고 말하지 않을 수 없다. 그들은 일본 경찰이 우수한 우리 혁명가들을 잡는 데 도움을 주었다.

『동아일보』는 1925년 남만주에서 보리스(Борис)●를 "일본 첩자"로 몰아 처음에는 중국인들에게, 그 후에는 민족주의자들에게 넘겨준 박응칠에 대한 세 차례의 검거와 세 차례의 석방 결과 "선이 폭로되었다"고 보도하였다.

박응칠은 경찰이 혁명 조선의 우수한 청년 역량 사슬을 밝혀낼 수 있게 한 포착된 고리였다.

누가 그를, 그리고 그와 유사한 자들을 조선으로 보냈고 무엇을 위해 보냈는가.

반당적 잡배들을 단합시키고 당을 뛰어넘기 위해 해외에서 반당 블록을 만든 자들이 보냈다.

그들이 일시적으로 얻은 승리를 경축할 수는 있을 것이다. 하지만 그들로 하여금 자기들이 이제껏 결코 없었던 불명예의 대가로 이 승리를 얻었다는 것을 기억하게 하자. 당에 엄청난 소동을 불러일으키고 당에 모든 잡배들을 불러 모은 그들은 이를 통해 자기들이 일본 사냥개들을 당으로 달려들도록 부추겼고 이 개들을 당의 흔적으로 향하게 했음을 알아야 한다. "혁명"을 갖고 노는 어린애들이 개자식들에게 당의 비밀을 전달하고 "공산단체들"에 달려들도록 하는 것이 직접적 혹은 간접적인 배신이라는 사실을 모르는 것은 용납할 수 있다. 하지만 장기간의 혁명투쟁 실무 경험을 가진 어른들이 이를 모르거나 이를 생각하지 않는 것은 범죄이다.

●   김 보리스(김강)로 추정된다.

우리 분파주의자들과 일을 도모하는 것은 어렵고도 위험하다. 그들은 무분별한 투쟁과 증오를 가지고 어느 앞에서도 멈추지 않고, 수단을 고려하지 않으며, 사람들을 고려하지 않는다.

"책임이 막중하다(тяжела шапка мономаха)"···● 젊은 동지들이 옛 분파들에 대한 "대담한" 살육을 위해, 그리고 성장하고 공고화되고 있는 조선 공산주의운동의 지도하에 "대담하게" 서기 위해 몸을 던졌다.

"레닌은 죽었지만, 레닌주의는 살아 있다." 경찰에 의해 동지들이 일시적으로 사업에서 쫓겨났지만, 당과 당성을 위해 그들이 시작한 옛 분파들의 살육 사업은 계속 살아 있을 것이다.

[서명]

●   원문에 이렇게 표시되어 있다.

РГАСПИ, ф.533, оп.10, д.1900, лл.121a-121б.

1928년 4월 20일 제출한 김호반의 자서전

나는 1903년 조선의 "강원도 통천"에서 태어났다. 부모는 빈농이었다. 1911년 어려운 경제 사정으로 인해 부모와 함께 러시아로 이주하였다. 막노동에 종사한 부모의 지원을 받으면서 1911년부터 1914년까지 블라디보스토크에서 공부하였다. 1914년부터 1917년까지 니콜라옙스크(Николаевск)에서 살면서 학업을 계속하고, 여름에는 고기잡이를 하였다. 이렇게 해서 고려인학교를 마쳤다. 학교를 마친 후 한동안 고기잡이에 종사하다 1918년부터 1919년 5월까지 "간도"에 체류하면서 조선인 중학교에서 다녔지만, 1919년 삼월사건 이후 일본 경찰의 추격으로 인해 졸업을 하지는 못하였다. 1919년 가을부터 1920년 5월까지 니콜라옙스크에 있었다. 당시 트랴피쯘부대(Тряпицынский отряд)의 붉은 빨치산이었던 니콜라옙스크 빨치산전선에서 부친이 사망한 후 나는 가족과 함께 스보보드니(Свободный)로 왔다. 붉은 군대에 자원입대하여 1920년 11월부터 1922년 7월까지 스보보드니와 이르쿠츠크에 있었다. 이르쿠츠크에서 6개월 과정의 제5군 예하 당 학교에 입학했고, 이를 마친 후 1922년에 실무사업을 위해 하바롭스크로 파견되었다.

1920년 11월에 러시아공청에 가입했고, 1921년 5월에는 전연방공산당(볼셰비키)에 가입하여 스보보드니 단체에 있었다. 1922년 10월에 베르흐네우딘스크(Верхне-удинск)의 통합고려당대회에 참가했고, 그 후 연해주로 가서 1923년 3월까지 당 그로데코보(Гродеково) 구역위원회 지도원으로 있었다. 지하사업을 위해 코르뷰로에 의해 파견되어 1923년 4월부터 10월까지 "간도"에 있으면서 공청단체를 조직하였다. 10월에 "간도"에서 복귀하여 1924년 3월까지 당 포시에트(Посьет) 구역위원회 지도원으로 있었다. 1924년 5월부터 7월까지 블라디보스토크 공청 제2구역위원회 지도원으로, 1924년 8월부터 9월까지는 러시아공청 블라디보스토크 군위원회 지도원으로 있었다. 1925년 8월까지 모스크바에 있으면서 동방노력자공산대학에서 수학하였다. 1925년 말에 조선으로 파견되어 1927년 10월까지 "경상남도" 공청 도위원회 비서 겸 당 도위원회 뷰로 성원으로 사업하였으며, 1926년 말부터는 공청 중앙위원회 후보위원이었다. 일본 경찰의 맹렬한 추격으로 인해(이 때문에 나는 당중앙위원회의 위임장조차 받을 수 없었다) 조선에서 더 이상 있을 수 없게 되었기 때문에 1927년 10월 당중앙위원회와 공청 중앙위원회의 지시에 따라 러시아로 왔다. 1927년 10월부터 1928년 2월까지 블라디보스토크에 체류하면서 코민테른의 추후 지시를 기다렸지만, 장기간에 걸쳐 아무런 지시도 받지 못한 채 나는 학업을 계속하기 위해 자의로 이곳으로 왔다.

1928년 4월 20일

김호반 [서명]

РГАСПИ, ф.533, оп.10, д.1900, лл.23-44об.

РГАСПИ, ф.533, оп.10, д.1900, лл.45-77.

РГАСПИ, ф.533, оп.10, д.1900, лл.78-109.

1928년 10월 김호반이 국제공청 집행위원회에 보낸 보고서

기밀

수신: 국제공청 집행위원회

실무사업차 최근 2년 동안 조선에 거주했던 나는 조선공산당과 고려공산청년회의 실상에 대해 당신들에게 명확하게 알리고자 한다. 이 보고서는 조선 혁명운동을 검토하고 규정하는 데 필요한 몇 가지 재료를 제공하게 될 것이다. 나의 이 보고서는 그러한 목적을 가지고 있다.

동방노력자공산대학 학생이던 나는 1925년 8월 코민테른에 의해 공산주의운동 실무사업을 하도록 조선으로 파견되었다. 조선의 공산주의운동이 상해당과 이르쿠츠크당의 지속적이고 무원칙한 분파투쟁으로 인해 조선 혁명운동에서 요구되는 성과를 거둘 수 없었다는 사실은 당신들도 잘 알고 있을 것이다. 비록 허약하기도 했고 충분한 노동운동 경험도 없기는 했지만 1925년 4월에 조선 내부에 처음으로 공산당이 조직적으로 결성되었다. 조선으로의 파견 지시를 받은 우리들 사이에서는 이 공산당의 결성과 관련하여 2개의 견해가 있었다. 하나는 이 새로 결성된 당이 "서울 그루빠"에 대립할 목적으로 오로지 "화요회" 하나의 프락찌야로만 결성된 당 이상도 이하도 아니라는 견해였고, 다른 하나는 비록 원칙적으로는 올바른 당으로도 확고한 볼세비키당으로도 인정할 수 없지만 막 결성된 지금의 당을 장래 조선 볼세비키당의 토대로 간주할 수 있고, 또 그렇게 규정할 필요가 있다는 견해였다. 나는 두 번째 견해가 옳다고 생각하면서 이 당을 지지하는 쪽이었으며, 이르쿠츠크-상해 통합대회의 경험을 다시금 되풀이하지 않고 당을 점진적으로 공고히 하고 발전시키는 사업에 비판적으로 접근하기를 희망하였다.

첫 번째 견해의 지지자들, 즉 지금의 당을 오로지 "화요 프락찌야"의 결실로만 간주하는 자들은 시종일관 은밀한 형태로 명백하게 반당적인 활동을 지속하였다. 그들은 왜 은밀하게 반당사업을 했을까? 그 이유는 한편으로는 코민테른이 새로 결성된 당을 승인했고, 다른 한편으로는 코민테른이 전조선민중운동자대회와 관련하여 "서울 그루빠"가 행한 정치적 행위를 알고는 과거에 "서울 그루빠"가 혁명적이었음에도 불구하고 "서울 그루빠"를 반혁명단체로 규정했기 때문이었다. 당시 "서울 그루빠"는 이 대회의 소집을 반대하는 활동을 하였다.

나는 아직도 바실리에프(Васильев) 동지의 지시 보고 연설을 정확히 기억하고 있다. 보고에서 그는 다음과 같이 말하였다. "의심의 여지없이 지금의 조선 당은 장기간에 걸친 풍부한 노동운동의 역사를 보유한 유럽 당들에 비해 허약하고, 어리고, 든든하지 못하다. 조선 당은 거리를 배회하는 굶주리고 피폐한 가난뱅이와 마찬가지로 실제로 볼품이 없기도 하다. 만약 그(가난뱅이) 주변에 있는 모든 사람들이 그가 자기의 목표에 도달하지 못할 것이라고 아우성친다면, 동지적 지원을 받지 못한 그는 자기의 목표에 도달하지 못한 채 결국에는 거리에서 쓰러지게 될 것임이 당연히 짐작된다. 반면에, 만약 사람들이 이 가난뱅이를 냉담하게 대하지 않고 동지적으로 지원한다면, 의심할 바 없이 그는 자기의 목표에 도달하게 될 것이다. 비록 조선공산당이 허약하기는 하지만, 그 주위에 있는 모든 그루빠들이 모든 역량과 레닌주의의 철포로 당을 지원한다면, 이 당은 결국에는 강력한 볼셰비키당으로 우뚝 서서 자기의 목표에 도달할 수 있게 될 것이다." 단순한 예를 이야기한 이 말로 인해 우리는 크나큰 감명을 받았고 확실하게 깨달을 수 있었다. 따라서 조선 파견을 지시받은 우리는 당시까지도 이견이 있었음에도 불구하고 공산당을 지원한다는 동일한 의지와 강철 규율로 단합하였다.

나는 당을 지원하고 보위하는 것이 옳다고 여기면서, 당연히 현재의 당과 반대로 가는 무원칙한 분파주의자들에 반대하는 적극적인 투쟁을 전개하였다.

이로 인해 나는 새로운 "청년 전위주의자들"로부터 내가 "화요회" 그루빠의 분파주의자가 아니냐는 추잡한 비판을 받았으며, 지금은 엘엘(ЛЛ) 그루빠로부터 동일한 비판을 받고 있다. 만약 내가 코민테른의 전술을 시행한다는 생각을 갖지 않은 채 반당사업을 조금이라도 수행했다면, 의심할 바 없이 이 새로운 "청년 전위주의자들"이 나를 좋은 일꾼으로 생각했을 것이라고 추정한다. 나는 레닌주의와 볼셰비키 교양, 강철 규율의 교육을 받은 전연방공산당(볼셰비키) 당원으로서 스스로에게 반당사업을 하도록 허용할 수 없었으며, 지금도 허용할 수 없다. 나는 나 자신의 당적 의무를 가지고 이 새로운 "청년 전위주의자들"에 반대하는 가장 격렬한 투쟁을 전개해 나가지 않을 수 없었다.

나는 1925년 말, 즉 조선에 이른바 "신의주사건"이 있었던 시기에 조선에 왔다. 이

사건으로 인해 중앙위원회 위원 전원이 일본 경찰에 검거되었다. 당의 명맥을 유지하기 위해 막 새로운 당중앙위원회가 조직되었다. 이러한 상황에 처하게 된 당으로서는 자기의 일꾼들이 절대적으로 필요하였다. 이와 같이 당이 어려운 상황에 처한 때에 나는 조선공산당 중앙위원회로 배속되어 왔다. 내가 서울에 온 다음 날 중앙위원회는 나를 공청 도위원회 비서 겸 당 도위원회 위원으로 임명하여 남쪽에 있는 "경상남도"로 보냈다. 나는 정치노선을 비타협적으로 인도하고 조선공산당 중앙위원회의 모든 지령과 지시를 수행하면서 이 도에서 1926년 5월까지 사업하였다. 생각건대, 이 과도기에 나라 안팎의 모든 분파주의자들이 반당사업을 했음에도 불구하고 당 사업과 공청 사업은 질적, 양적으로 발전하였다. 물론 나는 이를 통해 당과 공청 내부에 "화요회" 그루빠의 편향과 기타 결함들이 전혀 없었고, 당이 오로지 볼셰비키 노선으로만 나아갔다고 말하고자 하는 것이 아니다. 당의 전략과 전술 부분, 조직선전사업 부분, 통신, 비밀 준수, 전취, 그리고 공산주의운동에서의 분파주의 제거 부분 등에서 말할 나위 없는 많은 결함과 오류가 있었다. 조선의 전역을 지배하고 있는 조선의 사회적, 경제적 구조에서는 조선공산당의 이러한 결함과 오류가 전적으로 있을 수 있는 것이라는 점을 언급하지 않을 수 없다.

이러한 조건에서 조선 공산주의운동이 언제나 무오류인 완벽한 볼셰비키당, 레닌당을 추구하는 것은 망상일 것이다. 왜냐하면 세상에는 결코 그러한 당이 존재하지 않기 때문이다.

조선에는 아직 공업이 발전되지 않았고, 조직화된 노동계급이 없다. 조선이 80% 이상을 농민이 차지하고 있는 전형적인 농업국가임에도 불구하고 농민을 올바른 혁명노선으로 인도할 수 있는 확고하게 조직된 농민당이 없다. 공산당원과 공청원의 사회성분을 보더라도 그들 중 대다수가 전혀 볼셰비즘의 정신으로 교양되지 않은 선진 지식인과 소부르주아 계층 출신으로 구성되어 있다. 이러한 모든 것들이 조선공산당이 확고하게 서지 못하도록 하는 총체적인 원인으로 작용하였다. 이것으로는 불충분하다. 이에 더해 당 자체가 이론적 준비가 덜 되어 있고 당 지도 간부가 부족한 가운데 분파주의 활동가들에 반대하는 투쟁을 전개하지 않을 수 없었다. 생각건대, 조선에 있는 당은 자기의 정치적 활동에서 다종다양한 오류와 결함을 범하지 않을 수 없다. 조선공산당이 처한 그와 같은 실제적인 상황하에서 의식 있는 당원들 각자의 필연적인 과업은 당을 전력을 다해 지원하고, 백방으로 수호하며, 당의 오류와 결함을 교정하는 것이다. 당이 하나의 프락찌야로부터 만들어졌다거나 당이 운동을 지도할 수 없을 것이기 때문에 지도부를 다른 자들로 바꿀 필요가 있다고 하는 등등의 외침은 당의 취약한 부분과 자기에게 유리한 상황을 이용하여 당을 공격하는 것일 뿐이다.

반당분자들이 당을 비방함에도 불구하고 당은 노동자농민운동을 앞장서서 인도할 수 있었다.

알려진 바와 같이, 1926년 6월에 당은 옛 대한제국 황제 이(Ли)의 장례식을 기화로 대규모 민족혁명운동을 준비하였다. 하지만 당시에 당은 자기의 계획을 완수하지 못한 채 붕괴되었고, 자기의 우수한 인력을 상실하였다.

당이 심각한 패배를 당한 후 당에 반대하는 경향을 가진 모든 분자들은 당이 전혀 아무런 정치적 의미도 없는 6월운동을 아무런 근거도 없이 지도하려 했다고 공개적으로 떠들어댔다. 그들의 견해에 의하면, 당이 이 운동을 지도하지 않고 사태의 향후 경과를 살피면서 조용히 기다렸다면 좋았을 것이라고 한다. 이와 동시에 그들은 이 운동이 학생운동과 다르지 않았고, 수적, 질적 측면에서 1919년 삼일운동에 비해 뒤처졌다고 여겼다.

조선의 실상을 모르는 자들과 새로운 청년 전위주의자들만이 이 운동을 그와 같이 평가할 수 있을 것이지만, 레닌주의자들과 마르크스주의자들은 그 어떤 경우에도 그렇게 생각하지 않는다.

물론 이 6월운동은 그 규모에 있어 삼일운동에 뒤처진다. 우리도 그것을 인정한다. 하지만 운동의 질적 측면을 보자면 6월운동이 삼일운동보다 월등하였다. 왜냐하면 삼일운동이 중소 부르주아 대표들의 직접적인 지도하에 자연 발생적인 흐름에 따라 진행되었던 반면, 6월운동은 당에 의해 준비되었고, 명확한 최종 목표를 가지고 일정한 방향성에 따른 계획적 토대에 기반을 둔 당의 직접적 지도하에 진행되었기 때문이다. 실제로 이 운동의 전위가 누구였는가? 공산당원과 공청원들이었다. 어째서 당은 실패할 것임을 사전에 이미 잘 알고 있었음에도 이 운동을 준비하고 지도하였는가? 어떻든 운동이 당과는 별개로 시작될 것인데, 그 경우 당은 홀로 차렷 자세로 있지 않고 그것을 지도하거나 자연 발생적인 운동의 뒤를 따라가야 한다. 왜냐하면 당은 모든 기회를 이용하여 대중을 혁명화하고 합당한 권위를 전취해야 하기 때문이다. 이 운동의 결과 당은 실제로 믿을 수 없을 만큼의 심각한 타격을 받았지만, 동시에 당은 대중 앞에 자기의 존재를 알렸고, 이를 통해 광범위한 노동자농민대중 속으로 침투했으며, 그들에게 공산당이 혁명운동의 진정한 지도자라는 깊은 인상을 심어주었다. 이 운동으로 인해 당은 결정적으로 약화되었다. 이러한 상황에 처하게 된 당에 당의 향후 존속을 위한 통신이나 등록과 같은 당 내부 제도의 즉각적인 조직이라는 선차적인 문제들이 표출되었다. 당시의 추악한 반동하에서 그것을 이행할 가능성은 전혀 없었다는 것이 자명하다. 그렇기 때문에 당은 어떻게 하면 향후에 당의 명맥을 유지할 수 있는가의 문제를 조심스럽게 제기할 필요가 있었다. 이를 위해 당은 "서울 그루빠"가 그때까지도 코민테른의 결정에 반하여 분파주의적 반당 활동을 했음에도 불구하고, 코민테른의 승인을 받은 "서울 그루빠"로부터 우수한 분자들을 당으로 유인하기로 결정하였다. 비록 중앙위원회 위원들 사이에 서울 그루빠가 비공산주의적인 요구를 한다는, 즉 집단적 가입과 중앙위원회에 동일한 자리 배정을 요구한다는 이유로 서울 그루빠를 받아들이지 말자는 다른 의견이 있었음에도 불구하고 말이다. 결국 중앙위원회 위원 다수의 의견에 따라 당의 명맥을 유지하고 존속시키기 위해 서울 그루빠에 최대한 양보하면서 서울 그루빠의 좌익을 영입한다는 결정이 내려졌다. 하지만 옛 당원들의 그와 같은 양보에도 불구하고 서울 그루빠는 당 내 권력을 장악할 목적 하나만을 가지고 당에 가입하였다. 그것이 아니라면 당 내부에서 자행된 서울 그루빠의 행위를 설명할 수 없었다. 당이 붕괴되기 전 서울 그루빠는 6월사건에 무관심했고, 붕괴된 후에는 자기를 드러내면서 대중을 전취할 목적으로 당을 상대로 적극적인 투쟁을 전개하였다. 서울 그루빠 좌익의 면면을 본다면, 자기들이 당의 핵심이 되어야 하고, 자기들 외에는 어느 누구도 당을 지도할 수 없다는 등등을 노골적으로 부르짖으며, 그중 일부는 극동의 전연방레닌주의청년공산주의자동맹 내부에서 파괴적 행동을 한 것으로 증명되는 무정부주의적 경향과 신청년 전위주의로 인해 전연방레닌주의청년공산주의자동맹에서 제명된 옛 전연방레닌주의청년공산주의자동맹원인 이른바 "새로운 청년 전위주의자들"로부터 그것이 조직되었음을 알 수 있다.

전연방레닌주의청년공산주의자동맹에서 제명된 처지에 놓인 이 영웅들은 독자적으로 조선이나 만주로 갔으며, 그곳에서 자기의 행동을 확장시키면서 코민테른과 국제공청의 노선에 반대하는 적극적인 투쟁을 전개하였다. 따라서 그들은 당에 불만을 가진 서울 그루빠에 가담하지 않을 수 없었다. 그들은 서울 그루빠에서 자기들을 옹호하는 자들과 함께 그곳에 이른바 자기의 새로운 좌익을 조직하였다.

이 새로운 좌익과 함께 당시 도쿄에 있던 "일월회" 분자들이 당에 가입하였다.

일월회는 어떤 단체였나? 이는 "후쿠모토이즘(福本主義)"의 영향을 받는 도쿄의 대학생 단체이다. 혁명실무사업에서 단련된 경험이 없으며 "후쿠모토이즘"의 신봉자인 소부르주아 계층 출신의 이 대학생들은 대학교에서 뛰쳐나가 투쟁의 장으로 와서 조선

공산주의운동의 영웅, 대중의 쟁취자가 되기를 원했으며, 이를 위해 그들은 분파주의의 추방, 사상단체의 해산, 분열에서 통합으로, 경제투쟁에서 정치투쟁으로 등과 같은, 즉 이른바 방향의 전환, 프롤레타리아 헤게모니, 민족협동전선의 수립 등과 같은 일련의 구호를 제창하였다. 그것들 중 일부는 물론 새로운 것이 아니라 옛 당중앙위원회에서 제기되었던 것이지만, 다른 일부는, 예를 들어 "방향전환론(Степенизм)" 구호는 명백히 반레닌주의적이다. 물론 [원문 누락]에게 하나의 이런저런 벌거숭이 구호나 문제를 제기하는 것은 중요하지 않으며, 올바른 해결, 구체화, 그것의 실현이 중요하다. 그들(일월회)은 항상 자기들을 중립단체라고 과시했고, 자기들이 다른 분파투쟁과 아무런 관련도 없다고 말하였다. 한마디로 말해서 우리와 같은 죄 많은 범죄자들과 아무런 관계도 가지지 않은 고결한 사람들이라는 것이다. 이러한 무자비한 계급투쟁, 삶의 투쟁이 아닌 죽음의 투쟁하에서, 그리고 격렬한 혁명의 파도 속에서 과연 중립을 생각할 수 있을까? 만약 그렇다면 그것은 레닌주의자도 마르크스주의자도 아닌 우리들 속에 자리잡을 수 없는 속물이자 몽상가일 뿐이다.

중간은 있을 수 없다. 극단만이 있을 뿐이다. 당에 합류한 후 이 과거 중립주의자들의 정치적 면모는 어떠했는가? 그들의 당 생활에서 첫 번째 과제는 당내 권력 장악이었다. 이를 위해 그들은 서울 그루빠의 좌익과 하나가 되어 갖은 방법을 동원하여 당과 공청의 중앙기관에서 옛 일꾼들을 축출하였다. 이 모든 것에도 불구하고 나는 당의 명맥을 유지시키기 위해 당적 양심을 가지고 개인적으로 사업을 계속하는 한편, 당 내부의 그와 같은 비정상적인 현상을 제거하기 위해 노력하였다.

조선공산당이 비합법 상황에 놓여 있는 한 중앙으로부터의 완전하고 적시적인 지시나 지령을 기다려서는 안 되지만, 당의 노선을 올바르게 인도하기 위해서는 지방 일꾼들이 최소한 1개월에 1회 중앙으로부터 지시나 지령을 받을 필요가 있었다. 하지만 그들이 중앙기관을 장악하게 되자, 새로운 중앙위원회의 모든 지시와 지령이 과거의 고결한 중립주의자들의 추종자이자 현재는 새로운 분파주의자인 자들이 자리를 차지한 몇몇 도에 내려지던 수개월 동안 도 공청 비서 겸 도 공산당원인 나는 개인적으로 단 한 번도 그러한 것을 받지 못하였다. 끝내 나는 다양한 문제들에 대해 중앙으로부터 지령을 받기 위해 마침 당과 공청 중앙위원회가 대회 소집 계획을 가지고 있던 바로 그때 직접 서울로 갔다. 그들은 나에게 대회 소집에 대한 의견을 물었다. 물론 나는 후술하는 이유들을 대면서 대회 소집에 반대하였다. 1) 내부 규정이 아직 정비되지 않았다. 특히 당원 등록. 2) 이 시기가 추악한 반동이 가장 최고조에 달한 때이고, 당의 결정적 파멸을 의미할 수 있는 남아 있는 당 일꾼들의 검거 위험성이 있다. 3) 당 대회를 연기하라는 코민테른 동양부의 지령. 이러한 사정임에도 불구하고 그들은 대회를 강행하였다. 이른바 대회에 중앙위원회 위원 1명만이 참석했고 심지어 도위원회 비서는 단 1명도 없었다는 점은 슬프기보다 아예 흥미로웠다. 그럼에도 그들은 이 대회를 당 통합대회라고 불렀다. 아마도 당신들은 이 대회에 대해 잘 알고 있을 것이다. 그와 같은 당 내부 상황에도 불구하고 나는 당적 책무를 수행하면서 중앙위원회에 당과 공청 사업에 대한 테제를 제출하였다. 그 내용은 당원과 공청원의 교양 방법과 수단에 대하여, 소년운동에 대하여, 선전선동사업에 대하여, 지도와 통신 방법에 대하여, 비밀 준수에 대하여 등이었다. 중앙위원회가 나의 테제를 모두 채택했지만, 현재 자기들에게는 이 계획들을 수행할 자금이 없다는 핑계를 대면서 전술한 제안들의 실현 가능성을 막아버렸다. 하지만 사실은 자금이 부족해서가 아니며, 그러한 핑계는 분파주의적인 고려로부터 기인한 것이었다. 만약 자기 그루빠를 강화하는 데 사용되는 자금을 (그 분야에) 배정한다면, 가장 현실적인 사업을 할 수 있을 것이다. 전술한 나의 테제를 중앙위원회에 제안한 후 나는 도(道)로 돌아갔고 예전과 마찬가지로 또다시 중앙으로부터 분리된 상황에서 사업하였다. 나는 5개월 동안 중앙으로부터 아무런 지시나 지령도 받지 못한 채 사업하지 않을 수 없었다. 1927년 4월 중앙위원회는 나와 함께 우리 도와 관련된 당의 문제를 논의하고자 나를 소환하였다. 중앙위원회는 나와 함께 문제를 논의한 후 귀환비용이 없다는 핑계를 대면서 나의 귀환을 허락하지 않았다. 이렇게 1927년 10월까지 나에게 아무런 사업도 주지 않은 채 나를 서울에 잡아두었다. 그런데 나는 일본 경찰의 추적으로 인해 서울에 더 이상 있기가 어려웠다. 그러자 중앙위원회는 일본 경찰의 엄중한 추적으로 인해 내가 조선에 더 이상 머물러서는 안 된다는 핑계를 대면서 나를 국제공청으로 보냈다. 6월사건 이후 중앙위원회의 일부가 검거되고 일부가 망명했을 때 내가 조선에서 옛 당 및 공청 중앙위원회와 연결된 유일한 일꾼이었으므로 그들로서는 내가 조선에 있는 것이 마음에 들지 않았기 때문이었다. 한마디로 말해서, 그들은 당과 공청에서 옛 일꾼들을 쫓아낸다는 기본적 방침을 수행하고자 하였다. 그들의 조직적, 정치적 행위를 달리는 설명할 방법이 없다.

이 무렵에 당의 기본적 핵심이 되고 이를 통해 점차적으로 당의 권력을 장악할 목적을 가진 "일월회"와 만주공청에서 온 분자들로 구성된 이른바 엘엘 그루빠가 당 내부에 조직되었다. 애초에 이 프락찌야는 서울 그루빠와 공동으로 옛 일꾼들을 축출한 후 당 내에서 절대적인 헤게모니를 장악하기 위해 서울 그루빠마저도 축출하려는 의도를 가지고 있었다. 엘엘 프락찌야의 이러한 의도가 폭로되자 서울 그루빠는 이 프락찌야를 상대로 투쟁을 시작하였다. 이렇게 해서 이른바 서울 그루빠라는 세 번째 집단이 더 생겼다. 이 2개의 그루빠는 치열한 분파투쟁을 전개했을 뿐 아니라, 모든 문제, 예를 들어 대회 소집 준비위원회 문제, 중앙위원회 위원 전원의 해임 문제, 중앙위원회 후보위원 문제, 새로운 당의 결성 문제, 엘엘 프락찌야의 불법적 대회 문제 등과 관련하여 코민테른의 지령과 지시에 반하는 활동을 하였다. 조선공산당이 비합법 당인데다 어리고 허약한 당이었음에도 불구하고, 그리고 중앙위원회의 절대적이고 올바른 사업과 무오류에 대해 이야기할 수 없음에도 불구하고, 모든 문제에 관한 그들의 전술적 행동과 이론적 근거에 대해 그들과 결코 합의할 수 없으며, 아예 반대로 의식 있는 당원들 각자는 부득이하게 그들과 싸우지 않을 수 없다. 나는 우리 혁명운동의 지도자인 당신들에게 순수한 당적 양심에 의거하여 당신들이 조선공산당과 고려공산청년회 내부의 실제 상황을 올바르게 파악할 수 있도록, 그리고 분파주의적 고려와는 전혀 상관없이 이 보고서를 쓴다. 나는 당신들이 내 보고서의 본질을 올바르게 포착할 것이라고 확신한다.

공업과 농업 현황, 노동자와 농민의 상황, 부르주아의 반동화, 조선에서 일본 제국주의의 정책, 조선에서 다나카(田中義一) 내각의 새로운 파시스트정책 등과 같은 나라의 경제 및 정치 상황과 관련된 문제들에 대해서는 당신들이 이미 잘 알고 있으리라 생각한다. 따라서 나는 이 문제들에 대해서는 보고서에 상세하게 언급하지 않고, 순수하게 당과 공청 관련 문제들만 간략하게 적도록 하겠다.

I. 공청의 상황

1. 1926년 공청 통합중앙위원회의 설립에 대하여

6월사건 이전의 공청 상황에 대해서는 당신들이 잘 알고 있으므로, 나는 1926년 이른바 공청 통합중앙위원회의 설립 순간부터 이야기를 시작하겠다. 6월사건으로 인해 공청은 당과 함께 결정적으로 붕괴되었다. 일꾼들의 등록을 긴급하게 정비하여 어떻게 하건 공청을 살려낼 필요가 있었다. 당시에는 구원의 문제가 중요한 문제였으며, 이는 당에서도 동일하였다. 나는 당시 옛 중앙위원회 위원들 중에서 전해 동지와 고광수 동지가 남아 있던 것으로 기억한다. 고광수 동지는 스스로를 공청 비서로 칭하면서 비밀스럽게 서울 그루빠 공청과 함께 서울 주재 소련영사관으로부터 수천 루블을 받아서 (어떤 자금인지는 알려져 있지 않다) 김강을 수반으로 하는 이른바 통합중앙위원회를 조직했으며, 그 후 고광수 동지는 당의 승인은 물론이고 심지어 옛 공청 중앙위원회의 동의도 받지 않은 채 국제공청의 승인을 받기 위해 이 중앙위원회의 대표 자격으로 모스크바로 갔다. 그들의 그와 같은 비밀스러운 행적은 고광수 동지가 모스크바로 떠난 후에 밝혀졌다. 당중앙위원회 총비서 김철수와 옛 공청 중앙위원회 위원들이 주도하는 긴급회의가 소집되었다. 회의에는 원동총국에서 파견된 고준 동지도 참석하였다. 이 회의에서 고광수 동지, 김강 동지의 불법성과 잘못된 행위가 인정되었으며, 양명, 전해, 고준, 김강과 서울 그루빠의 몇 명으로 구성된 새로운 공청 임시중앙위원회가 조직되었다. 그 후 김강은 재차 국제공청의 승인을 받기 위해 공청 대표 자격으로 모스크바로 갔다. 생각건대, 당신들이 나보다 이에 대해서는 더 잘 알고 있을 것이다. 여기에서 조선공산당 중앙위원회 비서 김철수가 이러한 혼돈을 잘 알면서도 그것을 해결할 수 없었다는 것이, 더 정확히 말하자면 해결할 의지가 없었다는 것이 놀라울 뿐이다. 나는 아직도 전반적인 김철수의 행위에 대해 알지 못한다.

이것이 그들의 견해에 따르자면, 조선에서 공청운동이 자기의 높은 발전 단계로 이전하는 것으로서의 공청의 전체적인 통합 과정이다. 이에 대해 간략하게 평가하자면 다음과 같다.

1) 그들은 이것을 공청운동의 발전으로서의 통합이라고 생각한다지만, 내가 보기에 그들이 보여준 이 통합에서의 조직적, 전술적 문제 해결 방식은 그와는 정반대로 우리가 지금 목도하고 있는 바와 같이 공청 내부의 분열과 분파투쟁을 강화시켰다.

2) 분파주의적인 서울 그루빠는 옛 공청 중앙위원회를 거의 배제한 채 이 통합을 주도했으며, 이를 통해 공청 내부에서 공청의 현재 상황에 많은 영향을 미치지 않을 수 없었던 말 그대로의 전횡을 일삼았다.

3) 사전에 옛 중앙위원회의 동의를 받지도 않은 채 모험적이고, 자의적이고, 무정부주의적이고, 개인적인 협소한 프락찌야인 고광수 한 명이 공청의 통합과 같은 중요한 정치적 문제를 결정하였다. 현재의 혼돈이 바로 그 후과이다.

4) 이 분파주의적인 서울 그루빠는 조선에 부합하지 않는 상황을 보고하면서 국제공청으로부터 승인을 받고자만 하였다. 단련된 혁명 경험을 보유하지 않았고 운동을 지도할 능력도 없는 자들이 중앙기관에 자리 잡고 있음으로 인해 공청은 지금과 같은 상황에 처하게 되지 않을 수 없었다.

2. 공청의 조직사업과 선전선동사업에 대하여

첫째, 우리 공청이 비합법적인 상황임에도 불구하고 민주집중제의 원칙을 전면적으로 수행할 필요가 있다. 둘째, 우리 공청이 비합법단체인 만큼, 조직건설에 있어 단 한 순간도 비밀 준수의 원칙을 잊어서는 안 된다. 또한 공청은 청년 노동자, 극빈 청년, 청년 농민으로 자기의 토대를 삼아야 하며, 우리의 강령과 규약을 전적으로 인정하고 중앙의 지령과 지시에 무조건 복종하며 레닌이 우리에게 정확하고 명백하게 교시한 혁명사업을 위해 자기를 희생할 준비가 되어 있는 자들만을 회원으로 가입시켜야 한다. 이제 고려공산청년회가 진정으로 이 원칙들을 실현했는지 보고자 한다.

a) 고려공산청년회의 사회적 구성

장기간에 걸쳐 당 내부에서 분파투쟁이 진행되었으므로, 이 투쟁이 공청에 영향을 미치지 않을 수 없었다. 각 프락찌야가 근본적인 문제가 아닌 이른바 분파를 위해서 격렬한 분파투쟁을 전개했던 만큼, 각 분파는 자기가 승리하는 데만 유용한 분자들을 자기 쪽으로 끌어들이기 위해 혈안이 되었다. 그러한 상황에 놓여 있는 공청이 자기 대오에 진정한 계급적 대표들을 가질 수 없었다는 것은 자명하다. 이렇게 해서 공청은 우리와 관계가 먼 대다수의 분자들, 즉 소부르주아 지식인들로 조직되었다. 사실 공업이 발전하지 않았고 공업노동자 계급이 존재하지 않는 조선과 같은 나라에서는 때때로 지식인이 투쟁의 장으로 나와서 매우 중요한 역사적 소명을 수행하기도 한다. 이러한 이유로 인해 고려공산청년회에는 위에서부터 아래까지 지식인, 소부르주아 분자들과 심지어는 룸펜-프롤레타리아트가 압도적이었다. 이로부터 고려공산청년회에서 소부르주아의 무정부주의사상이 나타나는 등과 같은 끊이지 않는 분파투쟁이 생겨나는 것이다. 공청 구성원들 중 노동자와 빈농이 소수이고 지도기관이 지식인들로 구성되어 있기 때문에, 이로부터 공청의 분파투쟁과 분열이 나오는 것이다. 이것이 바로 공청운동을 약화시키는 주요한 원인이다. 당연히 이러한 원인들 외에도 고려공산청년회의 현재 상황을 만들어내는 다른 많은 원인들이 있다.

공청의 상황이 이러함에도 불구하고 "지금 조선에는 통일적인 하나의 공청이 있다", "우리만이 볼세비키이고, 다른 자들은 모두 무뢰배들이다", "모든 무뢰배들을 상대로 한 분파투쟁은 불가피하다", "우리 공청에는 노동자 성원이 많다" 등등을 외치는 사람들이 있다는 것이 더 끔찍하다. 이 자들(어린 영웅들)은 그와 같은 황당한 말을 하면서 올바른 방향으로 나아가는 것을 고의적이고 의식적으로 원하지 않고, 조선 공산주의운동을 발전시키기를 원하지 않으며, 과거에 저지른 자기들의 과오를 공개적으로 인정하려 하지 않는다.

고려공산청년회의 혼돈을 교정하고 제 궤도에 올리기 위해서는, 그리고 진정한 공산주의청년회를 만들어내기 위해서는 정치적 모험주의자들, 분파주의자들, 소부르주아 지식인들을 조선 공산주의운동의 대오로부터 축출할 필요가 있다.

b) 비밀 준수에 대하여

추악한 반동의 환경에서 당과 공청의 사업을 보다 잘 전개하고 끊임없이 지속시키기 위해서는 무엇보다도 비밀 준수가 필수적이다. 조선의 현 상황에서는 당이 통일적이고 통합적일지라도 항상 적에게 발각될 위험성이 있을 것인데, 당이 끊이지 않는 분파투쟁을 전개하는 현재와 같은 상황에서는 의심의 여지없이 당은 비밀 준수에 취약하였다.

이른바 당 통합위원회가 조직된 후 중앙위원회의 모든 결정은 자기 프락찌야가 있는 일정한 지역들에까지만 전파되었다. 그것은 아무것도 아니었다. 거의 언제나 중앙위원회의 결정이 심지어는 공청의 책임일꾼들 외에 일반 회원들에게까지, 그리고 때로는 무소속인 대중들에게까지 전파되었다.

실제로 일어났던 사실을 이야기하겠다. 고준 동지의 분파성을 이유로 그의 중앙위원회 위원 권한을 제한한다는 중앙위원회의 결정이 내려진 지 채 1주일도 지나지 않아서, 그 결정이 북간도 전역의 당원과 공청원들뿐 아니라 심지어는 무소속인 대중들에게까지 전파되었다. 서울 그루빠가 엘엘 프락찌야의 존재에 대해 알았을 때, 서울 그루빠는 책임일꾼들에 대한 파시스트적 공격(물리적 구타)을 통해 당의 모든 비밀을 노출시켰다. 그러한 경우가 상당히 많다. 만약 조선에서 혁명이 완수된 후에 지금의 문서들을 조사한다면, 아마도 대단히 많은 심각한 문서들을 발견할 수 있을 것이다. 이것이 당 및 공청의 비밀 준수 부문에서의 사업 방법과 수단의 전부이다.

c) 세포사업에 대하여

공청의 모든 사업을 가장 올바르게 발전시키는 것은 공청단체의 기본 토대인 세포사업을 얼마나 잘 수행하는가에 달려있다. 하지만 공청 세포들의 사업으로 어떤 것들이 있어야 하는가? 그것은 자기 회원들을 레닌주의 정신으로 교양시키고, 최상급 기관의 결정과 지령을 수행 및 지도하고, 선전과 선동의 방법으로 광범위한 대중을 자기들에게로 유인하는 등등이다. 고려공산청년회 세포들에 그러한 사업이 있었는가? 유감스럽게도 대답은 "아니다"이다. 공청 세포들의 사회적 구성이 지식인과 룸펜-프롤레타리아트로 이루어져 있고, 공청이 분파투쟁에 빠져 있기 때문이고, 공청 세포가 실질적인 사업을 수행할 상황이 아니었고, 누구와도 그러한 사업을 수행할 수 없었기 때문이다. 만약 세포들이 1개월 만이라도 존속한다면 조선에 우수한 세포들이 존재할 것이지만, 공청원들이 자기의 최종 목표, 그리고 자기의 공청적 의무와 규율을 몰랐기 때문에 세포들은 대다수의 경우 조직된 후 채 1주일을 유지하지 못하였다.

오늘의 공청원이 내일은 이미 자기를 무소속이라고 말하거나, 공청원들이 회비를 납부하고 회의에 참석해야 하며 자기에게 부여된 사업을 수행해야 한다는 등등의 자기 의무를 인식하지 못하는 것이 일반적인 현상이었다. 사실 이러한 공청원들은 분파투쟁의 보조일꾼일 뿐 혁명청년의 전위도 아니고, 전위가 될 수도 없는 자들이었다. 세포사업을 잘 수행하는 것은 해당 세포 공청원들의 활동성에만 달려 있는 것이 아니라, 많은 경우 상급기관의 올바른 지도에 달려 있다. 공청 중앙위원회가 세포사업을 올바른 길로 지도하고 인도하고자 했던 적이 단 한번이라도 있는가? 없다. 때로는 전혀 반대로 중앙의 개입이 세포사업(혹시 사업이 있었다면)을 훼손하였다.

한마디로 말해서 상황은 다음과 같았다. 세포들은 지속적이지 않았고, 자기 회원들을 상대로도 무소속 대중을 상대로도 사업 수행 역량을 갖추지 못했으며, 세포사업에 대한 중앙의 지도도 없었다. 아마도 많은 청년 전위주의자들은 이러한 나의 의견에 동의하지 않을 것이지만, 비록 청년 전위주의자들이 실상에 대해 눈을 감은 채 어디에서건 "우리 공청은 하나다", "모든 무뢰배들을 상대로 한 분파투쟁은 불가피하다", "우리의 운동은 현재 다른 발전 단계로 이전하고 있다" 등등을 외친다 할지라도, 존재하는 실제 사실을 부정해서는 안 된다. 레닌주의자, 볼셰비키주의자가 아닌 전위주의자들과 정치적 간상배들만이 그와 같은 공허한 말을 내놓을 수 있다. 어떤 경우이건 지금과 같이 공허한 언사를 통해 혁명운동 문제를 결정해서는 안 된다.

생각건대, 아예 반대로 우선 과거 혁명운동의 부정적 측면을 지적한 후에 과거의 오류와 결함을 교정하면서 자기 사업의 올바른 노선을 정립할 필요가 있다. 그러한 방식으로만 혁명운동 문제를 결정할 필요가 있다. 고려공산청년회의 세포사업은 새로운 토대, 즉 생산 원칙에서의 근본적인 개혁과 자기 사업 방향의 급격한 전환이 요구된다.

d) 책임일꾼 및 그들의 지도와 연락에 대하여

우리 조선의 상황이라는 조건에서는 전지전능한 지도자들을 이야기해서는 안 되겠지만, 우리는 어느 정도 혁명 경험이 있고 혁명운동을 지도할 능력을 지닌 지도자들을 선택할 필요가 있다. 만약 아무런 혁명 경험도 없고, 대중 속에서 아무런 권위도 없으며, 대중과 아무런 연계도 없는 지도자들을 지도적 자리에 앉힌다면, 그들은 결코 운동을 올바른 길로 지도하지도 인도하지도 못하고, 아예 모든 것을 훼손시키게 될 것이다. 고려공산청년회에서 청년 전위주의자들이 모든 지도적 자리를 차지한 현상을 무엇으로 설명할 수 있을까? 이는 매우 간단하다. 모든 프락찌야는 누군가가 자기의 지지자라면 그 자의 혁명적 자질이나 경험과 상관없이 그를 중요한 지도적 직책들 중 하나에 앉히고 있다. 중앙과 지방 간의 연락 문제에 대해 보자면, 이에 대해서는 심지어 많은 것을 이야기할 필요조차 없다. 명확하게 하기 위해 하나의 사실만을 이야기하겠다. 다른 도위원회들이 중앙으로부터 아무런 지시나 지령도 받지 못하던 시기에 분파의 지지자인 공청 만주총국, 공청 함경남도위원회와 전라남도위원회는 중앙으로부터 이러저러한 지시와 지령을 정기적으로 받았다. 그와 같이 사업과 연락이 비정상적으로 이루어지는 상황에서는 당연히 운동을 전진시키지 못한다.

e) 비합법 출판,『대중신문』,『조선지광』에 대하여

공청이 자기의 회원들과 노동자농민대중을 교양하고 조직하고 인도할 수 있는 자기의 기관지를 가지고 있었는가? 없었다. 사실『대중신문』과『조선지광』같은 당 기관지는 있었지만, 당이 분열된 후 그것들은 분파투쟁의 도구로 변질되었다. 이 기관지들에 우리 새로운 당 지도자들이 쓴 혁명의 전반적인 문제에 대한 몇몇 이론적 기사가 게재되었지만, 이 기사들은 레닌주의적이지도 마르크스주의적이지도 않았으며, 후쿠모토의 교리와 사상에 기반을 둔 것이었다. 당신들이 이 기사들에 대해 알고 있을 것이라고 생각되므로, 이에 대해서는 더 이상 언급하지 않겠다.

조선의 조건에서 회원들을 어떻게 교양 및 학습시키고, 광범위한 대중을 우리 측으로 유인할 수 있을까? 공청원들에 대한 책임적 지도자들의 교시와 해설, 자기 회원들과 광범위한 대중을 위한 비합법 출판이 유일한 수단이었지만, 이른바 공청의 책임적 지도자들은 자기의 회원들을 올바르게 교양시키고 학습시킬 수 있는 능력이 없었다. 왜냐하면 정치적 발전과 각성의 측면에서 그들은 일반인들과 별반 차이가 없어서 하부 단체들에 지도적 교시나 지령을 내릴 수 없었기 때문이다. 비합법 출판에 대해 보자면,

중앙위원회 스스로가 출판은 언제나 조직의 비밀을 폭로하고 아직은 신문이 존재할 필요가 없다는 핑계를 대면서, 그리고 마침내는 자금이 없다는 핑계를 대면서 그와 같은 사업(신문이나 잡지의 비합법적 간행)을 수행하기를 꺼려 하였다. 합법 신문인『대중신문』과 잡지인『이론투쟁(Теоретическая борьва)』만으로도 충분하다는 것이 그들의 견해였다.

또한 이른바 통합위원회 결성 후에도 대중 집회나 강연이 조직되지 않았다. 이에 있어 그들은 이렇듯 일본이 탄압하는 상황에서는 그러한 사업을 전혀 할 수 없었다고 말하면서 나를 질책할 수도 있을 것이다. 만약 그렇다면, 결과적으로 공청은 언제 어떤 사업을 할 수 있을까? 단지 공청이라는 간판만을 내걸었을 뿐 지속적이고 일상적인 사업은 하지 않는데, 이는 혁명적 공청의 모습이 아니다. 따라서 비합법 신문이나 잡지의 형태로 비합법 선전선동기관지를 만들 필요가 있었다.

3. 합법운동에서의 공청사업에 대하여

합법운동의 지도가 공청의 가장 선차적이고 불가결한 과업이 되어야 한다.

이 방면에서 고려공산청년회는 무엇을 했을까?

a) 조선청년총동맹에 대하여

청년운동 전반에 대해 말한다면, 조선에서 청년운동이 생겨난 순간에 관심을 기울일 필요가 있다. 말할 필요도 없이, 유명한 1919년 삼일운동이 그 순간이다. 비록 이 운동이 다른 선진적 나라들의 여타 혁명적 사변들에 비해 매우 미숙하기는 했지만, 조선의 노동자와 고농의 혁명운동에 있어서는 중요한 역사적 의미를 갖는다. 만약 조선의 혁명운동 전반에 대해 이야기한다면, 거기(운동)에서 가장 중요한 역할을 수행한 청년들을 빼놓아서는 안 된다. 청년운동은 다른 운동들, 즉 노동자운동이나 농민운동에 비해 역사가 길기 때문에 영향력의 범위가 넓다.

1919년 삼일운동 이후 벽촌들을 포함한 모든 지역에서 마치 비 온 뒤 버섯이 나오는 것과 같이 청년단체들이 속속 모습을 드러내기 시작하였다. 하지만 당시 이 단체들은 배타적으로 민족주의적인 단체들이었다. 1924년 무렵부터 그들 가운데 자기 발전 과정에서의 계급의식을 자각한 우수한 선진적 분자들이 자기가 가지고 있던 민족주의 경향을 프롤레타리아 청년들의 계급투쟁 방향으로 점차적으로 전환시키기 시작하였다. 그 결과 "대중 민주주의화를 토대로 한 새로운 인류 사회를 수립하고, 청년은 모든 대중운동에서 선봉에 서야 한다"라는 강령을 가졌고 "유일적 지도하에 청년운동을 통합하기 위한 위대한 계급 단결로 전진"이라는 문장이 포함된 성명을 발표한 조선청년총동맹도 생겨났다.

따라서 이 동맹을 민족단체들 가운데서 형성된 프롤레타리아단체, 혹은 일본 제국주의에 맞선 투쟁에서 자기의 내부적 과정과 발전이 이루어진 결과 민족단체의 방향에서 계급투쟁의 방향으로 전환한 단체로 간주할 수 있다. 이 동맹의 창립대회에는 227개 단체를 대표하는 200명이 넘는 대표가 참석하였다. 각각의 개별 지방 단체들이 이 동맹의 독립 단위였다. 한편 동맹 창립대회 이후에는 대회가 소집되지 않았고, 문서 왕래만으로 그것이 운영되었다. 당연히 이러한 이유로 인해 운동은 정상적인 발전 가능성을 상실하였다.

1927년 4월 공청의 주도로 이 동맹이 해당 군 내 모든 단체를 통합하는 군 단체들의 지역적 통합 원칙에 따라 재조직되었다.

조선이 처한 주객관적인 조건으로 인해 이 동맹은 계급투쟁의 확고한 방향에 따라 발전할 수 없었으며, 동맹 자체의 향후 운동에 다른 방향, 즉 전면적 민족협동투쟁이 요구되었다. 따라서 공청은 이 동맹을 지도하면서 종교 청년들을 포함한 혁명적 청년들 모두를 유인하는 방향으로 나아가고자 하였다. 이는 공청이 이 동맹을 지도하는 데 있어 취했던 가장 훌륭한 정치적 행보였다.

이제 동맹의 사회적 구성을 살펴보자. 청년동맹과 같은 합법단체는 당에서 진행되는 분파투쟁의 영향을 받지 않을 수 없었다. 이 동맹이 다종다양한 프락찌야의 시금석이었다고 이야기할 수 있다. 그러한 동맹이 우수한 노동자와 농민을 자기 대오로 유인할 수 있었을까? 당연히 아니다. 분파사업을 할 수 있는 지식인, 룸펜-프롤레타리아트와 심지어 불량한 자들이 동맹의 주요 대중이었다. 동맹의 그러한 실체에도 불구하고 국제공청 제5차 대회에 참가한 고려공산청년회 대표들을 포함한 많은 사람들은 이 동맹 내부의 민주집중제를 말하고 있다. 추악한 반동과 단체의 다종다양한 사회적 구성이라는 조건에서 과연 우리가 지금 민주주의를 말할 수 있을까? 생각건대, 이러한 구호를 앞세워서는 안 된다. 왜냐하면 사회적 구성이 노동자와 농민으로부터 매우 멀리 떨어져 있기 때문이다. 말하고 쓰는 것으로는 부족하고, 중요한 것은 사실을 증명하고 보여주는 것이다. 진정 노동자와 농민 대중을 기반으로 만들어지는 동맹을 설립하는 데는 보다 많은 노력과 열정이 요구된다.

b) 학생운동에 대하여

"조선 해방"의 구호하에 진행되는 반일운동으로서의 학생운동 역시 삼일운동 시기에 맹렬하게 생겨났다. 하지만 이 운동은 자기의 올바른 지도부를 찾지 못했고, 그 안에는 일정한 계급의 이익을 대변하는 완성된 정치사상이 없었다. 따라서 이 운동은 점차 무너져 갔고, 종교학생단체들만 남게 되었다.

1924년부터 1927년 무렵까지 모든 지역에서 "학교 기관 측의 학생에 대한 비인간적 대우 및 일본인 학생과 조선인 학생에 대한 차별 대우 철폐, 무원칙적 학생 퇴학의 중단, 강압적 일본어 교육의 중단, 학교에서의 조선어와 조선 역사 교육 요구, 학교에서 학생들의 행동 자유, 기숙사의 충족 등등"의 구호하에 학생파업이 격렬하게 진행되었다. 이러한 운동의 결과 조선 해방을 위해 싸운 수많은 우수한 전사들이 지금 영어의 몸이 되어 있다. 공청은 이 운동에서 어떠한 역할을 했을까? 공청은 이 운동의 지도부를 설치하지도, 지도를 하지도 않았다.

공청이 작은 지원이라도 했더라면, 그것을 자랑스럽게 말할 수 있을 것이다.

생각건대, 이 운동에 무관심한 태도를 보였음에도 불구하고 그들은 이미 당신들에게 자기들이 이를 훌륭하게 지도했다고 보고하였다. 노동운동[*]의 진정한 상황을 이해하기 위해서는 무엇보다도 그와 같이 교언영색을 한 자들에 대한 혹독한 비판이 필요하다.

학생운동의 올바른 발전을 위해서는 다음이 필요하다고 생각한다. 1) 공청과 학생운동 간의 긴밀한 연계. 2) 이 운동에 대한 책임자 직책의 조직. 3) 물적 지원. 4) 사회 여론의 고무. 5) 공청 측으로부터의 올바른 직접적 지도.

c) 소년운동에 대하여

소년운동은 청년운동의 예비이다. 이 운동의 그 같은 중요성에도 불구하고 공청은 거기에 관심을 기울이지 않았으며, 거기에서의 사업을 공청의 중요한 사업이라고 생각하지 않았다. 이 운동은 전체적으로 우리와 관계가 먼 계급의 지도하에 놓여 있었다. 그것은 이른바 "보이스카우트"였다. 공청은 소년운동과 관련하여 다음과 같은 것들을 할 필요가 있다. 1) 소년들을 올바르게 지도하고, 프롤레타리아 정신으로 교양시켜야

---

[*] 학생운동의 오기로 보인다.

한다. 2) 난폭한 교육정책 부문을 개혁할 목적으로 사회 여론을 고양시켜야 한다. 3) 수 많은 비정상적인 소년들을 생겨나게 하는 소년 육체노동과 열악한 급식에 반대하여 싸 워야 한다. 4) 소아병에 대한 전면적인 투쟁. 5) 사상적으로 비정상적인 소년들을 만들 어내는 종교와 군국주의 정신으로 소년들을 교육시키는 데 반대하는 투쟁. 6) 일본의 동화정책에 반대하는 투쟁.

종교청년단체들의 지도를 받는 전술한 소년단체 "보이스카우트"는 5월 1일이 전 세 계 프롤레타리아를 위한 노동절임에도 불구하고 5월 1일을 자기의 기념일로 만들었다. 고려공산청년회는 이를 알면서도 프롤레타리아 단결의 기념일과 대립되는 그와 같은 기념일에 반대하는 조치를 전혀 취하지 않았다. 그런즉 향후 고려공산청년회는 공청에 서 일꾼들을 차출하여 프롤레타리아 소년단체를 조직해야 한다.

e) 종교청년단체에 대하여

공청은 조선청년총동맹을 통해 혁명을 지향하는 종교단체들을 유인하는 노선을 추 구했지만, 이러한 노선은 실현되지 않았다. 왜냐하면 첫째, 고려공산청년회는 그 단체 들과 관계를 맺어서는 안 되었기 때문이다. 둘째, 고려공산청년회는 반종교사업을 수 행할 필요가 있었다.

앞으로 고려공산청년회는 이 단체들 내부에서 분열사업을 완강하게 수행하는 동시 에 뛰어난 혁명분자들을 우리 측으로 유인해야 한다. 그렇게 함으로써 일본 제국주의 에 반대하는 민족협동전선을 수립할 필요가 있다.

III. 당의 분파투쟁과 관련한 공청의 다양한 경향과 분열

당신들이 잘 알고 있는 바와 같이, 당 내부의 각 프락찌야들은 다른 대립하는 프락찌 야와 그루빠에 대한 모든 가능한 중상과 비방을 확산시키면서 몇 년의 기간 동안 끊임 없이 격렬한 투쟁을 전개해 왔으며, 이를 통해 외골수의 당을 만들어왔는데, 그로 인해 이 당은 사면초가의 상황에 놓여 있고 일꾼들 모두는 자기가 어느 프락찌야에 속해 있 건 상관없이 영어의 몸이 되어 있다.

말할 필요도 없이 당의 친근한 자식인 공청도 그와 같은 고질병의 전염을 피할 수 없 었다. 이제 공청 내부에 어떤 경향들이 있고, 누가 그것들을 대표하는지 살펴보도록 하 겠다.

A. 이른바 엘엘 그루빠의 본질과 편향성

엘엘(레닌주의동맹(Ленинский Союз)) 그루빠는 1926년 봄에 다음과 같은 분자들로 조직되었다.

1) 만주공청 그루빠 출신, 이른바 박윤세, 김강, 강진, 한 미하일(Хан Михаил) 그루빠

2) 서울 그루빠의 일부, 최창익, 이정윤, 김병숙

3) 일월회 그루빠 출신, 도쿄에 있던 안광천, 최익한, 하필원

초기 엘엘 그루빠는 "무원칙적 분파투쟁의 퇴치", "운동에서의 통일성 실현" 등의 구호를 내걸고 투쟁의 장으로 나섰다. 이러한 구호 덕분에 이 그루빠는 다수의 대중을 자기 쪽으로 끌어들일 수 있었지만, 결국에는 자기의 협소한 분파주의적 편향을 드러내지 않을 수 없었다. 후쿠모토의 제자인 "일월회"의 영도자들이 그루빠의 사상적 지도자들이었기 때문에, 그들의 정책과 이론은 이 엘엘 그루빠의 정책과 이론에서 완벽하게 자기의 동일체를 찾아냈다.

실제로 이 그루빠가 당과 공청에 가담한 후, 즉 1926년 9월부터 이 그루빠는 자기의 기관지인 『대중신문』과 『이론투쟁』을 통해 어떤 정책과 이론을 펼쳤는가? 첫째, 자기 분파의 이념인 청년 전위주의를 집요하게 선전하였다. 청년 전위주의의 본질은 다음과 같다. ① 그들의 견해에 의하면, 엘엘 이전의 운동, 즉 1926년까지의 운동은 편협한 분파주의자들의 운동이었기 때문에 엘엘이 출현한 시점, 즉 1926년이 현 공산주의운동의 기원이 되어야 하며, 따라서 분파주의자인 모든 옛 공산주의자들을 당에서 축출할 필요가 있다. 이리하여 그들은 "통합 이전에 분열(До объединения раскол)"이라는 구호 하에 모든 옛 일꾼들을 축출하면서 자기의 생각을 실현하였다. 결국 엘엘 그루빠의 그와 같은 편협한 정치적 독점주의로 인해 당이 지금의 상황에 놓이게 된 것이다. ② 이 그루빠는 자기의 분파주의를 표출시켰고, "프롤레타리아 헤게모니"를 구실로 민족혁명 단체들을 장악하고자 하였다.

둘째, 이 그루빠는 추미주의(특유의 기회주의)의 구현체였다. ① 1926년 가을부터 1927년 4월까지 이 그루빠는 "민족협동전선"의 구호를 외치면서 프롤레타리아의 계급적 독립성을 완전히 망각한 채 아무런 수치심도 없이 "자치운동"의 불가피성을 주장하는 단계로까지 우경화되었고, 그 후 대중의 강력한 압력에 따라 자기의 면모를 급격하게 변화시키면서 기존의 "자치운동" 이론과 정반대되는 "자치주의 근절" 구호를 들고 나왔다. ② 이와 함께 이 그루빠는 우리에게는 현 조선 혁명운동 단계에서는 확장된 민족협동전선을 조직할 능력이 없다기보다는 아예 지금은 그것이 필요하지 않으며, 우선

은 확장된 민족운동의 준비 단계인 노동계급 자체의 단결이 필요하고 그 후에야 민족협동전선이 필요하다고 말하면서 자기의 "방향전환론"을 계속 주장하였다.

그들의 이러한 모든 동요성과 편향성은 이 그루빠의 기관지인 『대중신문』과 『이론투쟁』에서 전면적으로 표출되었다. 이렇듯 이 그루빠는 자기의 진정한 얼굴인 추미주의를 마르크스주의와 레닌주의의 혁명적 기치 아래 철저하게 감추고 있다.

이에 따라 혁명의 경험도 이론적 근거도 가지고 있지 않으며, 단지 자기의 분파주의와 "방향전환론" 등만을 추구하는 그와 같은 지도자들이 있는 가운데 우리의 운동은 문란해지지 않을 수 없었다.

B. 서울 그루빠의 청산주의 경향

전술한 엘엘 경향 이외에 그것과 함께 "장일성", "[판독 불가]" 등의 필명을 사용하여 "식민지 나라 조선에서는 프롤레타리아 헤게모니에 대해서도 이야기해서는 안 된다", "계급 교리를 던져버리고 민족협동전선을 수립할 필요가 있다", "계급의 깃발을 내던지고 민족협동전선의 수립을 위하여" 등의 여러 기사를 발표한 신일용을 중심으로 한 서울 그루빠의 일부가 주장하는 청산주의 경향도 존재한다. 한마디로 말해서, 제목들을 통해 알 수 있듯이 그들은 청산주의 이론을 집요하게 주장했으며, 공산당의 운동을 민족해방운동에 용해시키기를 원하였다. 그 후 이 청산주의 이론은 일련의 격문(전일(Тен-Ир))의 격문과 도쿄에 있는 신간회 반대자들의 격문)과 서울 그루빠 일부의 기관지인 『조선운동』의 글들에 반영되었다. 이외에 그들은 "신간회" 내부에서 공산주의 분자들과 대립하던 소부르주아 경향을 지원하면서 자기의 사상을 실현하였다.

당연히 그러한 경향도 엘엘 경향에 못지않게 당에 해악을 가져다준다. 그렇기 때문에 우리는 어떻게 해서라도 가까운 장래에 엘엘 경향과 서울 그루빠의 청산주의 경향을 제거할 필요가 있다.

C. 제3의 노선

내가 보기에 당 내부에는 전술한 2개의 경향과 더불어서 당 내부의 잘못된 편향들에 반대하는 투쟁을 전개하고 당과 공청의 공고화를 위해 체계적인 사업을 하는 보다 공평하고 적절한 경향이 존재한다. 그 경향은 과거 우리의 운동을 편파적이고 일방적으로 비판하지 않는 반면 계급적 규범에 의거하여 보다 공정하고 엄격하게 비판하며, 이를 통해 과거의 오류와 결함을 교정하고 있다. 또한 이 경향은 레닌이 우리에게 교시한 방식에 따라 노동자와 농민을 기반으로 당과 공청을 창건하기 위해 노력하고 있다. 그러한 방법으로만이 대중을 진정한 혁명의 길로 인도할 수 있는 통일적이고 공고한 당과 공청을 만들 수 있다.

IV. 간도 공청사업에 대하여

농업지대인 간도의 주민 대다수는 완고한 경제적, 정치적 압력에 놓여 있는 빈농으로 이루어져 있으며, 그곳에는 혁명을 지향하는 수많은 청년들이 있다. 그렇기 때문에 1919년 3월 1일부터 일본의 원정 토벌이 있기까지 청년운동이 매우 선명하게 발현되었다. 이 청년들은 삼일운동 순간부터 조직사업과 선전사업을 적극적으로 수행했고, 일본 토벌대에 맞서 영웅적으로 투쟁한 빨치산부대들에 참여하였다. 이 청년들은 빨치산운동이 괴멸된 후 간도를 떠나 러시아로 이주했으며, 그곳에서 그들은 러시아 노동자들의 창조적인 사업의 생생한 예를 통해 계급투쟁의 볼셰비키 전술, 그중에서도 특히 군사술을 습득하고 대중의 벗인 공산주의의 진정한 전사로 변모하였다. 간도에서는 1920년 이후, 즉 일본 토벌대가 혁명운동을 진압한 후부터 1923년까지 운동이 잦아들었지만, 붉은 군대가 외국 간섭자들, 그중에서도 특히 일본의 간섭으로부터 극동을 해방시킨 후 붉은 사상의 직접적인 영향을 받으면서 간도 전역이 활기를 되찾았다. 그리하여 1923년 말에 나는 코르뷰로의 박윤세(물론 당시에는 박윤세에게 지금과 같은 편향이 없었다)와 함께 간도로 파견되었고, 그곳에서 우리는 고려공산청년회를 조직하였다.

A. 간도공청은 대다수가 학생인 청년 농민들을 토대로 조직되었다. 사실 지도자부터 학생에 이르기까지 어느 누구도 전적으로 성숙한 계급적 자각은 없었지만, 그들은 프롤레타리아 헤게모니가 아니고서는 조선혁명을 완수할 수 없다는 확고한 믿음을 가지고 있었다. 조직 원칙은 당시 러시아공청의 원칙과 견고하게 연결되어 있었던 것으로 추측된다.

B. 고려공산청년회 만주총국의 설립
만주총국은 러시아공청 내부에서의 파괴적 활동으로 인해 러시아공청에서 제명된 박윤세를 필두로 한 청년 전위주의자들에 의해 조직되었다. 그들은 러시아공청에서 제명된 후 만주로 옮겨와서 북간도와 남간도의 모든 공청단체들을 장악했고, 다양한 지역에 새로운 공청 세포들을 조직했으며, "옛 분파주의자들의 축출"과 "조선공산당 창건은 청년의 몫"이라는 구호하에 그 세포들을 기반으로 만주총국을 설립하였다. 여기에서 이른바 전위주의가 확연하게 표출되었다.

참조: 이른바 전위주의는 러시아 지역 청년들 사이에서 생겨났다. 이 청년들은 간섭자들로부터 극동을 해방한 후 처음으로 공산주의에 대해 알게 되었다. 왜냐하면 당시 조선인들 중에는 이론적으로 준비된 인물이 없었기 때문이었다. 이리하여 러시아어를 구사할 수 있고 공산당의 강령을 그럭저럭 알게 된 청년들 사이에 청년이 공산주의의 진정한 구현자이고 조선 프롤레타리아혁명의 전위라는 자부심이 생겨났다. 실제로는 조선의 실제 상황에 대해서조차 전혀 무지했으면서 말이다. 사실 이 청년들이 끔찍하게 증오했던 상해공산당과 이르쿠츠크공산당 간의 장기간에 걸친 분파투쟁이 전위주의 출현의 객관적인 원인이었다. 이 청년들은 전위주의를 실행하기 위해 당 및 공청과 마찬가지로 도위원회부터 세포에 이르기까지 당과 공청의 모든 기관에 비밀스럽게 자기의 기관을 조직하였다. 그러한 행위로 인해 당과 공청에서 제명되었음에도 말이다.

이후 자기의 과오를 깨닫지 못한 채 만주로 혹은 조선으로 옮겨가서 당과 공청에 반대하는 자기의 행동을 지속하였다. 그들은 자기의 행동을 강화하기 위해 조선의 반당 그루빠였던 서울 그루빠에 가입하였다.

C. 이 청년들은 당과 공청에 대한 자기의 불만으로 인해 자기 영향력 영역의 공고화를 위한 반당 활동을 적극적으로 수행하면서 당과 공청 중앙기관들의 모든 비밀을 폭로했고, 모든 가능한 수단을 동원하여 책임일꾼들을 비방하고 비판했으며, 이를 통해 공청과 민족혁명가들 속에서 분파투쟁을 고무시키고, 전조선민중운동자대회의 소집을 반대하였다.

물론 여기에는 러시아공청에서의 제명과 관련된 불만 하나만이 그들의 적극적인 분파성을 촉발시킨 원인이 아니었다. 그것 외에도 조선공산당이 조직된 후 조봉암이 사전에 박윤세 동지에게 알리지 않은 채 조선공산당의 지시에 따라 당 만주총국을 조직했던 것 역시 중요한 원인이었다. 정말 이상하게도 아무런 원칙적인 이견도 없는 상태에서 거의 전적으로 이런저런 일꾼들의 인간관계가 분파투쟁에 이바지했다는 것이 사실이다.

D. 당 만주총국과 공청 만주총국의 관계

조봉암이 당 만주총국을 조직한 후, 특히 6월사건 이후 옛 중앙위원회의 망명한 일꾼들이 당 총국의 지도적 직책을 차지한 후 조봉암과 공청 총국 간에 투쟁이 끊이지 않고 이어졌다. 사실 당시 실제로 공청 총국의 정탐원으로 당 총국의 권위와 사업을 훼손하기 위해 당의 비밀을 공청 총국에 체계적으로 전달했던 박윤세도 총국 위원이었다. 당중앙위원회는 이를 알고는 그를 일체의 혁명전선으로부터 축출하기로 결정하였다. 박윤세가 이러한 결정을 알게 되었을 때부터 그는 당 총국의 열렬한 반대자가 되었고 공청 총국을 부추겼으며, 공청 총국은 당 총국에 그를 당 총국에서 제명한 것에 대한 공식적인 최후통첩을 보냈다. 지난 1927년에 있었던 10월 공산주의 사변들로 인해 모든 우수한 일꾼들이 투옥되어 있었다. 그러한 상황에도 불구하고 엘엘 그루빠는 공청 및 당 만주총국과 관련하여 아무런 결단성 있는 조치도 취하지 않았으며, 아예 박윤세와 이경호(Ли-Тенг-вон)에게 당 총국의 지도적 직책을 부여하였다.

전일이 석방된 후 엘엘 그루빠는 재차 그에게 만주사업을 제안하였다.

나는 엘엘 그루빠의 이러한 행위와 공청의 무정부주의적 편향에 절대로 동의할 수 없다. 만약 우리가 그들에 대해 단호하고 공정한 조치를 취하지 않는다면, 혁명운동은 다시금 지금까지 조선 혁명운동이 처했던 것과 같은 절망적인 상황으로 빠져들게 될 것이다.

합법사업, 군사사업 등등의 분야에서 당과 공청에 노정된 그와 같은 비정상적인 현상으로 인해 간도에서도 간도사업이 정상적으로 발전하지 못하도록 하는 항시적인 분파투쟁이 모습을 보이고 있다.

요컨대 조선 당에 다양한 그루빠와 경향들이 존재함에 따라 공청 내부와 간도에도 그러한 경향과 그루빠들이 존재하고 있다.

최근의 정보들을 통해 간도에서 지난해에 있었던 10월사변 이후 김찬, 김홍선 등이 북간도에 당 총국과 공청 총국을 재차 조직했다는 것이 알려졌다. 나는 이에 대해 상세하게 이야기할 수 없다. 왜냐하면 나는 지금 그것에 대해 잘 알지 못하기 때문이다.

이상이 내가 간도에서의 공청사업에 대해 이야기할 수 있는 전부이다.

V. 조선공산당과 고려공산청년회의 관계

전술한 모든 것으로부터 당 내부에 어떠한 경향과 그루빠들이 존재하는지가 보인다. 만약 그렇다면, 그것들 각자의 관계 또한 독특하고 비정상적일 것이다. 일정한 그루빠들과 인물들 간에 아예 조직 문제나 전술 문제에 대한 무엇인가 원칙적인 이견과는 전혀 상관없이 분파주의적인 고려에 기반을 두고 연계하려는 경향이 존재한다. 이것이 당과 공청 관계를 명백하고 간략하게 종합한 것이다.

VI. 결론

전술한 모든 것들로부터 우리는 다음과 같이 간략하게 결론을 내릴 수 있다. 조선 공산주의운동이 태동한 순간부터 지금까지 다양한 그루빠와 경향들 간에 끊이지 않는 격렬한 분파투쟁이 전개되었으며, 그로 인해 당은 혼돈 상태에 빠지게 되었다. 이 투쟁은 무원칙하고 공허한 것이었고, 자기의 확실한 계급적 기반이 없는 어떠한 그루빠나 프락찌야건 해서는 안 될 것이었다.

"우리는 유일당이다", "당은 유일적 지도하에 통합되었고, 나머지는 모험주의자들이다" 등은 모두 조선의 실상을 전혀 모르는 모스크바의 이런저런 자들에 의해 유포된 허언이었다. 그러므로 향후 조선 공청운동의 발전을 위해서는 다음이 필요하다고 생각한다.

1) 무엇보다 먼저, 모든 혁명운동을 지도하게 될 당의 문제를 구체적이고 애매하지 않게 결정할 필요가 있다.

2) 당 문제를 해결함에 있어 우리에게 부적합한 모든 편향과 경향을 단호하게 배격하는 동시에 공청 내부에 있는 모든 정치적 간상배들을 축출해야 한다.

3) 지식인과 룸펜-프롤레타리아트를 자기의 토대로 하고 있는 기존의 공청을 레닌주의 원칙에 따라 청년 노동자, 청년 농민의 계급적 토대를 갖는 단체로 재조직해야 한다. 이것이 고려공산청년회의 당면 사업이며, 앞으로 고려공산청년회의 발전은 이것에 달려 있다.

4) 혁명투쟁 경험이 있는 일꾼들을 지도적 직책에 발탁해야 한다.

5) 회원과 무소속 대중에게 올바른 정치교양을 실시하기 위해 비합법 신문과 잡지를 발간할 필요가 있다.

6) 청년운동은 청년 노동자, 청년 농민에 토대를 두어야 하며, 그들 중에서 청년총동맹(Всеобщий Конфедерация Молодежи)의 지도적 간부를 발탁해야 한다.

7) 소년운동을 조직하기 위해 합당한 일꾼들을 발탁하고, 우리에게 적대적인 계급과

종교단체들의 영향을 받는 소년단체들을 대상으로 교란사업을 실시해야 하며, 이를 통해 대다수의 소년 대중을 전취해야 한다.

8) 공청은 시위를 조직하고 선전을 실시하며 각종 유형의 격문을 발간함으로써 다양한 청년단체들이 자기의 일상사업과 자체교양 및 대중 강연을 통해 체계적인 반일 활동을 수행할 수 있도록 청년단체들을 지도해야 한다.

9) 민족개량주의 단체들에 반대하는 무자비한 투쟁을 전개하고, 이를 통해 대중에게 그들의 행동을 폭로해야 한다.

10) 일본공청과 긴밀하게 연락하고, 좌익 청년단체들 및 노동조합들과 연계할 필요가 있다.

11) 중국공청 및 중국 당과 긴밀한 상호 관계를 가지면서 체계적인 반전(反戰), 특히 중국에 대한 일본의 간섭을 반대하는 사업을 수행해야 한다.

이것이 현재 고려공산청년회의 당면 과업들이다.

보고서를 마치면서 다시 한 번 주지시키고자 한다. 나는 당신들이 나의 보고서를 어떤 분파주의자의 글로서가 아니라 공산주의의 믿음직한 전사가 조선 문제에 대해 일정한 재료를 제공하는 문서로서 받아주리라 믿어 의심치 않는다. 또한 나는 당신들이 조선 공산주의운동의 새로운 시작이 될 올바르고 엄정한 결정을 내릴 것이라고 확신한다.

공산주의적 인사를 보내면서

РГАСПИ, ф.533, оп.10, д.1900, лл.120-121.

1928년 10월 18일 김단야가 제출한 몇몇 동지들에 대한 평정

몇몇 동지들에 대한 평정(김단야)

M A*

그를 모른다. 그가 연해주 슬라뱐카(Славянка)에서 태어났다는 것만 들었다. 초급학교를 졸업하였다. 1923년 가을에 고려공산청년회에 가입하였다. 부모(소상인)가 이를 반대했기 때문에 그는 가출하였다. 1926년 그는 동방학연구소에 들어갔다. 1927년 여름부터 1928년까지 조선에서 실무사업을 하였다. 실무사업 중에 한 차례 일본 경찰에 검거되었는데, 그 이유는 모르겠다.

강진(국제공청 제5차 대회 대표)

그가 고려공산청년회 대표로 모스크바에 온 금년 8월까지 그에 대해 아무것도 듣지 못하였다. 그가 모스크바에 온 후 김호반 동지로부터 그에 대해 다음과 같은 말을 들었다. 그는 연해주 포시에트(Посьет)에서 태어났다. 1922년까지 하바롭스크의 러시아중학교에서 교육받았다. 1922년 10월 소비에트정권이 연해주를 장악한 후에 그는 전연방레닌주의청년공산주의자동맹에 가입했고, 니콜스크-우스리스크(Никольск-Уссурийск) 공청 세포에서 사업하였다. 1924년 말 그는 옛 지도자들에 반대하여 싸울 목적을 가지고 전연방레닌주의청년공산주의자동맹 내부에서 분파사업을 했다는 이유로 연해주 주회의에서 그의 몇몇 동지들과 함께 전연방레닌주의청년공산주의자동맹에서 제명되었으며, 무정부주의적 조합주의(анархо-синдикализм) 편향자로 규정되었다. 그러자 그는 자기의 동지인 박윤세, 김강, 한 미하일과 함께 만주로 떠났다. 그곳에서 그들은 만주 고려공산청년회에 가입하였다. 당 총국의 모든 위원과 열성자들 29명이 일본 경찰에 검거된 지난해 10월까지 그들은 당 총국에 반대하여 지속적으로 싸웠다. 검거가 있은 후 강진은 지난해 10월에 블라디보스토크로 왔고, 모스크바로 오기 전까지 그곳에

---

* 원문에 이렇게 기록되어 있다.

있었다. 따라서 그는 단 한 번도 조선에 있은 적이 없다. 그가 어떻게 대회의 대표가 될 수 있었는지 이해되지 않는다.

김호반

나는 극동민족대회에 참가하기 위해 소련에 온 1921년부터 그를 잘 안다. 당시 그는 이르쿠츠크에 있는 붉은 군대에 소속되어 있었다. 프리도(Фридо) 동지에게서 그의 모든 이력을 알아낼 수 있다. 나는 여기에서 그의 이력을 매우 간략하게 알리고자 한다. 그는 1903년 조선 강원도에서 태어났다. 그가 8살일 때 그는 부모와 함께 연해주로 이주하였다. 만주 간도에서 중학교를 다녔다. 1920년에 붉은 군대에 들어갔고, 공청원이 되었다. 1921년 전연방공산당(볼셰비키)에 가입해서 (이르쿠츠크) 한인 연대의 붉은 군대 정치국에서 사업하였다. 1922년 이르쿠츠크에서 당 강습을 이수하고 대대 정치국 비서가 되었다. 1922년 6월에 지하사업을 위해 연해주로 파견되었다. 1923년에는 고려공산청년회를 조직하기 위해 만주로 파견되었다. 1924년부터 1925년 10월까지 동방노력자공산대학에서 수학하였다. 1925년 말에 코민테른에 의해 조선으로 파견되었으며, 1927년 9월까지 그곳에서 공청 중앙위원회 후보위원 겸 경상도 도당위원회 위원으로 사업하였다. 검거의 위험으로 인해 이론적 준비를 공고히 할 목적으로 모스크바로 보내졌다.

1928년 10월 18일 모스크바

김단야 [서명]

РГАСПИ, ф.533, оп.10, д.1900, л.126.

1928년 11월 5일 강진이 아부고프에게 보낸 서한

극비

아부고프 동지 친전

중앙위원회 위원 명단 및 그들에 관한 간략한 평정

1. 중앙위원회 책임비서 – 음달(陰達)*

농민. 교육 – 중하. 27살. 1924년부터 서울 그루빠에 소속. 1926년부터 고려공산청년회 회원 및 조선공산당 당원. 1926년부터 전라북도 도위원회 책임비서. 1926년부터 중앙위원회 후보위원(제2차 당대회에서 승인받음). 1927년 말부터 중앙위원회 위원 및 조직부장. 1928년 3월부터 책임비서. 6월에 검거됨.

2. 강진(술리모프(Сулимов))

23살. 1922년부터 전연방레닌주의청년공산주의자동맹원. 1925년 연해주에서 …** 분파투쟁으로 전연방레닌주의청년공산주의자동맹에서 제명됨. 1925년부터 고려공산청년회 회원 및 고려공산청년회 만주비서부 도총국 책임비서. 1926년부터 고려공산청년회 간도위원회 책임비서. 1927년부터 고려공산청년회 중앙위원회 만주총국 … . 1927년 4월부터 고려공산청년회 중앙위원회 만주총국 위원 겸 선동부장. 1928년 4월부터 고려공산청년회 중앙위원회 위원.

3. 이현우(Ли Хен У)

식료공업 노동자. 28살. 교육 – 하. 1924년 서울 그루빠에 참여. 1924년부터 고려공산청년회 회원. 조선공산당 당원 및 중앙위원회 후보위원(제2차 당대회에서 승인받음). 1926년부터 함경남도 도위원회 책임비서.

●   김재명의 이명이다.
●●   원문에 이렇게 표시되어 있다. 이하 동일하다.

4. 김관수(Ким Гван Шу)

1926년 중앙위원회 옛 위원. 1928년 중앙위원회 신임 위원.

5. 모반(Мо Бан)

농민. 23살. 교육 – 중. 1924년 만주에서 적기단에 있었음. 1925년부터 고려공산청년회 회원. 1927년부터 고려공산청년회 만주총국 간도위원회 위원. 1928년부터 중앙위원회 위원.

6. 김철선(Ким Чер Сен)

교사. 교육 – 중. 1924년부터 서울 그루빠에 있었음. 1926년부터 공산당 당원 및 공청 회원, 도위원회 위원. 1928년부터 중앙위원회 위원.

7. 강우

1925년부터 북경 콤 그루빠에 있었음. 1927년 고려공산청년회 회원 및 조선공산당 당원, 북경 공청단체 책임비서. 1928년부터 경남도위원회 책임비서 및 중앙위원회 위원. 1928년 7월과 8월 동지들의 검거 후에 보선되었음.

중앙위원회 위원들이 발각된 수많은 경험을 갖고 있고, 경찰의 탄압으로 인해 중앙위원회 운영에 위기가 조성되고 있음을 감안하여 이 명부를 극비에 부쳐줄 것을 요청한다.

강진

1928년 11월 5일
모스크바

РГАСПИ, ф.533, оп.10, д.1900, л.127.

1928년 11월 15일 강진이 국제공청 집행위원회 식민지위원회에 보낸 청원서

극비

수신: 국제공청 집행위원회 식민지위원회

청원서

지금까지 고려공산청년회와의 연락이 매우 취약하였다. 이는 블라디보스토크에 있는 연락소에 조선의 연락소들과 전문적으로 연락을 유지하는 조선인들이 없었기 때문이다.

우리 사업에 대한 정보를 자주 전하고 국제공청 집행위원회 측으로부터의 지도적 지령들을 받기 위해서는 블라디보스토크에 있는 연락소에 완전히 비밀스러운 조선인 동지들을 배치할 필요가 있다고 생각한다. 프로핀테른의 연락 계통에서 사업하는 김혜수(Ким-Хе-Су) 동지에게 위임하면 이 문제를 해결할 수 있다.

내가 떠나기 전에 이 문제를 해결해 줄 것을 청원한다.

고려공산청년회 대표 강진(술리모프) [서명]

1928년 11월 15일 모스크바

РГАСПИ, ф.533, оп.10, д.1900, л.128.

1928년 11월 15일 강진이 아부고프에게 보낸 서한

아부고프 동지

우리 공청의 격심한 유동성 문제와 관련하여 참고하도록 다음과 같이 통보한다.

1926년에 세포 수 50, 회원 232명, 후보회원 173명 등 총 405명이었다(1926년 2월 28일자 고려공산청년회 중앙위원회 책임비서 권오설의 보고).

이 통계는 1926년 고려공산청년회에 800명이 있었다는 당신의 말과 부합하지 않는다.

1928년 11월 15일
모스크바
고려공산청년회 대표 술리모프 [서명]

РГАСПИ, ф.533, оп.10, д.1904, лл.2-3об.

РГАСПИ, ф.533, оп.10, д.1904, лл.4-9.

1929년 1월 1일 고려공산청년회 중앙위원회 대표 강진이 국제공청 집행위원회에 보낸 1928년 10월 20일 자 고려공산청년회 중앙위원회 보고서

극비

수신: 모스크바, 국제공청 집행위원회

1928년 10월 20일 자 서울 고려공산청년회 중앙위원회 보고서

중앙위원회 부책임비서 장일우 [서명]

A. 지도부 개편

1. 금년 2월까지 중앙위원회 구성원은 다음과 같았다.

중앙위원회 총비서 김철 동지

조직부장 김강 동지

선전부장 이인수 동지

위원: 김병일, 온낙중, 음달, 남천우 – 7명 동지

2월 초에 김철, 김강, 김병일, 온낙중 동지 등 4명의 중앙위원회 위원과 전임 총비서 하필원 동지 등 총 5명의 동지가 서울 경찰에 검거되었다. 그들은 현재 서울지방법원 예심에 회부되어 있다.

2. 전술한 동지들이 검거된 후 후보위원인 한명찬, 이계심 동지가 중앙위원회 위원으로 임명되었다. 다음과 같이 직책이 배분되었다.

남천우 동지 – 중앙위원회 총비서

음달 동지 – 조직부장

이인수 동지 – 선전부장

한명찬, 이계심 동지는 위원이다.

2월 중순 공청 제2차 대회 준비사업을 하는 중에 남천우 동지가 검거되었다.

3. 남천우 동지가 검거된 후 이인수 동지가 총비서로 선출되었다. 그는 2월 하순 조선공산당 제3차 대회에 공청 대표로 참가했지만, 그 직후 검거되었으며 현재 서울법원 예심에 회부되어 있다.

4. 3월 25일 음달, 한명찬, 이계심 등의 나머지 동지들이 강진, 지모사, 장일우, 김명호, 김복진 동지를 중앙위원회 위원으로 보선하였다. 조선공산당 중앙위원회는 한명찬 동지를 당 사업으로 소환하였다. 다음과 같이 직책이 배분되었다.

음달 동지 – 중앙위원회 총비서

강진 동지 – 조직부장

지모사 동지 – 선전부장

장일우, 이계심, 김명호, 김복진 동지는 위원이다.

(나는 국제공청에 보낸 정보 보고서를 통해 그들의 가명을 전하였다. 강진)

5. 금년 4월 초순에 있었던 중앙위원회 전원회의에서 국제공청 제5차 대회 대표로 강진, 이계심, 정의식 동지가 선발되었다. 이들 중 뒤의 2명 동지는 회의에 참석하고자 가는 중에 검거되었다.

6. 중앙위원회 위원이자 국제공청 제5차 대회 대표인 이계심 동지는 7월 8일 원산에서 검거되어 2년형을 언도받았다(서울 "101인" 재판에서 ……*). 음달 동지는 7월 13일에, 김복진 동지는 9월 1일에 서울 경찰에 검거되었다. 그들은 서울법원 예심에 회부되어 있다.

7. 2월 초에 다음의 동지들이 검거되었다.

이평권 – 전라북도 도위원회 비서

김광 – 경상남도 도위원회 비서

정익현 – 공청 중앙위원회 일본분과

4월 말에 다음의 동지들이 검거되었다.

정의식 – 강원도 도위원회 비서

김창일 – 함경북도 도위원회 비서

●   원문에 이렇게 표시되어 있다. 이하 동일하다.

8월에 다음의 동지들이 검거되었다.

> 이원곤 – 평안도 도위원회 비서
>
> 백남표 – 황해도 도위원회 비서
>
> 조룡 – 전라남도 도위원회 비서

8. 8월 24일에 나라 전역에서 검거가 시작되었다. 그 결과 100명이 넘는 동지가 검거되었다. 현재 약 80명의 동지가 심리를 받고 있다.

9. 9월 2일 (만주) 간도단체의 약 80명의 동지가 검거되었다. 일부는 석방되었다. 64명의 동지가 서울법원의 심리를 받고 있다. 일본에서는 10명의 동지가 검거되었다. 이들 역시 서울법원의 심리를 받고 있다.

음달 동지가 검거되면서 중앙위원회 회의록과 중앙위원회 출판물을 압수당하였다. 이에 대해서는 본 보고서를 통해 집행위원회에 알리도록 하겠다.

10. 음달 비서 동지가 검거된 후 임시로 그의 대리 책임자로 장일우 동지가 그 직책을 대행했고, 한인수 동지를 보선하였다. (이렇게 해서 현재 중앙위원회에는 장일우, 한인수, 강진, 지모사, 김명호 등 5명의 동지가 있다)

B. 고려공산청년회의 활동(4월부터 현재까지의 개요)

1. 5월 28일 중앙위원회 회의에서 금년 7월 중순으로 예정된 제2차 대회 소집을 위한 조직위원회를 선발하였다. 위원회 위원으로 지모사, 장일우, 이계심 동지를 선발하였다. 검거로 인해 대회가 연기되었다.

2. 도쿄의 고려공산청년회 중앙위원회 기관지 『청년조선』(매 10일당 1회 발간)을 발간하였다. 7월 중순부터 8월까지 3편을 발간하였다. 내용은 다음과 같다.

국제청년절의 역사. 이 기념일을 경축하기 위해 준비된 글들. 조선 청년운동 소식. 조선 청년노동자농민의 상황, 교양과 과업 등.

구호:

청년노동자 – 청년운동의 전위대

모든 혁명적 청년은 조선청년총동맹의 기치 아래로

일본 제국주의 축출!

제14차 국제청년절 만세 등

26개의 예약자회를 조직했는데, 그 가운데 13개가 공장과 제조소에 있다. 이 잡지를 위한 기금 229엔 35전을 모금하였다. 모금은 신문 공고, 공장 및 제조소, 농촌에서의 예약자회 선전 등을 통해 진행되었다. 만주에서는 만주공청 중앙위원회 기관지인 『청년전위(Авангард Молодежи)』 신문이 1회 발간되었다. 내용은 다음과 같다.

청년운동의 과업. 위대한 민족당의 조직. 다양한 합법 청년단체 소식.

구호:

일본 약탈자들과 동맹을 맺고 있는 반동단체의 축출!

우리는 약탈자 일본과의 투쟁에서 전위가 될 것이다.

조직적인 군사운동을 시작하자 등.

3. 우리의 선전을 위해 학교의 8월 여름방학을 이용하였다. 일본과 조선의 선전원 총 25명으로 8개의 선전 그루빠를 조직하였다. 그들은 조선의 42개소를 순회하였다. 다음과 같은 주제가 예정되었다.

청년노동자농민의 과업

청년운동의 현 단계

중국혁명의 역사적 순간

노동운동과 민족혁명운동 등.

4개소에서만 마지막까지 선전이 수행되었고, 나머지들에서는 경찰에 의해 금지되거나 해산되었다. 각각의 선전에 약 700명의 많은 대중이 모였다. 금지나 해산 조치가 취해진 여러 곳에서 경찰과 대중 사이에 충돌이 있었다. 청중 23명 중 강연자 8명이 검거되어 2개월 징역형을 언도받았다. 조선 근로인민에 대한 일본 제국주의의 가장 혹독한 탄압을 폭로할 목적으로 금지, 해산, 충돌을 이용하였다.

4. 청년노동자농민을 위한 강연, 담화, 야학 강습소의 조직, 축구 경기 등을 위해 공청 지하혁명소조에서 사업하는 학생 80명을 농촌으로 파견하였다.

5. 도쿄에서 있었던 일본의 산둥반도 점령에 항의하는 회의에 고려공산청년회 대표들이 참가하였다. 이 점령과 관련하여 4개의 격문이 발표되었다.

6. 학생운동을 지도하기 위해 중앙위원회의 지도하에 위원회를 조직하였다. 위원회는 학생들을 대상으로 사업을 확장했으며, 위원회의 지도하에 여름에 예를 들어 함흥고보, 함흥농업, 서울의 상업학교, 원산고보, 양정고보, 대구고보 등 40개의 학교에서 동맹휴학을 진행하였다. 대구고보에서는 경찰과 학생들 간에 충돌이 있었고, 그 결과 약 50명의 학생이 6개월 이상의 징역형을 언도받았다. 사회단체들이 다음에 반대하는 항의 결정을 내렸다.

1) 학교와 경찰의 연계 및 이를 통한 학생 탄압

2) 조선총독부 교육기관 등

공청은 학생들의 전 민족적 동맹휴학을 조직하기 위해 격문을 5회 발행하였다. 중앙위원회의 지도하에 조직된 전 민족적 동맹휴학이 사전에 발각되었음에도 불구하고 조선의 대규모 학교들에서 동맹휴학이 진행되었다.

10월 말까지 1년 동안 퇴학 497명, 정학 1,464명, 징계 및 경고 87명으로 총 2,047명이 피해를 당하였다.

공청은 다음과 같은 구호를 제기하였다.

일본 제국주의의 …… 정책 축출

학교에서 조선어로 수업해야 한다.

일본어를 제한해야 한다.

경찰의 동맹휴학 간섭과 동맹휴학 학생들에 대한 법적 조치 반대

학생자치 만세

빈곤 아동의 학습권을 위해 비용 징수 체계를 철폐해야 한다.

무상교육과 학용품의 무상 지급

사회과학의 자유로운 학습

학생의 자유로운 사회단체 참여

7. 노동조합들에서 학생부 조직사업을 수행하였다. 그러한 학생부는 약 5개이다. 몇몇 지역에서는 이전에 조직된 부들이 격동에 휩싸였다. 그 원인은 노동조합이 해산되거나 취약했기 때문이다. 새로운 조직 형태는 …… . 하지만 대도시들에서는 새로운 조직 형태가 실질적으로 자기의 길을 개척하는 데 성공하고 있다. 예를 들어 원산에는 5월에 청년부가 조직되었는데, 현재 약 700명의 동지가 소속되어 있다. 조직 시에 다음과 같은 구호가 제기되었다.

8시간 노동제. 파업의 자유, 국제노동절 경축 등.

8. 5월 1일 관련 지하 담화와 보고를 진행하였다. 5월에만 청년 노동자 13명이 공청에 가입하였다. 간도에서는 붉은 깃발을 든 시위가 있었다. 일본 경찰과의 충돌이 있었다. 일본 경찰은 붉은 깃발을 든 최초의 정치적 시위를 해산시켰다. 5명의 동지가 2개월 구류형을 받았고, 3명이 2년간의 유형에 처해졌다.

9. 검거와 가혹한 탄압으로 인하여 8월 24일부터 세포들과 청년노동자농민들 사이에 제14차 국제청년절에 대한 지하 담화가 진행되었다. 합법적으로는 진행하지 못하였

다. 서울에서는 서울청년회가 (공청 프락찌야를 통해) 경축집회를 개최하기로 결정했지만, 이마저도 금지되었다. 간도에서는 제14차 국제청년절과 관련하여 약 80명의 동지가 검거되었다.

10. 조선에서 동방노력자공산대학으로 8명의 공청원이 파견되었는데, 가는 도중에 3명이 검거되었다.

고려공산청년회 부총비서(장일우)
조직부 부부장(김명호)

번역자로부터: 이 보고서는 조선공산당 중앙위원회 연락 업무 전권대표이자 동방노력자공산대학 강습생인 지모사 동지가 블라디보스토크로 가져왔다. 내가 아직 모스크바에 있을 때 나를 통해 집행위원회로 보내졌다. 이것을 받고 여기에서 번역하였다. 왜냐하면 국제공청에는 조선어를 러시아어로 번역하는 번역자가 없기 때문이었다.

1929년 1월 1일
블라디보스토크

고려공산청년회 중앙위원회 대표 강진(술리모프)

РГАСПИ, ф.533, оп.10, д.1903, лл.1-6.

РГАСПИ, ф.533, оп.10, д.1904, лл.10-30.

РГАСПИ, ф.533, оп.10, д.1904, лл.30a-35.

РГАСПИ, ф.533, оп.10, д.1904, лл.36-41.

РГАСПИ, ф.533, оп.10, д.1904, лл.43-49об.

1929년 2월 25일 이일천, 장일우가 국제공청 집행위원회에 보낸 보고서

1929년 2월 25일

수신: 국제공청 집행위원회

1929년 제1차 회의에서 채택된 고려공산청년회 중앙위원회 결정에 대한 보고

여기에는 1929년 제1차 고려공산청년회 회의에서 채택된 국제공청 제5차 대회 결과 및 고려공산청년회 집행위원회의 결정 문제, 그리고 국제공청과 고려공산청년회의 연락 및 일본, 중국공청과의 연락 문제에 대한 모든 결정과 결의가 포함되어 있다. 연락 문제와 관련하여 우리는 당신들이 우리를 위해 합당한 조치를 취해주기를 희망한다.

고려공산청년회 중앙위원회 비서 이일천 [서명]

조직부 비서 장일우 [서명]

중앙위원회 제1차 회의 회의록

기간: 1929년 1월 15~22일(8일간)

장소: 조선 서울

의제:

1일차 – 개회. 중앙위원회 활동에 대한 보고

2일차 - 국제공청 제5차 대회에 대한 보고

3일차 - 고려공청과 관련한 국제공청 집행위원회의 결정에 대한 보고와 토론

4일차 - 고려공청의 과거 및 현재 과업에 대한 비판

5일차 - 공청 자체의 지도 및 재조직 문제, 지방 단체들의 지도를 조정하는 기술적 측면

6일차 - 당과 공청의 상호 관계 문제. 공청 통합 시 회원 자격과 관련한 분파 그루빠들의 문제. 국제공청 집행위원회와의 연락 수립 문제.

7일차 - 일본과 중국에 있는 우리 공청 회원들 문제. 우리 공청 제2차 대회 소집 문제. 사회 상황 문제에 대한 통계 문제.

8일차 - 현안 문제 및 폐회

1. 1929년 2월 15일 오후 5시 서울에서 우리 공청 중앙위원회의 첫 번째 회의가 개최되었다. 다음의 동지들이 참석하였다. 이일천, 김명호, 장일우, 윤백수, 한인수.

2. 의사일정안과 관련하여 윤백수 동지와 장일우 동지가 발의한 제안이 채택되었다.

3. 이일천 동지가 우리 공청의 활동과 내부 상황 및 조선의 내부 상황에 대하여 보고하였다.

4. 국제공청 제5차 대회에 참가했던 윤백수 동지가 회의에 대하여 3시간 동안 보고를 했고, 토론 후에 다음과 같은 결정이 채택되었다.

5. 고려공청과 관련한 국제공청 집행위원회의 결정에 대한 윤백수 동지의 보고를 청취한 후 다음과 같은 점들에 대한 진지한 토론이 진행되었다.

a) 노동청년회의 조직 문제에 대하여.

이 동맹을 조직해야 하는 불가피성을 옹호하는 논거는 다음과 같았다. "노동조합 내부의 청년부는 독립 단체가 아니라 노동조합의 일부이기 때문에 청년부는 공청의 합법적인 과도단체가 될 수 없다. 또한 청년부는 경제투쟁을 위한 단체로서 노동조합의 통제하에 경제적 구호를 위해 투쟁을 수행할 수 있다. 그러므로 청년 노동자들을 반제국주의 정치투쟁으로 인도하고 동원하기 위해서는 청년 노동자들의 정치단체로서의 전문적인 노동청년회(Пролетарская Лига Молодежи)를 조직해야 한다. 고려공청의 합법적 발현체로 혁명적 역할을 수행했던 청년동맹(Федерация молодежи)은 장래의 새로운 사회 상황의 조건에서 공청의 합법적이고 과도적인 단체가 될 수 없다. 청년 노동

자들의 정치단체로 불리는 노동청년회는 프롤레타리아 헤게모니를 확장시키기 위해 조직적이 되어야 한다."

위의 관점에 반대하는 자들의 논거는 다음과 같았다. "지금은 노동청년회를 만들기보다는 노동조합 내에 청년부를 만드는 데 관심을 기울이는 것이 더 낫다. 왜냐하면 청년부가 청년 노동자들을 교육시키고 훈련시킬 수 있으며, 청년동맹이 여전히 반동적이지 않아서 공청이 이 동맹에 프롤레타리아적 영향력을 확장시킬 수 있기 때문이다. 그러므로 만약 우리가 전문적인 노동청년회를 만들고 동맹에 대해 무관심한 태도를 보인다면, 동맹은 부르주아의 수중에 장악될 것이므로, 우리에게는 독립적인 청년동맹을 만드는 대신에 청년 노동자들을 동맹에 가입시켜 청년동맹 내에 프롤레타리아 헤게모니를 조성하고 이를 통해 동맹을 노동청년회로 전변시키는 것이 보다 이익이 될 것이다. 그와 같은 올바른 전술을 통해 우리는 동맹을 부르주아에게 빼앗기지 않을 뿐 아니라, 다른 계층의 혁명적 분자들을 우리 진영으로 끌어들일 수 있다."

오랜 시간의 토론 끝에 국제공청에서 결정한 대로 노동청년회를 조직하기로 결정하였다.

b) 고려공청이 저지른 과거의 오류에 대하여.

지도적 분자들의 전적으로 잘못된 인식으로 인해서만, 즉 통합, 동맹의 구성, 실무사업, 대중사업 등의 문제에서 심각한 과오들을 저지른 결과로 생겨난 주관적인 결함으로 인해서만 과오가 저질러진 것인지, 혹은 객관적 조건들, 즉 프롤레타리아트의 전반적 취약성, 봉건적 영향력의 잔재와 지도적 분자들의 이론적 세계관의 미성숙 등으로 인해 과오가 저질러진 것인지에 대한 문제이다. 이 문제에 대해 우리는 과오를 저지른 원인이 동맹의 주관적 결함과 객관적 조건에 의한 것이라는 결론에 도달하였다.

c) 6월운동은 과거 고려공청이 대중사업의 경험을 가지지 못한 조건에서 발생했음에도 불구하고, 우리는 이 하나의 경우를 들어서 과거 공청 지도부의 관점에 따라 정치적 및 조직적 측면에서 고려공청이 절대적으로 올바르게 행동했다고 평가할 수 없다. 전적으로 프롤레타리아적인 선전이 있었는지, 대중이 깊고 광범위하게 동원되었는지, 그리고 투쟁이 조직되었는지 등과 관련하여 우리는 그 경우를 과대평가해서도, 과소평가해서도 안 된다.

6. 과거의 고려공청 및 현재 공청의 과업에 대한 비판과 관련하여 우리는 국제공청 집행위원회의 결정에 토대를 둔 장일우 동지의 결정안을 채택하였다.

7. 중앙위원회 위원의 구성 문제에 대해서는 이 문제와 관련한 원칙적인 기준을 고

려하여 장일우 동지의 안을 채택하였다.

8. 기관의 일신(一新) 문제와 연락상의 기술적 문제에 대하여

윤백수 동지가 안을 작성하였다. 이 안에 따르면, 나라 전체가 다음과 같이 5개로 분류된다. 북동부(함경남북도와 강원도), 북서부(평안남북도와 황해도), 중부(충청남북도와 경기도), 영남(경상남북도), 호남(전라남북도). 각 부분에는 2~3개의 가장 중요한 지역들에 세포가 조직되며, 이 세포는 해당 지역의 사업을 지도한다.

연락상의 기술적인 문제도 논의되었다. 이 문제의 중요성을 고려하여 우리는 조만간 개최될 우리 공청 제2차 대회에서 이것에 대해 결정하도록 이관한다는 결정을 내렸다.

9. 지방 단체들의 지도 문제에 대하여

현재 중앙위원회 위원들이 각 도로 가서 지방 단체들을 지도하는 지도위원회의 위원 자격으로 지방 활동을 수행할 예정이다. 지방 단체들의 책임기관과 관련하여, 중앙위원회나 비서부에서 동 기관을 임명하고, 그 후 (중앙으로부터의) 지도를 중단할 것이다.

10. 당과 공청의 상호 관계 및 분파투쟁 문제에 대하여

코민테른과 국제공청의 결정을 토대로 한 오랜 시간의 토론 끝에 우리는 장일우 동지와 윤백수 동지가 작성한 결정안을 채택하였다.

11. 국제공청과의 연락 문제에 대하여

토론을 마친 후 장일우 동지와 윤백수 동지의 결정안을 채택하였다.

12. 동맹 통합 이후 회원의 제명 문제에 대하여

윤백수 동지의 보고에 기초한 결정을 채택하였다.

13. 일본과 중국에 거주하는 고려공청 회원에 대하여

윤백수 동지의 보고를 청취한 후 만주의 고려공청 총국이 조선 내부의 조선운동과 긴밀하게 연계되어야 하는지, 혹은 총국이 중국운동과 연계되어야 하는지의 문제에 대해 오랜 시간 토론을 하였다. 그 후 다음과 같은 결정이 채택되었다.

14. 제2차 대회 소집 문제에 대하여

장일우 동지의 제안을 채택하였다.

15. 동맹의 공식적 기관에 대하여

장일우 동지의 제안을 채택하였다.

16. 통계조사사업과 관련하여 장일우 동지의 제안을 채택하였다.

17. 기타

a) 일본의 이익을 위해 활동하는 밀정으로 밝혀진 조기승을 우리 동맹에서 제명한
다. 이것은 1928년 8월에 있었던 검거 시기에 판명되었다.

b) 만주총국에서 김 발랴를 제명하는 문제에 대해서는 사안을 재조사할 수 있다.

c) 총국을 지도하기 위해 장일우를 일본총국으로 파견하고, 윤백수를 만주총국으
로 파견하며, 그들에게 국제공청 제5차 대회 결과와 국제공청의 조선 문제에
대한 결정 문제를 취급하는 책무를 부여한다. 이 총국들의 우수한 분자들을 선
발해서 조선으로 소환한다.

d) 장일우 동지를 우리 공식 기관지의 책임편집자로 임명하는 동시에, 그를 우리
동맹의 전반적인 선전 및 교양 재료를 발간하는 책임자로 임명한다.

e) 중앙위원회 위원들의 직책 배분

비서 – 이일천, 장일우, 윤백수

조직총국 – 윤백수, 김명호

선전총국 – 장일우, 한인수

f) 공청 가입비는 50전으로 한다.

공청 회원의 월 회비는 10전으로 한다.

수입의 3%를 회원 납부금으로 한다.

g) 만주총국의 구성

비서 – 김장철

위원 – 이병일, 한진, 윤극일, 전용철

18. 1929년 2월 22일 폐회

РГАСПИ, ф.533, оп.10, д.1903, лл.7-25.

РГАСПИ, ф.533, оп.10, д.1903, лл.26-48.

РГАСПИ, ф.533, оп.10, д.1903, лл.49-71.

РГАСПИ, ф.533, оп.10, д.1903, лл.72-94.

고려공산청년회 중앙위원회 결정

I. 국제공청 제5차 대회의 전반적 진행 상황을 진술한 보고에 대하여

고려공산청년회 중앙위원회는 국제공청 제5차 대회 진행 상황에 대한 보고를 청취한 후 회의의 결정에 만장일치로 찬성하였다. 중앙위원회는 국제 정세의 분석과 모든 나라 개별 분과들의 상황 및 당면 과업에 대한 결정이 옳았다고 생각한다.

또한 중앙위원회는 국제공청 집행위원회의 지난 사업에 만족을 표한다. 무엇보다도 동 대회에서 채택된 강령은 전 세계적인 역사적 사실인 동시에 국제공청 산하 각 분과의 통일적 원칙이자 통일적 방향이다. 그러므로 중앙위원회는 본 강령의 채택을 환영하면서 다음과 같이 결정하였다.

1. 대회의 결정을 완전하고 정확하게 실행하기 위한 모든 수단을 강구해야 한다. 중앙위원회는 특히 대중단체들에 있는 개별 비합법 분과들의 재조직 문제에서 좋은 결과가 있기를 기대한다.

2. 제5차 대회 결정의 본질을 올바르게 받아들이고 학습하며, 모든 회원들이 본 결정을 명확하게 이해할 수 있도록 하기 위해 고려공산청년회 산하 개별 세포들과 단체들 내에서의 정치 학습을 위한 특별 소조들을 조직해야 한다.

3. 지금까지 우리는 국제공청과의 연락이 취약했지만, 앞으로는 긴밀하게 연락해야 한다. 고려공산청년회는 정보 보고를 자주 해야 한다. 그렇게 함으로써 우리는 국제공청이 우리의 사업을 알게 할 수 있으며, 우리는 국제공청으로부터 올바른 지도적 비판을 받을 수 있게 될 것이다. 국제공청 집행위원회와 고려공산청년회의 관계는 고려공산청년회가 올바른 방향으로 나아갈 수 있도록 국제공청이 견고한 정치적 및 조직적 지도를 제공하는 동시에 물적 지원을 해주어야 하는 관계이다. 그렇지 않다면 고려공산청년회는 현재의 조건에서 과업을 수행해 나가기 힘들다.

II. 국제공청 집행위원회의 고려공산청년회에 관한 결정에 대하여

우리는 국제공청 집행위원회의 고려공산청년회에 대한 결정이 고려공산청년회의 현재 상황을 올바르게 지적했고 조선과 기존 계급들의 상황을 올바르게 분석했다고 생각한다. 또한 우리는 이 결정이 고려공산청년회 지도를 위한 정기적 규범(периодическое правило)이라고 생각하면서, 다음과 같이 결정하였다.

1. 국제공청 집행위원회에서 지적한 과거 고려공산청년회의 오류를 투쟁을 통해 청산할 필요가 있으며, 동 결정의 이념에 의거하여 구체적인 당면 과업을 설정하고 이 투쟁의 결과를 국제공청에 보여줄 필요가 있다.

2. 공청의 모든 회원들이 명확하게 이해할 수 있도록 하고, 동 결정을 논의하고 학습할 수 있도록 모든 세포들에게 보다 많은 재료를 제공하기 위해 모든 기관지(출판물, 잡지 등등)에 국제공청의 결정을 게재해야 한다.

3. 청년 노동자, 청년 농민과 공업 프롤레타리아트 대다수를 자기 대오로 유인하는 데 보다 많은 관심을 가져야 한다. 고려공산청년회는 자기의 조직을 볼셰비키적이고 대중적인 조직으로 단호하게 재조직해야 한다.

4. 청년 노동자, 청년 농민들을 교양하고 훈련시키기 위해 노동조합 내부에 청년부를 조직해야 한다. 또한 청년 노동자들을 정치활동으로 끌어들이기 위해 청년 노동자들의 전문단체(особый союз)를 조직하는 것이 매우 필요하다. 이 단체는 공청의 외곽(합법) 단체가 되어야 한다.

5. 공청은 모든 과거의 분파주의 경향과 불안정한 지식인적 지도를 배제해야 한다. 국제공청 집행위원회의 결정에 따라 모든 노동자 대중과 보다 긴밀하게 연계해야 한다. 공청은 각 프락찌야의 우수한 분자들에 이르기까지 자기의 선전을 확산시켜야 한다. 고려공산청년회는 무자비한 투쟁을 통해서만 고려공산청년회의 통합을 완수할 수 있다.

III. 과거 사업에 대한 비판과 고려공산청년회의 당면 과업

국제공청 집행위원회의 (고려공산청년회에 대한) 결정에 표명된 지적에 따라, 고려공산청년회는 과거의 사업을 자기비판하고 다음과 같은 당면 과업을 제기한다.

A. 과거의 오류

1. 지금까지도 볼셰비키 단체를 보유하지 못했고, 생산 원칙에 의거한 세포들을 보유하지 못했으며, 지식인 계층으로 단체가 구성되었다.

2. 분파주의 경향으로 인해 정치 지도를 하는 것이 힘들었다. 공청은 대중단체가 되려는 노력을 하지 않았으며, 자체가 마르크스 이념을 가진 하나의 그루빠였다.

3. 지금까지도 공청과 노동자 대중 사이에 완벽한 연계가 이루어지지 않았다. 공청은 대중운동과 접촉하지 않았고, 대중사업에 관심을 기울이지 않았다.

4. 단체는 무질서했고 상급 기관과 하급 기관들 사이에 조직적, 기술적 연계도 갖추지 못하였다. 또한 심지어 통일된 계획적 활동도 없었다.

5. 공청은 선전사업에 아무런 정치적인 입장도 표명하지 않았고, 대중을 동원할 수도 없었으며, 공청 자체가 대중사업으로부터 분리되어 있었다.

6. "분파 근절"이라는 피상적 구호만을 만들어냈지만, 실제로는 공청은 분파를 올바르게 분석할 능력도 통일적인 투쟁을 이루어낼 역량도 갖추지 못하였다.

7. 과거에 공청은 (외곽단체를 통해) 대중에게 공청사업을 보여줄 수 있는 자기의 견고한 외곽단체를 보유하지 못하였다.

8. 각 지도기관이 대중적 토대 위에 서 있지 않았기 때문에 끊임없이 동요하였고 기관의 견고한 핵심을 보유하지 못하였다.

9. 지하(내부)운동과 그 단체들이 외곽(합법)운동과 그 단체들에 종속되어 있었다.

10. 공청은 지금까지 큰 문제와 (구체적이지 않은) 광범위한 원칙적인 문제에만 관심을 가졌으며, 대중적 투쟁 속에서 발생하는 일상적이고 부분적인 투쟁에 대해서는 알려고 하지 않았다.

B. 오류의 원인

1. 노동자농민대중이 아닌 지식인 계층으로 청년회의 토대가 이루어졌다. 특히 지도기관들 내부에 지식인 분자들이 대다수였다.

2. 사상적, 조직적 견고성이 없었다.

3. 공청은 분파주의 관점을 완전히 청산하지 못했고, 이러한 분파주의 관점으로 인해 대중사업에 관심을 기울일 수 없었다.

4. 단체 자체가 항시적으로 안전하지 못한 장소에 위치했고, 반동으로 인해 항상 동요되었다. 예를 들어, 지도기관들은 끊이지 않는 검거(심지어 회합이 있을 때마다)로 인

해 지속적으로 운동을 수행하거나 지속적으로 연락을 취할 수 없었다.

5. 완벽한 기관지(신문 등)가 없었고, 견고한 혁명지도이론이 없었다.

6. 청년회 내부에 나쁜 정치적, 상업적 경향이 있었다.

7. 청년회 내부에 견고한 핵심이 없었으며, 단체는 투쟁을 하지 않았다.

C. 당면 과업

1. 일반적 문제

a) 공청은 자기 단체를 볼셰비키화하기 위해 분파집단과 사상단체의 모든 경향을 배제해야 한다. 또한 공청은 자기 단체를 대중적으로 재조직하기 위한 모든 방안을 강구해야 한다.

b) 대중단체의 완전한 개편. 이는 청년회의 토대가 노동자농민대중으로 견고화되고, 과거에 지식인 계층이 독점했던 운동의 중심이 공업 프롤레타리아트와 농민들에 의해 수행될 경우에만 실현될 수 있을 것이다.

c) 무엇보다도 공청은 광업, 제조소 및 공장, 운수, 농업, 어업에 종사하고 기업소와 상점에서 일하는 진정한 공업 프롤레타리아트와 빈민, 소작농 속에 자기의 세포를 확산시켜야 한다. 이렇게 해서 생산 원칙에 따라 자기의 단체를 재조직해야 한다. 특히 거대 공업 부문 프롤레타리아트에 각별한 관심을 기울여야 한다. 왜냐하면 거의 대부분이 영향력의 우수한 전파력, 빠른 발전 속도와 높은 투쟁 역량 등을 가지고 있기 때문이다.

d) 공청은 청년 노동자, 청년 농민 대중과의 완전하고 긴밀한 연계를 수립한 후, 그들의 일상 투쟁(즉, 파업, 소작쟁의 등)에 적극적으로 참여하고, 투쟁을 올바르게 지도해야 한다. 이것만이 대중을 전취하는 유일한 방법이다.

e) 단체를 강화하고 적극적인 사업을 전개하기 위해 공청은 자기 단체의 질적 개선과 양적 성장에 모든 관심을 집중해야 한다. 공청은 이와 더불어 백색테러의 적대적 공격(포위), 일본 제국주의 경찰의 억압에 맞서 무자비하게 싸울 수 있다.

f) 공청은 노동조합 내부에 청년부를 보유하고 정치활동에 참여시키며, 청년노동자 농민들을 교양시키고 훈련시키기 위해 노동청년회(Союз рабочей молодежи)를 조직해야 한다.

g) 공청은 모든 역량을 순수 청년사업으로 집중시키면서 전적인 분파주의적 관점을 청산해야 한다. 공청은 개별 프락쩌야들의 청년 대중들에게까지도 자기의 사상 선전을

확산시켜야 하며, 모든 우수한 분자들을 끌어들일 수 있어야 한다.

h) 공청은 모든 회원 대중의 학교 교육에 지대한 관심을 기울이면서, 과거의 모든 반혁명적, 비계급적 사상과 운동을 청산해야 하며, 특히 룸펜-프롤레타리아적인 나쁜 경향에 맞서 싸워야 한다.

i) 공청은 선전사업에 특별한 관심을 기울이면서, 자기의 중앙 및 지방 기관지를 발간해야 한다. 더 나아가 공청은 출판(인쇄)사업에 적지 않은 관심을 기울이면서, 소책자를 발간하고 사회 상황에 대한 통계 발간을 구상해야 한다.

j) 공청은 외곽(합법)운동과 내부(비합법)운동을 명확하게 구분해야 한다. 외곽운동으로 인해 내부운동이 붕괴될 수도 있는 위험성을 회피하기 위해 외곽운동을 내부운동에 종속시켜야 한다.

k) 공청은 대중투쟁(예를 들어, ⋯●), 선전 등을 수행할 수 있도록 각각의 지도기관과 조직 구조를 변경시켜야 한다. 조직적 방법을 통해서만이 뛰어난 사업 기능이 발휘될 수 있도록 노력해야 한다.

l) 과거의 위장된 마르크스 이론을 단호하게 척결할 필요가 있으며, 어떤 문제이건 원칙적이고 추상적이고 철학적으로 접근해서는 안 된다. 우리에게는 일상 투쟁의 전술로부터 얻어내는 이론만이 필요하다.

m) 민족협동전선 문제에 대한 이전의 과대평가를 중단해야 한다. 우리는 모든 사상을 청년 노동자들의 독립적 투쟁에 집중시킬 필요가 있다. 부르주아에 타협적인 자들을 폭로하는 데 노력해야 하지만, 그와 동시에 조건을 이용하는 데 있어 가능한 혁명적 부르주아를 이용하는 데 노력해야 한다.

n) 공청은 학생운동을 포섭하고 지도해야 하지만, 이 운동이 청년노동자농민운동에 종속되어야 한다는 것을 망각해서는 안 된다. 그것의 중요성을 올바르게 평가할 필요가 있으며, 반제국주의투쟁에 그것을 이용할 필요가 있다. 그것의 조직 구조는 지역적이어야 한다.

D. 청년 노동자 문제

1. 제국주의 시기에 특히 식민지에서 살아가는 노동계급은 혁명의 추동력을 가진 유

●   원문에 이렇게 표시되어 있다. 이하 동일하다.

일한 계급이다. 이와 함께 청년 노동자는 모든 청년들 중에서 가장 혁명적이며, 운동을 성실하게 수행하는 주요 몸통이다.

2. 고려공산청년회는 다른 계급과 계층의 청년들보다 우선적으로 청년 노동자들 속에서 사업해야 한다. 그러므로 청년 노동자만이 공청의 유일한·기반이다.

3. 조선에서 프롤레타리아트는 발생한 날로부터 시작해서 자기의 의식, 정치, 조직 사업에서도 역사가 매우 짧다. 또한 그들은 농촌과 관계가 있는 프롤레타리아트이다. 그러므로 그들에게는 봉건주의의 잔재가 비교적 많이 남아 있다. 하지만 어떻든 청년 프롤레타리아트는 성년 프롤레타리아트에 비해 우세를 점하고 있으며, 가장 혁명적이다.

4. 고려공산청년회는 청년 노동자들 속에서 자기의 토대를 공고히 하지 않으면 과거의 결정적인 실책으로부터 벗어날 수 없다. 청년 노동자들의 참여를 통해 분파주의 경향과 지식인 사상의 축출을 완수할 수 있다.

5. 고려공산청년회는 과거 조선청년총동맹의 사업 방식을 변경하면서, 노동조합 내부에 청년부를 조직하고 특히 청년 프롤레타리아트의 정치적 성격을 지닌 노동청년회를 조직하는 데 노력해야 한다. 그렇게 함으로써 노동조합 내부의 청년부와 노동청년회가 사회를 선도하고 공청의 예비가 되는 기관으로 되어야 하며, 공청은 이러한 목적을 위해 올바르게 지도해야 한다.

6. 공청은 거대 공업 내부의 청년 노동자들을 전취하기 위해 싸우지 않으면 안 된다. 그러므로 공청은 각각의 제조업, 광업, 수공업, 운수업 등의 분야에 자기의 세포를 조직하고 확장시켜야 한다.

7. 청년부와 노동청년회는 주도면밀하게 조직되어야 하고, 야학, 보고, 토론, 강연 등의 형태로 선전사업과 교양사업을 수행해야 한다. 특히 프롤레타리아 기념일에 이 사업을 적극적으로 장려할 필요가 있다.

8. 고려공산청년회는 5월 1일 노동절, 국제청년절, 1917년 10월 혁명일 등의 프롤레타리아 기념일을 청년 노동자들을 가입시키기 위한 특별한 날로 지정해야 하며, 공청은 이 사업을 장려해야 한다.

9. 청년 노동자 사업을 위한 구호는 다음과 같다.

1) 8시간 노동제, 그리고 18세 이하 청년에게는 6시간 노동제의 도입

2) 광업 분야에서 18세 이하 청년 노동 금지. 14세 이하 소년 노동 금지

3) 최저임금제 도입

4) 야간 노동과 (정규 노동시간 외의) 초과 노동 금지. 그럼에도 불구하고 노동자가 전술한 조건하에서 노동을 강요당할 경우 표준임금의 2배를 지급하는 체계를 도입한다.

5) 36시간 주휴의 달성

6) 청년 노동자에 대한 법적 보호와 실업보험

7) 프롤레타리아 기념일을 공휴일로 하는 규칙의 제정

8) 성별과 국적에 따른 임금과 대우의 차별 폐지

9) 언론, 출판, 집회, 결사와 총파업의 자유

10) 청년 노동자를 착취하는 가혹한 법령의 폐지

11) 청년 노동자들을 위한 전문교육기관 설치

12) 정치적 구금 반대

13) 제국주의 전쟁 반대와 소련 수호

E. 청년 농민 문제

1. 조선혁명의 현 단계는 첫째, 반제국주의 투쟁, 둘째, 반봉건 투쟁, 즉 농업혁명으로 규정된다. 따라서 봉건적 잔재와 싸우면서 자기의 종속적 지위로부터 결정적으로 해방되기를 원하는 조선의 농민은 조선혁명의 현 단계에 있어 중요한 분자들이다.

2. 과거 민족해방혁명(1919년 삼일운동)이 패배한 결정적 원인은 이 혁명을 농업혁명 문제와 연계시키지 못했고, 도시와 농촌 간에 존재하는 모순 ……, 달리 말하자면, 당시 도시에서는 자본주의적 관계가 급속하게 발전하고 있던 반면 농촌에서는 봉건적 관계가 압도적이었다. 따라서 과거에는 농민을 거부하는 문제가 제기되었다. 하지만 지금은 이미 프롤레타리아트가 원칙적인 투쟁과 의식적으로 연계하고 있으며, 피착취 농민 대중을 동원하기 시작하고 있다.

3. 농민 계층은 조선의 착취받고 억압받는 인민의 절대다수를 차지하고 있다. 따라서 농민을 프롤레타리아운동에 연계시킬 필요가 있는지, 그리고 농민에게 공산주의운동에 참가할 기회를 주고, 심지어는 그 운동을 지도할 기회를 주는 것이 필요한지? 이 문제는 우리의 운동에 있어 결정적인 의미를 가진다.

4. 빈곤 계층 중에서 청년 농민은 성인 농민들에 비해 많이 의식화되어 있고 저항의 가능성도 많이 가지고 있다. 이러한 장점은 청년 농민들의 ……

5. 청년 농민은 도시 청년 노동자들과 긴밀하게 연계되어야 한다. 그들은 위원회를

결성하고 투쟁에 대해 논의해야 한다. 하지만 프롤레타리아트의 완전한 지도하에서만 그렇게 해야 한다.

6. 공청은 농민회 내부에 청년부를 조직하고 이 단체들에 완전한 공청적 지도를 주기 위해 이 단체들과 긴밀한 연계를 맺어야 한다.

7. 공청은 개별 농촌에 자기의 세포를 만들어야 하며, 농민단체와 소작농단체들을 대상으로 사업을 적극적으로 수행함으로써 농민 분자(KE)(……) 속에 기반을 확장할 필요가 있다.

8. 교양사업을 적극적으로 수행할 필요가 있다. 노동야학, 강의, 보고, 현안에 대한 강연, 신문 및 잡지 강독 등을 장려하기 위해 농한기(예를 들어 농민들이 농사를 짓지 않는 겨울)를 활용할 필요가 있다. 그 외에 공청은 나쁜 관습과 일체의 도박에 맞서 싸워야 한다.

9. 청년 농민들의 투쟁 구호는 다음과 같다.

1) 소작료의 제한. 소작농의 권리를 확립하기 위한 법적 보호

2) 지주들로 하여금 토지세, 비료, 종자, 수리 등 일체의 비용을 지불하도록 한다.

3) 지역 기관들의 연계 사업과 농민들의 무료 사용

4) 빈농을 위한 면세

5) 토지 보유 및 기술적 생산(землевладельческо-техническое производство)에 대한 지정가격제 폐지

6) 뽕나무와 모든 나무의 강제 수매에 반대한다. 소금, 담배, 인삼, 누에 등의 독점에 반대한다.

7) 총독부 기관인 조선농회에 반대하며, 조선농회에 회비를 납부할 필요가 없다.

8) 일본의 이주정책에 반대한다. 동양척식주식회사와 불이흥업의 토지 구입에 반대한다.

9) 총독부에 의해 국유화되었거나, 주식회사(동척과 불이)와 은행이 소유하고 있거나, 대지주가 소유한 토지의 몰수와 농민에 대한 무상 분배

10) 일체의 봉건적 착취 법령 폐지

F. 학생운동

1. 조선의 학생 계층은 거의 모두가 부농과 지주 계층, 그리고 일부는 도시 상공업 부르주아 계층 출신이다. 따라서 전술한 사회적 기반을 가진 학생 계층은 자기의 성격

에 있어 큰 한계를 가지고 있다.

2. 학생 계층은 민족혁명 시기에 선도적 역할을 수행하였다. 하지만 이미 프롤레타리아트가 혁명의 추동력이 된 현 단계에서 학생 계층은 결정적인 역할을 수행할 수 없다. 학생 계층 내부의 계급적 차이와 더불어 부르주아 학생 계층은 학생운동으로부터 반동의 장으로 이전하고 있다.

3. 학생 계층은 자기의 계급적, 사회적 토대에 따라 반제국주의 투쟁에서 특별하게 활용될 수 있다. 하지만 그들을 청년노동자농민운동에 종속시킬 필요가 있다. 그리고 우리는 그들을 지도하고 그들에게 프롤레타리아적 영향을 주어야 한다.

4. 학생운동단체를 전 조선적 단체로 조직해서는 안 된다. 왜냐하면 우리가 보기에 부르주아가 이 단체를 통해 자기의 이익을 달성하고자 하고 심지어는 이 단체를 지도하기를 바라고 있는데, 이것이 우리에게 해가 될 것이기 때문이다. 그러므로 그것을 지역 단체(개별 단체)로 조직할 필요가 있으며, 일정한 시간적 조건과 투쟁 과정에서만 지역 단체들 간에 연계할 수 있도록 해야 한다.

5. 지방 프락찌야는 각 학교에 지하소조를 조직하고, 이 소조들을 통해 학생운동을 지도해야 한다.

6. 전면적 동맹휴학운동을 조직적으로 지도할 필요가 있다. 투쟁을 조직적으로 수행할 필요가 있다. 비계획적이고 비조직적인 운동은 아무런 결과도 가져오지 않으며, 아무런 의미도 없는 대중교양으로 끝날 수 있다.

7. 학생운동을 이용하고자 하는, 즉 학생운동을 지도하고 자기의 영향력하에 결집시키기를 원하는 민족부르주아적 경향에 맞서 무자비하게 싸워야 한다. 프롤레타리아적 영향력하에 이 운동을 지도해야 한다. 또한 민족부르주아의 음모적 지도를 더욱더 지속적으로 폭로할 필요가 있다.

8. 학생회의 외곽단체는 학생운동과 사회과학을 학습해야 한다. 또한 청년노동자농민의 상황, 조선 정치생활의 현 상황, 일반 정치 문제 등에 대한 강연과 보고를 조직해야 한다. 특히 출판, 강연, 보고 등을 통해 교장과 선생 등의 폭압적인 성격을 폭로하는 데 관심을 기울여야 한다.

9. 투쟁 구호는 다음과 같다.

1) 모든 수업에 조선어를 사용한다. 일본어 교육을 제한해야 한다.

2) 조선 역사 교육. 조선어 학습을 위한 교육 시간 확대.

3) 일본인 교원과 교수의 감축. 조선인 교원과 교수의 확충.

4) 학생 집회의 자유. 사회과학 학습의 자유.

5) 학생 자치권의 달성. 학생회의 완전한 자유.

6) 동맹휴학에 법적, 행정적 조치를 취하는 것에 반대하며, 신입생들의 이력 조사에 반대한다.

7) 1단계 및 빈곤 학생들의 학비 지불 철폐. 학습에 필요한 물품의 무상 지급.

8) 일본 제국주의 측의 동화계몽정책에 반대하며, 일본인과 조선인 학생들의 통합(공동수업)에 반대한다.

IV. 중앙 지도기관의 구성 문제

중앙기관 구성원 선발에 있어 다음의 원칙을 준수해야 한다.

1. 장기간의 혁명 활동 기간과 경험이 요구된다. 우리 청년회에서는 청년노동자농민에게는 1년의 활동 기간이, 나머지 회원들에게는 2년의 활동 기간이 요구된다. 열성자의 경우에는 그 외에 합법단체 사업을 고려할 필요가 있다.

2. 가능한 한 보다 많은 청년노동자농민, 그중에서도 특히 비프롤레타리아 청년들을 가입시켜야 한다. 이것이 대중화를 위한 최선의 방법이며, 동요를 예방하기 위한 유일한 방법이다.

3. 조선 내에 상주하는 자. 이는 조선의 프롤레타리아운동을 오류 없이 지도해야 하는 조선의 상황에서 조선 내부의 운동을 공고화하기 위한 유효한 방법이다. 따라서 조선 내부의 원주민들에게는 3년간의 조선 내 운동 경력이 요구된다.

4. 경찰에게 검거된 적이 없는 자. 이는 청년회를 안전하게 유지하기 위한 유일한 방법이다.

5. 경찰로부터 크게 의심받지 않으며 중요한 책임적 지위에 있지 않은 합법일꾼. 이는 위험한 반동 경찰로부터 보호하기 위한 유일한 방법이다.

6. 이전의 지도기관들에는 거의 전부가 무직자들로 충원되었다. 이러한 상황은 청년회 사업 자체와 그것의 개선에 영향을 주었으며, 특히 청년회를 룸펜의 경향으로 이끈 가장 중요한 원인 중 하나였다. 따라서 이러한 상황을 청산하기 위해서는 가능한 한 직업을 가져야 하지만, 사업에 영향을 미치지 않을 그러한 직업을 찾기 위해 노력해야 한다.

7. 평범한 일꾼을 하급 기관에서 상급 기관으로 급작스럽게 이동시키는 것은 잘못된

것이다. 청년회 사업에 그가 얼마나 적극적인지를 살펴볼 필요가 있다. 하급 기관에서 사업할 때 그가 달성한 결과를 보아야 하며, 점진적으로 상급 기관으로 이동시켜야 한다.

V. 통합 이후의 제명에 대하여

1. 통합 이후 분파성으로 인해 제명된 자들에 대해 재검토한다.
2. 제명 이유를 재검토하고, 행위와 경험을 재검토한다.
3. 재검토를 위해서 과거의 모든 재료를 이용해야 하며, 이 재료를 국제공청으로 보내야 한다.
4. 제명된 자의 반론을 국제공청에 제출해야 한다.

VI. 국제적 연계에 대하여

국제적 연계는 공청과 청년노동자 대중의 국제적 교양을 위한 중요한 수단이다. 고려공산청년회 사업에는 국제적 연계가 없었다. 이는 엄청난 결함임에도, 이 분야에 전혀 관심을 기울이지 않았다. 나는 국제공청 제5차 대회의 국제적 연계에 대한 결정을 전적으로 지지한다. 개별 나라들과의 연락을 다음과 같이 조직할 것이다.

A. 우즈베키스탄과의 연락
1. 지금까지 고려공산청년회는 여러 가지 이유로 인해 우즈베키스탄공청과 긴밀한 연계를 가지지 않았지만, 향후에는 서한과 인사를 보내는 방법으로 가능한 연락을 취한다.
2. 고려공산청년회 세포들은 노동자세포와 농민세포로 구분해서 서한을 보내는 방법으로 이 세포들과 연락을 취한다.
3. 일상적 연락 기관을 통해 단체와 연락을 취한다.
4. 서한의 내용은 실무적 성격을 가져야 한다. 첫 번째는 실무적 성격이 그다지 요구되지 않으며 일상적인 성격으로 충분하지만, 만약 연락이 빈번해진다면 성격의 수준을 높여야 한다. 청년노동자농민의 상황, 세포사업, 투쟁 상황, 사업상의 어려움, 정책, 전술, 구호 및 수행 후 결과 등을 기술한다. 연락이 빈번해지면, 일상적인 문구를 쓸 필요

가 없으며, 실제 투쟁에 대해 기술하도록 노력한다.

5. 우즈베키스탄에서 온 서한을 포함한 모든 서한을 중앙기관에 제출하며, 중앙기관은 이를 접수한 후 지역별로 분류하고 간행한다.

6. 중앙 선전부 산하에 연락위원회를 조직하고 중앙위원회에 제출한다(만주단체는 만주총국을 통해 직접 연락을 취하고, 차후 이를 중앙위원회에 보고한다). 연락을 위한 재료 전부를 연락위원회에 위임한다.

7. 우호적인 물적, 정신적 지원에 대한 감사와 향후에도 이를 유지해 주기를 희망한다는 서한을 우즈베키스탄공청에 보낸다.

B. 일본공청과의 연락

1. 일본은 조선을 위한 재료이기 때문에 긴밀한 연락을 가지는 것이 보다 더 필요하다.

2. 때때로 일정한 정치적 조건에서는 통합과 협의가 필요하다. 그러한 조건하에서 가장 긴밀한 연락을 통해 상호 유익한 통합위원회, 협의회를 조직하고 시위, 선동, 선전, 투쟁을 수행해야 한다.

3. 일본총국이 만들어지기 전까지는 일본공청과 직접 연락을 취하고, 일체의 투쟁에 대해 일본에서 협의를 진행한다.

4. 출판 기관을 통해 자기의 정치적 상황과 억압받고 착취당하는 청년노동자농민 상황 등을 서로 알린다.

5. 일본공청과의 연락을 위해서는 일본총국 산하에 책임일꾼을 선발해야 한다. 이 일꾼은 일본공청의 연락 책임일꾼과 직접 연락해야 한다. 이 일꾼은 중앙위원회 산하 연락총국에 소속된다.

6. 일본공청과의 최초 연락은 국제공청을 통해서 한다.

C. 중국공청과의 연락

1. 중국 혁명운동은 조선 혁명운동에 지대한 영향을 미친다. 따라서 중국공청과의 연락이 절대적으로 필요하다.

2. 앞으로 중국공청에 소속되어 있는 옛 조선인 공청원 문제, 중국 영역에서의 조선인 운동 문제 등과 관련하여 중국공청과 복잡한 관계가 될 것이다. 이 모든 조건이 중국공청과의 연락을 필요로 한다.

3. 연락총국의 지도하에 중국 지역과의 연락을 위한 일꾼을 선발한다. 만약 불가능하다면, 이 사업을 만주총국에 위임하지만, 만주총국이 일꾼을 선발하면 그 일꾼과 직접 연락한다.

4. 출판을 통해 모든 상황을 서로 선전하고, 충고하고, 지원한다.

5. 최초 연락은 국제공청을 통해서 한다.

VII. 중국과 일본에 있는 조선인 공청에 대하여

1. 다른 나라에 있는 조선인 공청은 자기의 공청단체를 공고히 해야 한다.

2. 일본에 있는 조선인 공청은 일본공청과 긴밀한 연락이나 상호 간의 견고한 서신왕래를 하지 않은 채 이전과 동일한 상태로 남아 있다.

3. 중국에 있던 조선인 공청들은 중국공청으로 이전하였다. 명단과 자기의 중국공청 가입을 서면으로 전달해야 한다. 중국공청으로 이전한 자들은 고려공산청년회 회원들과 직접 연락할 수 있는 권리를 보유하지 못하며, 단체를 통해서만 가능하다. 또한 고려공산청년회 사업에 대한 개입을 단호하게 거부한다. 조선인 공청과 관련한 일체의 문제는 고려공산청년회 지도기관의 결정에 종속된다.

4. 중국공청으로 이전한 회원은 조선의 운동과 관련한 일체의 단체를 조직할 권리를 보유하지 못한다.

5. 만주단체는 아직 고려공산청년회에 속해 있다. 만주에서 조선인들의 운동은 역사적으로 오랜 관습이자 조선의 운동과 긴밀하게 연계되어 있는 사회적이고 정치적인 경향이다. 이에 더해 만주의 정치 상황은 많은 부분이 일본의 영향력하에 놓여 있다. 따라서 아직도 이전과 동일한 상태로 남아 있다.

6. 고려공산청년회 만주분과는 중국공청을 지원하고 중국혁명에 직접 참여하면서 실무 관계에서 고려공산청년회와 긴밀하게 연계해야 한다. 조선인들의 운동에서는 일시적으로 정부를 지지하는 기회주의자들과 민족주의자들을 상대로 싸워야 한다.

VIII. 제2차 대회의 소집에 대하여

1. 고려공산청년회 제2차 대회는 전환의 단계가 된다. 국제공청의 지령하에 수행되어야 하며, 이를 통해 첫 번째 과업을 세운다.

2. 제2차 대회는 1929년에 소집한다.

3. 중앙위원회의 결정에 따라 대회준비위원회를 해산한다. 중앙위원회가 직접 대회를 소집하고 준비한다.

IX. 기관지의 발간에 대하여

1. 고려공산청년회의 선전사업을 개선하기 위해서 기관지를 발간한다. 기관지는 합법과 비합법 2개로 구분된다.

2. 기관지의 과업은 이론적인 것이 되어야 하며, 공청 대중의 교양을 위한 선동, 선전, 파업과 다양한 정치적 상황에 대한 올바른 지도와 비판의 재료로 그것을 확산시켜야 한다. 투쟁 상황을 알고 유연하게 연락을 취해야 한다. 상호 권고해야 하고, 국제 상황과 연계시켜야 한다.

3. 합법 출판에 대하여

a) 『청년대중』. 일본 도쿄에서 월 2회 발간한다.

b) 중앙위원회 선전부의 지도하에 출판부를 설치한다.

c) 사회연구부와 직접적으로 연계한다. 재료와 통계를 받는다.

d) 과거의 반동적 방식에서 탈피하여 조선의 실제 사업과 병행해서 진행하고, 만주의 상황에 관심을 기울인다.

e) 선전용 소책자와 재료를 발간하고, 작성자 그루빠를 조직한다.

f) 중앙위원회 선전부장이나 중앙위원회가 직접 책임편집자를 임명한다.

4. 비합법 출판에 대하여

a) 중앙위원회의 지도하에 중앙 기관지를 발간한다. 이 기관지는 가능한 한 조선 내부에서 발간하며, 조선 외부로까지 전파한다.

b) 중앙위원회가 직접 통일된 형태의 비합법 출판물을 발간하지 못하는 경우에는 지역 단체들이 자기의 기관지를 발간할 수 있다.

c) 중앙위원회에서 직접 책임편집자를 임명한다.

d) 전파에 특별한 관심을 기울여야 한다. 연락 기관을 통해 전파한다.

X. 사회연구사업

1. 운동을 과학적으로 지도하기 위해서 재료, 통계 및 일체의 사회 상황을 수합하는 데 노력한다. 정확한 통계가 없이는 오류를 범하지 않고 운동을 지도하는 것이 불가능하다.

2. 연구사업을 위해 편집부와 함께 연구부를 설치한다.

3. 각 도에 신문의 보급을 조직하고 연구사업 출판 등을 위한 재료를 수합한다.

4. 모든 재료와 통계는 출판 기관에 보관한다. 편집부에서 연구부의 책임일꾼을 선임한다.

XI. 당과 분파사업에 대하여

1. 조선의 공산주의운동은 좌익 민족운동으로부터 생겨났다. 그 같은 상황에서 애초에 조선 공산주의운동은 민족운동으로부터 봉건적 잔재, 분파주의, 개인주의적이고 영웅주의적인 관점 등과 같은 나쁜 사상가들의 유산을 물러받았다. 이에 따라 조직의 상황은 "사상단체"와 같은 기본적 그루빠 형태를 띠었다.

2. 이로 인해 조선공산당은 조선 공산주의운동에서 피할 수 없는 현상과 직면해야 하였다. 초기에 조선공산당은 분파투쟁의 지도하에 있었고, 과거의 봉건적 외피에서 탈피하지 못했으며, 분파주의적 영웅주의 분자들이 권력을 장악하고 있었기 때문에 조선공산당은 제한적인 외양만을 가지고 있었다. 하지만 조선 프롤레타리아트의 성장, 선진 나라들의 경험, 이론과 전술의 성숙 등이 조선공상당을 통합의 길로 나아가게 했고, 분파주의에 반대하는 길로 나서게 하였다. 대중 앞에 분파주의의 모순과 대중의 요구에 부합되지 않고 적용할 수 없는 분파주의의 강령을 매일같이 폭로하고 있다.

3. 1926년 조선공산당으로의 통합은 사회운동에 있어 새로운 역사적 장이며, 진보의 가장 중요한 단계이다. 이 통합은 무원칙적인 분파투쟁으로부터 당을 구원했고, 분파주의로부터 새로운 길로 인도하였다. 개별 프락찌야의 매우 우수한 분자들이 당의 깃발 아래 결집해서 당을 만들었다.

통합의 형태에 다소간의 오류가 있었음에도 불구하고 당시의 조건에서 역사적이고 고무적인 요인이었다고 말하지 않을 수 없다.

통합 시에 통일적인 볼셰비키적 이론 원칙과 조직 원칙이 구체적으로 규정되지 않았다. 통합은 대중적이지 않았고, 모든 분리주의적 경향을 완전히 제거하지 않았다. 분파주의 분자들을 대중으로부터 단호하게 분리하지 않았다. 통합 후 당 자체가 당적, 조직적, 사상적으로 견고하게 서지 못했고, 대중에 토대를 두지 않았다. 또한 당의 지도핵심이 성숙하지 못하였다. 이는 나쁜 사상가 분자들을 당 내부에 그대로 두었기 때문이었다. 이에 따라 통합 이후 당은 "상당한" 질환을 가지고 있었다.

4. 통합 이후 과거의 봉건적 분파주의 잔재를 가진 분자들이 당에 합류하였다. 그들은 가면을 쓰고 당에 들어와서 분파주의적 음모와 당 외부의 분파투쟁에 종사했고, 분파주의의 유산을 당 내부로 끌어들였다. 그렇게 분파투쟁을 선동했고, 당 내부에 위기를 불러일으켰다. 당이 성장하기 위해서는 그러한 분자들의 축출이 불가피하다. 그러한 분자들을 당으로부터 축출하는 것은 당의 공고화와 성장을 위한 불가피한 현상이다. 두 번째 분자들은 자기들의 야수적인 이익을 얻고자 하면서 대중적 구호를 자기들의 이익을 위해 변질시키는 새로운 분파주의적 음모자들이다. 이 분자들은 자기의 책임적 직책을 일시적으로 이용하면서 교활한 정책을 통해 자기들의 자리를 개선할 목적으로 당을 지도하였다. 당은 그러한 반당분자들과 지식인적인 교활한 정책에 맞서 싸웠다. 당에서 그러한 분자들을 축출하는 것은 당의 발전을 위해 절대적으로 필요하다.

5. 당은 당 내부에 감춰져 있는 나쁜 분파주의 사상에 맞서 싸웠지만, 당 외부의 분파투쟁이 구체화되고 있다. 이러한 상황은 당을 힘들게 만들었다. 또한 연속적인 검거는 당을 위기로 몰아갔다. 당은 하나의 모호한 구호만을 가지고 분파주의 분자들을 상대로 싸웠으며, 이 문제를 대중에게 제기하지 않았고, 근로자들에게 …… 않았는데, 이는 크나큰 오류이다. 당이 지식인과 학생으로 구성되어 있었기 때문에 동요의 위험성이 커져만 갔다. 또한 당 내부의 복잡한 문제들이 지속적으로 생겨나면서 공개적인 형태로 표출되었다. 그로 인해 당은 위험하고 어려운 순간을 맞게 되었다. 그러한 순간에 코민테른 측이 공산당의 정치적 과업을 부여하였다. 이것은 당의 상황을 개선하는 데 있어 유일한 나침반이다. 이 결정이 옳다고 생각한다. 따라서 공청은 조선공산당과 관련하여 다음과 같이 결정한다.

a) 코민테른이 고려공산청년회와 당을 코민테른의 분과로 인정할 때까지 고려공산청년회는 당의 여하한 프락찌야와도 조직적인 연락을 취할 수 없다.

b) 위의 조항에 따라 고려공산청년회를 당으로부터 분리하고, 고려공산청년회는 분파투쟁을 전면적으로 돌파하고 독자적으로 싸우면서, 당 사업에 개입하지 않는다. 고려공산청년회는 자기의 사업에만 국한된다.

c) 당은 조직적, 정치적 분과를 조직하는 토대를 가지며, 코민테른의 전술을 이행하고 코민테른으로부터 정치적 지도를 받는다. 공산주의자는 통일된 이론을 찾아내야 하며, 향후 통일된 행동을 위해 당들 간에 연계하고 협의해야 한다.

d) 한편으로 소비에트공화국의 수호, 전 세계적 제국주의 전쟁과 같은 국제 상황과, 다른 한편으로 조선 부르주아의 반동성, 반동 정부의 적극적 반동정책과 같은 내부 상황은 조선에 당이 존재해야만 하는 객관적이고도 확고한 이유가 된다. 이러한 모든 상황은 조선공산당을 시급하게 건설하도록 요구한다.

e) 현재 당 건설과 관련하여 각각의 프락찌야를 통합하거나 당의 존재를 완전히 부정하면서 제3의 당의 출현을 통해 기계적으로 해결하는 것으로는 완전한 형태의 전사들의 당을 만드는 것이 불가능하다. 우리는 장래의 당 사업에서는 과거의 오류를 청산해야 하며, 완전한 혁명투쟁을 위해 코민테른의 결정에 의거하여 건강한 당을 만들기를 희망한다. 당 건설에 노력해야 하며, 건강한 당의 출현을 방해하는 반당적 경향들에 맞서 싸워야 한다.

이렇게 당의 발전을 지지하면서, 코민테른에 이에 대한 정보를 제공해야 한다.

РГАСПИ, ф.533, оп.3, д.229, лл.82-91.

РГАСПИ, ф.533, оп.3, д.229, лл.92-102.

РГАСПИ, ф.533, оп.3, д.229, лл.103-123.

РГАСПИ, ф.533, оп.3, д.229, лл.124-144.

1932년 1월 17일 국제공청 집행위원회에서 조선의 공청원들에게 보낸 지령 서한

기밀

1932년 1월 17일

조선의 모든 공청원들에게

친애하는 동지들!

세계적인 경제위기로 인해 첨예화된 일본 제국주의의 위기는 일본 제국주의의 지배 아래 해가 갈수록 무기력해진 조선의 식민지 경제에 특히 강력한 타격을 주었다. 조선의 근로자들은 일본 제국주의 체제 전반에 닥친 극히 심각한 위기의 결과 및 그것과 관련된 조선의 농업과 공업 위기를 자기의 어깨에 짊어지지 않을 수 없게 되었다.

일본 제국주의자들, 그리고 그들의 동맹자인 조선인 지주와 고리대금업자 및 이들과 연대한 부르주아는 위기로부터의 출구를 모색하면서 그 모든 고통을 근로자들에게 전가하고 있다. 나라 전역에서 근로자들의 생활수준에 대한 격렬한 공세가 진행되고 있다. 위기는 농민의 몰락과 토지 부족의 과정을 촉진시켰다. 조선인 농민의 부채가 계속 증가하여 5억 엔이라는 막대한 금액에 달하게 되었다. 총독부 통계에 따르면, 심지어 약 150만 농호가 과도한 세금으로 인해 고리대금업자들의 채무노예 상태에 놓여 있다.

조선 노동계급의 상황이 급격히 악화되었다. 임금이 30~50% 삭감되었고, 근로시간이 1~2시간 연장되었다. 기업소들이 폐쇄됨에 따라 노동자가 세 명에 한 명꼴로 거리에 나앉았다. 지금 조선에는 일자리가 없어서 문자 그대로 아사 직전에 놓인 사람들이 수십만 명이다. 왜냐하면 그들은 아무런 보조금도 받지 못하기 때문이다.

위기의 결과는 청년 근로자들에게 특히 고통을 안겨주고 있다.

만주에서 일본 제국주의에 의해 시작된 전쟁으로 인해 민족적, 정치적, 경제적 억압의 무게가 가중되고 있다. 일본 제국주의는 조선을 소련과 중국혁명에 대한 전쟁의 물적 기지로 전변시키면서 조선에서 혁명운동에 대한 광포한 테러 통치를 더 한층 강화하였다.

억압의 강화와 조선 근로자들이 처한 상황의 급격한 악화는 근로자들 속에 불만과 혁명적 동요의 성장을 불러오고 있다. 소련과의 지리적 인접성, 전체 자본주의 체제의 위기와 대조적으로 소련 근로자들이 사회주의 건설에서 거둔 성과, 민족 문제의 레닌주의적 해결, 제국주의에 반대하는, 그리고 식민지 해방을 위한 소련의 지속적인 투쟁은 조선의 근로자들을 보다 큰 혁명화로 나아가게 하고 있다. 자연 발생적인 노동자 파업과 농민 쟁의의 수가 증가하고 있다. 또한 도시 소부르주아 대중, 그중에서도 특히 학생들 역시 민족해방운동에 유입되고 있다. 그러나 노동자, 농민, 학생들의 개별적인 행동이 지속되고 있음에도 근로자들의 행동에 대한 조직화된 공산주의적 지도가 거의 전적으로 부재하기 때문에 투쟁은 극히 낮은 수준에 머물러있으며, 이 자연적 발화들은 대개는 패배로 끝나고 있다.

혁명투쟁의 첨예화와 관련하여 조선 내 각 계급의 입장과 역할이 특히 명료해지고 있다. 조선 농민 수탈의 봉건적 형태 유지에 사활적 이해관계를 가진 조선인 지주와 고리대금업자들은 일본 제국주의의 충실한 동맹자이며, 전적으로 일본 제국주의가 시키는 대로 하고 있다.

일본 제국주의 및 대토지 소유와 결부된 조선 (매판, 공업, 상업) 부르주아는 일본 제국주의와의 단호한 투쟁에도, 급진적 농업 강령의 제시에도 무관심하다. 그들은 승승장구하는 노동자농민혁명을 두려워하면서 제국주의자들의 진영으로 점점 더 기어들어가고 있다. 그러나 그렇다고 해서 조선의 부르주아가 "좌익"과 일본 제국주의에 반대한다는 미사여구를 이용하면서 조선의 독립을 위한, 그리고 농업 문제의 혁명적 해결을 위한 혁명투쟁으로부터 근로자 대중을 빼내려고 획책할 것이라는 점을 배제할 수 없으며, 아예 그렇게 예측하도록 한다.

도시 빈민 대중과 연합하고 프롤레타리아의 지도를 받는 프롤레타리아와 근로 농민이 장래 조선의 반제국주의혁명과 농업혁명의 추동력이다.

장래의 조선 혁명에서 지도자의 역할이 조선 프롤레타리아의 수중으로 넘어가야 하는 것은 불가피하다. 조선의 공산주의자와 공청원 모두에게 있어 결정적이고 기본적인 과업은 혁명에서 조선 프롤레타리아의 지도적 역할을 강화하기 위한 부단한 투쟁이다.

2. 위기가 심화됨에 따라 청년 근로자의 급진화가 빠른 속도로 진행되고 있으며, 혁명투쟁에서 그들의 역할이 고양되고 있다.

청년들을 위한 투쟁이 특히 격렬해지고 있다. 일본 제국주의자들과 그 앞잡이들은 청년들을 자기들이 원하는 방향으로 사상적으로 세뇌하는 일을 적극화하고 있다. 제국주의의 민족개량주의적 앞잡이들은 "혁명적" 미사여구를 이용하여 청년들의 자연 발생적 행동을 억압하고 파괴하려 하고 있다. 조선에서 공산청년운동의 취약성, 계급의 적이 자행하는 책동을 적시에 폭로하고 청년들의 자연 발생적 혁명의 발화를 영도하는 역량의 부재로 인하여 민족개량주의자들의 배신적 책동이 자주 성과를 거두고 있다.

조선의 공산청년운동은 심각한 위기의 상황에 놓여 있다.

조선에 존재하는 개별 공청 그루빠들은 청년 근로자 대중과 연계되지 않은 지식인적이고 협소한 분파주의적인 단체이다. 이 그루빠들은 극히 드문 예외의 경우를 제외하고는 일상적이고 긴요한 요구를 위한 청년 근로자의 투쟁을 조직하지도 준비하지도 않으며, 이러한 토대에서 청년들을 반제국주의혁명과 농업혁명에 동원하고 있지도 않다. 대다수의 경우 청년투쟁이 공청 그루빠들과 공청원들의 조직적 지도와는 무관하게 진행되고 있다.

청년 근로자 대중에 대한 공산주의의 영향력 성장과 조선 공청의 조직적 지원 부재 간의 현격한 괴리는 조선의 공청단체들이 기회주의적 실책을 저지르고 국제공청 노선을 왜곡한 후과이다. 공산청년운동 대오의 결속을 저해하는 장기간에 걸친 무자비한 분파투쟁은 국제공청 노선의 왜곡에서 비롯된 것이다. 의심의 여지없이 일본 경찰에 의해 사주된 이 무원칙한 분파투쟁은 무엇보다도 공청단체가 투쟁하는 청년 근로자들로부터 고립되어 있고, 그 내부에 지식인과 소부르주아 청년들이 다수인 가운데 노동자, 고농, 빈민 청년들을 그 대오로 유인하지 못하고, 노동자, 고농, 빈민을 지도사업에 거의 발탁하지 못하고, 공청단체들에 볼세비키적 자기비판이 부재한 데서 자기의 자양분을 얻고 있다.

국제공청 집행위원회는 조선의 공산청년운동이 앞으로도 그러한 상태에 머물러 있는 것을 결단코 용인할 수 없다고 생각하면서, 조선의 모든 공청원들에게 자기 대오의 사상적, 조직적 결속을 위한 단호한 투쟁, 대중적이고 단합된 조선 공청의 재건을 위한 투쟁에 나서줄 것을 호소한다.

조선의 모든 공청 단체는 볼세비키적 자기비판을 확산시켜서 자기의 실책과 결함을 과감하게 폭로하고 광범위한 근로자 대중, 그중에서도 특히 청년 노동자들을 공청 대오로 전취하기 위한 구체적인 방안을 모색해야 한다.

모든 공청단체들은 청년 대중을 위한 투쟁에서의 국제공청 노선에 대한 기회주의적 왜곡에 맞서 가차 없는 투쟁을 전개해야 한다. 조선의 모든 공청단체는 주된 위험인 우경의 발현에 맞선 투쟁에 각별한 관심을 기울여야 한다. 모든 우경(조선혁명에서 프롤레타리아의 지도적 역할을 위한 투쟁의 부정, 적대적 청년단체들과의 확고한 투쟁 기피, 청년투쟁의 조직화 기피, 민족개량주의자들의 역할에 대한 잘못된 이해와 이에 대한 타협주의적 태도, 비합법 공청에 반대하여 합법 "무산자청년동맹(Лига пролетарской молодежи)"을 결성하려는 시도 등에서 특히 선명하게 표출되는 비합법 공청의 의미에 대한 과소평가와 공청의 모든 사업을 합법 사업으로만 인도하려는 희망)의 발현에 맞서 무자비하게 싸워야 한다.

조선 공청 그루빠들의 분파주의적 폐쇄성의 형태로, 그리고 투쟁하는 청년 근로자 대중에 대한 그들의 고립성으로 특히 선명하게 발현되는 "좌"경과도 가차 없이 싸워야 한다. 공청단체들과 청년 사이에 장벽을 조성하는 "좌익" 분파주의는 광범위한 청년 근로자 대중을 공청 쪽으로 끌어들이는 데 있어 주된 장애이다. 청년 근로자를 공청 대오로 포섭할 생각이 없거나 그것을 하지 못하는 "좌익" 기회주의자-분파주의자들과 단호하게 투쟁하지 않는다면, 조선에서 공산청년운동을 대중화의 큰 길로 인도하는 것이 불가능하다.

3. 온갖 수단을 통해 청년 근로자들을 일본 제국주의의 압제로부터 조선 민족의 해방을 위한, 그리고 농업 문제의 혁명적 해결을 위한 혁명투쟁으로 유인하는 것이 청년 대중을 위한, 그리고 대중적 조선 공청의 재건을 위한 조선 공청원들의 투쟁에서 기본적인 고리가 되어야 한다.

공청원들은 조선의 노동자, 농민이 도시 빈민 대중과 연합하여 일본 제국주의뿐 아니라 그것을 돕는 반혁명적 지주와 부르주아에 맞서 단호하게 싸우면서 조선 프롤레타리아의 지도만으로 조선에서 백전백승의 반제국주의적 농업혁명을 완수할 수 있을 것이라는 점을 청년 근로자들에게 체계적으로 입증해야 한다.

공청원들은 일본 제국주의 및 그것의 조선인 옹호자인 지주와 부르주아에 맞선 가혹한 투쟁이 없이도 조선의 민족해방이 평화적인 방법으로, 점진적 개량의 방법으로 가능하다는 식으로 이야기하는 민족개량주의자들의 배반 행위를 볼셰비키적 비타협성과 일관성을 가지고 폭로해야 한다. 공청원들은 특히 일본 제국주의의 책동에 불과하고 근로자들을 진정한 민족해방을 위한 혁명투쟁으로부터 이탈시키고 이를 통해 조선에서 일본 제국주의의 입장을 강화시키는 민족개량주의자들에 의해 지도되는 자치운동에 반대하는 완강한 투쟁을 전개해야 한다.

조선의 공청단체들은 비록 규모와 요구 면에서 가장 사소하고 작은 것일지라도 민족해방을 지향하는 노동운동, 농민운동, 청년학생운동 모두에 대한 지도권을 장악해야 한다. 민족적 억압에 반대하여 자연적으로 분출된 청년들의 모든 저항을 수용하고 지도해야만 공청단체는 비로소 청년들의 공감을 얻고 투쟁의 과정에서 그들의 정치의식을 반제국주의혁명과 농업혁명의 일반 과업과 방법을 이해하는 수준으로까지 고양시킬 수 있게 될 것이다.

현 단계에서는 일본 제국주의의 만주 점령에 반대하는 투쟁이 조선 근로자들의 민족해방투쟁에서 가장 중요한 부분이 되어야 한다. 조선의 공청단체들은 만주 내 조선 농민을 보호해야 하는 불가피성이 만주 점령을 야기했다는 제국주의자들과 그 앞잡이들의 거짓말을 폭로해야 한다. 조선 부르주아, 지주, 민족개량주의자들로부터 무조건적 지지를 받은 일본의 만주 점령이 필연적으로 조선의 민족적 노예화를 강화하고 정치적, 경제적 억압의 무게를 가중시킬 것이라는 점을 청년 근로자 대중에게 광범위하게 해설할 필요가 있다. 조선의 공청원들은 일본 제국주의의 이러한 행위가 일본 제국주의를 포함한 제국주의의 비타협적 원수인 중국혁명과 소련에 대한 반대를 지향하고 있다는 점을 설명하면서, 제국주의자들의 군사행동으로부터 소련을 헌신적으로 수호하고 중국혁명을 백방으로 지원하는 것이 일본 제국주의에 맞선 조선 근로자들의 투쟁에서 가장 중요한 부분임을 청년 근로자 대중에게 집요하게 입증해야 한다. 공청원들은 조선의 청년 근로자 대중에게 그들과 일본, 중국, 포르모사(Формоза)* 근로자들 간에 존재하는 계급적 이익의 공통성에 관해, 그리고 그들 나라 근로자들과 통일전선을 결성하지 않고는 일본 제국주의 및 조선 부르주아와 지주의 억압을 타도하는 것이 불가능하다는 사실을 집요하게 선전해야 한다.

공청단체들은 청년들에게 시위와 저항, 파업에 나서고, 조선을 통해 만주로 가는 점령군과 군수품의 수송을 좌절시키자고 호소하면서, 일본 제국주의의 만주 점령에 반대하는, 소련을 겨냥한 제국주의자들의 새로운 전쟁 준비에 반대하는, 중국혁명을 지원

---

* 타이완이다.

하는, 조선의 민족해방을 위한 청년 근로자 대중의 투쟁을 광범위하게 전개해야 한다.

4. 공청단체들은 조선의 반제국주의혁명과 농업혁명의 구호 아래 청년 근로자 대중을 동원하는 데 있어, 이를 노동자, 농민, 청년 학생의 모든 부분적이고 긴요한 요구들을 위한 일상적 투쟁의 전개와 견고하게 결합시켜야 한다. 비록 상황을 매우 작은 정도로만 개선시키는 것일지라도 말이다.

조선의 공청원들은 청년 노동자들의 경제전투를 조직하고 지도하는 데 각별한 관심을 기울여야 한다. 각 공청단체는 자기 기업소와 구역 내 청년 노동자들의 노동조건에 대한 상세하고 전면적인 조사를 토대로 청년 노동자들의 부분적 요구에 대한 구체적인 강령을 수립해야 한다. 부분적 요구 강령에는 근무시간 단축, 임금 인상, 아동과 학생 노동에 대한 특별 보호, 유급휴가, 동일 노동에 동일 임금 지급 등과 같은 공청의 기본적 요구가 반영되어야 한다.

공청단체들은 청년의 이익을 노동계급의 일반적 이익과 대립시키려는 모든 시도에 맞서 단호하게 투쟁하면서, 청년 노동자들의 투쟁을 성인 노동자들의 투쟁과 연계시켜야 한다. 공청단체들은 청년과 학생의 전문적 요구를 파업 노동자들의 일반 요구에 포함시키고, 파업 노동자들 사이에서 청년들의 요구를 지지하라고 선동하면서, 청년 노동자와 학생을 전체 노동자들의 투쟁으로 광범위하게 끌어들여야 한다. 파업위원회들에 청년 대표자를 포함시킬 필요가 있는데, 이는 청년들의 요구를 파업자들의 요구에 응당하게 반영시키는 확실한 조건 중 하나이다.

조선의 기업소에 청년 노동자와 학생 다수가 있다는 것은 청년이 자기의 요구를 위한 투쟁의 주도자가 되도록 하는 바람직한 여건을 조성한다. 공청단체들은 그러한 청년 주도 행동 유형을 준비하면서 투쟁 강령을 사전에 세밀하게 수립하여 청년들에게 광범위하게 전파하고, 성인 노동자 투쟁으로의 인입을 보장해야 한다. 즉 투쟁을 전체 노동자들의 행동으로 전변시켜야 한다. 또한 인접 기업소들에서의 연대 파업을 조직하도록 해야 한다.

청년들을 노동자들의 일반 투쟁으로 끌어들이면서 청년 근로자와 청년 실업자의 행동을 모든 수단을 동원하여 연계시켜야 한다. 지방 공산당, 적색 노조, 공청단체의 지도하에 일자리 제공, 보조금 지급, 무료 숙소 등을 기반으로 한 실업자위원회를 조직함으로써 청년 실업자를 포함한 모든 실업자의 대중운동을 조직할 필요가 있다. 공산당, 적색 노조 지방 단체가 없는 지역에서는 공청원들이 실업자위원회 설립의 주도자가 되어야 한다.

공청단체들은 청년 노동자를 보유한 적색 노조와 긴밀하게 접촉하면서 청년 노동자의 경제투쟁을 조직해야 한다. 그러나 어떤 경우이건 공청단체들은 모든 노동자들의 총파업 틀 내에서의 청년 노동자에 대한 지도를 견지해야 한다.

공청단체들은 노동조합의 일상적인 사업 활동에 각별한 관심을 기울여야 한다. 조선에서 현재 진행되고 있는 시도, 즉 청년 노동자를 노동계급의 일반투쟁으로부터 고립시키는 전문적인 청년노동조합을 결성하려는 시도는 매우 잘못되고, 유해하고, 국제공청의 모든 방침에 모순되는 것으로 간주할 필요가 있다. 노동조합 내부에 청년 노동자의 이익을 제대로 옹호하기 위한 청년부를 설립하면서, 청년들을 일반 노동조합들의 노동자들과만 통합시킬 필요가 있다.

청년 노동자 모두를 적색노조운동 대오로 이끌고, 그것을 모든 수단을 동원하여 강화하는 것이 노동조합 사업 분야에서 조선 공청원들이 수행해야 할 기본적 과업이다. 조선 적색 노조의 조직적 취약성과 극단적으로 부실한 조직망은 조선의 모든 공청원들에게 이 분야에서 각별한 집요함을 발휘할 것을 요구하고 있다. 공청단체들은 "공청원 각자가 자기 노동조합의 일원이자 열성적 일꾼"이라는 구호를 실현하면서, 자기의 회원들을 우선적으로 노조운동에 개별적으로 가담시켜야 한다. 공청원들은 적색 노조 설립의 주도자 혹은 개량주의적 노동조합 내 반대운동의 주도자가 되어야 한다. 그러한 주도력은 공산당 지방 조직이 없는 곳에서 특히 중요하다.

개량주의적 노동조합과 관련해서는 그들 내부에서 체계적인 사업을 수행하고, 개량주의 지도자들의 반역자적 역할에 대한 구체적인 사례를 폭로하고, 개량주의적 노동조합에 속한 청년 노동자들을 공청 대오와 적색노조운동 쪽으로 이끄는 것이 공청원들의 기본 과업이다.

5. 조선의 공청단체들은 청년 농민의 혁명운동에 비해 극단적으로 뒤처져 있는 청년 공산주의운동의 후진성을 극복하기 위한 가장 단호한 조치를 취해야 한다.

농촌에서 조선 공청원들의 주요 과업은 세금과 소작료 납부에 반대하고, 모든 가능한 부분적 요구를 위한 농민 혁명투쟁을 전개 및 지도하는 데 있어 이 투쟁을 농민 대중을 반제국주의혁명과 농업혁명의 구호 주위로 동원하는 사업과 긴밀하게 결부시키면서 조선 공산주의자들을 지원하는 것이다.

공청원들은 조선 공산주의자들의 지도하에 대중적 농민운동을 백방으로 발전시키고, 혁명적 농민위원회를 수립하고, 기존의 개량주의적 농민동맹에서의 반대운동이 확산되도록 농민운동을 지원해야 한다. 공청원들은 민족개량주의자들의 반역적 본질을 구체적인 사례를 통해 폭로하면서 농민과 청년에 대한 그들의 영향력에 맞서 투쟁을 전개해야 한다.

공청원들은 청년 농민들의 상황 개선을 추구하는 모든 요구(세금 및 소작료 감면, 무상교육 등)를 위한 청년 농민들의 혁명투쟁에서 이 투쟁을 토대로 농업혁명과 반제국주의혁명의 구호 아래 청년 농민들을 조직하면서 그 제창자와 지도자가 되어야 한다.

공청단체들은 혁명적 농민운동에 적극 참여하는 고농, 빈농, 중농으로 공청 세포를 조직하면서, 청년 농민 대중에 대한 자기의 영향력을 공고히 해야 한다.

공청원들은 농민회에 청년부 설립을 위한 투쟁을 하고, 자기의 지도하에 다양한 문화적 및 경제적 청년농민단체(구락부, 야학, 보통교육소조, 체육단체 등)를 설립하면서, 농촌에서 대중적 청년단체를 발전시켜야 한다.

조선의 공청원들은 청년 고농의 성장하는 적극성을 이끌고 그들의 투쟁을 지도하면서, 농촌 사업에서 가장 중요한 과업 중 하나인 공산주의자들의 지도하에 농업노동자(고농)회를 결성하는 과업을 최단시간 내에 달성해야 한다.

조선의 공청단체들은 학교의 일본화에 반대하고, 학생회의 자유를 위하고, 학교의 낡은 풍습에 반대하는 등의 청년 학생들의 혁명투쟁을 지도해야 한다. 대학생들과 청년 학생들의 운동을 노동자, 농민, 도시 빈민 대중 투쟁과 연계시키면서 모든 방법을 동원하여 그들을 조선 민족해방운동과 반제국주의운동 수행을 위한 투쟁으로 유인하는 것이 공청원들의 과업이다.

공청단체는 노동자, 농민, 청년 학생들의 운동을 준비하는 데 있어, 모든 청년 근로자들을 자기의 투쟁 강령으로 결집시키면서 협동전선 전술을 아래로부터 광범위하게 운용해야 한다. 이는 공청단체가 각각의 개별적인 경우마다 다양한 청년층의 생각을 세심하게 고려하고, 어떠한 경우에도 자기의 원칙적 입장을 포기하지 않으면서 요구들을 위한 투쟁에서 정치적 입장과 종교적, 개량주의적 및 기타 적대적 단체에의 소속 여부에 관계없이 모든 청년 근로자들을 공청 주위로 결속시킬 수 있도록 하는 구체적인 요구를 제기해야 함을 의미한다. 그러한 운동을 지도하기 위해서는 각각의 개별적인 경우에 싸우는 청년 대중을 광범위하게 끌어들여서 행동위원회를 조직할 필요가 있다. 공청의 개별적 구호들을 위해 투쟁하는 모든 청년 근로자의 통합된 운동을 조직할 경우에만 비로소 적대적 단체들의 영향력으로부터 청년들을 점진적으로 벗어나게 할 수 있으며, 민족해방운동과 계급투쟁의 일반 과업을 이해하도록 그들을 이끌 수 있다.

진정한 아래로부터의 협동전선을 적대적 청년단체들의 배신적 지도부와 모든 가능한 무원칙한 연합이나 합동으로 슬쩍 대체하려고 시도하는 협동전선 전술의 우익 기회주의적 왜곡에 맞선 단호한 투쟁이 필요하다.

6. 합법의 가능성을 최대한 이용해서 비합법 사업과 백방으로 결합하고 공청과 광범위한 청년 근로자 대중을 연계시킬 보조적인 대중적 합법 및 반합법 단체들을 자기 주위에 설립하는 것이 조선 공청단체들의 가장 중요한 과업이다. 이 대중적 비공산주의 단체들은 비합법 공청의 대중적 합법사업을 위한 엄폐물이 되어야 한다. 반제청년동맹 (Антиимпериалистическая лига молодежи), 프롤레타리아 체육단체, 노동자와 농민 자경단, 다양한 소조가 있는 청년 구락부, 마르크스소조가 있는 지방 대학생 및 학생 단체, 문맹퇴치 강습소, 독학소조 등이 노동조합과 농민회의 청년부와 함께 그러한 단체가 되어야 한다.

국제공청 집행위원회는 조선의 공청원 대오에 "충분히 혁명적이지 않은" 청년들이 그 안으로 들어올 수 있다는 핑계를 대면서 보조적 합법단체의 설립에 반대하는 동지들이 있음을 언급하고자 한다. 그러한 "좌익적" 경향에 반대하여 단호하게 싸울 필요가 있다.

또한 비합법 공청을 "무산자청년동맹"과 같은 합법 청년단체로 슬쩍 바꾸려는 모든 시도를 격퇴할 필요가 있다. 잔혹한 경찰 테러가 만연한 조선의 조건에서 혁명적 공산주의단체는 합법적으로 존재할 수 없음을 유념할 필요가 있다. 따라서 "무산자청년동맹"은 짧고 제한된 강령을 토대로 해서만 설립되게 될 것이며, 결국에는 불가피하게 청년 혁명투쟁의 저하, 청년혁명운동의 제국주의자, 부르주아, 지주의 요구로의 종속, 요컨대 노골적인 청산주의로 가게 될 것이다.

조선의 공청단체들은 합법단체를 설립해서 활용하고, 그것을 통해 청년 근로자 대중을 혁명투쟁으로 유인하는 데 있어 자기의 독립성을 상실하거나 자기가 대중 속에서 수행하는 직접 사업을 축소시켜서는 안 된다. 공청의 진면목을 상실하고, 이로 인해 청년혁명투쟁에 대한 지도를 상실하는 것은 매우 위험한 일이다. 그러므로 공청원들은 보조 단체들을 만들고 활용하고 발전시키는 데 있어, 대중단체들에 대한 자기의 정치적 지도를 변함없이 발휘하면서 이 대중단체들의 우수한 분자들을 자기의 대오로 유인하는 자기의 직접 사업을 강화해야 한다.

7. 적대적 청년단체, 특히 청년 근로자 대중을 기만하기 위해 빈번하게 "혁명적" 미사여구를 늘어놓는 이른바 "좌익" 청년단체들에 맞선 부단한 투쟁은 청년 근로자 대중에 대한 공청의 영향력을 강화하는 필수 조건이며, 공청을 대중단체로 급속히 전변시키는 데 있어서의 담보이다.

조선의 공청원들 사이에는 적대적 단체들의 명백한 반동성을 핑계로 그 단체들에서의 사업을 거부하는 좌경적 풍조가 만연해 있다. 이러한 편향적 풍조의 결과 조선의 공청단체들은 신간회와 조선청년총동맹의 해산 문제에서 잘못된 입장을 취하는 엄청난 정치적 과오를 저질렀다. 이 과오는 일본 제국주의자들의 지시에 따라 민족개량주의자들이 제기한 신간회 해산 캄파니야의 의미를 공청원들이 이해하지 못했기 때문에 생겨난 것이었다. 이 단체들 내부에서 민족개량주의 지도부에 대한 불만이 커졌고, 이러한 험악한 분위기를 풀기 위해 해산이 권고되었다. 공청원들은 단체의 해산을 기계적으로 지지했으며, 청년 대중 앞에 계급의 적이 부리는 책동을 폭로하지 않았다. 그들은 이 단체들에 속한 청년 근로자들을 자기 대오로 유인하는 사업을 수행하지 않았다. 그 결과 신간회와 조선청년총동맹의 해산은 의심할 바 없이 일본 제국주의와 그 민족개량주의 앞잡이들에게 긍정적인 결과를 가져다주었다.

조선의 공청 그루빠들은 모든 적대적 청년단체들에서의 사업을 거부하는 행위에 맞서 가차 없이 싸워야 한다. (조선청년총동맹, 천도교 산하 청년단체, 근우회, 기독교청년회, 불교청년회 등) 모든 적대적 청년단체들에서의 사업을 위해 우수하고 가장 철두철미한 공청원들을 보내야 한다. 발언, 그들 내부에 반대운동의 조직, 그들 내부의 가장 반동적인 분자들 배척 등과 같은 방법을 통해 그들 단체를 안에서부터 와해시키는 것이 보내지는 동지들이 수행해야 하는 과업이다. 공청원들은 개량주의 지도자들의 반역자적 역할과 청년 근로자의 절박한 이익을 위해 싸우려 하지 않는 구체적인 사실들을 청년 근로자 대중에게 부단하게 폭로해야 한다. 이 폭로사업은 공청의 목표와 과업에 대한 선전, 적대적 단체 대오에 속한 청년 근로자들의 당 및 공청 대오로의 유인과 긴밀하게 연계되어야 한다.

8. 조선의 공청단체 대오를 최대한으로 강화하지 않는다면 조선의 현 상황으로부터 유래했으며 국제공청 집행위원회의 이 서한에 기술되어 있는 극히 복잡한 과업들을 해결하는 것은 난망하다.

국제공청 집행위원회는 비합법성을 훼손하지 않으면서 볼셰비키적 자기비판을 수행하고, 취약성과 과오를 구체적으로 제거할 방법을 모색하면서 자기 단체의 취약성과 과오를 과감하고 단호하게 드러낼 것을 조선의 모든 공청원들에게 호소한다. 공청원들은 단체의 지도자들이 제5차 국제공청대회의 지령 및 국제공청 집행위원회의 분파 청산과 공청 대오의 결속에 관한 수차에 걸친 단호한 지시를 말이 아니라 실제 행동으로 얼마나 이행하는지 검열해야 한다.

현재 국제공청 집행위원회는 조선에 있는 공청 그루빠 중 어떠한 것도 조선 공청의 토대로 승인할 아무런 근거도 가지고 있지 않다. 조선의 공청이 진정 어디에 속하는지는 조선의 이런저런 공청 그루빠들이 국제공청의 모든 지령을 무조건적으로 이행하는지 여부, 그것이 청년 근로자 대중과 실제로 연계되어 있는지 여부, 조선의 청년투쟁과 대중적 공청을 위한 투쟁을 실제로 지도하는지 여부에 따라 국제공청 집행위원회에서 결정하게 될 것이다.

분파주의자들을 지도사업에서 가차 없이 내몰고, 버틸 경우에는 단체에서 축출하면서, 대중적 공청을 만들려고 덤벼드는 분파주의자들에 대한 공청 대중의 분노를 고양시킬 필요가 있다. 청년들의 일상적 혁명투쟁을 지도할 능력이 없거나 의사가 없는 기회주의자들을 지도부에서 축출할 필요가 있다. 파업, 동맹파업, 농민운동에 적극적으로 참여하는 노동자, 고농, 빈농들을 보다 과감하게 공청 지도사업에 등용시킬 필요가 있다. 그와 같은 지도 간부의 갱신은 조선의 공청단체를 공고화 과정과 대중단체로의 전변 과정을 대폭 촉진시킬 것이다.

모든 공청단체들은 대규모 기업소와 농민운동이 발전한 지역에서 새로운 세포를 조직하는 사업을 우선적으로 강화해야 한다. 이와 함께 청년 노동자, 고농, 빈농들을 유인하고 모든 분파주의 분자들을 가차 없이 제거하는 방법으로 기존의 세포들을 강화할 필요가 있다. "공청원 각자가 새로운 회원 1명을 공청으로 유인한다!"라는 구호를 가장 신속하게 실행할 필요가 있다.

조선의 공청단체들은 종종 기본적인 비밀 규범을 준수하지 않는다. 국제공청 집행위원회는 사업의 비밀 준수가 비합법 공청의 전투력을 나타내는 결정적인 지표 중 하나임을 상기시키면서 조선의 공청원들에게 비밀 준수를 위한 투쟁과 밀정에 반대하는 투쟁을 전개하는 데 각별한 관심을 기울여 줄 것을 촉구한다. 비밀 준수 상황을 검열해야 하며, 이에 병행하여 비밀사업의 경험을 신입 공청원들에게 전달해 줄 필요가 있다. 비밀의 악의적 위반자들에게는 공청에서의 제명까지 포함해서 가장 준엄한 책임을 물어야 할 필요가 있다. 공청원들은 잔혹한 정치테러가 횡행하는 조선의 조건에서 비밀에 대한 경솔함은 곧 직접적인 반역이 될 수도 있다는 인식을 확고히 할 필요가 있다. 그러나 국제공청 집행위원회는 어떤 경우이건 비밀성의 강화가 조선 공청원들과 청년 근로자 대중과의 연계 약화를 의미해서는 안 된다는 점을 미리 지적한다.

조선의 공청단체들은 우수하고 가장 열성적이며 계급적으로 단련된 공청원들을 공산당 대오로 체계적으로 이전시키면서, 조선의 공산당 대오에서 분파성을 제거하고 당의 지방 조직을 재건하는 일에서 조선의 공산주의자들을 전면적으로 지원해야 한다.

조선의 모든 공청단체들은 국제공청 집행위원회의 이 서한에 대해 가장 광범위한 논의를 진행해야 한다. 엄격한 자기비판을 통해 자기의 과오를 밝혀내고, 분산된 단체들을 장래 조선의 반제국주의혁명과 농업혁명의 구호 아래 청년 근로자들의 투쟁을 이끌 역량을 갖춘 조선의 대중적 공산청년회로 전변시키는 구체적인 방법을 모색할 필요가 있다.

국제공청 집행위원회

РГАСПИ, ф.533, оп.10, д.1907, лл.1-22.

РГАСПИ, ф.533, оп.10, д.1907, лл.23-45.

고려공산청년회 행동강령

1934년 1월 8일

일본 제국주의가 우리나라를 강탈하고 자기의 식민지로 전변시킨 순간부터 조선의 근로대중을 탄압하고 강탈하는 임무를 지닌 군대, 경찰, 헌병, 법원, 감옥, 예비군 단체 등을 자기 휘하에 두고 있는 총독부로 모든 정치권력이 집중되었다.

일본 제국주의자들은 총검을 동원하여 조선 인민대중을 노예 상태로 만들면서 우리나라를 잉여이익의 독점적 원천으로, 태평양에서의 공격적 투쟁을 위한 가장 중요한 군사전략적 기지로 전변시켰다.

일본 제국주의자들은 정치권력과 인민경제의 주요 부분을 장악한 후 봉건적 관계를 유지 및 강화시키고, 그것들을 장래의 침략전쟁 과업에 종속시키면서 나라를 약탈하고 있다. 이를 통해 일본 제국주의는 나라의 생산 역량을 전면적으로 억제 및 지체시키고 있다.

병합 순간부터 조선은 기본적으로 농산품을 독점적으로 낮은 가격에 반출하고 공산품을 독점적으로 높은 가격에 반입하는 일본의 농업 원료와 식량 기지로 전변되고 있다.

일본 제국주의는 나라에 만성적인 농업 위기와 광범위한 농민대중의 빈곤화를 강요하였다.

일본 제국주의는 토착 산업을 농업 원료의 1차 가공업 발전으로 국한시키고 프롤레타리아트를 야만적으로 착취하면서 나라에 토착 산업의 기형적인 발전을 강요하였다.

현재의 위기, 중국에서의 강도적 전쟁, 새로운 전쟁, 그중에서도 특히 소련에 대한 광기 어린 전쟁 준비는 군사경찰적 반동의 공개적 난동, 식민지 약탈의 지속적 강화, 근로대중의 생활수준에 대한 전대미문의 공격을 불러왔다.

농지와 토착 기업소를 일본 제국주의자들의 수중으로 이전하는 과정이 극단적으로 강화되었다. 800만 명의 농민이 기아에 허덕이고 있다. 기업소들에 극히 고통스러운 노동조건이 도입되고 있다. 중소 상공업 부르주아들이 몰락하고 있다. 도시는 빈곤층과 실업자로 넘쳐난다. 자살과 사회적 질환 등이 증가하고 있다.

청년 노동자 상황

식민지 노동자의 상태에 있는 일본인 노동자들이 "오랜 노동시간, 병영과 같은 속박, 계약노동, 사회보장의 부재, 완전한 정치적 무권리하에서의 저임금"●으로 규정된다면, 조선인 노동자들은 그에 비할 바 없이 열악한 조건에 놓여 있다. 이는 조선의 식민지 상황과 조선 경제, 그중에서도 특히 자본주의 이전 단계의 경영이 압도적인 공업의 식민지적 성격에 기인한다.

일본 제국주의는 차별적 노동임금정책을 통해 조선 프롤레타리아트의 위에 일본인 기능공, 감독자, 숙련공 등의 특권층을 만들어서 배치하였다. 또한 조선인 노동자는 통상적으로 일본인 노동자에 비해 절반의 임금만을 받고 있다.

몰락한 농민과 소부르주아에 의해 신속하게 충원되는 거대한 수의 예비군이 조선인 노동자들을 지속적으로 위협하고 있다.

그러므로 저렴한 여성노동과 소년노동이 조선 프롤레타리아트의 상당 부분을 차지하고 있고, 제국주의 일본에 비해 매우 기형적인 형태의 자본주의 이전 방식의 경영이 대부분을 차지하고 있다는 것은 놀랄 일이 아니다.

식민지 경영 체계는 흉측하고 비인간적인 형태를 띠면서 무엇보다 먼저 청년 노동자들, 그중에서도 특히 보호받지 못하는 여성과 미성년자들의 어깨를 짓누르고 있다.

청년 노동자가 전체의 50%를 넘는데, 섬유, 고무 및 기타 부문 공업의 경우에는 80~90%에 이른다. 그들 중 대다수는 나라의 오지에서 자본주의자들에 의해 헐값으로 고용되어 감옥과 진배없는 병영과 같은 속박을 받고 있는 여성과 미성년자이다. 농민들이 공장이나 유곽에 팔려가는 것을 동일한 의미로 이해하는 데는 다 그런 이유가 있는 것이다.

청년 노동자는 성인 노동자에 비해 더 많은 착취를 당하면서도 일본인 성인 노동자에 비해 5분의 1, 조선인 노동자에 비해 2.5분의 1, 일본인 미성년 노동자에 비해 2분의

● 『코민테른 잡지(Журнал Коминтерн)』, 1932.04.01.(이 주는 원주이다 – 옮긴이)

1의 임금만을 받고 있다. 조선인 소녀들의 경우에는 일본인 노동자에 비해 8분의 1, 조선인 노동자에 비해 4분의 1의 임금을 받고 있다.

모든 기업소들에 벌금, 공제, 뇌물, 강제저축, 임금 지급 지연, 임금 대신 화폐에 비해 20~30% 평가절하되는 돈표의 지급 등의 체계가 확산되고 있다. 도급제와 고역이 대부분인 건설노동과 계절노동에서는 [판독 불가]가 노동자들을 끌어모은다.

유해 산업과 지하노동에 청년 노동자들의 노동이 광범위하게 이용되고 있다. 안전장비가 전혀 없기 때문에 불행한 경우가 많이 발생한다. 소년과 학생들은 5년 동안 거의 무료로 일을 하고, 그 후 해고되거나 1~1.5엔의 보잘것없는 임금을 받는다.

조선에는 아동과 소년 노동을 보호하는 법령이 아예 없다. 사회보장이 전혀 이루어지지 않는다. 따라서 실업자가 될 경우 아사(餓死)만이 그들을 기다린다.

현재의 위기와 조선에 수립된 군사점령체제는 청년 노동자들의 상황을 보다 더 악화시켰고, 엄청난 수의 실업자를 양산했으며, 극히 고통스러운 노동조건을 만들어냈다. 전대미문의 정치적 권리 박탈과 군사경찰테러의 조건에서 조선의 청년 노동자들은 아사하거나 자기의 존재를 개선하기 위한 [판독 불가] 투쟁 이외에는 다른 방도가 남아있지 않는 극한적 상황에까지 도달하였다.

청년 농민 상황

청년 농민은 자기의 부모들과 함께 농업 분야에서 일본이 자행하는 약탈정책의 부담과 무엇보다도 조선에서 10여 년간 지속되고 있는 만성적인 농업 위기의 부담을 온 어깨에 짊어지고 있다.

노예적 소작, 약탈적 세금, 고리대금과 독점가격의 고통 아래 자행된 일본 제국주의 식민지정책의 결과로 우리 농촌은 빠른 속도로 몰락 및 퇴보하고 있다. 총독부, 대부기관, 일본인과 조선인 지주들을 필두로 한 일본 제국주의자들의 급속한 토지 수탈 과정이 한편에서 진행되고 있고, 다른 한편에서는 광범위한 농민대중이 몰락하는 과정이 진행되고 있다.

몰락한 농민, 특히 청년들은 대거 도시로 떠나서 거대한 실업자군을 형성하거나 좋은 삶을 찾고자 중국, 만주, 일본이나 다른 나라로 이주하고 있다. 하지만 지주와 고리대금업자의 질긴 손아귀에서 벗어나서 운 좋게 새로운 삶을 찾는 사람은 소수에 불과하고, 부채로 인해 옴짝달싹 못 하는 절대다수는 농촌 기생자들의 노예로 전락해서 기아예 허덕이다 쇠약해져서 삶을 마치고 있다. 조선 농민의 절반인 800만 명이 굶주리면서 초근목피로 연명하고 있는데, 총독부가 삼림 "훼손자"들을 가혹하게 처벌하고 있기 때문에 최근에는 그것마저도 빼앗겨 버렸다.

우리 농촌에서는 굶주림과 추위로 인해 가족 전부가 사망하는 것, 여식을 유곽에 팔아넘기는 것이 일상이 되었으며, 극빈자들의 행렬이 나라의 각지로부터 도시로 끊이지 않고 이어지고 있다.

돈이 없어서 학령기 아동의 80~95%가 교육을 받지 못하는데, 그들 중 대다수가 농촌 아동들이다. 총독부는 이러한 상황을 듣지도 않을 뿐 아니라, 심지어는 농촌 청년들의 자율학습소조와 야간 강습소를 탄압하고 있다.

청년 고농은 상상할 수 없을 정도로 힘든 상황에 놓여 있다. 그들은 연간 20~30엔의 보잘것없는 임금을 받기위해 하루 18시간을 노동한다. 또한 그것을 모두 받지도 못한다. 왜냐하면 노동을 보장받기 위해서는 지주와 부농에게 선물을 주어야 하고, 모든 가렴잡세와 징수금을 납부해야 하기 때문이다.

도시 빈곤 청년 상황

공업의 미약한 발전과 많은 수의 저렴한 산업예비군을 시장으로 향하게 하는 반봉건적 농촌의 만성적인 농업 위기로 인해 자본주의 이전 형태의 경영이 압도적인 소생 산업과 수공업이 조선의 산업에서 극단적으로 높은 비율을 차지하고 있다.

청년과 미성년자는 소생 산업, 수공업, 상업 시설, 식당 등등에 기본적 노동력을 공급하면서, 주인과 조장들의 극한적인 전횡에 시달리고 있다. 그들은 보잘것없는 임금을 위해 혹은 단지 먹을 것을 얻기 위해 주인과 조장들로부터 모든 가능한 학대와 부당 노동을 당하면서 휴일도 없이 굶주린 채 하루 24시간까지 일하고 있다.

많은 수의 소녀와 미성년 하녀, 배달부, 신문팔이 등도 가혹한 착취를 당하고 있다. 식민지 조선은 그들을 특히 많이 거리로 내몰았다.

청년 학생 상황

청년 학생들은 극단적인 정치적, 민족적 탄압에 시달리고 있다. 왜냐하면 교육기관들이 일본의 대국주의적 동화정책을 수행하면서 자기의 추잡하고 파렴치한 방식으로 정치적, 민족적 탄압을 집중시키고 있기 때문이다. 일본 제국주의자들은 조선 역사와 사회과학 교육을 완전히 금지시키고는, 조선 역사를 대신하여 일본의 허구적인 역사를 이야기하고, 식민지 약탈, 수많은 혁명가들에 대한 군사경찰 테러, 검거, 고문, 살해를 노골적인 대국주의적, 제국주의적 사상에 바탕을 두고 해석하면서 일본어로만 수업을 진행하고 있다.

이 모든 추악한 코미디는 일본인과 조선인 학생 간의 인위적인 민족적 반목에 대한 선동을 동반하고 있다. 수업 시간에 조선어로 말하는 학생은 처벌을 받는다. 학생들을 감시하기 위해 학무국 산하에 설립된 특별 경찰기관들과 경찰이 수많은 "불령선인" 분자를 적발해 내면서 학생들을 지속적으로 감시하고 있다. 일본 제국주의자들은 몽둥이를 가지고 조선인 학생들의 머리에 일본의 대국주의사상을 주입시키려고 하고 있다. 하지만 몽둥이는 끝이 두 부분이다. 몽둥이는 결국에는 그들 자신을 향하게 될 것이다. 1924년 말부터 1930년 초까지 조선 전역에서 집채만 한 파도와 같은 힘으로 나타났던 거대한 학생소요들이 이를 보여주고 있으며, 현재 우리가 그들과 함께 수행하는 혁명적 격동이 이를 보여주고 있다.

*   *   *

나라의 프롤레타리아 청년과 모든 청년 근로자는 [판독 불가] 정치적 권리를 박탈당한 상황에까지 전락해 있다. 그들은 노동자들과 마찬가지로 굶주림과 추위로 인해 거리에서 자유롭게 죽을 수 있는 유일하게 제한되지 않은 권리만을 제외하고 언론, 출판, 집회의 기본권을 박탈당하였다.

견딜 수 없는 식민지 압제와 정치적 권리의 박탈은 프롤레타리아 청년과 모든 청년 근로자의 인식에 자기의 압제자인 일본 제국주의자들과 그들의 협력자인 지주, 고리대금업자에 대한 격렬한 증오심과 자기의 삶을 그들에 반대하는 투쟁에 바치고자 하는 불꽃같은 열망을 불러일으켰다.

매일같이 자연 발생적으로 일어나는 청년노동자농민, 학생, 도시 빈곤 청년 혁명운동의 강력한 파도가 성장 중에 있는 혁명적 격동의 강으로 흘러들어 가고 있다. 자기 삶의 경험을 통해, 자본주의 세계가 겪는 혼란, 기아, 빈곤의 와중에 사회주의 승리의 붉은 깃발을 높이 세운 소련의 경험을 통해, 소비에트 중국의 영웅적인 투쟁 경험을 통해, 그리고 새로운 행복한 삶을 건설하고 있는 소련 연해주 동지들의 경험을 통해 청년 근로자 대중은 제국주의자들과 그 협력자들의 지배를 폭력적으로 타도하는 것만이 자기들의 삶의 조건을 근본적으로 개선시키고 자기들에게 노동과 문화의 길을 열어주는 방법임을 더욱 더 자각하고 있다. 일본 제국주의에 반대하고 조선인 지주와 고리대금업자에 반대하는 투쟁의 확고부동한 의지가 매일같이 공고화되고 있다.

*　　*　　*

공청은 무엇이고, 무엇을 하나

현재의 위기, 중국에서의 강도적 전쟁, 소련에 반대하는 광적인 전쟁 준비의 조건에서는, 그리고 조선 부르주아가 일본 제국주의에 항복하고 민족개량주의자들이 좌익적 미사여구로 실상을 호도하면서 노동계급과 모든 근로대중의 이익을 노골적으로 배반하고 있는 정치적 반동이 휘몰아치고 식민지 압제가 강화되는 조건에서는, 반제국주의 민족해방투쟁의 전면에서 독립적인 정치 역량으로 활동하면서 자기의 최종 목표를 공산주의를 위한 투쟁으로 삼고 있는 노동계급이야말로 근로대중의 혁명운동을 영도하는 효과적인 수단이 된다. 공산당은 노동계급을 일본 제국주의와 그 주구들을 공격하는 데로 인도할 수 있는, 그리고 이를 통해 공산주의를 위한 투쟁의 최종 목표를 달성할 수 있는 유일한 당이다.

공청은 대다수 청년 노동자를 공산주의 쪽으로 전취시키는 것을 자기의 과업으로 삼는 대중적 노동자농민단체이다.

조선공산당의 예비이자 충실한 조력자인 고려공산청년회는 국제공청과 조선공산당의 지도하에 근로대중의 해방 사업을 수행하고 있다.

민족부르주아가 다양한 계통의 민족개량주의자들을 통해 청년 근로자들을 혁명투쟁으로부터 빠져나오게 하려고 하고, 출판물을 통해 다양한 부르주아 및 종교 청년단체에 자치운동, 계급 협조이론, 민족 단일성을 선전하고, 일을 얻기를 꿈꾸지 말고 스스로 일을 만들자고, 일본 제국주의의 동화정책에 저항하지 말자고, 광적으로 준비되고 있는 전쟁에 반대하여 싸우지 말자고 이야기하고 있음에도, 고려공산청년회는 프롤레타리아와 모든 청년 근로자들의 비타협적 계급투쟁, 일본 제국주의의 폭력적 타도, 노동자농민 권력과 이어지는 사회주의의 실현을 제기하고 있다.

공청은 이러한 과업을 실현하고자 제조소, 공장, 광산, 탄광, 철도, 농촌 등에서 지하

세포와 함께 합법 투쟁과 비합법 투쟁을 올바르게 결합하기 위해 체육, 문화 등의 광범위한 보조단체망을 조직하는 방법으로 청년노동자농민의 혁명투쟁을 조직 및 지도하고 있다.

고려공산청년회는 민족개량주의자들의 반혁명적이고 배신적인 역할을 모두 폭로하면서 그들을 상대로 무자비한 투쟁을 전개하고 프롤레타리아와 청년 근로자를 그들의 영향으로부터 해방시키는 것을 자기의 사업에 연결시키고 있으며, 이를 위해 그 단체들에서 사업을 수행하고 있다.

공청은 최종 목표를 달성하기 위해 프롤레타리아 청년과 청년 근로자의 비본질적인 과업과 부분적인 요구들을 결정적인 전투를 위한 대중의 훈련, 무장봉기와 결합하여 처리하고 있다.

청년 근로자들에 대한 요구

청년 노동자와 청년 근로자들이여! 1917년 노동계급이 자본권력을 타도하고 광대한 나라의 주인이 되어 전 세계 프롤레타리아와 피압박민족의 영도자인 스탈린 동지가 영도하는 전연방공산당(볼셰비키)의 지도하에 계급 없는 사회주의사회를 건설하고 있는, 소련 극동의 조선인 근로자들을 포함한 피압박민족들이 처음으로 자유롭고 행복한 삶을 건설하는 기회를 부여받은, 14~16세의 청년 노동자들이 하루 4시간만 일하고, 16~18세는 6시간, 18세 이상은 7시간을 일하는, 청년 노동자들이 처음으로 교육기관에 대규모로 입학할 수 있게 되었고 수많은 기능공, 의사, 과학일꾼 등의 사회주의 건설자가 그곳으로부터 배출되고 있는 소련을 보라.

중국의 많은 지역 노동자와 근로자들이 제국주의자, 군벌, 지주의 권력을 타도하면서 8시간 노동제 수립 및 지주 토지의 몰수를 결정한 노동자 농민 대표자회의를 설립하고, 전체 중국의 소비에트화를 위해 붉은 군대와 함께 영웅적인 투쟁을 전개하고 있는 소비에트 중국을 보라.

소련의 경험 및 소비에트 중국 노동자와 근로자들의 영웅적인 투쟁은 비타협적인 무장투쟁만이 외부의 압제자와 그 협력자인 조선인 지주, 고리대금업자로부터 해방되는 유일한 방법, 근로대중을 해방시키는 유일한 방법임을 우리에게 보여주고 있다.

국제공청과 조선공산당의 지도를 받는 고려공산청년회는 소련과 소비에트 중국 노동자와 근로자들의 영웅적 투쟁의 길, 레닌과 스탈린의 길을 따라가면서 청년 노동자와 청년 근로자들을 장래의 결정적인 전투로 이끌어갈 역량을 지닌 청년 노동자와 청년 근로자의 유일한 혁명단체이다.

제조소, 공장, 농촌, 도시의 청년 노동자와 청년 근로자들이여!

만약 당신들이 시시때때로 거리로 내몰려서 아사할 것을 우려하여 노예적이고 반기아적인 삶을 영원히 연장시키는 사상과 타협하지 않았다면, 만약 당신들이 좋은 삶의 운명을 원하고 인간으로서의 기본권을 쟁취하기를 원한다면, 일본 제국주의와 그 협력자인 지주, 고리대금업자에 맞선 가장 비타협적인 혁명투쟁을 위해 공청과 코민테른의 깃발 아래, 반제국주의 민족해방혁명과 농업혁명의 구호 아래, 조선의 해방을 위해, 토지를 위해, 식량을 위해, 자유를 위해, 8시간 노동제를 위해, 그리고 청년의 정치적 경제적 권리를 위해 결집하라!

고려공산청년회는 조선공산당 강령에 전체적이고 완벽하게 합류하며, 당의 지도하에 조선혁명의 현 부르주아민주주의 단계의 기본 구호들과 부분적 요구들의 실현을 위해 싸울 것이다.

부르주아민주주의혁명 단계의 기본 구호

1. 일본의 지배를 폭력적으로 타도하는 방법에 의한 완전한 국가적 독립을 위하여. 국가 채무 일체의 폐지를 위하여. 일본인 기업소, 은행, 철도, 수상교통, 대농장, 수리 시설의 몰수와 국유화를 위하여
2. 노동자농민 소비에트권력의 수립을 위하여
3. 모든 토지, 삼림과 지주, 사찰, 총독부, 관료, 고리대금업자의 모든 자산의 무상몰수 및 근로농민에게로의 양도를 위하여. 노예적 계약과 고리대금업자, 은행, 대부기관, 주식회사로부터 모든 농민의 채무 폐지를 위하여
4. 8시간 노동제와 노동조건의 근본적인 개선을 위하여. 임금의 인상을 위하여. 사회적 법률, 상해 및 질병에 대한 보험을 위하여. 실업자에 대한 국가 보장을 위하여.

혁명운동의 부분적 요구

1. 일본군 철퇴. 경찰과 헌병 청산. 재향군인회 해산. 근로자의 전면적 무장
2. 모든 정치범의 즉각적 석방

3. 근로자를 위한 언론, 출판, 양심, 집회, 결사의 무제한적 자유와 인민에 반하는 모든 법령의 폐지

4. 신분상 특권과 여타 특권의 청산 및 성별, 민족, 종교에 무관하게 모든 인민의 완전한 평등

5. 인민교육에서의 동화정책 폐지. 근로자의 통제하에 모국어를 사용한 전면적 무상교육

6. 자연재해 시 주민들에 대한 국가 지원

7. 농산품에 대한 독점가격제 폐지

8. 모든 근로자의 무상 진료

9. 근로자들 중에서 재판관과 관리 선발 및 선거인 다수의 요구에 의한 그들의 상시적 교체

고려공산청년회는 조선공산당이 제기한 이러한 기본적 구호와 부분적 요구를 위해 싸우는 동시에 청년 노동자와 청년 근로자들의 최근 요구를 위해 싸우고 있다.

청년 노동자에 대한 요구

고려공산청년회는 가장 광범위한 청년 노동자 대중을 조직하고 그들의 대중적이고 혁명적인 교양을 조직하기 위해서, 그리고 청년 노동자들의 일상적인 이익을 수호하고 근로자의 최종 목표를 실현하는 일에서 그들의 전반적인 혁명투쟁을 지원하기 위해서 청년 노동자를 혁명적 노동조합과 그 안에 있는 청년부 단체로 유인하는 사업을 자기의 가장 중요한 과업 중 하나로 제기하고 있다.

또한 공청은 광범위한 청년 노동자 대중을 혁명적 노동조합으로 유인할 목적으로 개량주의 지도자들의 배신자적 역할을 대중 앞에 폭로하면서 개량적 노동조합들 내부에서 사업을 수행하고 있다.

고려공산청년회는 노동계에서 일본 제국주의의 협력자로 있는 어용 노동조합들에 맞서 무자비한 투쟁을 수행하고 있다.

공청은 조선공산당의 지도하에 개량주의적 노동조합들에서 청년 노동자의 절박한 요구를 위한 투쟁에 기초하여 아래로부터의 연합전선을 결성하는 방법으로 개량주의 지도자에 반대하고 어용 노동조합에 반대하는 투쟁을 조직하고 있다. 공청은 이러한 목적에서 좌익 노조운동과 개량주의적 노동조합 지지자 그루빠를 결성하고 기업소의

혁명적 노동조합 내부에 청년부를 조직하는 데 적극 참여하고 있다.

고려공산청년회는 청년 노동자들에게 조선에서 좌익 노조운동의 공고화와 혁명적 노동조합의 전투적 중앙을 설립하는 사업에 적극적으로 참여해 줄 것을 호소한다.

공청은 청년 노동자들의 기본적이고 절박한 요구로 다음을 제기한다.

1. 청년 노동자들의 임금 삭감 없는 근로시간의 최대한 단축. 저임금에 반대하고 고임금에 찬성한다. 국적과 성별의 구분 없이 청년 노동자와 성인 노동자의 동일 임금. 원화 및 현물 임금 지급 폐지. 임금의 지연 지급에 반대하고 주급으로의 지급에 찬성한다. 강제예금, 조장에 대한 선물 제공, 전쟁을 위한 징수의 폐지. 14세까지 아동의 고용노동 금지와 부모의 임금 인상.

2. 청년 및 미성년 노동자의 계약제 폐지. 병영적 기숙사 체계 폐지. 기숙사로부터의 외출 자유와 부모의 기숙사 방문.

3. 유해 기업소와 직장에서 복무하는 18세까지의 청년을 위한 4주간의 유급휴가와 연가. 20세까지 청년의 야간 노동 금지. 소녀 노동의 특별한 보호.

4. 국비와 경영자의 비용으로 충당하고 최저임금을 지급하는 미성년자의 직업교육 도입. 소녀의 학습 평등권. 직업교육과 관련 없는 학생 노동 이용 금지.

5. 국비와 경영자의 비용으로 충당하는 사회보장의 도입. 벌금제와 신체적 징벌제 폐지.

6. 공청은 청년 실업자들에게 조직된 청년 및 성인 노동자들과 함께 청년 실업자들의 부분적 요구를 위한 투쟁에서 시위를 조직할 것을 호소한다. 국비와 경영자의 비용으로 충당하는 정기적 보조금 지급. 일자리, 숙소, 교육의 기회 제공. 숙소 비용 폐지. 국가와 경영자의 비용으로 연료와 쌀 보장.

청년 농민에 대한 요구

공청은 수백만 농민의 빈곤과 억압으로부터의 해방을 지향한 공산당의 농업적 요구를 전면적이고 완전하게 지지하면서, 청년 농민들에게 혁명적 농민회를 조직하고 그 내부에 청년부를 조직하는 데 적극적으로 참여해 줄 것을 호소한다.

공청은 청년 농민들을 혁명적 농민운동의 방향으로 이끌 목적으로 민족개량주의 지도자들의 배신적 역할을 대중 앞에 폭로하면서 개량주의적 농민회(천도교, 농민사 등)들에서 사업을 공고하게 수행하고 있다.

공청은 청년 농민을 위한 기본적 요구로 다음을 제기한다.

1. 소작료 인하. 모든 노예적 계약과 의무의 즉각적 무효화. 지주 및 고리대금업자에 의한 사적 예속과 강제 노동 폐지. 재소작제 폐지.
2. 총독부, 조선인과 일본인 지주의 비축 식량 몰수 및 기아에 허덕이는 청년 농민과 청년 소작농에게 분배.
3. 여하한 형태의 부역으로 청년 농민과 미성년자를 강제 노역에 동원하는 것에 반대한다.
4. 청년 농민과 소년의 야간 강습소에 대한 경찰의 감시와 금지에 반대한다.
5. 공청은 청년 소작농을 위한 기본적 요구로 다음을 제기한다. 노동시간의 최대한의 제한. 청년 소작농과 성인 소작농에 대한 동일 노동 동일 임금. 저임금에 반대한다. 고임금에 찬성한다. 노비제와 노예적 계약에 반대한다. 주휴 제도에 찬성한다.

여성 근로자와 청년 여성에 대한 요구

청년 여성은 제국주의적 억압과 집에서의 가부장적 봉건적 억압이라는 이중, 삼중의 억압을 받기 때문에 다른 근로자들에 비해 보다 많은 억압과 착취를 당하고 있다. 공청은 여성들에게 다음과 같은 요구를 위한 투쟁을 전개해 줄 것을 호소한다.

1. 여성의 완전한 사회적, 경제적, 법적 평등을 위하여
2. 강제 결혼 반대. 여성 매매에 대한 엄격한 처벌을 위하여
3. 일부다처제 금지
4. 소녀의 야간 노동 폐지와 유해 산업에서의 여성 노동 금지
5. 민족, 성별에 의한 임금차별 청산
6. 출산 전 2개월, 출산 후 2개월간의 유급휴가와 국가의 무료 의약품 원조
7. 경영자의 비용으로 제조소와 공장들에 탁아소 설치. 아이를 급양하도록 어머니의 1일 근무시간을 6시간으로 단축

도시 빈곤 청년에 대한 요구

도시의 궁핍한 청년들이여! 광범위한 근로대중의 기아와 빈곤을 낳게 하고, 수백만

의 도시 빈민을 낳게 하는 제국주의적 지배와 봉건적, 농노적 관계의 청산을 통해서만, 협동적 혁명투쟁을 통해서만 당신들은 일본 제국주의가 당신들에게 운명 지어준 끔찍한 빈곤으로부터 구원받을 수 있다.

공청은 당신들에게 다음을 위해 싸울 것을 호소한다.

1. 빈곤한 수공업자들을 위한 특혜 융자 제공을 위하여. 소상인, 수공업자, 빈민에게 부과되는 세금의 폐지를 위하여
2. 상품세와 직간접세의 폐지를 위하여
3. 민족 공업과 수공업의 발전을 보호하는 관세 자치를 위하여
4. 가사 노동을 하는 청년 여성과 미성년자에 대한 가혹한 착취에 반대하여. 그들의 노동에 대한 지불을 기업소들에서 일하는 청년들과 동일하게 지급하도록 하기 위하여
5. 제국주의자들과 경영자들의 비용으로 청년 실업자와 집 없는 아이들을 위한 [원문 누락] 설치하기 위하여. 즉각 그들에게 의복과 식량을 무상 제공하도록 하기 위하여

청년 학생들에 대한 요구

현재 당신들은 일본 제국주의의 가혹한 정책과 민족적 억압, 조선 인민대중과 특히 당신들이 놓여 있는 노예적이고 굴욕적인 상황이 가져다주는 절망과 암흑을 어느 누구보다도 더 민감하게 인식하고 있다.

교육기관에 들어가면 당신들은 뻔뻔하고 파렴치한 대국주의적, 제국주의적 동화정책과 인간에 대한 조롱의 세계에 직면하게 된다. 그럼에도 불구하고 당신들은 장래에 대한 유일한 희망에 이끌려 배움을 갖고 박탈과 조롱을 겪으면서 학교를 마친다. 하지만 당신들은 크게 기만당한 것이다. 왜냐하면 일본 제국주의의 강도적 식민지정책은 지식인들의 노동을 필요 없게 만드는 환경을 만들었기 때문이다. 학교를 마치면 유일한 미래가 당신들을 기다린다. 그것은 증가하는 실업자와 기아의 미래이다.

민족개량주의자들은 당신들에게 기존의 조건들과 타협하라고 호소하고, 인민들을 계몽하기 위해 "인민들"에게 가라고 호소하는, 즉 다른 말로 하면 일본 제국주의의 강도적 정책을 지지하라고 호소하는 반면, 고려공산청년회는 당신들에게 반제국주의적 민족해방투쟁과 농업혁명의 구호 아래 근로자 대중과 함께 일본 제국주의에 맞서 단호한 투쟁을 전개할 것을 호소한다.

청년 학생들이여! 공청은 당신들이 수행하고 있는 영웅적인 반제국주의 투쟁을 환영하는 동시에, 당신들에게 청년 학생들의 혁명운동을 파탄의 길로 인도하고 있는 민족개량주의자들에 반대하는 단호한 투쟁을 전개해 줄 것을 호소한다.

공청의 깃발 아래 반제국주의동맹을 조직하라!

학생단체의 자유와 학교 자치를 위하여!

사회과학 학습을 위하여!

경찰의 학생 탄압에 반대하여!

인민교육에서의 동화정책에 반대하여!

학교에서의 민족 간 반목 선동에 반대하여

학교로부터 종교의 완전한 분리를 위하여

모국어 사용 수업을 위하여

중국에서의 강도적 전쟁과 소련에 대한 전쟁 준비 중단

소련과 소비에트 중국의 수호를 위하여

조선의 독립을 위하여

소년 근로자에 대한 요구

공청은 소년들을 일본 제국주의에 대한 노예적 복종의 정신으로 훈육하는 데 반대하며, 이를 위해 소년들을 공산주의적으로 교양하는 소년공산주의단체를 조직하고 있다. 공청은 (어린이사, 신소년, 보이스카우트 등의) 민족개량주의적 소년단체들에서 소년들에 대한 부르주아의 영향력에 반대하는 무자비한 투쟁을 전개하면서 사업을 수행하고 있다.

공청은 다음을 수행하고 있다.

학생들의 건설사업 동원에 반대하여

전면적 초등교육을 위하여

모국어를 사용하는 수업을 위하여

국가의 비용으로 소년들에게 음식, 의복, 학용품을 공급하도록 하기 위하여

종교학교에서 종교의 완전한 분리를 위하여

국가의 비용으로 부랑아 보호소를 개설하도록 하기 위하여

소년에 대한 난폭한 대우와 구타에 반대하여

결론

사회주의가 소련에서 전 세계적이고 역사적인 승리를 거두고 자본주의 나라들에서 일상적인 위기가 심화되는 조건에서 세계는 혁명과 전쟁의 새로운 단계로 접어들어 있다.

전 세계 프롤레타리아트의 조국인 소련에 대한 제국주의자들, 특히 일본의 광적인 전쟁 준비와 더불어, 전 세계에는 혁명운동, 위기로부터의 혁명적 탈피를 위한 투쟁이 거세게 성장하고 있다.

조선의 프롤레타리아 청년과 청년 근로자들이여! 전 세계의 프롤레타리아트와 피압박민족들이 국제적 제국주의에 맞서는 결정적인 전투의 목전에 있는 지극히 중차대한 순간에 고려공산청년회는 당신들에게 세계 혁명운동, 일본과 중국에서 싸우는 프롤레타리아트 및 피압박자들과 보조를 맞춰서, 국가권력을 성과적으로 전취하고 노동자농민대표자소비에트의 형태로 프롤레타리아트와 농민의 혁명적 민주독재를 수립할 때까지 일본 제국주의, 지주, 고리대금업자에 맞선 가장 비타협적이고 무자비한 투쟁을 전개하기 위해 고려공산청년회, 조선공산당, 코민테른의 깃발 아래 결집해 줄 것을 호소한다.

반제국주의 민족해방혁명과 농업혁명의 성과적인 완수만이 우리에게 혁명의 다음 단계인 사회주의혁명으로의 가장 신속한 이전을 보장하고, 우리의 최종 목표인 인간이 인간을 착취하지 않는 계급 없는 사회주의사회의 달성을 보장할 것이다.

하지만 청년 노동자와 근로자의 성과적 혁명투쟁과 그 투쟁의 영도를 위해서는 조선공산당의 예비이자 가장 충성스러운 조력자인 중앙집중적이고 규율적인 레닌주의 공청을 만드는 것이 필수적이다.

조선의 공청은 자부심을 가지고 스스로를 조직적인 국제 청년공산주의운동의 일부이자 코민테른의 가장 친근하고 충성스러운 조력자인 국제공청의 분과로 간주하고 있음을 알린다.

고려공산청년회는 선진적이고 혁명적인 프롤레타리아 청년과 청년 농민들에게 조선혁명의 역사적 과업들을 완수하고 청년들의 경제적, 정치적 권리를 전취하는 투쟁을 위해 만들어진 공청의 대오에 들어와 줄 것을 호소한다.

이와 더불어 고려공산청년회는 혁명적 프롤레타리아 청년과 청년 농민들에게 과거의 오류를 반복하지 말도록 특별히 경고하면서, 현 단계에서 가장 위험한 우익 기회주의, 좌익 기회주의, 분파투쟁과 분파주의에 맞서 무자비한 투쟁에 나서주기를 호소한다.

조선 독립 만세!

조선 노동자농민소비에트정권 만세!

근로대중의 영도자인 노동계급과 그들의 전위인 조선공산당 만세!

고려공청 만세!

세계 청년혁명운동의 참모부인 국제공청 만세!

세계혁명의 참모부인 코민테른 만세!

세계혁명 만세!

РГАСПИ, ф.533, оп.10, д.1907, лл.46-51.

РГАСПИ, ф.533, оп.10, д.1907, лл.52-57.

고려공산청년회 강령

자본주의가 계속 세계를 지배하고 있다. 공장주, 은행가, 지주들이 땅과 제조소, 공장을 장악했고, 농민과 노동자 등 모든 근로자들을 노예화하였다. 이러한 세계에서 수많은 노동자와 농민이 빈곤과 기아의 상태에 머물러 있는 반면, 인간의 노동은 단지 소수 자본가, 지주의 부를 위해서만 존재한다. 이러한 세계에는 부와 권력을 독점하는 착취계급과 노예상태와 쇠락의 권리만을 가지는 피착취계급 등 2개의 계급이 존재한다.

자본가와 지주만이 이윤을 영위한다. 자본가는 자기의 이윤을 증대시키기 위해 자기 나라뿐 아니라 다른 나라들, 그중에서도 특히 아시아와 아프리카에서까지 자기 상품을 판매하기 위한 시장을 찾는다. 한 나라의 자본가들은 시장을 찾으면서 야수와 같이 다른 나라의 자본가들을 물어뜯는다. 따라서 그들은 인간이 서로 싸움질하는 전쟁의 유일한 원인이 된다. 자본가와 지주는 자기의 정치권력을 이용해서 한 나라의 근로자들에게 다른 나라의 근로자들을 죽이도록 강요한다. 즉 그들과는 전혀 상관없는 공장주, 은행가, 지주의 이익을 위해 서로가 서로를 공격하도록 강요한다.

소수의 부유한 자들이 땅과 제조소, 공장을 독점하고 있는 한 이 세계에는 평화가 있을 수 없다. 바로 어제 영국, 프랑스, 미국, 일본의 자본가들이 독일의 자본가들을 파멸시켰고, 오늘은 전리품의 분배를 가지고 영국이 프랑스와, 그리고 미국이 일본과 서로 물어뜯고 있다. 세계에는 또 다시 모든 나라와 모든 민족 근로자들의 머리에 떨어지게 될 새로운 끔찍한 전쟁의 위험이 드리워졌다. 자본가들은 자기 상품을 비싸게 팔고 노동력을 싸게 살 수 있는 시장을 찾는 과정에서 다른 나라들을 강점하고 그곳의 인민들을 노예로 만들고 있다.

영국 자본가들은 인디아를, 프랑스 자본가들은 북아프리카를, 미국 자본가들은 필리핀 제도를 강점하였다.

일본 자본가들은 조선을 강점하고 조선 인민들을 노예로 전락시켰다.

일본 군국주의자, 지주, 공장주들은 조선 농민들에게 가혹한 세금을 부과했고, 농민들을 파멸시켰으며, 무일푼으로 만들어서 자기의 땅을 일본인들에게 팔도록 강요하였다. 그들은 농민들이 가지고 있는 원료를 헐값에 사들이고 있다. 영락한 농민 무리는 도시로 이주해서 낮은 임금을 얻고자 자기의 노동력을 파는 노동자가 되고 있다. 또한 농민들 중 많은 수는 자기의 땅을 빼앗긴 채 고농이나 소작농으로 전락하였다.

조선의 소부르주아는 일본 상품과의 경쟁을 지속할 수 없어서 혹은 망하거나 혹은 일본 자본가들에게 완전히 종속되고 있다.

일본 제국주의와 경제적으로 연결되어 있는 단지 소수의 양반, 지주, 대상인들이 조선 인민의 이익을 팔기 시작하고 있다.

이렇듯 일본 제국주의는 조선 인민의 고혈을 짜내는 흡혈귀이다.

일본 제국주의자들은 조선 인민을 경제적으로 노예화하는 한편, 모든 권리를 박탈하고 처형이나 일본 감옥으로 협박하면서 정치적으로도 노예화하였다.

일본군, 경찰, 헌병, 감옥에 의해 이러한 체제가 유지되고 있다. 이 노예화 기관들의 본질은 세금의 형태로 조선 대중을 가혹하게 억압하는 데 있다.

노예화된 대중은 자기들의 돈으로 자기들의 압제자를 부양하도록 강요당하고 있다. 이것이 바로 조선 근로대중이 처한 비극이다.

이렇듯 제국주의로 전변된 자본주의는 자기 나라의 노동자와 빈농을 노예화하면서, 다른 인민과 나라들을 대상으로 자기들의 패권을 구축하고 있다.

이로부터 식민지와 반식민지의 피압박 인민들에게는 해방을 위한 자기의 투쟁에서 전 세계 노동계급과 함께 자기 자본가와 지주들에게서 승리를 쟁취하고 세계에서 처음으로 노동자의 나라 소련을 만들어낸 전 세계 노동계급의 선봉인 러시아 노동계급과 농민만이 단 하나의 동맹자임이 명백해진다.

조선의 노동자, 고농, 빈농은 이중으로 노예화되어 있다. 그들은 자기들의 노동에서 이윤을 짜내는 자본의 노예가 되어 있으며, 전체 조선 인민의 일부분으로 민족 관계에서 일본 제국주의에 의해 다시 한 번 경제적, 정치적으로 노예화되어 있다.

그러므로 조선의 근로자는 자기들이 민족해방의 첫 번째 단계로 나아가지 못하는 한 완전한 자유를 영위할 수 없다.

민족해방을 위한 투쟁에서 조선의 노동계급은 민족해방에 관심을 갖는 다른 계급들로부터 동맹자를 가진다. 따라서 민족해방을 원조하는 것뿐 아니라 그것을 조직하고 다른 계급을 지도하는 것도 조선 근로자의 과업이 된다.

조선의 민족해방은 세계 노동운동과의 동맹, 그중에서도 특히 조선의 인민들과 마찬가지로 일본인 지주와 자본가들에게 억압받는 일본 노동계급과 동맹을 맺은 가운데 광범위한 조선인 대중이 투쟁하는 방법으로 가능하다.

조선의 경제적, 정치적 노예화는 특히 조선 청년들에게 강력하게 반영되어 있다.

청년 노동자는 하루 12시간이 넘는 노동을 강요당하면서 조선에서 동일한 노동을 하는 일본인 청년 노동자가 받는 것보다 낮은, 그리고 조선인 성인 노동자가 받는 것보다 더 낮은 임금을 받는다. 청년 노동자는 위생 조건, 노동보호, 임금 산정률표를 적용받을 권리를 박탈당했고, 이에 더해 정치적으로도 억압받고 있다. 청년 농민은 아무런 시간적 제한도 없이 농업에서 무자비하게 착취당하고 있으며, 그들에게 순종을 강요하는 협소한 가부장제적 조건에 놓여 있다.

청년 학생은 민족 관계에서 특히 심하게 억압받고 있다. 그들은 조선어, 즉 그들의 모국어를 외국어로서 교육하는 일본 학교를 다니도록 강요당하고 있다. 이 청년들은 일본 제국주의가 자행하는 일체의 민족적 억압에 특히 강력하게 반발하고 있다.

조선의 광범위한 청년대중이 자기의 어려운 상황을 인식하고 있으며, 자체적인 조직을 통해 민족해방을 추구하고 있다. 이것이 바로 조선에서 청년민족해방운동이 발전한 이유이다.

고려공산청년회는 이러한 청년민족혁명운동을 원조하면서, 그리고 그것을 [판독 불가]하고 조직하면서, 이와 함께 청년 노동자와 청년 고농을 조직하는 데 자기의 기본적 관심을 집중하고 있으며, 전 세계 청년 노동자들 및 그들의 공산주의단체들과의 긴밀한 동맹하에 이 프롤레타리아 청년들의 이익을 수호하기 위한 가장 단호한 투쟁을 전개하고 있다. 고려공산청년회의 기본적 구호는 다음과 같다.

전 세계 프롤레타리아와 피압박 인민들은 단결하라.

고려공산청년회는 다음과 같은 과업을 추구한다.

1. 정치 분야에서
1) 조선의 완전한 독립을 위한 투쟁
2) 광범위한 근로대중의 이익에 가장 부합하는 제도의 수립

2. 청년민족운동 분야에서
1) 이 운동에 대한 지원
2) 공고하고 중앙집중화된 청년민족혁명단체의 설립
3) 이 운동을 전 세계 청년노동자운동, 그중에서도 특히 일본 청년노동자들의 혁명
   운동과 동맹하는 방향으로 인도

4) 일본 제국주의의 지원을 받는 단체들에 맞선 투쟁

3. 경제 분야에서

1) 청년 노동자와 청년 고농의 임금 인상을 위한 투쟁

2) 조선인 청년 노동자와 일본인과의 임금 평등을 위한 투쟁

3) 평균임금 수준을 유지하면서 16세 이하 청년의 노동시간을 6시간까지로, 18세 이
   하는 9시간까지로 감축

4) 청년 노동자와 청년 고농을 노동조합으로 유인

5) 노동조합의 조직과 강화

4. 교육 분야에서

1) 초등, 중등, 고등교육기관들에서 조선어로 수업

2) 동화정책으로 이끄는 교사에 의한 수업의 절대적 금지

3) 무상 초등교육

4) 전적으로 청년 노동자와 청년 농민을 대상으로 한 학교망의 개설

5) 학교 운영의 민주화 및 학생 대표들의 학교 운영 참여

5. 정치교양 부분에서

1) 청년들의 정신적 예속화 체계에 반대하는 투쟁

2) 현 강령의 정신으로 광범위한 청년대중 교양

3) 청년 노동자 및 청년 농민을 위한 자체 학습 학교 개설

4) 현재의 절박한 정치적 문제에 대한 강연, 시위의 조직

5) 신문, 잡지, 소책자, 삐라의 발간

6. 여성 문제에서

1) 여성과 청년의 임금 평등

2) 여성이 교육받는 가부장적 조건의 청산을 위한 투쟁

3) 여성의 정치활동으로의 유인

고려공산청년회는 완전한 민족해방의 과업을 자기 앞에 세우면서, 동시에 청년들의

혁명적이고 단결적이고 조직적인 의미를 가지고 있는 전술한 부분적 요구들을 쟁취하기 위한 투쟁을 전개하고 있다.

주요 용어

인명

■ 감수 ■

반병률
한국외국어대학교 사학과 명예교수

임경석
성균관대학교 문과대학 사학과 교수

전명혁
동국대학교 대외교류연구원 연구교수

■ 옮긴이 ■

이재훈

세계경제·국제관계연구소 경제학 박사이다. 주요 연구 분야는 근현대 한·러 관계사, 북한 정치사, 북한 군사사이다.

주요 저서로 『6·25전쟁의 재인식: 새로운 자료, 새로운 해석』(2010), 『근대 조약과 동아시아 영토침탈 관련 자료 선집』1, 2(2021)가 있으며, 주요 역서로 『20세기 러시아와 중국: 국경』(2012), 『러시아문서 번역집 16: 러시아국립역사문서보관소·러시아국립 극동역사문서보관소』(2014), 『러시아문서 번역집 23: 하바롭스크변강국립문서보관소』(2015), 『러시아문서 번역집 26: 러시아연방 국방부중앙문서보관소』(2017), 『러시아문서 번역집 31: 러시아연방국방부중앙문서보관소, 러시아연방대외정책문서보관소』(2017), 『사진으로 본 러시아 항일 독립운동 제3권』(2019), 『러시아문서보관소 자료집 1_문서 번역집: 모스크바 동방노력자공산대학(1921~1938)의 한인들』(2020), 『러시아문서보관소 자료집 2_문서 모음집: 모스크바 동방노력자공산대학(1921~1938)의 한인들』(2020)이 있다.

한울아카데미 2390

한국외대 디지털인문한국학연구소 연구총서 07
러시아문서보관소 자료집 4
고려공산청년회 II

ⓒ 한국외국어대학교 디지털인문한국학연구소, 2022

옮긴이_ 이재훈
펴낸이_ 김종수
펴낸곳_ 한울엠플러스(주)
편집책임_ 조수임
편집_ 정은선

초판 1쇄 인쇄_ 2022년 8월 17일
초판 1쇄 발행_ 2022년 8월 30일

주소_ 10881 경기도 파주시 광인사길 153 한울시소빌딩 3층
전화_ 031-955-0655
팩스_ 031-955-0656
홈페이지_ www.hanulmplus.kr
등록번호_ 제406-2015-000143호

Printed in Korea.
ISBN 978-89-460-7390-6 94910
        978-89-460-8200-7 (세트)

* 책값은 겉표지에 표시되어 있습니다.